'뇌과학 기반 개인 성격특성을 고려한 맞춤식 리더십'

자기브랜드 리더십

김 문 겸

도서출판 대영문화사

머리말 PREFACE

리더십에 대한 정의는 학자들마다 다양하게 정의되고 있으나, 리더십의 구성요소는 리더와 조직구성원, 상황으로 되어 있다. 이와 같은 리더십의 구성요소를 기초로 리더십에 대한 정의를 재구성하면 리더와 조직구성원이 상호 맞추어 나가는 것이며, 상황에 적절하게 대처할 수 있는 능력이라고 정의할 수 있다.

그리고 '자기브랜드 리더십'이란 사람들은 뇌가 어떻게 형성되었고, 발달하였느냐에 따라 자신만의 독특한 성격특성을 가지고 있다. 이러한 성격특성은 일상생활 또는 조직생활을 하는 데 많은 영향을 미치게 된다. 따라서 '자기브랜드 리더십'이란 자기 자신에 대한 독특한 성격특성을 이해하고, 타인의 성격특성을 이해하여 상호 맞춤식 리더십을 발휘하는 것이다.

리더십의 발전과정을 살펴보면 1900년대 초부터 리더십의 개념이 등장하게 되었으며, 1920년대 가장 많이 사용했던 리더십 접근법은 '리더십 특성이론'이다. '리더십 특성이론'은 어떤 특성을 가진 사람들이 리더가 될 가능성이 높은 것인지에 근거하여 그 특성과 기술을 찾아내려는 이론이다. 즉, 훌륭한 리더는 선천적, 유전적으로 일반인과 다른 보편적 특성을 타고 난다는 것이다. 이후 1950년대에 '리더십 행동이론'이 나타나게 되었으며, '리더십 행동이론'은 리더는 개인의 특성이 아니라 구성원에 대한 리더의 행동 또는 행동 패턴에 관심을 두는 접근법이다. 즉, 조직의 목표 달성이나 집단 유지를 위해 구성원들의 자발적인 참여를 유도해내는 리더의 행태적 능력을 강조하였다. 그리고 1970년대에 '리더십 상황이론'이 등장하게 되었으며, '리더십 상황이론'은 상황적 요인을 중시하는 것으로 훌륭한 리더는 상황에 적합한 리더십을 발휘할 때 효과가 극대화된다는 것이다. 또한 1980년대 이후에 들어서서부터는 현대적 리더십이라 할 수 있는 거래적 리더십과 변혁적 리더십, 감성리더십, 카리스마적 리더십, 서번트 리더십, 임파워링 리더십 등 다양한 리더십이 등장하였다. 그러나 이와 같은 수많은 리더십은 어떠한 과학적 근거에 의한 리더십이 아니라 직감이나 통계에 근거한 리더십으로 리더십 역량을 개발하는 데 한계가 있다.

따라서 이 책에서는 제4차 산업혁명을 맞이하여 시대적 상황에 맞도록 '뇌과학'에 기초한 다양한 리더십을 제시하고자 했다.

뇌과학에 리더십에 적용하면 다음과 같은 이점들이 있다. 첫째, 우리가 진리라고 생각하거나 신격화하는 행동들을 배격할 수 있다. 예를 들어, 리더로서 조직생산성을 향상시키기 위해 "조직구성원에게 오류를 피하라고 말하는 것이 중요하다"와 같은 이야기를 당연하게 생각한다. 그러나 뇌과학에 기초하면 뇌는 스트레스를 받으면 "하지 마라"는 명령을 "하라"는 명령으로 해석한다는 것이다. 즉, 사람들이 너무 긴장되어 있으면 실수하지 않으려고 노력하면 할수록 더 많은 실수를 하게 되는 것과 마찬가지이다.

둘째, 깊은 통찰력과 리더십 행동에 대한 증거를 제공할 수 있다. 사람의 뇌는 죽을 때까지 변한다. 우리가 어떻게 행동하고, 노력하느냐에 따라 뇌가 쇠퇴할 수도 있고, 잘 발달될 수도 있다. 예를 들어, 내가 태어났을 때부터 미술에 소질이 없다고 하여도 자신이 지속적으로 노력하고, 개발하게 되면 미술과 관련된 감각적 특성이 발달하게 되는 것이다.

셋째, 조직구성원과 관련된 행동 등을 이해하거나 수정하고자 할 때, 정확하고 체계적으로 개입할 수 있다. 우리가 흔히 이야기하는 좌뇌와 우뇌를 가지고 '친구와의 약속'에 대한 예를 들어 설명하면 다음과 같다. 좌뇌의 특성을 가진 친구는 순차적 사고가 높기 때문에 친구와의 약속을 지키기 위해 미리서 예측하고 준비하여 출발하기 때문에 약속시간 이전에 도착하여 친구를 기다리는 경우가 많다. 반면에, 우뇌의 특성을 가진 친구의 경우 변칙적 사고가 높아 친구와의 약속시간보다 '지금 당장' 해야 할 일이 우선이기 때문에 친구와 약속시간을 잘 지키지 못하는 경우가 많다.

넷째, 리더십 역량을 개발하는 데 용이하다. 즉, 뇌를 알면 조직구성원들의 들어난 행동보다 왜 그러한 행동을 하게 되었는지에 대해 이해할 수가 있기 때문에 '자가점검표' 등을 활용하여 리더십 역량개발이 용이하다.

이와 같이 리더십에 '뇌과학'을 접목하게 되면 다양한 이점을 발휘할 수 있다. 따라서 이 책에서는 지금까지의 리더십 원리와 개념, 유형 등을 가지고 조직 또는 일상생활에서 '어떻게 적용하고, 활용할 것인가'에 대한 지침서로 제공하고자 하였다.

제1장에서는 리더십에 대한 연구 시작부터 변천과정에 대해 전반적으로 살펴보고자 했다. 기존의 리더십 저서에서는 고전적 리더십과 현대적 리더십에 대한 개념들만 다루었지만 이 책에서는 '뇌과학'의 변천과정에 따라 '뇌과학'이 리더십에 미치는 영향을 포함하였다.

제2장에서는 뇌 신경심리에 기반한 개인의 인지사고 특성을 설명하였다. 즉, 사람의 뇌가 어떻게 발달했느냐에 따라 그 사람의 행동특성을 설명하였으며, 이에 대한 '자기브랜드 리더십' 유형을 정립하였다.

제3장에서는 '조직생산성을 향상시키기 위해 어떻게 권한위임을 할 것인가'에 대해 다루었다. 사람의 특성에 따라 권한위임을 선호하는 리더가 있는 반면에, 그렇지 않은 리더가 있다. 또한 조직구성원도 권한위임에 대해 쉽게 받아들이는 구성원이 있는 반면에, 그렇지 않은 구성원이 있다. 따라서 개인의 특성에 적합한 권한위임 방법을 다루었다.

제4장에서는 리더십과 조직문화에 대해 전반적인 개념을 반영하였다. 리더 또는 조직구성원의 특성에 따라 해당 조직문화에 맞을 수도 있지만 그렇지 않을 수도 있다. 따라서 리더 또는 조직구성원의 특성을 고려하여 '어떻게 직무 배치할 것인가?' 또는 '조직문화를 어떻게 개선해야 할 것인가?' 등에 대해 다루었다.

제5장에서는 의사소통과 대인관계 전략에 대해 반영하였다. 리더 또는 조직구성원의 특성에 따라 의사소통방식이나 대인관계 양식이 상이하게 나타나기 때문에 나와 다른 조직구성원과 어떠한 방식으로 의사소통하고, 원만한 대인관계를 위해 어떻게 할 것인가에 대해 반영하였다.

제6장에서는 갈등관리 리더십에 대한 개념을 반영하였다. 조직이라는 곳은 다양한 특성의 구성원이 함께 생활하는 곳이기 때문에 여러 가지 갈등 요인이 존재한다. 따라서 서로 다른 특성을 가진 사람들에게서 일어날 수 있는 갈등 요인을 살펴보고, 갈등을 해결하기 위해서는 어떠한 전략을 설계할 것인가에 대해 다루었다.

제7장에서는 스트레스 관리 리더십에 대한 개념을 반영하였다. 우리가 생활하는 환경 또는 조직은 서로 다른 특성을 가진 사람들이 모여서 생활하고 있으며, 다양한 조직문화가 존재하기 때문에 스트레스 유형 또한 다양하게 나타난다. 즉, 어떠한 특성을 가진 사람에게는 스트레스가 될 수 있지만 다른 특성을 가진 사람에게는 활력소가 될 수 있다. 따라서 사람의 특성과 조직문화를 고려하여 스트레스 관리 전략을 어떻게 설계할 것인가에 대해 반영하였다.

제8장에서는 설득 및 협상 전략에 대해 반영하였다. 우리가 생활하면서 가장 흔히 겪을 수 있는 것이 설득 및 협상이다. 우리는 세상을 살아가면서 알게 모르게 설득 및 협상을 하면서 살아가고 있다. 그리고 설득과 협상을 하는 데 있어, 설득과 협상이 잘되는 사람이 있는 반면에, 그렇지 않은 경우가 있다. 따라서 개인의 특성에 따라 설득과 협상에 어떠한 영향을 미치고, 성공적인 설득과 협상을 하기 위해서 어떠한 전략을 설계할 것인가에 대해 다루었다.

제9장에서는 위기관리 리더십에 대한 개념을 설명하고 있다. 누구나 인생을 살아가면서 위기를 겪을 수 있다. 그러나 사람들의 특성에 따라 위기 상황에 쉽게 노출되는 사람이 있는 반면에, 그렇지 않은 사람이 있다. 또한 위기 상황에 직면했을 때, 위기 상황을 쉽게 극복할 수 있는 사람이 있는 반면에, '자포자기'하는 사람이 발생하게 된다. 따라서 어떠한 특성을 가진 사람이 위기 상황에 쉽게 노출될 수 있으며, 어떻게 하면 위기 상황을 잘 극복할 수 있는지에 대한 전략을 다루었다.

제10장에서는 감성리더십에 대해 설명하고 있다. 부하에 대한 리더의 영향력을 이해하려면 리더와 조직구성원 간의 인지, 행동, 의사결정에 더하여 감정과 기분도 분석할 필요가 있다. 리더의 기분은 조직구성원이나 조직의 성과에 영향을 미칠 수 있으며, 리더는 조직구성원들의 기분에 여러 가지 방식으로 영향을 미칠 수 있다. 따라서 어떠한 특성을 가진 사람이 감성리더십이 강한지 또는 약한지에 대해 알아보고, 감성리더십이 조직생산성에 어떻게 영향을 미치며, 조직생산성을 향상시키기 위해서는 어떠한 전략이 필요한지에 대해 다루었다.

제11장에서는 리더십 개발하기에 대한 방법을 다루었다. 사람이나 조직은 명확한 비전

을 가지고 있어야 성공할 수 있다. 비전은 보다 나은 미래에 대한 희망과 그것이 언젠가는 달성될 것이라는 신념을 제공해 준다. 따라서 이 장에서는 비전을 위해 요구되는 특성은 무엇이고, 비전이 어떻게 조직생산성에 영향을 미치며, 비전을 형성하기 위해서는 어떻게 비전을 개발해야 하는가에 대해 다루었다.

이 책은 지금까지의 리더십 개념을 포괄하고 있으며, '뇌과학'을 접목하였기 때문에 기존 어떠한 리더십 책보다 과학적 근거에 의해 다양하게 활용될 수 있을 것이다. 특히, 사람들이 삶을 살아가는 데 있어 겪을 수 있는 상황들을 사례 중심으로 작성되었기 때문에 이해하기 편하고, 삶의 길라잡이로 활용될 수 있을 것이다. 또한 조직을 운영하는 리더에게는 다양한 위기 상황을 극복하기 위한 전략과 조직생산성을 극대화하기 위한 전략지침으로 활용될 수 있을 것이다.

마지막으로 이 책이 출간될 수 있도록 적극적으로 강의에 참여했던 학생들과 옆에서 힘과 용기를 준 도경희 대표님, 자료 검토를 도와준 김지수 연구원, 연세대학교 연구실에서 항상 힘이 되어준 손홍규 교수님, 유수홍 · 이지상 연구원, 그리고 시뮬레이션 기반 비상대비 훈련기술 개발을 위해 동고동락한 이원훈 소장님, 이승용 상무님, 송재민 · 황명상 이사, 이상만 부장, 황현철 팀장, 강궁현 · 김현재 · 이수정 · 최지환 연구원과 물심양면으로 적극적으로 후원해준 김용태 선생님, 백민철 · 김진식 대표 등 모든 분께 감사의 말씀을 전합니다. 그리고 이 책을 출간할 수 있도록 지원과 배려를 해주신 대영문화사 임춘환 사장님과 관계자 여러분께 감사의 말씀을 드립니다.

2021년 5월 연세대학교 연구실에서
저자 김문겸

자기브랜드
리더십

차 례 CONTENTS

머리말 / 2

01장 리더십 본질과 변천과정

1. 리더십의 개념 ······ 14
2. 리더십 특성이론 ······ 21
3. 리더십 행동이론 ······ 23
4. 리더십 상황이론 ······ 26
5. 뇌과학과 리더십 ······ 31

02장 자기브랜드 리더십 개념

1. 개인 인지사고 특성 ······ 38
2. 인지사고 특성을 기반한 자기브랜드 리더십 유형 ······ 60

03장 자기브랜드 리더십과 권한위임 리더십

1. 권한위임의 개념 ······ 74
2. 왜 권한위임이 어려운가? ······ 76

3. 임파워링 리더의 특징 ······ 81
4. 리더의 특성을 고려한 권한위임 ······ 84

04장 자기브랜드 리더십과 조직문화

1. 조직문화 개념 ······ 100
2. 조직문화 유형의 특징 ······ 101
3. 자기브랜드 리더십과 조직문화 ······ 103

05장 자기브랜드 리더십과 의사소통(대인관계) 전략

1. 의사소통 및 대인관계 원리와 개념 ······ 126
2. 과업지향적 스타일과 관계지향적 스타일 ······ 134
3. 리더와 조직구성원의 특성을 고려한 의사소통/대인관계 ······ 146

06장 자기브랜드 리더십을 통한 갈등관리

1. 갈등의 원인과 갈등관리 개념 ······ 152
2. 유형별 갈등 요인에 대한 강점과 약점 ······ 155
3. 갈등해결을 위한 접근법 ······ 171
4. 리더와 조직구성원의 특성을 고려한 갈등관리 ······ 179

07장 자기브랜드 리더십을 통한 스트레스 관리

1. 스트레스 원인과 개념 ······ 192
2. 직무 및 조직 관련 스트레스 원 ······ 195
3. 개인 관련 스트레스 원 ······ 199
4. 리더와 조직구성원의 특성을 고려한 스트레스 관리 전략 ······ 201

08장 자기브랜드 리더십을 통한 설득 및 협상

1. 설득 및 협상의 개념 ······ 212
2. 설득의 법칙에 대한 유형별 장점과 단점, 자기방어 전략 ······ 213
3. 개인 인지사고 특성을 고려한 협상 전략 ······ 241

09장 자기브랜드 리더십을 통한 위기관리

1. 위기관리 개념 ······ 256
2. 개인 인지사고 특성을 통한 위기관리 전략 ······ 258

10장 자기브랜드 리더십과 감성리더십

1. 감성리더십 개념 ······ 276
2. 리더와 조직구성원을 고려한 강점 활용하기 ······ 279
3. 리더와 조직구성원을 고려한 감성리더십 ······ 285

11장 리더십 개발하기

1. 리더십 스킬 ······ 298
2. 리더의 유형과 리더십 스킬 ······ 301
3. 조직에 대한 장애 극복하기 ······ 310

참고문헌 / 316
찾아보기 / 324

자기브랜드
리더십

Chapter

01

리더십 본질과 변천과정

1. 리더십의 개념
2. 리더십 특성이론
3. 리더십 행동이론
4. 리더십 상황이론
5. 뇌과학과 리더십

1 리더십의 개념

오늘날 많은 조직에서 조직효과성 향상을 위한 수단으로 리더십을 사용하고 있다. 이와 같은 리더십을 발휘하는 조직은 크게 일반적 특성을 가진 조직과 특수한 특성을 가진 군대조직으로 구분할 수 있다. 따라서 일반적 조직에서 사용하는 리더십 개념과 군대조직에서 사용하는 리더십 개념을 살펴보고자 했다.

리더십의 일반적 정의

리더십을 학문적으로 연구하기 시작한 것은 그렇게 긴 역사는 아니지만, 리더십은 인류 역사가 시작된 이래 우리의 삶에 직·간접적으로 많은 영향을 미치고 있다. 즉, 리더십을 갖는 것은 매우 좋은 것이고 필요한 것이라고 생각하고 있다. 이러한 이유로 정치, 경영, 교육, 신학 등 사회과학 분야에서 가장 많은 연구가 이루어지고, 진행되는

[표 1.1] 리더십에 대한 정의

구 분	정 의
Stogdill(1974)	리더가 집단의 공유된 목표를 향하여 구성원들의 활동을 이끌어가는 행동
Koontz & O'Donnel(1980)	조직성원들이 공동 목표를 달성하려는 방향으로 기꺼이 따라오도록 영향력을 행사하는 과정
Hersey & Blanchard(1982)	주어진 상황에서 개인이나 집단의 목표 달성을 위한 활동에 영향을 미치는 과정
Jago(1982)	강제성을 띄지 않는 영향력 행사과정으로 성원들에게 방향을 제시하고 활동을 조정하는 것
Bass(1990)	상황이나 집단성원들의 인식과 기대를 구조화하기 위해서 구성원들 간에 교류하는 과정
Nanus(1992)	비전의 제시를 통하여 구성원들의 자발적 몰입을 유인하고, 그들에게 활력을 줌으로써 조직을 혁신하여 보다 큰 잠재력을 갖는 새로운 조직 형태로 변형시키는 과정
Covey(2004)	사람들이 자신의 가치와 잠재능력을 볼 수 있도록 분명하게 알려주는 것
Yukl(2006)	무엇을 해야 할 필요가 있으며 어떻게 하면 그것을 효과적으로 할 수 있는지를 다른 사람들이 이해하고 동의하도록 영향력을 행사하는 과정, 그리고 공유 목표를 달성하기 위해 개인과 집단 전체의 노력을 촉진하는 과정

주제 중의 하나가 리더십일 것이다.

그러나 놀랍게도 리더십에 관한 문헌이나 학술 논문들을 보면 리더십에 대해 하나의 통일된 정의가 없고, 저자에 따라 각기 다른 정의를 하고 있음을 발견하게 된다. 리더십에 관한 대표적인 정의들을 살펴보면 [표 1.1]에서 보는 바와 같이 학자들 간에 서로 다른 정의를 내리고 있다.

이러한 리더십에 대한 정의 외에도 스톡딜(Stogdill, 1974)이 리더십 관련 문헌들을 광범위하게 조사한 후에 "리더십을 정의하려고 한 학자 수만큼 많은 리더십에 대한 정의가 있다"고 한 것처럼 리더십에 대한 수많은 서로 다른 정의가 있다. 리더십에 대한 수많은 정의들을 핵심 내용의 차이에 따라 분류해 보면 다음과 같이 크게 네 가지 유형으로 범주화할 수 있다.

첫째, 가장 일반적으로 받아들여지고 있는 개념인 "누군가가 원하는 것을 팔로워(follower)가 하도록 만드는 능력"이라는 것이다. 그러나 이러한 정의는 리더십을 권력(power)의 개념과 동일시하여 리더십의 본질과는 매우 다른 강제력의 행사도 포함하고 있는 반면에, 리더십에 내재되어 있는 가치관, 비전, 그리고 관계 측면은 반영하지 못하고 있다. 즉, 리더는 이끌고, 부하들은 따르는 일방적인 과정이라는 것을 전제하고 있기 때문에 리더십은 근본적으로 리더와 팔로워 사이의 관계임을 강조하고 있다. 많은 리더들이 팔로워가 이미 그것에 찬성한다는 것을 확인한 후에 새로운 아이디어를 제시하거나 지시를 하는 것처럼 리더는 독립적인 행위 주체가 아니다. 그리고 리더와 팔로워의 관계도 일방적인 관계가 아니라 리더가 팔로워에게 영향을 미치는 동시에 영향을 받는 상호작용 관계이다.

따라서 리더십이란 단지 리더가 무엇을 하는가의 문제가 아니라 리더와 팔로워 사이의 관계에서 무엇이 일어나는가의 문제로 봐야 한다. 리더의 행동은 팔로워의 반응을 유발하고, 이러한 반응은 리더가 팔로워를 이끌어가는 능력에 영향을 미치기 때문이다.

둘째, 리더십은 "팔로워를 동기부여시켜 일이 이루어지도록 하는 것"이다. 이러한 정의는 권한이나 권력에 의한 강제력이 아니라 설득과 모범으로도 사람들을 따르게 할 수 있다는 것을 시사하고 있다. 그리고 "일이 이루어지도록 하는 것"이란 개념은 리더십이 일의 성과에 따라 평가된다는 것을 내포하고 있다. 그러나 리더십 발휘의 목적과 달성된 성과가 과연 가치가 있는 것인가, 즉 리더가 산출한 성과를 어떻게 평가할 것인가를 설명하지 못하고 있다.

셋째, 리더십은 "촉매제 역할을 하는 것"이다. 이것은 참여형 리더와 리더를 보좌하는 참모들이 선호하는 정의이다. 즉, 리더는 참여적이고, 민주적이어야 하며, 구성원들이 스스로 자신의 할 일을 찾도록 도와주어야 한다는 것이다. 리더는 자신이 원하는 것을 얻는 것이 아니라 팔로워들이 원하는 것을 이룰 수 있도록 역량을 강화시켜 주는 것이다. 이것은 리더는 주도하고, 팔로워는 이를 따른다는 고정관념을 깨뜨릴 수 있는 반면, 마치 바람이 부는 대로 돌아가는 바람개비처럼 주도성이 없는 존재로 리더의 역할을 축소시킨 위험성이 있다.

넷째, 리더십은 "비전(vision)을 제시하는 것"이다. 이러한 정의는 위의 정의들에서 빠뜨리고 있는 일의 의미와 목적을 포함하고 있지만, 비전은 리더 혼자 만드는 것이라는 암묵적 전제를 하고 있다. 또한 과연 누구나 리더가 제시한 비전을 좋아하거나 지지하는 것인지에 대한 의문은 간과하고 있다.

이처럼 리더십의 개념이 복잡한 이유는 리더십의 필요성이 궁극적으로 인간이 직면하고 있는 불확실성과 위험에서 비롯되었기 때문이다. 개인 생활이나 조직 생활 과정에서 판단해야 할 경우가 많이 있는데, 상황이 명확한 경우에는 혼자서 의사결정을 하기가 쉽지만 불확실하고 위험한 상황에서는 인간은 다른 사람의 도움을 필요로 한다. 바로 그러한 상황에서 리더십이 중요한 역할을 하게 되는 것이다.

리더는 우리가 공포를 덜 느끼고, 자신감을 더 갖도록 도와준다. 리더는 우리가 무엇을 생각하고, 느끼며, 해야 하는가에 대해 그럴듯한 판단을 내리도록 도와준다. 리더는 팔로워들이 가능성을 발견하고, 필요한 자원을 찾을 수 있도록 도와준다. 그런데 각자가 직면하는 상황의 불확실성과 위험성이 서로 다르기 때문에 사람마다 리더십에 대한 인식도 다를 수밖에 없는 것이다. 또한 리더십이 손으로 만져 보거나, 눈으로 보거나, 직접 측정할 수 없는 사회적 구성개념(social construct)이기 때문에 이러한 혼란은 어느 정도 불가피하다고 할 수 있다. 조직의 리더들이 가지고 있는 권한이 실체가 아니지만 실체인 것처럼 보이는 힘을 이용해서 영향력을 행사하는 것처럼 리더십도 관계 속에, 그리고 어떤 관계에 대한 당사자들의 의식 속에서 존재하는 것이지 눈으로 보이는 실체가 아니다. 그렇기 때문에 사람마다 리더십이 서로 다른 의미로 받아들여지고, 서로 다른 의미로 리더십을 사용하는 것은 자연스런 현상이라고도 할 수 있다. 그러나 사람마다 리더십을 서로 다른 의미로 사용하고 있기 때문에 때로는 리더십이 과연 무엇인가에 대한 개념적 혼란이 발생하기도 한다.

따라서 리더십에 대한 개념적 혼란을 방지하기 위해 대부분의 리더십 교과서에서나 학자들은 "리더가 조직 목표를 달성하기 위하여 팔로워에게 영향력을 행사하는 과정(process)" 또는 "조직 내에서 발생하는 리더와 팔로워 간의 영향력 관계"로 간결하게 리더십을 정의하고 있다. 그런데 이러한 리더십 정의에 포함되어 있는 '목표(objective)', '팔로워(follower)', '영향력 행사과정(influence process)'이라는 용어에는 다음과 같은 의미가 담겨 있다.

첫째, 리더십은 목표를 달성하는 것이다. 비전과 목표를 제시하고, 전략과 추진계획을 수립하는 것도 중요하지만, 그것만으로 리더십을 제대로 발휘한다고 할 수가 없다는 것이다. 진정한 리더십은 비전과 목표를 결과로 전환시키는 능력이다. 수익률 증가, 일자리 창출, 삶의 질 향상, 시장 확대, 전투력 강화, 강한 군대 건설 등의 구호만을 외치는 것이 아니라 실제로 그렇게 되도록 하는 것이다. 즉, 결과를 만들어내는 것이 리더십이라는 것이다.

둘째, 리더십은 팔로워, 즉 사람에 대한 것이다. 그것이 가정이든, 기업이든, 군대든, 정부기관이든, 국가든 간에 모든 조직은 사람으로 구성된 집합체이다. 물론 조직을 구성하고 있는 것은 사람만이 아니다. 조직은 과업, 물자, 정보, 문화 등의 많은 구성요소가 유기적으로 결합되어 운영되지만 이러한 조직 구성요소들이 그 기능을 잘 발휘하도록 하는 것은 결국 사람이다. 리더는 사람을 움직여서 조직 목표를 달성하기 때문에 사람이 조직의 성패를 결정하는 핵심요소라고 할 수 있다. 리더십은 바로 그러한 사람에 대한 것이다.

셋째, 리더십은 리더와 팔로워 간의 영향력 행사과정 또는 영향력 관계이다. 여기서 '과정'은 리더십은 리더가 다른 사람에게 영향을 미치기도 하고, 그들에 의해서 영향을 받기도 한다는 것을 의미한다(Northouse, 2001). 리더십은 리더가 가지고 있는 성격이나 특성이 아니라 일 대 일 또는 일 대 다수, 또는 그 숫자가 얼마이든지 간에 리더와 그를 따를 것인지, 따르지 말 것인지를 선택하는 팔로워 사이의 거래적 과정이라는 것이다. 다시 말해서, 리더십은 직위(position)가 아니라는 것이다. 리더십은 높은 직위를 연상시키는 신화가 있기 때문에 높은 직위에 있으면 자동적으로 리더가 되는 것으로 생

[표 1.2] 보스십과 리더십

보스십(bossship)	리더십(leadership)
• 직위에 의존하며, 가라고 명령한다. • 사람을 몰고 가며, 권력을 쌓는다. • 복종을 요구하며, 두려움을 일으킨다. • '나'라고 말하며, 남을 믿지 않는다. • 실패의 책임을 묻는다. • '네가 가라'고 말한다.	• 영향력에 의존하며, 가자고 권유한다. • 앞에서 이끌며, 권위를 쌓는다. • 존경을 모으며, 열정을 일으킨다. • '우리'라고 말하며, 남을 믿는다. • 실패를 고쳐 준다. • '함께 갑시다'라고 말한다.

각하지만 리더십은 영향력 이상도, 이하도 아니다(Maxwell, 2005). 이러한 리더십은 [표 1.2]와 같이 보스십(bossship)과 다르다. 보스처럼 직위 때문에 또는 두려움 때문에 사람들이 따르는 것이 아니라 리더의 권위, 그리고 리더에 대한 신뢰와 존경심 때문에 팔로워들이 자발적으로 따른다.

아랫사람이 있다고 해서 모두가 리더는 아니다. 진정으로 따르는 팔로워가 없다면 단지 그 집단의 보스일 따름이다. 단지 직위나 계급이 높다는 이유만으로 팔로워가 따르는 경우에는 그 영향력은 리더의 직위 권력이나 계급 이상을 뛰어넘지 못한다. 할 수 없이 따르기 때문에 팔로워들이 자신에게 불이익이 돌아오지 않는 최저 수준에서 명령이나 지시에 순응하는 행동을 하게 되기 때문이다. 그러나 리더십을 잘 발휘하면 영향력이 커져 팔로워들이 충성하고 마음속으로부터 조직에 헌신하게 되므로 집단 또는 조직의 성과가 더욱더 높아지게 된다.

리더십을 이와 같이 영향력 행사과정으로 본다면 어떤 조직 또는 사회에 속한 사람도 리더십을 발휘할 수 있다. 관계를 맺는 방식에 따라 다양한 형태의 리더십이 발휘될 수 있다는 것이다. 윗사람이 아랫사람에게 영향력을 행사한다면 하향적 리더십, 아랫사람이 윗사람에게 영향력을 행사한다면 상향적 리더십, 그리고 수평적 관계에 있는 동료나 이해관계자들에게 영향력을 행사한다면 수평적 리더십이라고 할 수 있다. 이와 같이 리더십은 하향적 또는 일방적으로만 발휘되는 것이 아니라 전방위적으로 발휘되는 것이라고 할 수 있다. 그리고 이러한 리더십을 '전방위적 리더십', '다방향 리더십', 또는 '360도 리더십'이라고 한다.

이와 같이 지식정보화 사회의 도래와 함께 조직의 핵심자원은 사람이라는 인식이 확대되면서 리더십은 조직의 최고위층에서만 요구되는 것이 아니라 조직의 모든 계층에서 필요한 역량이고, 상하 간의 수직적 관계에서만 발휘되는 것이 아니라 리더와 집단 구성원들이 조직의 공동 목표 달성을 위해 함께 노력하는 파트너십(partnership)으로써 리더십을 새롭게 인식하고 있다(Dubrin, 2004).

군 조직에서의 리더십 정의

일반적으로 군 조직과 일반적 사회는 조직특성이 서로 다르기 때문에 군 조직에서 사용하는 리더십 정의는 다를 것이라 생각하기도 한다. 그러나 실제로는 [표 1.3]에서 보는 바와 같이, 앞에서 기술한 리더십에 대한 일반적인 정의와 군 조직에서의 리더십 정의가 별다른 차이가 없음을 알 수가 있다.

군 리더십을 오랫동안 체계적으로 연구해 온 미 육군에서는 리더십을 "임무를 완수하고, 조직을 발전시키기 위해 목표와 방향을 제시하고, 동기부여시킴으로써 성원들에

[표 1.3] 군 조직에서 리더십 정의

구 분		정 의
미군	육군	부여된 임무를 완수하고, 조직을 발전시키기 위해 목표와 방향을 제시하고, 동기부여시킴으로써 성원들에게 영향력을 행사하는 과정(Department of the Army, 2006)
	해군	지시나 강제적/위협적 명령이라기보다는 감화와 설득으로 사람을 관리하는 것(해군본부, 2005)
	공군	공동 목표를 달성하기 위하여 부하들의 존경, 신뢰, 복종 및 충성스런 협조를 얻을 수 있도록 영향을 주고 지도하는 기술(공군 전투발전단, 2002)
캐나다군		임무 완수에 기여하는 역량을 개발 또는 향상시키면서 다른 사람들이 직업적 전문성과 윤리성을 바탕으로 임무를 완수하도록 명령하고, 동기부여시키며, 실현 가능하도록 지원하는 것(Canadian Forces Leadership Institute, 2005)
한국군	육군	리더가 조직의 목표와 임무를 달성하기 위하여 구성원들과 상호작용하면서 영향력을 미치는 과정(육군본부, 2009)
	해군	지휘관이 자기에게 부여된 책임과 권한에 의해서 부대의 목표를 보다 효율적으로 달성하기 위해 예하부대 및 부하의 능력을 극대화하도록 감화시키고, 모든 노력을 부대 목표에 집중시키는 기술(해군본부, 2000)
	공군	공군 고유의 문화적 가치관에 바탕을 두고, 미래의 항공우주군 건설 및 운용을 위해 전 공군인들이 자발적이고, 지속적으로 몰입할 수 있도록 이끌어가는 영향력 행사과정(공군본부, 2002)

게 영향력을 행사하는 과정"이라고 정의하고 있다. 그리고 통합군인 캐나다군의 경우에는 "임무 완수에 기여하는 역량을 개발 또는 향상시키면서 다른 사람들이 직업적 전문성과 윤리성을 바탕으로 임무를 완수하도록 명령하고, 동기부여시키며, 실현 가능하도록 지원하는 것"이라고 정의하고 있다. 이러한 미 육군과 캐나다군의 리더십 정의의 공통점은 바로 리더십은 구성원들을 동기부여시켜 임무를 완수하는 것이라는 것이다.

한편 한국군에서는 오랫동안 양성 및 보수 교육과정에서 리더십 교육을 해왔고, 리더십에 대한 관심도 그 어느 조직에서보다도 높았다고 할 수 있다. 그러나 2000년 이전에는 군내에 리더십을 전문적으로 교육하거나 연구하는 기관도 없었을 뿐만 아니라 국방부나 각 군 본부에 리더십 관련 업무를 담당하는 부서도 없었기 때문에, 공식적으로는 리더십이라는 용어를 거의 사용하지 않고 지휘, 통솔, 지휘통솔 등의 용어를 혼용하였다. 이처럼 리더십에 대한 용어가 통일되지 못했던 것처럼 리더십에 대한 정의도 [표 1.3]과 같이 각 군별로 서로 다르게 정의되고 있다.

육군은 리더십을 "리더가 조직의 목표를 달성하기 위하여 구성원들과 함께 상호작용하면서 영향력을 미치는 과정", 해군은 "지휘관이 자기에게 부여된 책임과 권한에 의해서 부대의 목표를 보다 효율적으로 달성하기 위해 예하부대 및 부하의 능력을 극대화하도록 감화시키고, 모든 노력을 부대 목표에 집중시키는 기술", 그리고 공군은 "공군 고유의 문화적 가치관에 바탕을 두고, 미래의 항공우주군 건설 및 운용을 위해 전 공군인들이 자발적이고 지속적으로 몰입할 수 있도록 이끌어가는 영향력 행사과정"이라고 정의하고 있다. 이와 같이 외국군과 한국군의 리더십에 대한 정의가 조금씩 다르고, 한국군 내에서도 각 군마다 리더십을 서로 다르게 정의하고 있다. 그러나 공통적으로 '목표', '팔로워', '영향력'의 요소를 정의에 포함하고 있고, 표현은 서로 다르지만 리더십을 "리더가 목표를 달성하기 위해 영향력을 행사하는 과정"이라는 전제를 하고 있다.

일반조직과 군 조직에서의 리더십 정의

이상과 같이 일반조직에서 사용하는 리더십과 군 조직에서 사용하는 리더십의 특성을 분석한 결과, 다음 [표 1.4]와 같은 공통요소를 포함하고 있음을 알 수 있다. 따라서 각각의 조직에서 자신만의 리더십 개념을 설정하고자 할 때, 다음과 같은 공통요소를

[표 1.4] 리더십 정의 구성요소

토대/근간		리더십 요소
시기/상황	언제	상시, 다양한 상황
장소/환경	어디서	내·외부 환경(다양한 환경)
리더/구성원	누가, 누구에게	리더, 구성원+관련 구성원
영향력	무엇을(역할)	제반 영향력
동기부여	어떻게	창의적으로(비전/목표 제시+동기부여)
목표	왜	능력 극대화, 조직 목표+임무 완수

포함하여 정의할 수 있겠다.

2 리더십 특성이론

리더십 특성이론은 "개인이 타고난 자질과 특성에 따라 리더의 지위와 기능을 좌우한다"는 개념으로 1900년대 초에 연구가 시작되었다. 리더십 행동이론은 "무엇이 사람들로 하여금 리더가 되게 만드는가?"에서 출발하였으며, 리더의 성격과 동기, 가치 및 기술과 같은 자질을 강조하였다. 즉, "어떤 특성을 가진 사람이 리더가 될 가능성이 높은지에 근거하여 그 특성과 기술을 찾아내려는 이론"이다. 이와 같은 행동이론은 1920년대 가장 많이 사용되었으며, 이후 30여 년 동안 리더의 자질에 초점을 둔 리더십이 활용되었다.

이와 같은 리더의 특성을 연구한 학자들의 정의를 살펴보면 다음과 같다. 첫째, 바너드(C. I. Barnard)는 리더십의 자질적 요소로 박력과 지구력, 결단력, 설득력, 책임감, 지적·기술적 능력이라고 하였다. 둘째, 커크패트릭(S. A. Kirkpatrick)은 높은 욕구와 동기부여, 통합성, 자신감, 정보 능력, 지식을 리더의 중요한 특성으로 하였다. 즉, 리더는 높은 수준의 성취욕구와 야망, 그리고 의지가 있어야 하고, 타인에게 어떤 목표를 달성할 수 있도록 강한 힘이나 의욕을 북돋워 줄 수 있어야 하며, 언행일치를 통해 직원들과 신뢰관계를 형성할 수 있어야 한다. 그리고 불확실한 상황에서도 확고한 신념과 의지가 있어야 하고, 풍부한 지식과 문제해결을 위한 올바른 의사결정을 할 수 있어야 하며, 기업과 산업 및 기술적인 문제에 대한 높은 수준의 지식을 이해할 수 있어야 한다. 셋째, 베니스(Warren Bennis)는 성공한 리더의 특성으로 비전과 열정, 성실성, 용기라고 하였다. 즉, 리더는 개인적으로나 직업적으로 자신이 원하는 목표에 대하여 확신을 가질 수 있어야 하며, 업무에 혼신의 노력을 다하고 한결같이 변함이 없어야 하고, 불가능한 상태에서도 포기하지 않아야 한다. 넷째, 인성개발 전문가 보던(Tom Butler Boweden)은 인생에서 성취를 이루기 위한 키워드로 원대한 목표와 낙관주의 사고, 변화 대처, 기다림, 성실과 근면, 많은 독서량을 선정하였다(박보식, 2017).

성격모형과 리더십

리더의 성격과 리더십에는 어떤 상관관계가 있는지에 대해 많은 학자들이 연구한 결과, 다섯 가지 성격의 기본적인 요인으로 분류하였다.

[표 1.5] Big 5 성격특성의 구체적 특성

구 분	특 성
외향성	• 사교적이며 적극적이고 자신감과 활기가 넘치는 성격
성실성	• 매사에 철저하고 조직적이며 감정을 잘 조절하며 신뢰할 수 있고, 과단성이 있는 성격
개방성	• 견문이 넓고 창의적이며 직관력(통찰력)이 있으며 호기심이 강한 성격
동조성	• 수용적이고 순응적이며 잘 믿어주는 성격
신경증	• 의기소침하고 불안해하며 자신감이 없고 상처받기 쉬운 경향성

특성이론의 강점과 약점

특성이론의 강점을 살펴보면, 첫째, 특성 연구는 직관적으로 흥미를 끈다는 것이다. 둘째, 1세기 동안의 연구가 그것을 뒷받침하고 있는 것이다. 셋째, 특성 연구가 리더십 과정의 구성 요인인 리더, 부하, 그리고 상황 중에서 첫 번째 요소인 리더에만 초점을 맞추고 있다. 이는 리더십 과정에서 리더의 역할만을 강조함으로써, 리더에 대하여 좀 더 깊고 심오한 이해를 제공할 수 있게 되었다. 넷째, 리더가 되고 싶은 경우 특성 연구는 "리더가 되기 위해 갖추어야 할 특성이 무엇인가"를 알게 해주는 지표를 제공해 주고 있다는 점이다. 즉, 특성 연구는 리더가 되기 위해 무슨 특성을 가지고 있어야 하고, 또 우리가 가지고 있는 특성이 어떤 것인가를 확인해 준다.

특성이론의 한계점은, 첫째, 과연 모든 면에서 우수한 자질을 겸비한 사람이 현실적으로 존재할 수 있는가 하는 것이다. 둘째, 아무리 우수한 자질과 특성을 갖고 태어났어도 그것을 배우지 않는다면 그 능력이 충분히 발휘될 수 있을까 하는 것이다. 셋째, 자질이 풍부하더라도 각각의 상황에 충분한 리더십을 발휘할 수 있을까 하는 것이다. 넷째, 리더십 특성 연구는 가장 중요한 리더십 특성의 결정에서 매우 포괄적이고 광범위하기 때문에 연구결과에서 얻은 자료의 의미에 대한 해석이 매우 주관적이다는 것이다. 다섯째, 리더십 특성 연구는 리더십 성과와의 관계에 대해서는 구체적으로 연구가 이루어지지 않았다는 것이다. 여섯째, 리더십 특성 연구는 리더십 훈련이나 개발을 위해 유용한 것이 못된다는 점이다. 즉, 개인의 특성은 쉽게 변하지 않는다는 것이다.

3 리더십 행동이론

리더십 행동이론이란 1950년대에서 1960년대에 가장 활발하게 진행되었으며, 리더십 특성이론의 개념은 기존의 특성이론과 다르게 리더가 어떻게 태어났느냐가 중요한 것이 아니라 어떻게 행동하느냐에 따라 훌륭한 리더 또는 그렇지 않은 리더가 될 수 있다는 것이다. 즉, 리더는 개인의 특성이 아니라 구성원에 대한 행동 또는 행동 패턴에 주목한 것이다. 조직의 목표 달성이나 집단 유지를 위해 구성원들의 자발적인 참여를 유도해 내는 지도자의 행태적 능력을 강조하였으며, 이 중에서도 리더의 과업 행동과 관계성 행동을 중심으로 연구가 진행되었다.

리더십 행동이론의 과업지향적 행동과 관계지향적 행동은 다음과 같이 구분된다(박보식, 2017). 첫째, 리더의 과업지향적 행동은 효율성을 높이기 위한 계획을 세우고, 업무를 집단이나 개인에게 할당하며, 역할기대와 과제 목표를 명료화하는 것이다. 그리고 규칙 방침, 표준 운영절차를 설명하고, 집단의 활동 상황을 점검하고 지휘하고 조정하며, 효율성과 생산성, 품질의 중요성을 강조하면서 집단의 수행에 높은 기준을 설정하는 것이다.

리더십의 관계지향적 행동은 지원과 격려를 해주고, 공헌과 성취를 인정하고 모범적인 행동모델을 보이면서 코치와 후견인의 역할을 하며 갈등해결을 위해 도움을 주는 것이다. 그리고 도전적인 목표를 달성할 수 있다는 자신감을 심어주고, 관계를 구축하기 위해 사람들과 친목을 도모하며, 사람들에게 영향을 미칠 행동에 대해 정보를 제공하면서 팀 상징, 의식, 행사 등을 사용하여 팀 정체성을 구축하는 것이다.

이와 같은 행동론을 연구한 대표적인 연구는 오하이오대학교의 행동론과 블레이크(Rovert B. Blake)와 모튼(Janc S. Mouton)의 행동론이다.

첫째, 오하이오대학교의 리더십 연구는 인간의 자질보다 리더의 업적과 행태를 조사하고 측정하려고 하였으며, 지도자의 행동을 다음 [그림 1.1]과 같이 구조화(initiating structure)와 배려(consideration)로 구분하였다.

[그림 1.1]에서 구조화란 지도자와 종업원 사이의 관계를 명확하게 해주고 특정 과업의 할당, 절차의 구체화, 작업의 계획 등을 통해 구조화하는 것을 말한다. 그리고 배려

[그림 1.1] 오하이오대학교의 리더 유형

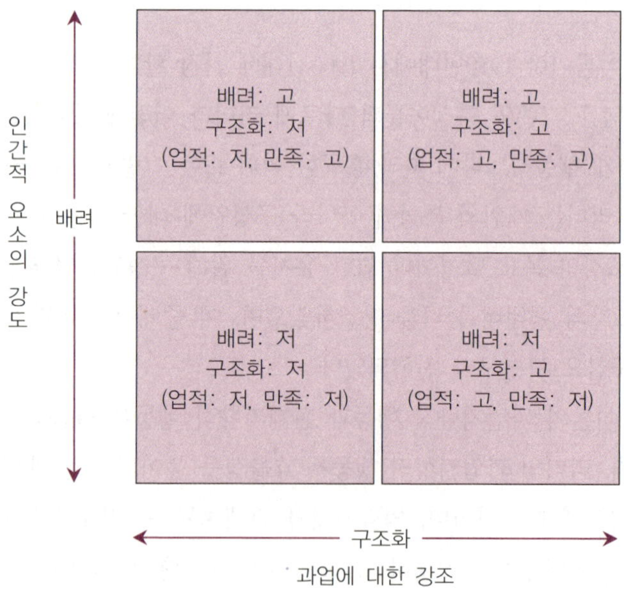

는 우호적인 분위기와 상호 신뢰, 존경, 구성원의 복지 등에 관심을 둠으로써 좋은 인간관계 형성에 초점을 두었다. 즉, 오하이오대학교의 리더 유형은 배려와 구조화가 높은 집단과 배려와 구조화가 낮은 집단, 배려가 높으며 구조화가 낮은 집단, 배려가 낮으면서 구조화가 높은 집단으로 구분하였다.

리더가 조직생산성을 향상시키기 위해 필요한 요소는 다양하게 존재할 수 있다. 그러나 오하이오대학교의 리더의 유형은 구조화와 배려의 요소만을 가지고 리더의 업적과 행태를 조사하였다. 사람은 뇌가 어떻게 발달되고 형성되었느냐에 따라 그 사람의 생각과 행동, 신념, 가치관 등에도 영향을 미친다. 따라서 리더의 업적과 행태를 파악하는데 있어 배려와 구조화만을 가지고 설명한다는 것은 많은 한계가 있다.

둘째, 블레이크와 모튼의 행동론은 인간에 대한 관심과 생산성에 대한 관심으로 구분하고, 다음 [그림 1.2]와 같이 5개(불모형, 인기형, 과업형, 중용형, 팀형)의 스타일로 구분하였다.

[그림 1.2] 블레이크와 모튼의 리더십 유형

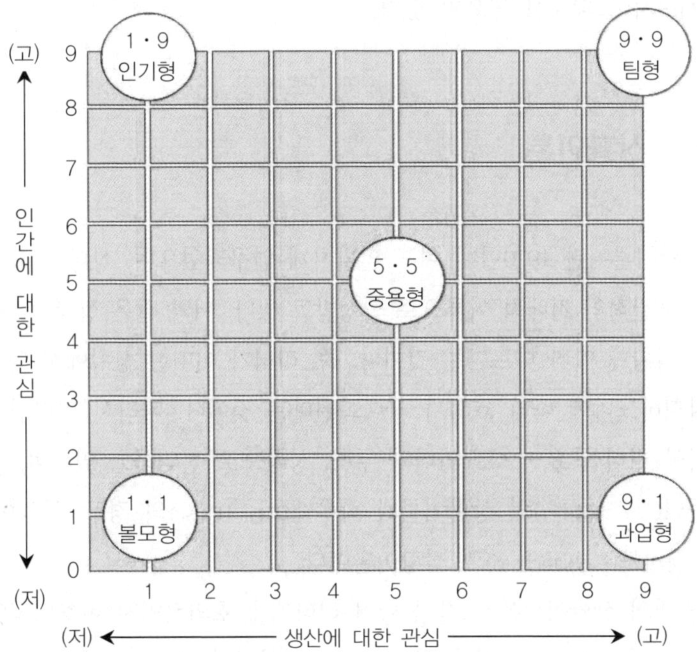

불모형(impoverished management) 스타일은 인간에 대한 관심과 작업에 대한 관심이 모두 낮은 유형의 리더로 최소한의 노력만을 수행하며 안일한 사고에 안주하는 유형이며, 인기형(country club management) 스타일은 작업에 대한 관심이 낮고 인간에 대한 관심이 높은 스타일로 인간관계에 관심을 기울여 조직은 원만한 상호작용 속에 작업을 행하게 하는 것이다. 과업형(task management) 스타일은 인간에 대한 관심이 낮고 작업에 대한 관심은 높으므로 부하들의 사기나 인간관계에는 관심이 없고 능률 본위의 작업을 수행하는 스타일이며, 중용형(middle of the road management) 스타일은 인간에 대한 관심과 작업에 대한 관심이 모두 중간 정도이므로 작업 성과와 부하들의 사기가 동시에 균형을 이루는 스타일이고, 팀형(team management)은 인간과 일에 대한 관심이 모두 높으므로 작업의 성취도가 높고 신뢰와 존경의 인간관계가 이루어지는 스타일이다.

블레이크와 모튼의 리더십 유형 또한 오하이오대학교의 리더 유형과 마찬가지로 리더의 유형을 생산에 대한 관심과 인간에 대한 관심 두 가지로 평가한 것이다. 또한 인간에 대한 관심과 생산에 대한 관심은 너무 포괄적으로 묘사되어 있다. 즉, 리더로서 조직생산성을 향상시키기 위해서는 인간에 대한 관심과 생산에 대한 관심요소를 세분화하고, 구체화하여 제시할 필요가 있다.

4 리더십 상황이론

리더십 상황이론이란 1970년대 이후 활발하게 연구되었으며, 상황적 요인을 중시하는 이론으로 포괄적인 지배적 이론으로 인정받고 있다. 이와 같은 상황이론이란 효과적인 리더십은 상황에 따라 다르다는 것이다. 즉, 리더가 어떠한 상황에서 얼마나 적합한 리더십을 발휘하느냐에 따라 효과가 극대화된다는 것이다. 따라서 리더십 상황이론에서는 성공적인 리더십 요인으로 리더와 부하, 상황으로 정의하고 있으며, 대표적인 이론으로 피들러(F. E. Fiedler)의 상황이론과 하우스(R. J. House)의 경로-목표이론, 허시(P. Hersey)와 블랜차드(K. Blanchard)의 상황이론이다.

첫째, 피들러의 상황이론은 조직 상황이 리더에게 호의적인지 비호의적인지를 결정하는 요인으로 다음 [그림 1.3]과 같이 리더-구성원의 관계, 과업구조, 지위 권력으

[그림 1.3] Fiedler의 상황적합 모형

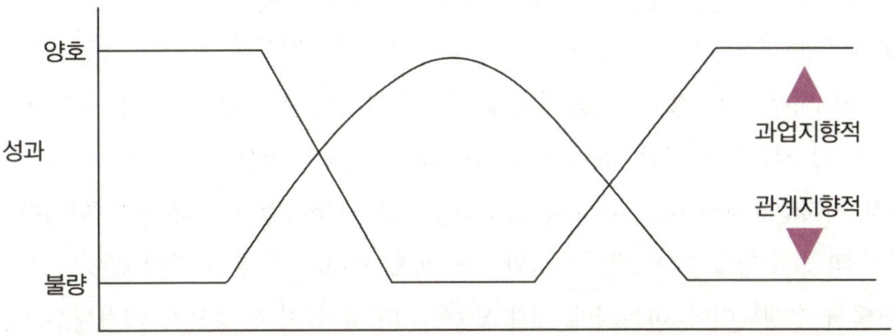

상황 호의적	매우 호의적						매우 비호의적
구 분	**Ⅰ**	**Ⅱ**	**Ⅲ**	**Ⅳ**	**Ⅴ**	**Ⅵ**	**Ⅶ**	**Ⅷ**
리더 · 구성원의 관계	좋음	좋음	좋음	좋음	나쁨	나쁨	나쁨	나쁨
과업구조	고	고	저	저	고	고	저	저
지위 권력	강	약	강	약	강	약	강	약

로 구분하였다.

리더-구성원의 관계는 집단 분위기와 리더에 대한 신뢰도 정도 및 호감도, 충성도를 말하며 과업구조는 과업의 내용이 얼마나 명확하고 그 수행절차가 공식화 · 구조화되어 있는지를 말하고, 지위 권력은 리더가 하위자에게 상과 벌을 줄 수 있는 권한의 크기를 말한다.

이와 같은 행동론은 뇌과학 측면에서 볼 때 다음과 같은 한계가 있다. 먼저, 리더에게 호의적인지, 비호의적인지에 대한 요소로 과업-구성원 관계, 과업구조, 지위관계를 선정한 것이다. 즉, 리더에게 있어 호의적이냐, 비호의적이냐는 다양한 요소에 의해 결정되는 것인데, 단순히 과업구조와 지위관계를 중심으로 선정한 것이다. 사람에 따라 구조화된 과업을 선호하는 사람이 있는 반면에, 구조화된 방법을 선호하지 않는 사람이 있다. 그리고 권력 또한 선호하는 사람이 있는 반면에, 권력을 중요하게 생각하지 않는 사람이 있다. 따라서 고도로 구조화된 과업과 지위 권력이 클수록 리더에게 호의적이라는 것은 한계가 있다.

둘째, 하우스의 경로-목표이론은 동기부여에 관심을 두고, 리더는 조직구성원들이 직무에서 만족감을 향상시키며 실적 수준이 증가되도록 노력해야 한다는 것이다. 즉, 조직구성원들이 목표를 달성하기 위해 목표를 명확하게 제시하고, 도달할 수 있는 경로를 올바르게 설정해주면서 장애를 극복할 수 있도록 지시나 지원을 제공하는 것이다.

그리고 하우스의 경로-목표이론에서는 리더십의 유형을 지시적 리더십(directive leadership)과 지원적 리더십(supportive leadership), 참여적 리더십(paritcipative leadership), 성취지향적 리더십(achievement-oriented leadership)으로 구분하였다. 지시적 리더십은 구성원들에게 과업 수행을 위한 작업지시와 그들에게 기대되고 있는 것이 무엇이고 그 과업이 이떻게 수행되어야 하는지에 대해 말해 주며, 과업이 완성시기를 정해주는 것이다. 즉, 분명한 목표 달성 기준을 제시하고 조직구성원들이 따라야 할 규칙과 규정을 명확히 알려주어 모호함을 제거하는 리더십이다. 지원적 리더십은 구성원의 욕구와 작업환경, 복지에 대해 관심을 가지고, 인간관계를 중요시하며 조직구성원이 즐겁게 일을 할 수 있도록 지원해주는 리더십이다. 참여적 리더십은 조직구성원과 정보를 교환하고 공동의 의사결정을 추구하는 리더십으로, 조직구성원과 상의하고 아이디어를 편하게 제

[그림 1.4] House의 경로-목표이론

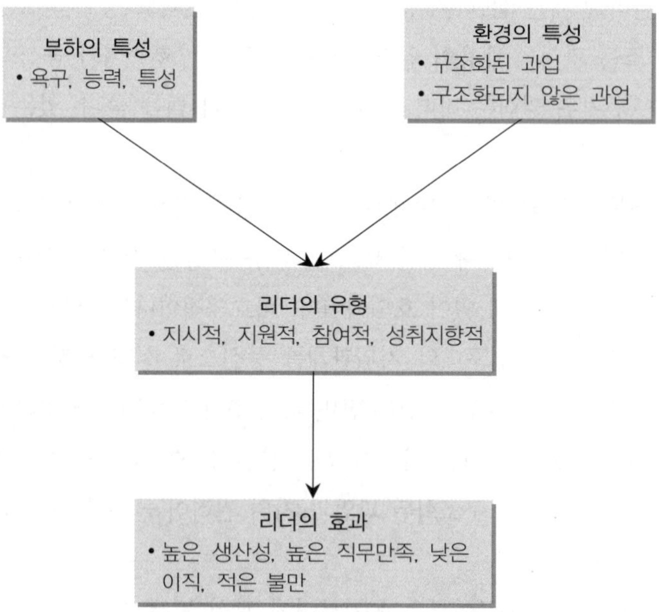

시할 수 있도록 참여시키는 리더십이다. 성취지향적 리더십은 도전적인 목표의 설정을 명확히 하고, 조직 목표를 달성하기 위해 조직구성원을 계속적으로 독려하면서 개선을 추구하는 리더십이다.

이상과 같이 하우스의 경로-목표이론은 [그림 1.4]와 같이 부하의 특성과 환경을 특성을 파악하여 그에 맞는 리더십을 발휘할 때 조직효과성을 향상시킬 수 있다는 것이다.

이와 같은 경로-목표이론을 뇌과학과 연계하여 살펴보면, 리더의 행동 유형을 지시적, 지원적, 참여적, 성취지향적으로 구분하였다. 그러나 리더의 행동특성을 살펴보면 대부분 성취지향적인 리더의 경우 조직구성원에 대한 지시적 행동이 높으며, 지원적 행동을 하는 경우 참여적 행동을 보인다는 것이다. 즉, 리더의 행동을 네 가지 유형으로 보았지만 실질적인 것은 두 가지 유형으로 구분한 것과 같다.

셋째, 허시(P. Hersey)와 블랜차드(K. Blanchard)의 상황이론은 부하의 성숙도 수준에 따라 리더십 유형이 결정되는 이론으로 어떤 상황에서 어떤 리더십이 요구되는지를 결정하려면 구성원의 유능성과 헌신성을 평가해야 한다는 것이다. 즉, 유능성의 높고 낮음에 따라서 리더십을 적용해야 한다는 것이다. 허시와 블랜차드는 리더십의 유형을 결정하기 이전에 구성원의 발달 수준을 [표 1.6]과 같이 네 가지로 구분하였다.

[표 1.6] 구성원의 발달 수준

구 분	구성원의 발달 수준			
내용	유능성 높음 헌신성 높음	유능성 중간~높음 헌신성 낮음	약간의 유능성 헌신성 낮음	유능성 낮음 헌신성 높음

그리고 구성원의 발달 수준을 고려하여 리더십 유형을 다음 [그림 1.5]와 같이 높은 지시적-낮은 지원적 행동 유형과 높은 지시적-높은 지원적 행동, 높은 지원적-낮은 지시적 행동, 낮은 지원적-낮은 지시적 행동 유형으로 구분하였다. 높은 지시적-낮은 지원적 행동 유형은 부하의 발달 수준이 제일 낮은 수준으로 대부분 의사소통의 초점이 목표 달성에 맞춰져 있으며, 지원적 행동을 사용하는 리더는 구성원들이 무슨 목표를 어떻게 달성해야 하는지에 대한 지시와 작업활동을 감독하는 것이다. 높은 지시적-높은 지원적 행동 유형은 부하의 발달 수준이 세 번째로 낮은 수준으로 의사소통의 초

[그림 1.5] 네 가지 리더십 유형

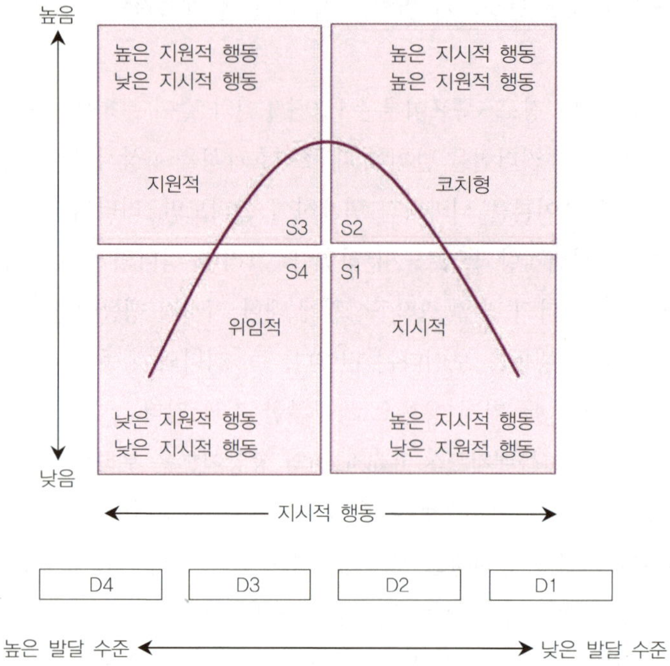

점을 과업 달성을 강조하면서 많은 정서적 지원을 하는 코칭형 유형이다. 높은 지원적-낮은 지시적 유형은 부하의 발달 수준이 두 번째로 높은 수준으로 의사소통의 초점이 목표를 강조하는 것이 아니라 목표를 잘 달성할 수 있도록 지원적 행위를 강화하여 동기유발시키는 지원적 접근법이다. 낮은 지원적-낮은 지시적 행동 유형은 부하의 발달 수준이 제일 높은 수준으로 과업을 달성하는 데 지시적 행동을 하지 않고, 조직구성원의 자율성을 부여하는 위임적 접근법이다.

이와 같은 허시와 블랜차드의 상황이론은 조직구성원의 성숙도 수준에 따라 리더의 유능성과 헌신성을 발휘해야 한다고 하였다. 그러나 구성원에 대한 성숙도 수준이 명확하게 분석되지 않았으며, 어떠한 성숙도를 고려하여 유능성과 헌신성을 발휘할 것인지에 대한 명확성이 없다. 또한 리더의 유능성과 헌신성에는 다양한 측면에서의 유능성과 헌신성이 존재한다. 즉, 업무 측면에서의 유능성과 헌신성이 있을 수 있으며, 관계 측면에서의 유능성과 헌신성이 존재할 수 있다는 것을 미고려한 것이다.

5 뇌과학과 리더십

모든 인간은 외부세계를 내적인 기능들을 통해 조정하고 정돈하는 정신기능을 가지고 있다. 우리는 이 정신기능을 과학적인 과정을 통해 이해하고자 하는 노력으로 인간의 정신을 담당하는 뇌를 연구하여 왔다. 1930년대 특정 뇌손상에 따른 행동효과 연구를 시작으로 특정 뇌 영역과 행동 간의 관련성이 알려지면서 뇌손상을 평가해줄 수 있는 단일한 검사나 스크린용 검사가 사용되었다. 1950년대 후반부터 제2차 세계대전 재향군인들을 대상으로 또는 특정 영역의 뇌수술을 받은 신경과 환자들의 행동을 연구하면서 좌측 전두엽 손상과 언어학습 장애, 후두엽 손상과 시지각과 시각학습 장애, 해마 손상과 기억 장애, 전두엽 손상과 추상적 개념 손상 등을 밝혔고, 뇌손상 영역에 따른 행동 변화에 관한 연구에서 후두엽 손상과 시각적 지각, 전두엽 손상과 자발적 자세 변화, 두정엽 손상과 공간관계 지각에서의 손상 등이 연구되었다. 1980년대 이후 뇌와 행동 간의 다양한 연구들을 기반으로 신경심리는 일반적인 지적능력, 기억, 정신성운동속도, 시각-공간 능력, 시지각, 청각, 촉각, 언어, 주의력 등과 같은 다양한 기능들을 평가하는 종합적인 검사도구들이 활발히 적용되었다. 또한 1990년대 이후 점점 신경과학에 기반을 둔 실증 연구에 기반을 둔 진단도구로 옮겨 갔다. 신경심리에 기반을 둔 검사도구들이 임상 장면 외에도 학교 장면이나 상담 장면 및 다양한 공·사 조직에서 진로설계, 배치, 생산성 극대화 전략, 리더십, 위기 및 갈등예방, 개인 및 집단 심리상담, 부부 및 가족상담, 학습장애 및 부진 치료 등을 위해 활발히 적용될 준비를 해왔다.

국내에서도 2004년에 임상 장면뿐만 아니라 학교나 상담 장면에서 전문성 있게 활용할 수 있도록 APL(Aptitude-Personality-Learning) 진단도구가 표준화되었고, 국내·외 추세에 맞춰 실증적 연구기반을 둔 적성, 성격, 학습특성에 대한 과학적인 검사도구의 필요성에 의해 제작된 APL이 임상 장면 외에도 학교, 상담, 기업 장면에서 보다 개별화된 맞춤식 설계를 위한 실증적인 근거를 제공할 수 있게 됨에 따라 다양한 영역에서 효과성제고를 위한 보다 심층적이고 과학적인 접근이라는 새로운 패러다임의 확산을 기대할 수 있게 되었다(이정화, 2017).

APL의 이론적 근거

APL 진단은 주 관리기능인 전두엽을 네 가지 사고 유형(순차적 사고, 변칙적 사고, 구체적 사고, 추상적 사고)으로 나누었고, 세 가지 하위 관리기능인 측두엽, 두정엽, 후두엽은 각각 좌・우반구로 구분하여 특성분류를 하고 있다.

두정엽은 운동을 실행하고, 운동을 하는 의도와 목적에 관여한다. 따라서 두정엽이 손상되면 운동 실행증이 나타나고, 전두엽이 손상되면 목표지향적 행동 실행증이 나타난다. 따라서 실행증의 증상만 가지고는 이 증상이 뇌의 어느 부위의 손상에 의해 야기되는지 판단하기 어렵다. 즉, 특정행동을 이해하기 위해서는 감각 특성이나 전두엽의 특성에 한정하기보다는 이들을 통합하는 과정이 요구될 수 있다.

개인의 사고패턴은 우리가 정보를 취하는 방식, 뇌에 저장하는 방식, 표출하는 방식을 반영한다. 뇌의 기능 조직화와 관련된 대뇌 기제의 이해는 심리학, 생리학, 의학 등과 같은 다양한 분과에서 발견된 실제 사실에 근거하여 이루어져야 한다. 현재 우리가 알고 있는 대부분의 대뇌기능과 정신기능의 관계는 국부 뇌손상을 가진 환자들을 신경심리학적 입장에서 관찰하고 조사한 연구들로부터 나왔다.

뇌와 정신과정 기제에 대한 연구들은 인간의 욕구와 계획이 뇌의 어떤 구조에 의해 만들어지고 통제되고 검증되는가? 외부 정보를 수용, 분석, 저장하는 신경계는 어떻게 조직되어 있는가에 관심을 두어 왔다. 100년 전에 뇌는 외부자극을 수용하고 자극에 반응하는 기초체계로 구성되어 있는 수동적 반응도구로 여겼다. 과거 경험에 의해서만 뇌 활동이 결정된다고 믿었다. 그러나 새로운 실증 연구들은 뇌가 과거 경험뿐만 아니라 미래의 계획, 계획에 따른 행동도 창조해내는 능동적이고 적극적인 도구라는 사실들을 발견하면서 어떤 기제를 통하여 미래에 대한 계획이 현재 행동에 영향을 미치는지를 설명하고자 하는 가설들이 실증적 연구들을 기반으로 제안되기 시작하였다(Luria, 1990).

개인마다 뇌의 발달 영역이 상이하며, 상이한 뇌 발달로 인한 개인의 잠재된 독특성이 개인들을 차별화하는 데 어떻게 영향을 미치는가에 대한 뇌작용 기제에 대한 실증적인 연구들 역시 활발하게 이루어져 왔다. 복잡한 정신작용의 기능체계가 대뇌 피질의 특정 영역 내에 위치하지만 이러한 기술들은 단순한 행동이라도 다양한 기본적인 기술을 필요로 하며, 다양한 대뇌 영역의 활동을 요구한다. 복잡하고 계층적인 구조를 가진 복잡한 체계 위에 기초하고 있기 때문에 정신과정은 복잡한 기능체계의 관점에서 이해되어야 한다(Vygotsky, 1956; Leonteyv, 1959; Galperin, 1959). 행동이 일어날 수 있으려면 특정한 대뇌 영역뿐만 아니라 기본적인 기술을 담당하는 여러 대뇌 영역의 활동이 온전해야 한다. 여러 대뇌 영역들의 활동과 상호작용 양식들은 행동의 장애, 행동의 차이성을 나타낸다. 개인의 기질적인 뇌손상에 의한 다양한 행동양식 또는 다양한 독특성을 가지고 표출되는 정상인의 행동특성들이 뇌의 기능적 시스템에 관여한다는 점을 시사한다. 또한 동일한 외부자극에 대해 상이한 기능적 시스템으로 반응하거나 자극에 대한 행동과제 수행방식이 다른 기능적 시스템을 이용할 수 있다. 예를 들어, 수학문제를 푸는 방식은 논리적인 방식에 의해 수행할 수도 있지만, 기계적인 방식에 의존할 수도 있다. 특정 대뇌 영역에 손상이 있을 때 그 영역이 관장하는 기술과 관계되는 모든 행동들이 영향을 받는 반면, 그 영역의 기술을 필요로 하지 않는 다른 행동들은 정상적으로 수행된다(Luria, 1999).

뇌 영역의 정신기능 분석

전두엽(Frontal lobe)은 뇌의 1/4을 차지하며, 전전두엽은 판단, 창의, 문제해결력과 밀접한 관계를 갖고 있다. 나이가 들면 전두엽 세포는 죽어가지만, 전전두엽 세포는 만들어진다. 이러한 현상은 나이를 먹을수록 깜빡깜빡하면서 기억을 잘못하지만, 전체를 보고 핵심을 파악하는 판단력은 더 좋아진다(Luria & Homskaya, 1966). 전두엽의 역할은 정보를 수용, 분석, 저장하고, 정신작용과정을 통제하는 역할, 복잡한 목표지향적인 행동과 주의를 통제한다. 그러나 전두엽이 손상 시에는 기대나 지적활동에 장애, 계획이나 의도를 세우고 스스로 동기부여가 어려워 희망이나 소원을 전혀 표현할 수 없다. 또한 무엇을 요구하는 일도 거의 없이 무관심, 무동기, 무의지가 나타난다. 전두엽 손상 환자들은 수동적으로 침대에 누워서만 지내는 경우가 흔하다. 또한 주의 집중력과 의욕이 떨어지고 사고를 편협하게 해서 어떤 현상을 이해할 때 전체의 맥락을 잘 잡지 못한다.

후두엽(Occipital)은 일차 영역의 기초적인 시각기능을 통해 시각정보→망막→수용기 세포들에 의한 시신경→자극정보를 전달하며 일차 영역 손상 시에는 시력상실과 시야장애를 초래한다. 후두엽의 이차 영역에서는 시각정보의 직접적인 수용 관여보다

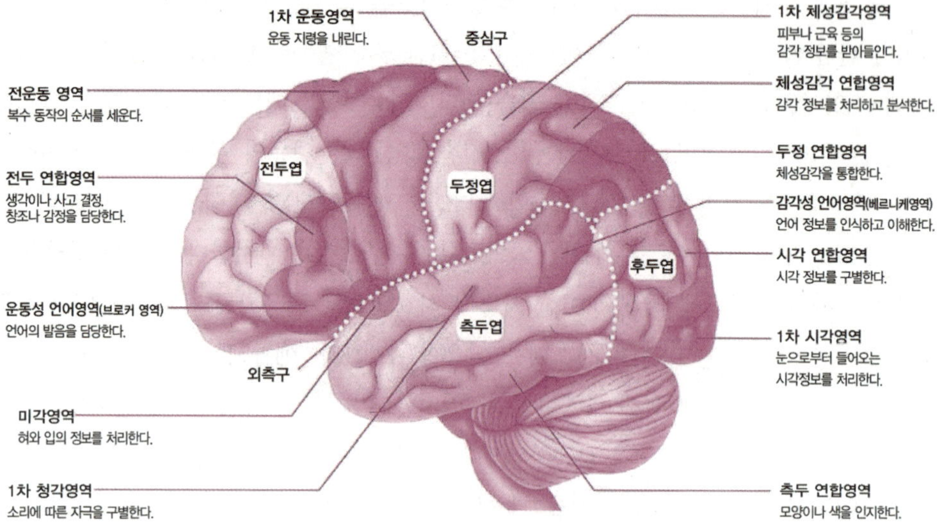

는 시각정보의 조직화, 통합적 처리 및 저장에 관여한다. 후두엽의 이차 영역 손상 중, 우반구 시각 경로 손상 시에는 그림이나 책의 오른쪽 면만 지각하여 글을 쓰거나 그림을 그릴 때 종이의 오른쪽 면만 사용하게 된다. 책을 읽을 때도 오른쪽 면만 읽기 때문에 내용 이해의 어려움을 경험한다. 또한 시각정보를 완전한 형태로 지각하는 데 장애가 나타나 전체적 시각 형태를 그리지도 못하여 단지 몇 개의 부분들만 그린다. 즉, 우반구 손상을 입은 환자들은 개개의 사물 특징을 통합하여 전체적인 시각이미지로 합성하는 데 장애를 보인다. 예를 들어, 친숙한 얼굴이나 거울에 비친 자신의 얼굴조차 알아보지 못해 목소리, 옷차림, 몸짓을 통해 사람을 구별하는 상모실인증을 경험하거나 다른 예로, 안경그림을 보여주면, "여기에 원이 하나 있고, 여기에 다른 원이 있는데, 음, 그리고 여기에는 막대기가 있고, 빗장 같은 것도 있고, 이것이 뭐지? 자전거 인가요?"라고 전체를 통합하지 못하는 특성을 보인다.

측두엽(Temporal lobe)의 일차 영역의 기초적 청각기능은 외부 음파 → 내이의 와우각 → 청각기 세포들에 의한 청신경 → 뇌에 청각정보를 전달한다. 일차 영역이 손상되면 청력 상실을 경험한다. 측두엽의 이차 영역은 청력 상실은 보이지 않으나 동시에 제시되는 여러 청각 자극들에 대하여 서로 다른 반사반응들을 형성하지 못하게 되어, 한 가지 소리는 구분하지만 여러 소리를 구별하기 어렵게 된다. 또한 좌반구 측두엽은 음소를 분석하고 통합하는 능력에 관여하여 언어 청취에 중추적인 역할을 한다. 이 영역에 손상이 있을 때, 발음의 음소들을 구별해 내는 데 어려움을 갖게 되어 청력이 정상이라 하더라도 음소들을 구별하는 데 장애를 보인다. 또한 소리의 복잡한 연합을 분석하지 못하게 되어 철자 인식을 못하거나 유사한 윤곽을 가진 철자들의 혼동 또는 복잡한 철자 인식이 안 되어 읽기 능력 장애와 받아쓰기의 어려움이 나타난다.

두정엽(Parietal lobe)은 공간합성에 관여하여 배열과 위치 및 운동에 관여한다. 어떤 환자들은 방향을 쉽게 잃어버려 병실 복도로 나가면 다시 병실을 찾아오기 어렵고, 병실 안에서도 자신의 침대를 찾기 어렵다. 동쪽과 서쪽 또는 왼쪽과 오른쪽 방향 혼돈이 있고, 자주 갔던 장소도 지도에서 찾지 못한다. 침대정리도 어렵고, 옷을 입을 때도 팔을 다른 쪽 소매에 넣는 행동을 보이고, 시계의 바늘 위치만 보고 시간을 알 수 없다. 지시에 따라 손을 들어보게 하거나 모양 맞추기 등의 구성이 어렵다. 두정엽이 손상된 환자의 경우, 글자를 구성하는 선들의 공간적 위치를 기억하지 못하기 때문에 쓰기 능력에 심각한 장애를 남긴다. 또한 배열과 관련된 논리적-문법구조를 이해하거나 수리적 조작을 수행하는 데 장애를 보이며, 공간인지 과정 및 행동 장애를 보일 수 있다.

뇌과학을 적용한 리더십의 이점

뇌과학을 리더십에 적용할 때에는 우리가 신화처럼 생각하는 것을 배격할 수 있고, 과학적 근거에 의한 리더십 코칭 도구를 개발할 수 있다.

첫째, 신화 배격과 관련된 내용으로 대부분의 리더는 조직구성원들이 지나치게 불안하지 않으면 생산성에 문제 없다고 생각한다. 그러나 무의식적 뇌는 생각하는 뇌와 연결되어 있으며, 무의식적 불안은 생각하는 뇌를 방해하기 때문에 생산성을 떨어뜨릴 수 있다. 따라서 리더는 조직구성원들이 무의식적 불안을 느끼지 않도록 관심을 가질 필요가 있다. 그리고 리더의 결정에 대한 자신감은 자신이 선택한 결정이 정확하다고 생각하는 경향이 있다. 그러나 사람은 자신감이 참된 것인지 환상적인 것인지 구분하지 못한 채 자신감을 갖게 된다고 한다. 따라서 정확하게 결정했을 것이라 추측하지 말고, 자신감을 탐색할 필요가 있다. 또한 리더들은 조직구성원이 자신에게 업무 진행 정도를 이야기하지 않아도 문제가 없다고 생각한다. 그러나 조직구성원이 리더에게 말하지 않더라도 리더는 공유하는 거울신경을 가지고 자동으로 조직구성원의 뇌에서 정보를 꺼내려고 한다. 따라서 리더는 조직구성원이 말을 하지 않아도 소통하는 것이 중요함을 인식할 필요가 있다. 리더는 조직구성원에게 오류를 피하라고 말하는 것이 중요하다고 생각한다. 그러나 뇌는 스트레스를 받으면 "하지 마라"는 명령을 "하라"는 명령으로 해석하게 된다고 한다. 따라서 조직구성원에게 피드백을 줄 때는 신중할 필요가 있다. 리더는 조직을 위해서는 조직구성원들을 계속 밀어 붙일 수 있고 이러한 것은 문제가 되지 않는다고 생각한다. 그러나 직원들을 '밀어붙이면' 무의식적 뇌와 편도체가 지치게 되어 뇌의 전원이 차단된다고 한다. 따라서 조식은 일이 많은 것보다 약간 적은 것이 좋을 수도 있다.

둘째, 뇌를 알면 겉으로 드러난 행동보다는 그 행동을 하게 한 원인을 파악하여 뇌에 개입하는 코칭 프로토콜을 개발할 수 있는 이점이 있다.

Chapter

02

자기브랜드 리더십 개념

1. 개인 인지사고 특성
2. 인지사고 특성을 기반한 자기브랜드 리더십 유형

1 개인 인지사고 특성

21세기 리더십은 기존의 경험적 결과에 의한 리더십이 아니라 좀 더 과학적인 리더십이 필요하다. 모든 조직 또는 일상생활 속에서 리더십의 대상은 사람이다. 사람은 생각하고 행동한다. 사람의 생각과 행동의 원천은 뇌(brain)에서 이루어진다.

모든 인간은 외부세계를 내적인 기능들을 통해 조정하고 정돈하는 정신기능을 가지고 있다. 우리는 이 정신기능을 과학적인 과정을 통해 이해하고자 하는 노력으로 인간의 뇌를 연구하여 왔다. 뇌와 정신과정 기제에 대한 연구들은 인간의 욕구와 계획은 뇌의 어떤 구조에 의해 만들어지고 통제되고 검증되는가? 외부 정보를 수용, 분석, 저장하는 신경계는 어떻게 조직되어 있는가에 관심을 두어 왔다.

100년 전에 뇌는 외부자극을 수용하고 자극에 반응하는 기초체계로 구성되어 있는 수동적 반응도구로만 여겼다. 과거 경험에 의해서만 뇌활동이 결정된다고 믿었다. 그러나 새로운 실증 연구들은 뇌가 과거 경험뿐만 아니라 미래의 계획, 계획에 따른 행동도 창조해내는 능동적이고 적극적인 도구라는 사실들을 발견하면서 어떤 기제를 통하여 미래에 대한 계획이 현재 행동에 영향을 미치는지를 설명하고자 하는 가설들이 실증적 연구들을 기반으로 제안되기 시작하였다. 뿐만 아니라, 국소적인 대뇌 영역들은 특정한 기술을 담당한다고 한다. 즉, 각 뇌기능이 국재화되어 뇌 영역마다 담당하는 역할들을 서로 분담하는 실증적인 연구결과들이 지속적으로 발견되면서, 개인마다 뇌의 발달 영역이 상이하며, 상이한 뇌 발달로 인한 개인의 잠재된 독특성이 개인들을 차별화하는데 어떻게 영향을 미치는가에 대한 뇌작용 기제에 대한 실증적인 연구들 역시 활발하게 이루어져 왔다. 복잡한 정신작용의 기능체계가 대뇌 피질의 특정 영역 내에 위치하지만 이러한 기술들은 단순한 행동이라도 다양한 기본적인 기술을 필요로 하며, 다양한 대뇌 영역의 활동을 요구한다. 복잡하고 계층적인 구조를 가진 복잡한 체계 위에 기초하고 있기 때문에 정신과정은 복잡한 기능체계의 관점에서 이해되어야 한다.

전두엽은 뇌의 1/4을 차지하며 전전두엽은 판단, 창의, 문제해결력과 밀접한 관계를 갖고 있다. 나이가 들면 전두엽 세포는 죽는 대신 전전두엽 세포는 만들어진다. 나이들수록 깜빡깜빡하고 기억을 못하지만, 전체를 보고 핵심을 집는 판단력은 더 좋아진다.

전두엽의 역할은 정보를 수용, 분석, 저장하고, 정신작용과정을 통제하는 역할, 복잡한 목표지향적인 행동과 주의를 통제하지만, 손상 시에는 기대나 지적활동에 장애, 계획이나 의도를 세우고 스스로 동기를 부여하기가 어려워 희망이나 소원을 전혀 표현할 수 없고 무엇을 요구하는 일도 거의 없이 무관심, 무동기, 무의지가 나타난다.

사람은 각기 성격이 다르고 독특한 능력과 잠재력을 가지고 있다는 것은 누구나 인정하는 사실이다. 또한 서로 다른 영역에서 더 우수한 잠재력을 발휘하고, 다른 방식으로 소통하고, 다른 방식으로 학습과 경험을 처리한다. 개인마다 서로 다른 인지적 특성이 존재하지만 우리의 학습과 소통방식은 모두에게 똑같이 적용할 수 있는 방법을 제시한다. 그러나 이러한 방식이 누구에게 통하지 않아 적절한 진로설계, 적절한 학습설계, 적절한 대인과의 소통 영역에서 여전히 문제해결을 요구한다. 개인마다 상이한 인지처리양식이 존재한다면 그에 맞춘 방식이 어느 일반적인 방식보다 그의 독특성에 맞춰진 방식이 더 효율적일 것이다. 개인의 잠재력을 극대화하고, 의사소통을 더욱 명료화, 또 학습능력 효율화를 위한 핵심은 자신과 타인의 잠재적 독특성을 이해하는 데서 출발해야 할 것이다. 그러므로 PAIR 리더십은 전두엽 기능의 인지사고 특성인 순차적 처리와 변칙적 처리, 구체적 사고와 추상적 사고를 기반으로 개발되었다.

전두엽의 네 가지 인지처리 특성은, 전두엽의 사고기능과 좌·우반구의 기능 편재화를 기반으로,

① 순차처리(Sequential Processing)는 순서대로 일어나는 연속적인 자극을 분석하는 데 전문화된 뇌 영역으로, 연속적인 기능과 사실을 분석-계열적으로 정보를 처리하는 편재화된 뇌기능이다. 언어는 들은 대로 암기한 것을 잘할 수 있다.

② 변칙처리(Random Processing)는 제시된 자극을 동시에 한꺼번에 요소들을 분석하는 데 전문화된 뇌로, 종합적으로 정보를 처리하고, 말하려는 각 요소를 선택하고 조합해서 이야기를 '조직화'하는 것에 관여하며, 목소리, 억양을 통해 정서를 표현하고 인식하는 기능을 전담한다.

③ 구체적 사고(Fact Thinking)는 눈에 보이는 사실감각을 기반으로 오감을 사용한 사고를 전담한다.

④ 추상적 사고(Abstract Thinking)는 정보를 개념별로 나누고 분석하는 개념적 원리적 사고를 전담하는 편재된 기능을 담당한다.

인지사고 유형의 해석은 각 척도가 의미하는 구체적 구성개념을 평가하기 위해 먼저 네 가지 개별척도인 1코드 해석에서 시작되어야 한다. 개별척도는 그 구성개념의 가장 핵심적인 특성을 측정하기 위한 것으로 각각의 구성개념에 대한 이론적, 경험적 연구를 근거로 결정한 것이다. 각각의 특성척도들은 다른 특성척도들의 발달 수준에 따라 2코드, 3코드, 4코드로 상이한 해석이 이루어지며, 유사하게 발달된 척도들이 묶여지더라도 표준편차 범위에 따른 해석을 통해 더 정확하게 평가가 가능할 수 있다. 여기서 활용되고 있는 인지사고 유형 검사는 평균 50, 표준편차 10을 기준으로 개발되었다.

[그림 2.1] 전두엽의 네 가지 인지처리 유형

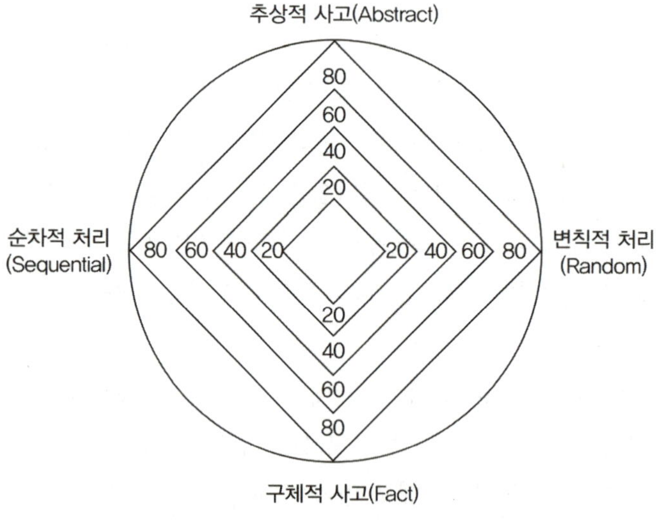

사람은 각기 성격이 다르고 독특한 능력과 잠재력을 가지고 있다는 것은 누구나 인정하는 사실이다. 또한 서로 다른 영역에서 더 우수한 잠재력을 발휘하고, 다른 방식으로 소통하고, 다른 방식으로 학습과 경험을 처리한다. 개인마다 서로 다른 인지적 특성이 존재하지만 우리의 학습과 소통방식은 모두에게 똑같이 적용할 수 있는 방법을 제시한다. 그러나 이러한 방식이 누구에게나 통하지 않아 적절한 진로 및 적성, 학습, 대인과의 소통 영역에서 여전히 문제해결을 요구한다. 따라서 자기브랜드 리더십 개념을 네 가지 인지처리 유형과 적성(Aptitude), 성격(Personality), 학습(Learning)과 연계하였다.

순차처리사고(Sequential Processing)

좌반구 우세형으로 순서대로 연속적으로 처리하는 사고로, 눈에 보이는 사실(fact) 처리에 강하다.

순차처리(Sequential Processing)는 외부 자극을 특정한 일련의 순서로 통합하는 정신과정이며, 이러한 순서는 사슬과 같은 연쇄의 형태를 갖는다. 정보를 질서 있게, 그리고 순차적으로 사고하는 특성으로, 업무와 학업처리에서 이들은 완벽을 추구한다. 순차적 처리의 순서적 측면은 사물을 계열적으로 지각하는 것과 소리나 동작을 순서대로 형성하는 것을 포함한다. 순차적 처리를 포함하고 있는 과제의 예는, 구어를 순차적으로 조직하는 것과 분리된 것을 연속적인 계열로 종합하는 것이다. 루리아(Luria, 1966)는 연속적 처리는 사물들이 서로 엄격히 정해진 순서를 따르는 기능이라고 하였다. 특히, 전체 담화의 개별적인 요소가 항상 특정한 연속적인 계열로 조직된 것처럼 작용할 때 그러하다고 하였다. 다시 말하면, 담화의 순차적인 제시가 의미를 이끌어낸다.

순차적 처리는 자극의 순차적 속성에 대한 지각과 재산출, 구문론적 관계에 기초를 둔 문장의 이해, 그리고 분리된 소리를 연속적인 순서로 조음하는 것에 기능한다. 이러한 인지처리과정은 뇌의 특정한 해부학적 영역과 연결되어 있다. 보겐(Bogen, 1969), 가자니가(Gazzaniga, 1975), 네베스(Nebes, 1974)는 분석적, 순차적, 시간적, 명제적 처리는 대뇌의 좌반구와 연결되고 통합적, 전체적, 공간적, 병렬적 사고는 주로 우반구에서 행하여진다고 하였다. 한편 루리아(Luria, 1966)는 순차적 처리를 주로 전두엽의-측두 영역의 기능이라고 보고 있다. 순차적 처리의 두드러진 특징은 각 요소가 바로 선행하는 요소에만 관련되고 이러한 자극들이 상호 관련되지 않는다는 점이다. 문제를 해결할 때 정보를 한 번에 한 가지씩 처리하는 기능이 잘 발달되어 있고, 한 번에 한 가지 문제에 초점을 두는 행동특성이 나타날 수 있다는 것이다. 분석적으로 순서와 단계가 있는, 측정적이고, 비교, 대조적 이해기능이 우수하다. 명료한 것을 좋아하고 집중력이 있으며, 계획적이고 구조화된 수업시간을 좋아하고 수학이나 컴퓨터 프로그램 등의 순차적 과제를 좋아한다. 이 점수가 높으면 체계적이고 단계적으로 일을 처리하는 경향이 있어 성실하고 예측 가능하고 규칙과 질서를 잘 지키며 반복적으로 꾸준히 해야 하는 분야에서 두각을 보일 수 있다. 학습특성은 구조화된 환경 선호, 전체보다 세부적 학습과제

[그림 2.2] 전두엽의 순차적 사고특성의 발달과 A.P.L의 특성

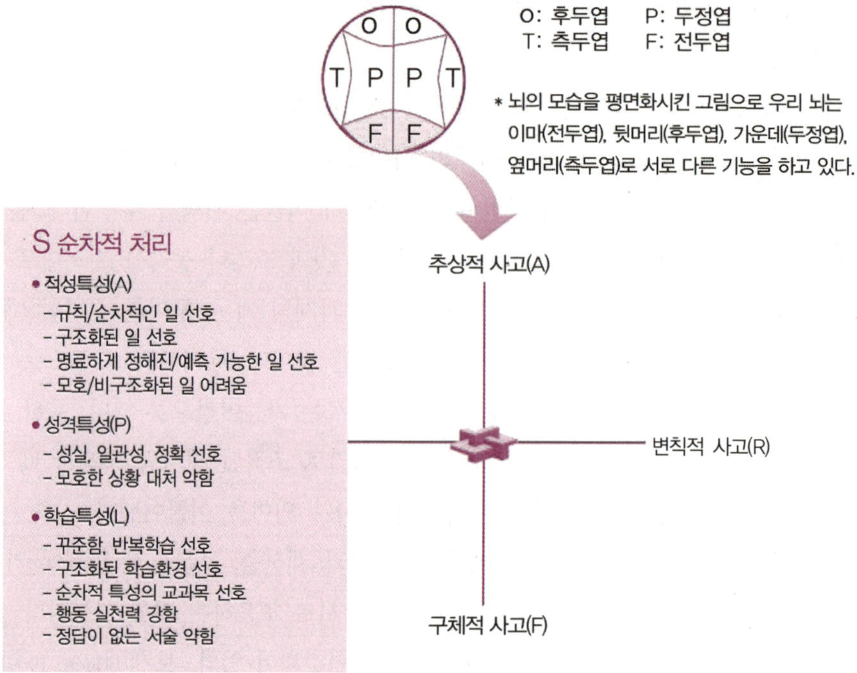

를 더 잘 수행, 집중력과 실천능력이 좋다.

적성특성(Aptitude)

강점: 순서와 단계가 있는 일, 분석적, 측정적 비교, 대조적 이해기능을 발휘할 수 있는 일에 기능적이다. 정확하고 명료한 것을 좋아하고 모호하고 불규칙한 것에 잘 집중하지 못할 수 있다. 한 가지 일에 집중할 수 있는 세분화되고 시스템적인 구조화된 직무환경을 선호할 수 있다. 수학이나 컴퓨터 프로그램과 같은 분석적이고 정확한 순서와 규칙이 있는 일에 집중력이 우수하다. 순차처리가 높은 개인은 구조화된 환경과 규칙이 있고 분명하게 정해진 체계적인 일이나 예측 가능한 일을 선호하며, 시간을 두고 준비하며 주어진 일에 대해 완성도가 높다.

순차처리는 정보를 비교 · 분석 · 계획 · 논리적 사고력이 우수하기 때문에 정확한 방

식이 있는 직업에서 능력을 발휘할 수 있고, 직장 내에서 생산성 향상을 위한 전략으로, 심리적인 동기부여 전략보다 모호하지 않은 정확한 방법론을 제공하거나 이랬다저랬다 하는 비일관적이기보다 일관성 있는 시스템 제공이 필요하다.

약점: 복잡한 내용도 논리적인 분석과 비교를 통해 이해하고 처리하려는 경향이 높지만, 모호하고나 정확하지 않은 비구조화된 일에 스트레스를 많이 받기 쉽고, 직장 내에서 발생 될 수 있는 여러 변수에 유연성 있게 처리하기보다는 공식과 규칙과 같은 원칙 중심의 처리를 한다. 뇌가 크게 편중되어 순차적 특성만 매우 높은 경우 진로에 대한 계획에서, 변화보다는 안정적이고 구조화된 업무에서 실수가 없고 정확하고 성실하여 그 능력을 인정받을 수 있지만 변화가 많은, 즉 사람 조직과 사람들의 눈에 보이지 않는 감성과 직감 또는 유연성이 필요한 직업은 큰 스트레스뿐만 아니라 두각을 보이기 어렵다.

사례 한 관리자가 공장을 둘러보다 한 젊은 청년이 공장안에서 퇴근시간이 이미 한참 지났는데도 기계 다루는 일에 몰입해 있었다. 그 이후에도 몇 차례 퇴근시간 이후에 그 성실한 청년을 자주 목격했다. 관리자는 그 청년의 이력에 관심이 가서 살펴보니 명문대에서 공학 석사까지 마친 유능한 인재였다. 그 관리자는 그를 스카우트하여 큰 기대 속에서 조직관리 일을 맡겼다. 그러나 6개월쯤 후 그 청년이 사표를 냈고 회사는 그 사표를 받아들였다. 이유는 이 청년은 매우 성실하고 규칙적이고 예측 가능한 일을 잘할 수 있는 잠재능력을 가진 사람이었지만, 규칙보다는 그때그때 문제 상황에 따라 유연성 있게 변화에 대처하는 능력이 약한 사람이었다. 그는 그가 잘하는 영역에서는 칭찬을 받을 수 있었지만, 그에게 재능이 없는 영역에서는 두각을 보이지 못하였다. 즉, 사람들이 모여 있는 조직 내에서 예상치 못한 다양한 일들이 벌어졌고, 그 변화를 해결할 정확한 공식과 방법이 존재하지 않은 일들이 많았다. 이러한 직무에는 해결할 공식에 의존하기보다는 변화에 대한 대처력과 해결공식을 만들어서 대처할 수 있는 유연성이 필요하다. 예측할 수 없는 다양한 상황은 공식이 존재하지 않는 경우가 흔하기 때문에 문제해결능력의 존재에 의존할 수밖에 없다. 그 청년은 여러 문제들을 A→B→C→D라는 이미 알고 있는 공식 외에 예상치 못한 일들이 벌어질 때 해결책을 새로 만들어내기 어려워했고, 때때로 부하직원에게 왜 A→F→C→G로 문제를 해결했느냐고 화를 냈다. 부하직원들은 유연성이 약한 상사에 불만을 갖게 되고 상사로서의 지도력이 흔들렸다.

전략: 순차적인 특성이 강한 개인에게는 해야 할 일에 대해 순차적이고 단계적인 방식으로 제공하고, 한 가지에 집중할 수 있도록 한 번에 여러 가지를 지시하지 않고, 자주 말이 바뀌지 않는 업무환경이 능률을 높일 수 있다.

성격특성(Personality)

강점: 순차적인 특성이 발달된 개인의 성격특성은 순차적이고 연속적인 사고처리의 영향으로, 행동 역시 매우 성실한 행동특성을 보이며, 변화보다는 예측 가능한 일관성이 있는 성격특성을 보이며, 정확하고 분명한 것을 추구한다. 눈에 보이지 않는 정서에 의해 불쾌한 기분이 촉발되기보다는 정확하지 못한 것에 화를 내고 불쾌하게 여길 수 있다. 눈에 안 보이는 인정욕구나 만족감 등의 감정의 문제보다 눈에 보이는 일을 잘 해내지 못하는 것에 대한 불안이 높을 수 있다. 완벽주의적인 성격특성이 높다. 성격이 안정적이면 정확하여 신뢰감을 줄 수 있는 성격이다. 어린 아이들의 경우 말을 잘 들어 매우 키우기가 수월한 편이지만 경우에 따라 mama boy mama girl이란 주도적이지 못하다는 의미의 닉네임이 붙여질 수 있다. 성인들의 경우 매우 성실하지만 융통성이 없다는 말을 들을 수 있다.

약점: 변화가 많은 환경이나 정확하지 않고 모호한 상황에서 스트레스를 받을 수 있고, 대충 또는 유연성 있는 처리가 약할 수 있어, 정확성을 요구하는 질문을 할 수 있다. 즉흥적인 행동보다는 계획적인 행동 경향이 있다. 가벼운 형식 없는 대화에 끼기 어려워할 수 있다. 눈에 보이지 않는 감정교류가 약할 수 있다.

사례 레지던트 실습 중에 있는 A씨는 응급실에 급한 환자와 덜 심각한 환자가 내원할 때, 병원에 들어온 순서대로 환자를 대기하도록 하거나 여러 예기치 못한 상황에서 순발력 있게 대처하지 못하여 환자나 보호자들이 자주 병원에서 난동사건을 일으켰다. 그리고 지도교수들에게 "너 바보 아니야" 하고 늘 혼나기 일쑤였던 A씨는 전공과를 해부병리로 바꾸어 레지던트를 다시 시작했고, 현재 국과수에서 사체 부검 일을 하고 있는 그는 "신체 조직이나 죽은 사체가 입을 꼭 다물고 있어 골치 아프지 않다"며 만족스러워 했다. 즉, 변화에 대처하는 것이 약한 A씨는 변화가 없는 시체가 속 편하게 느껴질 수 있다.

전략: 눈에 보이지 않는 분위기 파악을 직감적으로 느끼기 어려워 사회적 상황에서 적절한 행동을 취하기 어렵기 때문에 당황할 수 있다. 갈등이나 상황에 대한 대처 문제가 있는 경우, 감정적 지지와 이해보다 해결할 공식과 정보를 순차적으로 제공하거나 원리를 설명해주는 교육이 도움이 될 수 있다.

학습특성(Learning)

강점: 순차적이고 연속적인 뇌 발달로 인해, 매우 꾸준하고 교과서를 순차적으로 읽으며, 오랫동안 책상에 앉아 있을 수 있는 차분한 특성을 보일 수 있다. 정확한 방법과 공식이 명료할 때 다음 단계로 진행이 가능하므로 반복학습을 통한 정확성 확보가 효율적이며, 규칙적인 구조화된 학습환경을 선호한다. 또한 교과목도 순차적 특성이 반영된 과목을 선호하며, 교사나 부모의 과제 및 학습 지시에 행동 실천력이 강한 모범적 학습특성을 보인다. 어른들이 원하는 학업성취에 우수한 특성을 보일 수 있다.

약점: 순차적인 특성이 강하면 가벼운 일도 대충 추론해서 마무리 짓는 데 시간이 걸릴 수 있다.

전략: 공부하는 공식을 A→B→C→D 순서의 반복학습으로 정확한 공식이 생기면 성실성으로 인해 우수하게 학업을 성취할 수 있지만 이러한 공식은 반복과 정확성에 대한 가르침과 질문에 의해서 생겨난다. 따라서 S가 높은 학습자의 경우 학교에서 모르는 것은 손을 들고 질문하는 훈련이 되어 있을 때 더 즉각적인 공식 확보로 인해 학습성취에 긍정적일 수 있다. 학원을 섣불리 그만두는 것은 효과적이지 못하다. 학습을 순서대로 하는 방법을 알려주어야 한다. 하나를 가르치면 하나를 알고 두 개 가르치면 두 개를 아는 성실한 특성을 갖고 있어서 부모가 좋은 학습환경을 성실하게 제공하면 그 만큼의 원하는 학업 성취를 올릴 수 있으므로 구조화되고 성실한 부모환경이 필요하다. 그러나 S특성이 강하더라도 방법론과 성실하게 뒷받침되는 환경이 제공되지 않은 경우 스스로 어떻게 해야 할지에 대한 설계력이 약하여 학업 성취가 낮을 수 있다. 유아의 경우 S만 높은 경우 착실하여 키우기가 매우 수월하지만, 이후 사회성발달과 창의성발달이 약할 수 있어 유아교육 시 태도관리보다 창의성과 사회성에 초점을 둔 교육설계로 보완교육이 필요하다.

전체 전략: S가 높은 개인은 성실함과 정확한 고유의 장점을 통해 어릴 때부터 많이

칭찬받아 자존감과 자기효능감을 높이는 전략이 필요하다.

변칙적 사고(Random Processing)

우반구 우세형으로, 덩어리(chunk) 형태의 인지처리와 직감적이고 눈에 보이지 않는 사고처리에 관여한다.

변칙처리(Random Processing)는 일의 전체적인 윤곽을 이해하는 능력이 뛰어나며 애매하고 모호한 자극이나 과제를 접하더라도 추측을 하거나 윤곽만 파악하며 처리하려고 하나 상세한 분석에 취약하다. 가장 효율적으로 문제를 해결하기 위해 자극의 전체적인 통합(대부분의 경우 형태적, 또는 공간적인 통합) 전체적 윤곽을 선호한다. 예를 들어, 운전 중에 예쁜 아가씨가 지나갈 때 똑바로 1초 이상 바라보지 않아도, 즉 눈치채지 못하게 한 번 본 것처럼 힐끗만 봐도 윤곽과 형태를 통합하여 전체처리가 이미 끝나기 때문에 운전하는 데 지장을 받지 않을 수 있다. 그러나 순차처리가 높은 경우 한 번에 전체를 통합하지 못하기 때문에 순서대로 하나씩 처리하다 교통사고가 나기 십상이다. 따라서 변칙처리가 발달 될수록 세부적인 처리를 하기 전에 연관성, 목적, 주제 등이 중요하며, 한 번에 많은 문제와 일을 처리한다. 빠른 접근성과 직관적, 의미추론, 관련 단서를 가지고 추론하여 세부적인 것까지 질문하지 않고 처리하는 능력이 있다. 따라서 세부적인 것까지 질문하는 순차적이고 구체적인 특성이 많이 발달된 사람에게 "대충하지 왜 저러나?"라고 할 수 있다. 이들은 정확하지 않아도 대충 윤곽만 잡는 것과 추론하는 능력이 우수하지만 정확하지 못한 전달력과 정확하지 못한 일처리를 할 가능성이 크다.

변칙처리는 여러 흩어져 있는 자극들을 하나의 전체 또는 집단으로 통합하는 정신과정이다(Luria, 1970). 동시적 처리의 공간적 측면과 시각적 심상을 집단으로 지각하는 것을 포함한다. 순차처리는 눈에 보이는 것을 비교 · 분석 · 계획 · 논리적 사고와 외부의 지각한 것들의 처리를 담당하지만, 변칙적 처리는 눈에 보이지 않는 추리 · 추상 · 유추 · 창의 및 추론적 사고와 내부의 직감과 감성적인 것들을 처리한다.

변칙처리는 각 요소를 선택하고 조합해서 조직화하는 것에 관여하는 인지처리방식으로 창의성과 유연성이 높고 직관, 의미추론, 관련 단서를 통한 전체를 추론하는 감수성이 높으며 반복된 과제는 주의를 산만하게 할 가능성이 높다. 동시처리가 높으면 한

[그림 2.3] 전두엽의 변칙적 처리특성의 발달과 A.P.L의 특성

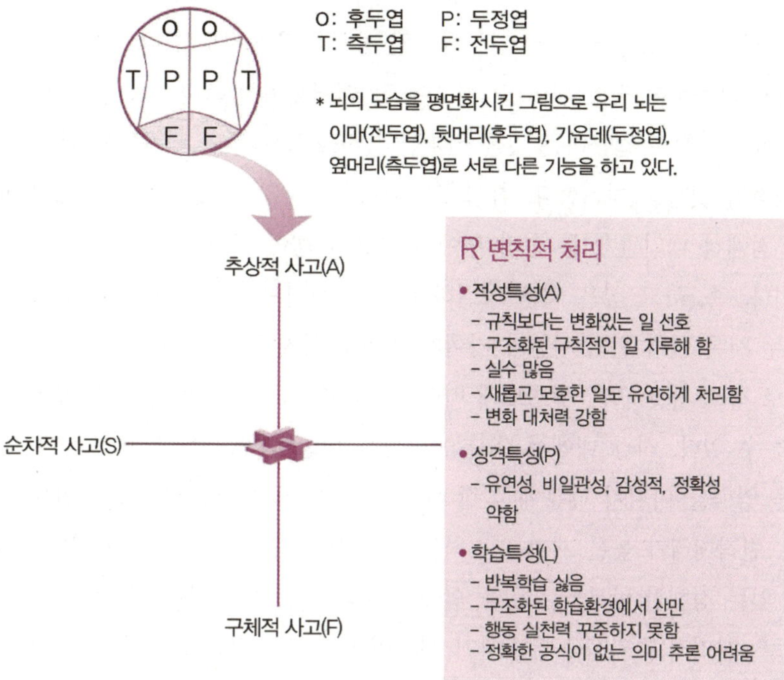

번에 다양한 일을 처리하려는 경향이 있고 창의적인 활동을 좋아하며 자신의 관심분야에만 몰입하려는 경향이 있다.

변칙처리가 높으면 동시적이고 직감적으로 일을 처리하는 경향이 있어서 한 가지 일을 꾸준히 해야 하는 영역보다는 문제해결이나 프로젝트 중심의 창의성을 발휘할 수 있는 분야에서 두각을 보인다.

적성특성(Aptitude)

강점: 변칙처리는 눈에 보이지 않거나 모호한 자극에 대한 구체적인 정보를 제공하지 않아도 추리, 추상, 유추, 창의 및 추론적 사고가 가능하기 때문에, 변화가 있는 직업과 예측할 수 없는 일을 해내는 것에 능할 수 있어, 창의적이고 문제해결력이 있는 일을 잘할 수 있다. 따라서 규칙적인 일보다는 변화가 있는 일을 선호한다. 이들은 눈

에 보이지 않는 이러한 사고들을 이용하여 A→B→C→D 순서대로 일하기보다 D→C→B→A로 기존의 공식에 의존하지 않는다. A→H→C→D처럼 전혀 다른 방식을 끼워 넣기도 하고 A→Z→C로 단축된 방식을 취하기도 한다. 따라서 변화에 다양한 대처가 가능하여 직장 내 여러 변수에 잘 대처하며 예측하지 못했던 일들이 발생할 때 다양한 방식으로 접근하는 것을 선호한다. 또한 변칙적인 뇌기능에서는 내부의 직감과 감성적인 것들을 처리한다. 감성은 눈에 보이지 않는 것들을 눈치 있게 파악할 수 있다는 점에서 대인관계 등 여러 면에서 유용한 점이 많지만 단점은 선호도를 갖는다는 것이다. 즉, 하고 싶은 것은 성실하게 하는 사람보다 2~3배 잘할 수 있지만, 하기 싫어하는 것은 여러 번의 시간과 기회가 있어도 하지 않으려 한다는 것이다. 따라서 심리적으로 하고 싶은 일과 선호도에 따라 Option이 있는 직업이 능력을 발휘하는 데 도움을 줄 수 있다. 직장 내에서 생산성 향상을 위한 전략으로, 심리적 동기부여가 생산성에 큰 영향을 미치기 때문에 직장 내 동기부여 교육이나 팀활동이 필요하다.

약점: 변칙처리가 높은 개인은 변칙을 잘 사용할 수 없는 일, 즉 규칙이 있고 순서와 단계가 있는 정해진 반복되는 일을 쉽게 지루해하며, 이미 답이 있어 그대로만 해야 하는 일들은 심리적 호기심을 유발하기 어려워 느리고 게으르게 보일 수 있고, 이러한 태도는 신뢰감 없는 사람으로 비춰질 수도 있다. 심리적 동기가 없는 업무는 마음이 가지 않기 때문에 예민하지 못하여 실수가 많고 성실하지 못하다는 평을 듣기 쉬우며 그 영역에서 두각을 보이기 어렵다. 또한 과제나 업무마감시간이 충분히 주어져도 미리미리 성실하게 준비하기보다는 마감일이 되어 대충대충 일을 하는 특성이 있다.

사례 결혼을 일찍 하게 되어 아이와 부인이 있는 한 공무원은 가족을 먹여 살려야 하는 책임감 때문에 항상 반복되는 업무를 해야 하는 공무원으로 15년 이상 근무하고 있다. 그는 항상 "아, 다람쥐 쳇바퀴 도는 삶이 신물난다"며 항상 벗어나고 싶어한다. 만약 순차처리 뇌가 많이 발달된 사람이라면 절대 이런 말을 하지 않을 것이다.

전략: 변칙적인 특성이 강한 개인에게는 해야 할 일에 대한 심리적 동기가 무엇보다 중요하다. 동기가 있을 때는 성실함을 뛰어넘는 열정으로 2~3배 생산성을 올릴 수 있다. 정확한 방식과 순서가 정확하지 않아도 눈치가 있어 업무파악이 빠르지만 초기에는

눈치가 빠르고 호기심이 작동하여 일을 잘하지만, 시간이 갈수록 지루해하고 성실하지 못할 수 있다. 동기가 없으면 모든 것이 갖추어져 있어도 열정을 내지 않을 수 있다.

성격특성(Personality)

강점: 변칙적인 특성이 발달된 개인의 성격특성이 공식적이기보다 변칙적인 특성으로 인해 다양한 상황에서도 눈치 있고 분위기 파악을 잘하여 사회성에 긍정적인 행동특성을 나타낼 수 있다. 또는 하나의 공식보다는 "이럴 수도 있고 저럴 수도 있지" 하는 유연성이 있어 잘 부딪히지 않으며, 직감과 감성능력이 있어 눈에 보이지 않는 감성교류가 가능하고 판에 박힌 방식이나 대화보다는 감성적이고 즉흥적인 대화나 행동력에 순발력이 있어 똑같은 모습보다는 다양한 모습을 보여주는 사람이다. 그러나 순차적인 경우는 일관되지 못하고 정확하지 못한 것에서 화가 나지만 변칙적인 경우 눈에 보이지 않는 감정이 상할 때 화를 내거나 기분이 상해질 수 있다. 자녀를 양육하는 동안 변칙적인 아동의 경우 동기가 없으며 지시하는 일을 잘 따르지 않아 갈등을 빚을 수 있지만, 구조화된 틀을 벗어나는 시점인 고등학교를 졸업하면서 공식도 없고 틀도 없는 세상에서 다양한 경험에 호기심을 갖고 변화에 대처할 능력을 타고났기 때문에 학습성취와 상관없이 원하는 삶에 접근할 수 있다. 그러나 유·초·중·고의 10년 넘는 학년기 동안 지시를 따르지 않고 반복되는 학습에 동기가 없어 학습부진을 경험하는 동안 "나는 아무것도 잘못하는 사람이야"라는 학습된 무기력이 심리적 동기를 손상시켜 드디어 자기세상을 만났는데도 그 능력을 발휘하지 못하는 경우가 매우 흔하다.

약점: 그때그때 감정에 따라 즉흥적이고 일관되지 못한 특성으로 인해 원칙이 없고, 변화가 많고 일관성이 떨어지며 예측 가능하지 못한 특성을 보일 수 있다. 또한 윤곽만 대충 파악하거나 설명하는 방식이어서 분명하지 못하거나 약속 등을 정확하게 지키지 못하여 신뢰감을 주지 못하는 경우가 있다. 대인관계에서 감정이 상하면, 사실이라 하더라도 감성적으로 처리하기 쉽다.

사례 셀리그먼(Seligman, 1967)은 사면이 막힌 상자에 강아지를 넣고 전기충격을 주었다. 처음에 강아지는 그 상자를 벗어나기 위해 펄쩍펄쩍 뛰었지만, 그 행동이 아무런 소용이 없다는 것을 발견하고 누워버린다. 아무리 큰 전기충격을 줘도 뛰지 않았다. 이후에 상자를 거뒀고 사방에 아무런 벽이 없었고 강아지는 걸어 나오기만 하면 되는 상황에서도 강아지는 이미 "어떤 행동을 해도 소용없어"라는 무기력을 학습한 후에는 피할 수 있는 상황임에도 전기충격을 받으면서 그냥 누워만 있었다.

사람도 마찬가지로 오랫동안 빠져나오기 어려운 상황을 경험하면 이후 좋은 기회를 가진 상황들이 펼쳐져도 행동하려 하지 않는다.

전략: 변칙처리가 잘 발달된 개인을 위한 전략은 심리적인 것에 초점을 두어야 한다. 마음이 움직이면 공부도 일도 열정을 가지고 할 수 있다. 갈등이나 상황에 대한 대처 문제가 있는 경우, 순차적인 방법을 알려주기보다 눈에 보이지 않는 감정적 지지와 이해가 효과적이다.

학습특성(Learning)

강점: 변칙처리가 잘 발달된 개인은 이면의 눈에 보이지 않는 의미를 유추하거나 추론하는 능력이 우수하여 순차적인 능력이 필요한 수학보다 국어와 같은 의미를 추론하는 과목을 선호할 수 있고, 요점만 간단히 설명해주는 방식을 선호한다. 또한 좋아하는 것은 스스로 열정을 낼 수 있는 주도성이 있는 것이 특징이므로, 동기가 생기면 앉아 있는 시간 동안 매우 능률이 높으며, 누군가가 밀착해서 도와주지 않아도 스스로 목표한 바를 이루기 위해 노력하여 짧은 시간동안 큰 성취를 해낼 수 있다. 그러므로 마음이 행동을 조절할 수 있도록 하는 전략이 필요하다. 답이 있는 과제보다 답이 없는 과제를 선호한다.

약점: 구조화된 학습환경과 반복적이고 순차적인 방식의 학습환경에서는 주의가 산만하다. 방법을 가르쳐 줘도 심리적 동기가 없으면 책상에 앉아 있지 않아서 방법을 아는 여부는 성취에 큰 영향을 주지는 않는다. 그때그때 감정에 따라 즉흥적인 특성이 있어 부모나 교사의 과제 및 학습 지시에 행동 실천력이 약하고 꾸준하지 못하다. 교과목을 순차적으로 가르치면 쉽게 지루해하고 책상에 눕는다. "됐고요, 요점만 간단히"를 선호한다. 책을 보는 속도가 매우 빠르지만 윤곽만 대충 보거나, 순차적으로 하나씩 세부적인 것까지 보려하지 않으며 한 번 본 교과내용은 다시 반복하여 읽지 않으려 한다. 변화가 많고 창의적인 특성이 있는 경우 반복보다 새로운 것을 접하려 하기 때문에 교

과서를 한 번 이상 보려 하지 않는다. 동기가 없으면 수학 20문제를 풀 수 있는 시간을 주어도 2문제밖에 풀지 않고 활기 없고 우울해 한다. 습관이나 태도가 규칙적이지 못하며 교과목도 순차적인 특성이 필요한 수학과목 등을 중·고등학교로 진학할수록 좋아하지 않을 수 있다.

사례 L군은 중학교 2학년으로 올라오면서 학교에 새로 오신 국어 선생님을 좋아하게 되었고, 국어는 무조건 90점 이상이다. 다른 과목들은 중학교 1학년 때와 동일하게 여전히 60점대이다.

전략: 변칙처리 학습자는 눈에 보이지 않는 마음이 중요하다. 반복보다는 새로운 것을 선호하고 순차적인 방식에 약하며 심리적인 동기로 인해 행동을 조절해야 하기 때문에 마음에 초점을 둔 전략이 필요하다.

유아의 경우 사회성과 창의성은 높지만 습관태도가 잡기 어렵기 때문에 조기에 태도나 습관에 초점을 둔 보완교육이 필요하다.

구체적 사고(Fact Thinking)

구체적 사고 점수가 높으면 실제로 오감을 통해 들어오는 사실정보들에 대한 구체적이고 세부적인 반응과 체험과 참여에 대한 관심도가 높다. 심스와 심스(Sims & Sims, 1995)는 지각적(perceptual) 특성으로 설명하였다.

구체적 사고(Fact Thinking)는 눈에 보이지 않는 사물의 원리를 머리로 추상하는 기능보다, 눈에 보이는 사실과 외부에서 오감처리, 과거 축적된 경험과 학습 데이터를 근거로 자극을 처리하는 기능을 한다. 따라서 현실지향적이며 모든 일에 지각적이고 구체적으로 접근하는 태도가 우수하여 철학자보다는 세무, 기술직, 헤어디자인이나 요리연구가 등과 같은 눈에 보이는 현상을 오감으로 처리하는 직업에서 유능하게 일할 수 있고, 실제로 만지고 보여지는 예술, 건축, 의학 등의 실용적인 분야에 대한 관심과 참여도가 높다.

눈에 보이는 현상에 바탕을 두고 오감으로 들어오는 듣고, 보고, 맛보고, 냄새 맡고,

[그림 2.4] 전두엽의 구체적 사고특성의 발달과 A.P.L의 특성

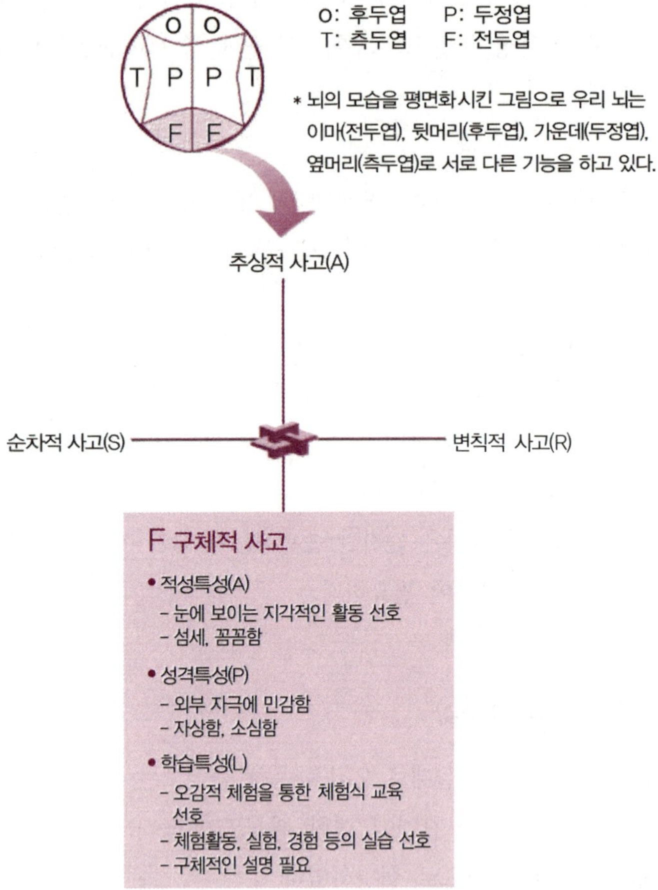

사실적이고 지각적인 접근을 선호하여 세부적인 정보를 잘 기억하고 관찰력이 있으며 구체적인 사실들을 잘 구성하고 반응한다. 추상적 기능은 기존 지식보다 원리나 합리성에 근거한 추론과 논리를 적용하는 반면, 구체적 기능은 이론보다는 경험을 통해 학습하는 특성이 강하여 선생님, 부모님 또는 책이나 경험을 통해 배운 과거 학습과 경험에 근거로 비교 분석 논리를 적용하므로 원리나 개념의 깊이가 피상적일 수 있다. 이는 본래 구체적인 기능은 눈에 안 보이는 이론적 원리에 관여하기보다 눈에 보이는 현상세계의 사실정보들을 잘 처리할 수 있도록 편재되어 있기 때문이다. 더 세부적으로는 사

실자극을 순차적으로 지각하고 처리하느냐, 사실자극들을 직감적이고 변칙적으로 처리하느냐로 다시 구분될 수 있다.

구체적 사고점수가 높으면 현실을 기반으로 하는 오감을 이용한 사고로 구체적인 지시나 방법을 잘 따르며, 실제로 만지고 보여지는 예술, 건축, 의학 등의 실용적인 분야에 대한 관심과 참여도가 높다.

적성특성(Aptitude)

강점: 눈에 보이는 현상을 듣고, 보고, 맛보고, 냄새 맡고 손으로 조작하는 실용학문적인 분야가 적성에 맞을 수 있다. 오감으로 들어오는 자극을 잘 처리할 수 있기 때문에 관여하는 일에 섬세하고 꼼꼼한 일처리 특성을 보일 수 있다. 현재 오감으로 들어오는 지각적인 활동에 뇌기능이 활발하여 눈에 보이지 않는 목표보다는 현상의 과정지향적인 특성을 보인다. 오래 생각하는 일은 머리 아프고 보이지 않는 추상적인 것을 눈에 보이는 현상으로 구현해내거나 눈에 보이는 방식으로 설명할 때 더 기능적일 수 있다.

약점: 세부적인 것까지 질문할 수 있으며, 이론이나 원리 설명이 어렵다고 느낄 수 있다. 전체의 개념을 연결하는 능력보다는 구체적이고 단편적인 특성이 있다. 전체적인 시스템보다는 주어진 일에 한정한 업무특성을 보이기 때문에 상위의 일은 잘 대처하지 못할 수 있다. 원리보다는 눈에 보이는 현상적인 구체적인 사례를 들거나 오감을 활용한 체험적인 방식의 교육이 필요하다.

업무파악이나 직무수행 시 간단한 설명 후 "대충 무슨 말인지 알겠죠?" 하는 방식은 효율적이지 못하다. 되도록 구체적인 Show(보여주기) → Help(피드백 해주기) → Let(이제 혼자 하십시오) 순으로, 하는 방법을 구체적으로 체험 식으로 보여줘야 한다. 그리고 한 번 해 보세요 하고 샘플 문항을 주고 피드백을 주며 완전히 익힐 때까지 봐줘야 하며, 그 이후에 혼자 할 수 있도록 맡겨야 한다. 학습자의 공부도 마찬가지 과정이 필요하다.

사례 직장 동료들이 함께 식사하는 도중에 구체적인 뇌기능의 발달을 보이는 사람은 김치가 맛있다. 담는 방법에 대한 정보교환 또는 어제 어떤 사건이 있었는데 등, 현재 또는 과거의 현상이나 사실 관련된 생활이야기를 주로 하는 반면, 추상적 뇌기능이 발달한 사람들은 그런 대화에 흥미를 보이지 않을 수 있으며, 속으로 "저런 게 시시콜콜한 내용이 주제가 될 수 있나"

하는 생각을 할 수도 있다. 이들은 어느 정도 장단 맞추다가 시간이 지나면서 생활이야기보다는 교육, 경제, 사회적인 주제, 문제의식, 대책이 있는 원리적 이야기에 더 생동감을 보인다. 이렇게 되면 구체적인 사람은 속으로 "잘났어 정말" 할지도 모른다.

전략: 따라서 구체적 기능이 잘 발달되어 있는 경우 원리만 간단하게 설명하는 방식보다는 오감을 이용할 수 있는 구체적인 체험식 직무적응 전략 또는 학습 전략이 능률을 높일 수 있다.

성격특성(Personality)

강점: 뇌가 구체적인 처리에 민감하여서 오감으로 들어오는 자극에 민감하기 때문에 별거 아닌 것도 섬세하게 신경쓰는 자상함이 있다. 자원봉사를 할 때도 남들이 관찰하지 못한 세부적인 것까지 처리가 되어 세심하게 도울 수 있고, 학생들을 가르치는 교사는 누가 도시락을 가져오지 않았는지 관찰하고 자기 도시락을 내밀 수 있다. 부하직원을 관리하는 상사는 부하를 섬세하고 자상하게 챙겨 줄 수 있다. 다만, 구체적이되 순차적인 특성이 강한 경우 눈에 보이지 않는 감정까지 챙기기 어렵다. 그러나 구체적이고 변칙적인 특성이 강한 상사는 따뜻한 말과 행동으로 눈에 보이지 않는 감성까지 챙겨 줄 수 있을 것이다. 그러나 문제의 근본적인 원인보다는 사실적인 말과 행동에만 귀기울인다면 근본적인 대책 수립이 어려울 수 있다. 또한 오감으로 들어오는 지각적인 구체성으로 인해 소심해지거나 불쾌해질 수 있어 수많은 현상세계의 작은 자극들에 의해 감정이 불쾌하고 즐겁게 되는 것이 좌우될 수 있다.

약점: 구체적인 뇌기능은 사람의 성격에 섬세함, 관찰력, 자상함과 같은 긍정적인 영향을 매우 많이 주지만 때로는 소심함 때문에 자주 삐지게 하는 작용도 한다.

이들은 불쑥 던진 말이나 행동을 진지하게 사실적으로 받아들일 수 있다. 예를 들어, "봄이니까 꽃 그림을 액자로 벽에 붙여 놓아도 좋겠다"라는 말에 누군가 "그것도 좋지"라고 지나가듯 말한다면 실제로 그 그림을 그리기 위한 작업에 들어갈 수 있고, 별것 아닌 말에 화를 내거나 삐져서 말을 하지 않을 수도 있다. 추상적인 기능은 오감자극에 관찰력이 약하기 때문에 외부자극으로 인한 스트레스보다는 그것을 합리적으로 해결할 구상이 떠오르지 않을 때 스트레스를 받는다. 반면, 구체적 사고를 하는 사람은 오감으로 들어오는 모든 자극을 받아들이는 감각이 민감하기 때문에 그냥 넘겨야 할 것도 넘기지 못하게 되어 다소 소심한 사람이라는 평을 들을 수 있다. 또 합리성보다는 지각에 의존하기 때문에 말투, 표정, 액면 그대로의 사실적인 말과 행동 등이 스트레스로 작용할 수 있다. 합리성을 키울 때 소심함을 줄일 수 있다. 문제의 발생 원인으로 거슬러 올라가 구체적인 사건들이나 말에 의존하지 않고, 포괄적이고 전체적인 조망으로부터 근본 원인을 구상해내지 못한다면 근본적인 대책을 세우기란 어려운 일일 것이다. 아이의 문제행동에 대해 걱정하지만 그 원인에 대한 근본적인 원인을 알지 못하는 경우 '원래 그런 거래', '원래 그렇게 해야 한데', '다 그렇데' 등으로 근본대책이 세워지지 않아 이곳저곳 학원이나 병원을 쇼핑하거나 귀가 얇은 이리저리 흔들리는 부모가 될 수 있다.

사례 추상적 사고가 발달한 사람은 강사의 강의를 통해 배운 내용에 만족하고, 오감으로 들어왔던 자극은 별로 신경쓰지 않는 반면, 구체적 사고가 발달한 사람의 경우는 강의의 내용보다는 오감으로 체험되는 그가 하는 말투, 말실수, 외모, 태도 등과 같이 눈에 보이는 현상으로 강의의 질에 대한 평가가 좌우될 수 있다는 것이다.

전략: 포괄적인 개념보다 오감적인 구체적인 접근의 소통에 효과적일 수 있다. 포옹하고 악수하고 따뜻한 말을 건네는 지각적인 방식을 프로그램에 넣는 전략이 필요하다. 갈등의 문제가 발생했을 때 구체적인 오감적 전략이 대안이 될 수 있을 것이다. 예를 들어, 여자 친구를 기쁘게 하고 싶을 경우에 '마음'도 중요하지만 눈에 보이는 이벤트를 통해 소홀했던 마음을 돌릴 수 있을 것이다. 추상적인 여자 친구의 경우는 근본적인 대책이 없으면 마음을 돌리기 어려울 수 있다.

학습특성(Learning)

강점: 구체적인 오감적 체험학습을 선호하며 실습 중심의 실험이나 지각적인 활동을 선호할 수 있어, 참여적이고 협력하는 모둠활동을 선호할 수 있고, 이때 더 잘 배우며, 더 잘 기억한다.

약점: 세부적인 분석이 뛰어나 전체적인 윤곽이나 중심내용을 파악하는 데 약할 수

있다. 새롭게 익혀야 할 것들을 지도할 때 추상적 사고가 발달한 경우 구체적인 실습을 하지 않아도 강사가 설명하는 원리를 이해하면 집에 돌아가 적용할 수 있지만, 구체적인 사고가 발달한 사람은 원리나 이론의 설명만으로 적용이 어려울 수 있다. 노트와 교과서와 필기도구를 가져오도록 하여 실제 오감적 방법을 활용하여 체험적 교육을 해줄 때 효과적이다. Show(보여주기) → Help(피드백해주기) → Let(이제 혼자 하십시오) 순으로 하는 방법을 구체적으로 체험 식으로 보여줘야 한다. 할 수 있을 때까지 구체적으로 도와줘야 하는 노력이 필요하므로 초기 시간투자가 요구될 수 있다.

전략: 가능하다면 실습과 체험을 오감적 지각 자극을 통해 제시하거나 실제 해보는 기회를 제공하는 전략이 필요할 것이다.

추상적 사고(Abstract Thinking)

추상적 사고(Abstract Thinking)는 개념형성과 현상을 추상적 개념으로 다루고 범주화 및 일반화함으로써 머릿속으로 미리 상상하여 계획을 세우거나 오감을 통한 직접적인 자극 상황을 넘어서서 상상할 수 있는 능력으로, 해결되어야 할 문제가 주어지는 상황에서 잘 관찰될 수 있다.

눈에 보이는 현상에 근거하기보다 눈에 보이지 않는 생각을 기반으로 원리나 개념을 추론하는 인지능력이다. 정보를 머릿속으로 개념별로 나누어 분석하고 연결하며 현실과 추상적 개념의 사고를 공유하는 합리성 및 이성적 사고와 지적인 활동에 관여한다. 심스와 심스(Sims & Sims, 1991)의 인지적(cognitive), 매카시(John McCarthy)의 분석적(analytic) 사고로 설명하고 있다.

추상적 사고(Abstract Thinker)는 전체적이고, 정보를 현상이 아닌 머릿속으로 생각하는 방식으로 논리적 · 분석적 사고하여 추상적 개념이나 현상을 원리적으로 설명하는 철학자나 사상가 및 평론가로서 잠재력을 보일 수 있다. 현재 보이는 대로가 아닌 추상적인 사고로 현상에 대한 가능성을 탐색하여 목표에 대한 전략을 구상하고 지향하는 미래지향적인 일에 잘 기능할 수 있다. 눈에 보이는 현상은 서로 공유할 수 있기 때문에 구체적인 특성이 발달한 사람들은 함께 협력하는 일을 어려워하지 않지만, 개인의 생각은 여러 사람과 공유하기 어려운 특성이 있어 추상적인 특성이 강한 사람들은 함께 일하

[그림 2.5] 전두엽의 추상적 사고특성의 발달과 A.P.L의 특성

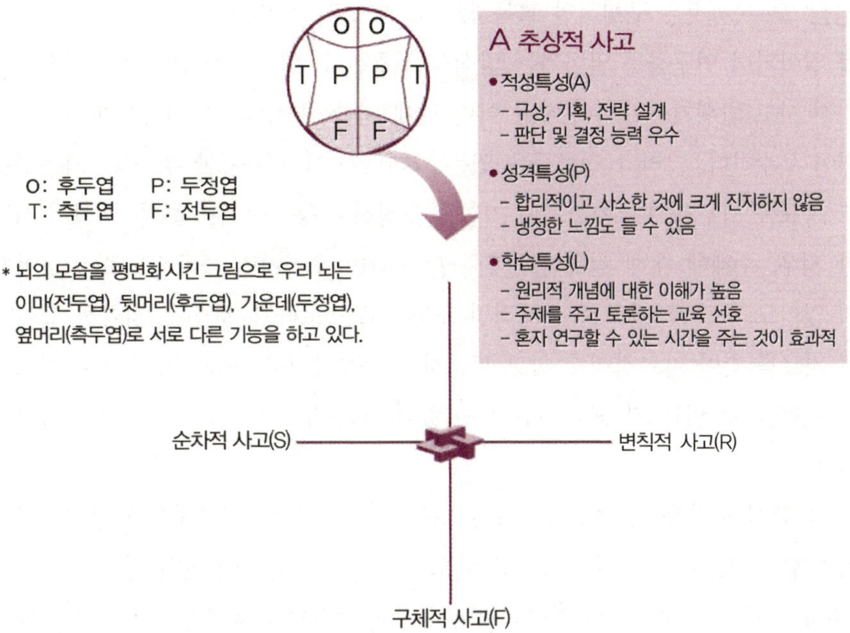

는 것보다 혼자서 일하는 특성을 보인다.

추상적 사고의 점수가 높으면, 책을 많이 읽는 태도를 보이며, 어려운 책도 원리나 개념을 쉽게 이해하며 읽는 특성을 보인다. 이성적 사고와 지적인 활동을 선호하며, 이론과 논리전개 및 유추 등 보이지 않는 추상적 분야에 대한 관심과 참여도가 높다. 이 특성이 발달할수록 일을 어떻게 진행할지에 대한 단계와 방법을 구상하거나 기획하고 판단하고 전략을 세우는 데 우수한 능력을 발휘할 수 있다. 이는 목적하는 바에 대한 원리적 특성을 전체적으로 조망하고 추상적인 사고 논리를 통해 분석하여 체계적인 단계를 만드는 능력이 우수하기 때문이다. 추상적 사고는 우반구 우세형으로, 목표 과제에 대한 순차적으로 논리적이고 분석적 사고를 하는 추상적 순차사고 유형과 합리성과 전체적인 사고를 하는 추상적 변칙사고 유형으로 구분할 수 있다.

A 추상적 사고점수가 높으면 깊이 있는 사고를 하고, 이론/관념적인 내용에도 관심이 있으며, 이론과 논리 전개 및 유추 등 보이지 않는 추상적 분야에 대한 관심과 참여도가 높다.

적성특성(Aptitude)

강점: 모르는 것은 구체적인 교육 없이도 스스로 참고도서 등을 참고하여 스스로 원리를 알아가며 연구하듯 알아가는 방식을 선호한다. 현상이 아닌 머릿속에서 일어나는 원리적 사고 발휘기능이 우수하여 어떤 일에 대한 구상, 기획, 전략설계, 판단 및 결정능력이 우수하다. 그리고 정보들을 있는 그대로가 아닌 가공할 수 있는 가능성을 탐색하고 목표를 세우고 이루기까지의 기획을 구상하는 능력이 우수하다. 추상적 사고가 우수한 경우, 주제에 대해 검토하고 연구할 시간이 주어지면 구체적으로 만들어진 것을 주지 않아도, 스스로 자료를 전체적인 조망으로 검토하고, 핵심을 정확히 집어 효율적으로 자료를 찾아 자료정리를 하고 토론하는 능력이 우수하다. 즉, 스스로 시스템을 구상하여 만들 수 있는 기능이 우수할 수 있어, 연구직이나 기획가로서의 일이 효율적일 것이다.

약점: 핵심 줄기를 정확히 파악하는 능력이 우수하지만 세부적이고 구체적인 실습능력이 약할 수 있다. 또한 오감으로 들어오는 자극에 민감하지 못한 경우 현상적인 것보다 추상적 또는 목표나 주제지향적이어서 주변 동료나 부하직원들의 어려움을 관찰하지 못하거나 혼자 일하는 것을 좋아하고 자상함이 낮고, 현실감각이 약할 수 있으며, 소소한 대화보다 현학적인 특성을 보일 수 있다.

사례 초등학교 5학년인 L군은 책 읽는 것이 친구들과 노는 것보다 좋다. 공부도 잘한다. 학교에서 "서울에서 백두산까지의 거리가 어떻게 될지 추론해봐", "왜 공룡은 초식동물이 더 몸집이 크지?" 등의 질문과 그와 관련된 이야기만 한다. 아이들이 하는 소소한 대화에는 대체로 끼지 못하고 겉돌아 담임선생님은 부모님께 전화하여 L군이 사회성에 문제가 있어 보인다는 피드백을 해주었다. 아이들은 L군에게 "○○이는 공부는 잘하는데 바보에요"라고 말한다고 하였다. 어린왕자와 같은 현실감각이 없는 경우 왕따나 폭행의 대상이 될 수도 있다.

전략: 실제적인 경험보다 지나치게 책만 읽고 머릿속으로만 추론하는 것에 심취한 개인에게는 현상에서 타인과 어울리고 체험하며 오감으로 들어오는 자극들에도 민감하게 지각하는 듣고, 보고, 맛보고, 냄새 맡고, 조작하는 감각에 민감성을 키워줄 필요가 있다. 현실감각이 없으면 눈치 없는 느낌을 주어, 왕따가 되기 쉽지만 역시 구체적으로

느껴지지 않아 본인은 잘 느끼지 못할 때가 있다.

성격특성(Personality)

강점: 성격은 사소한 작은 사건들에 반응하지 않고 “별로 중요하지 않아. 중요한 것은 이거야”라고 생각하면 그 생각에 외의 것은 중요하지 않다고 판단하여 크게 신경쓰지 않는 특성을 갖고 있다. 합리적이며 작은 것에 크게 진지하지 않아 목표로 여기는 중요한 것에 효율적으로 집중할 수 있다. 타인의 반응에 크게 상처받지 않고 그 반응에 대해 있는 그대로 현상적으로 반응하기보다는 머리로 타당도를 처리하여 생각대로 합리성을 판단하여 움직인다. 때로는 냉정하고 쿨하다는 느낌을 줄 수 있다.

약점: 머릿속 생각기능이 더 발달하여 대인관계에서 오감으로 들어오는 지각적 정보를 섬세하게 처리하지 못해 사람들에게 별관심이 없는 사람으로 보여질 수 있다. 관찰력이 약하여 부인이 머리를 바꾸었는지 집안이 무엇이 변했는지 눈치채기 어려울 수 있다.

사례 L 교수님은 생각해보니 그동안 업무적인 일 외에 지인들에게 전화는 많이 받았지만 자신이 전화를 해본 적은 없고 지인들이 있는 곳에 놀러간 적도 없다는 것을 발견하였다.

전략: 갈등 문제가 생겼을 때 정서적 지지나 순차적 방법 제시보다는 생각의 전환 전략을 세우는 것이 효과적이다. 생각을 바꿔주기 위한 원리적 설명을 모색해야 할 것이다.

학습특성(Learning)

강점: 원리나 개념에 대한 이해도가 높아 학원이나 과외에 의존하지 않아도 스스로 교과서를 보면서 공부할 수 있는 능력이 있다. 많은 시간 공부하지 않아도 공부하는 시간이 매우 효율적이어서 시간대비 성적이 우수하다. 혼자 연구하듯 알아가는 수업이 좋지만 어릴 때부터 그런 기회를 주지 않고 학원이나 과외에 의존하면 주도성을 제대로 활용하지 못하여 우울하고 성적이 오히려 더 좋아지지 않을 수 있다. 주제를 주고 스스로 알아오게 한 후 토론하는 수업이나 원리나 개념을 스스로 연구할 시간을 주는 연구

식 학습법이 효과적이다.

약점: 경우에 따라 자신이 좋아하는 영역에 시간을 너무 많이 쏟게 되어 시간 내에 하기로 했던 공부를 하지 못하는 경우가 있다. 예를 들어, 수학 문제 하나를 가지고 며칠을 끙끙대며 풀고 있을 수 있다.

사례 추상성이 높은 수학 선생님이 원리만 알면 다 풀 수 있다고 학생들에게 말해주면서 그 시간에 배워야 할 이차방정식 주제에 대한 원리와 개념을 설명해 준 후 학생들에게 "이 원리를 이용해 밑에 문제를 한 번 풀어보세요" 하고 시간을 주었다. 1/4만 문제를 풀어 보려 했고 나머지는 연필만 들고 선생님 눈치만 보면서 푸는 척 했다. 원리를 알려주면 푸는 아이가 있고 푸는 방법을 오감적 단어들을 이용한 사례를 들어 체험하게 하면서 구체적인 접근을 해주는 접근이 필요한 아이들이 있다.

전략: 추상적인 학습자에게 세부적인 내용보다는 큰 구성의 틀을 보여주는 원리적 수업이 효과적이다. 즉, 이들은 책의 목차를 읽어 내려가면서 이미 교과서의 반절은 이해한 셈이 되며, 교과서의 목차를 공부할 때 매우 중요한 자료로 활용할 수 있는 학습자이다.

2 인지사고 특성을 기반한 자기브랜드 리더십 유형

성취형(SA) 리더의 특성

성취형 리더는 [그림 2.6]에서 보는 바와 같이 순차적인 인지처리와 추상적인 사고를 하는 특성이 잘 발달되어 있다.

그리고 순차적이면서 추상적인 뇌기능이 잘 발달된 특성으로 인해 이론과 사고를 선호하고 비형식적 분석과 개념을 생각하고 정보나 사건을 구조화하기를 좋아한다. 또한 핵심정보와 아이디어를 쉽게 찾고 이론을 쉽게 이해할 수 있다. 독서를 좋아하고 이성적 사고와 지적인 활동을 선호하며, 여러 사람과 함께 일하는 것보다 혼자 일하는 것을 선호한다. 상징적인 문체에 뛰어난 재능이 있고, 듣고, 읽고, 도표 및 그림을 보고 개념

[그림 2.6] 성취형 리더의 인지사고 모델

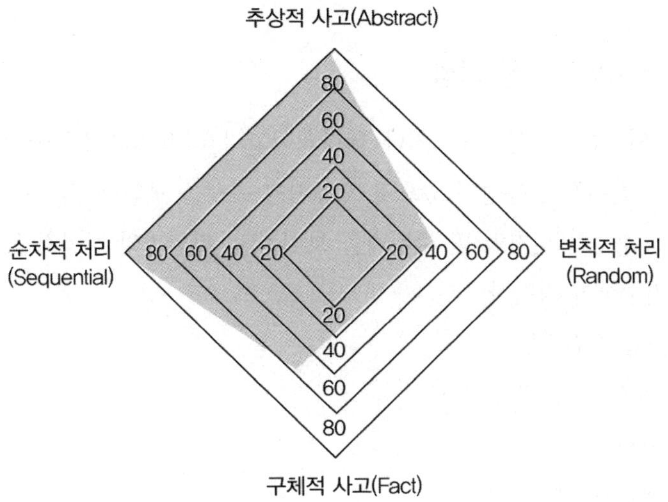

화시키는 능력이 우수하다. 언어적 설명이 합리적이고 논리적이며, 실물을 합리적, 체계적으로 접근하는 능력이 우수하다. 판단력과 전략설계에 대한 통찰력이 우수하며 순차적인 특성으로 성실하고 체계적인 특성이 강하여 리더십이 있고 빠른 판단력과 다른 사람을 설득하는 능력이 우수하다.

적성 측면에서의 리더십 특성

성취형 리더는 적성 측면에서 리더십이 있고 추상적 사고력이 우수하여, 합리적 의사결정 능력과, 조직 및 작업파악 능력이 뛰어나다. 그리고 협력하는 작업보다는 개별성을 발휘할 수 있는 일을 선호하는 경향이 높다.

① 리더십, 행동 결정 신속

② 일 자체보다 경력에 관심이 많음

③ 팀 리더

④ 혼자 일하는 것을 선호

⑤ 합리적 의사결정 능력 우수

⑥ 조직 및 업무 파악 능력 뛰어남

성격 측면에서의 리더십 특성

성취형 리더의 성격은 분석적이거나 현학적이고 논리적 의사소통에 능할 수 있다. 목표지향적이고 진취적인 특성이 있으며 체계적인 특성을 보인다. 원칙을 중시하고, 일에 대한 계획과 꾸준한 실천력 및 추진력을 보이지만, 타인과의 정서적 공감 능력이 약한 편이고 자기주장이 강하다.

① 목표, 경력, 진취적임

② 과시형, 지시형, 논리적

③ 명예심 중시

④ 통찰 능력 뛰어남

⑤ 원칙 중시

⑥ 다른 사람과의 공감 능력 낮은 편

⑦ 추진력 좋음, 인정욕구 강함

⑧ 자기주장 강함

⑨ 분석적, 현학적

⑩ 심사숙고하며 아이디어 개발을 선호함

⑪ 논리적 의사소통에 능함

⑫ 정확한 비평 능력

학습 측면에서의 리더십 특성

성취형 리더의 학습특성은, 핵심파악 능력과 탐구 능력이 우수하며 지적 호기심이 강할 수 있다. 혼자 문제를 해결하려는 노력을 보이며, 새로운 개념과 미래에 관심이 많고, 자신에 대한 동기부여 능력이 우수하므로, 장기 목표 설정이 중요하다. 학습은 원리와 개념이해 과목을 선호할 수 있다.

① 목표, 경력, 진취적임

② 과시형, 지시형, 논리적

③ 명예심 중시

④ 통찰 능력 뛰어남

⑤ 원칙 중시

⑥ 다른 사람과의 공감 능력 낮은 편

⑦ 추진력 좋음, 인정욕구 강함

⑧ 자기주장 강함

⑨ 분석적, 현학적

⑩ 심사숙고하며 아이디어 개발을 선호함

⑪ 논리적 의사소통에 능함

⑫ 정확한 비평 능력

Tip 인지 전략이란

제프리 슈워처 박사팀은 강박장애 환자들 대상 10주간 인지행동 치료에 18명 중 12명의 증상이 호전되었다. 치료 방법은 "아, 나의 뇌가 또 하나의 강박적인 생각을 생산하고 있구나 이것은 고장난 나의 뇌에서 나오는 쓰레기에 불과하다"는 생각이 상당한 호전을 보였다. 강박증과 우울증 환자들은 어떻게 생각하고 어떻게 바라보느냐가 뇌의 활동패턴을 변화시킬 수 있다는 것을 의미한다.

관리형(SF) 리더의 특성

관리형 리더는 [그림 2.7]에서 보는 바와 같이 순차적인 인지처리와 구체적인 사고가 잘 발달되어 있다.

논리적, 순차적인 특성인 하나씩 하나씩 단계별로 처리하고 구체적인 특성의 오감을 통한 지각적이고 구체적이며 세부지향적인 방식을 선호한다. 체계적, 오감적 감각기관이 잘 발달되어 있어, 직접적이고 실행적이며, 구조화된 업무를 선호한다. 공식적인 사실이나 데이터를 꼼꼼하고 섬세하게, 정확하게 처리하는 일을 잘할 수 있으며, 매사에 성실하다. 업무처리에 있어 현실적 감각을 기반으로 하는 오감을 이용한 사고와 세

[그림 2.7] 관리형 리더의 인지사고 모델

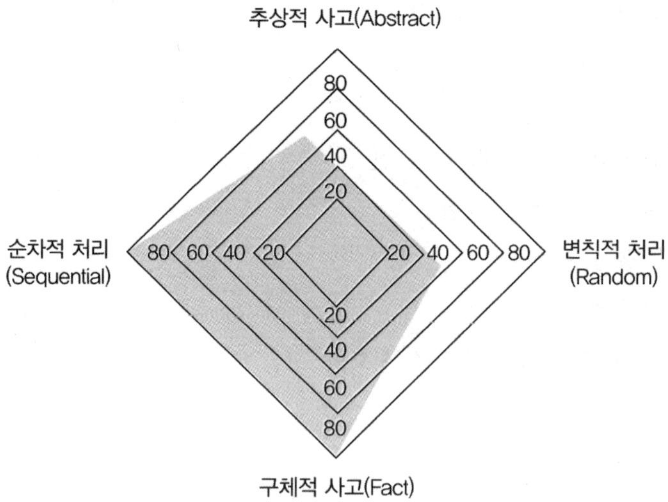

부적인 정보를 기억하고, 일정한 절차와 과정을 중시, 구체적인 지시나 방법에 잘 따른다.

적성 측면에서의 리더십 특성

순차적 처리와 구체적 사고가 발달될수록, 통제와 예측이 가능한 일을 선호하며, 언어교류보다 일에 집중하고, 실천력이 우수한 경향을 보인다. 특히, 반복과 지시를 잘 따른다.

① 통제와 예측 가능성 선호

② 정리정돈을 잘함

③ 지시에 잘 따르고, 과제 완성도 높음

④ 잘 정돈되고 깔끔한 환경을 좋아함

⑤ 실제적인 성취와 인정을 중요시함

⑥ 언어적 교류보다 작업이나 운동을 좋아함

성격 측면에서의 리더십 특성

순차적 처리와 구체적 사고가 발달될수록, 성격에서 나타나는 특성은 성실 근면하고 꼼꼼하며 명료한 것을 선호한다. 예측 가능하며 성실함과 책임감이 우수하여 타인에게 신뢰감을 줄 있다. 다만, 타인과의 정서적 공감대 형성이 약할 수 있어 사회적 관계에서 자칫 어려움을 보일 수 있다.

① 성실, 근면, 꼼꼼함
② 감성적이기보다는 이성적
③ 완벽추구
④ 책임감 중시
⑤ 명확하고 정확한 것을 선호
⑥ 일정한 틀이 정해진 관계를 더 좋아함
⑦ 말이 없고 무뚝뚝한 아이로 보임
⑧ 관례와 원칙을 중시하며 공감대 형성이 약함
⑨ 대체로 모범생이며, 뭐든 잘해냄
⑩ 상상력 부족하고, 변화를 싫어함

학습 측면에서의 리더십 특성

순차적 처리와 구체적 사고가 발달될수록, 인지는 구조화된 환경을 선호하고, 전체보다 세부적 과제를 잘 수행한다. 인지처리는 사실적 데이터나 순서 및 단계가 있는 교육을 선호하고, 규칙을 잘 따르고, 성실하여 자신에게 부여된 임무에 대해 완성도가 높다.

① 전체보다 세부적 교육과제를 더 잘 수행함
② 사실적 데이터 좋아함(예: 역사적 사실, 과학적 근거에 의한 책 등)
③ 단계적 학습 선호
④ 규칙, 규율 중시
⑤ 메모와 기록을 잘하고 현실 중시함
⑥ 자신이 맡은 임무에 대해 철저하게 준비함
⑦ 강사 중심의 강의식 교육 선호

⑧ 업무 계획표 작성을 도와주면 이를 실천하는 능력이 뛰어남
⑨ 예측 가능하고 구조화된 교육 상황 선호

자율형(RA) 리더의 특성

자율형 리더는 [그림 2.8]에서 보는 바와 같이 변칙적인 인지처리와 추상적인 사고를 하는 특성이 잘 발달되어 있다.

이 유형은 추상적 특성이 강하여 독서를 좋아하고 핵심을 잘 찾아낸다. 그리고 변칙적인 특성이 강하여 인간 행위와 마음의 동요에 민감하며, 발언자의 태도, 방법, 개성을 잘 파악한다. 개방적 학습 형태가 적합하며 구조화된 환경보다는 자유로운 연구식 수업을 좋아하며, 여러 가지 형태를 통한 학습을 선호하고, 수업은 짧은 시간의 강의 후 질의응답에 대한 토론식 학습을 선호한다. 다양한 아이디어 생산이 우수하며 원리나 개념화가 능하여 창의적이고 직감적인 기획 능력이 우수하여 새로운 가능성을 탐색하길 선호한다. 아이디어가 빠르며 행동 또한 글씨나 그림 등을 빨리 휘갈겨 쓰는 태도를 보인다. 비구조화된 환경을 선호하고 비구조화된 예측 가능하기 힘든 행동을 보이며 표현적

[그림 2.8] 자율형 리더의 인지사고 모델

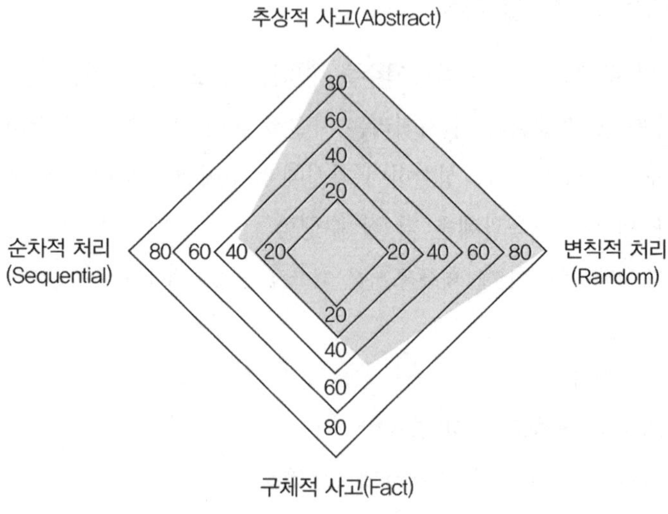

이고 동기부여를 잘한다.

이 유형은 추상적이면서 변칙적 특성을 공유한 사고를 하며, 전체적이고 논리적이며 분석적인 사고를 한다. 이런 유형은 연예활동, 예술가, 창의적 전문가 등의 직업군에서 새로운 일을 구성할 때 명확하고 세부적인 업무이해를 하기 전 전체 윤곽을 파악하는 경향이 있다. 이들은 구조화된 환경과 지향적인 사람(oriented people)을 좋아하지 않으며, 창의성을 사용할 수 있는 일을 좋아한다.

이들은 현실세계와 다른 세계를 동경하며 정서적 변화와 감정에 민감하고 단계적인 문제해결보다 전체적인 조망을 통한 문제해결을 선호한다. 틀에 박힌 교육적 환경을 싫어하며 창의적인 분위기에서 능력을 발휘하고 자신만의 활동세계를 선호한다.

적성 측면에서의 리더십 특성

변칙처리와 추상적 사고가 발달될수록, 적성은 표현적이고 타인에게 동기부여를 잘하며 창의적인 일을 선호한다. 적성에 있어서는 사회적, 교육적, 영업적 능력 및 대인관계 능력이 높으나 섬세한 실무적 사무 능력은 약할 수 있다.

① 새로운 개념과 미래에 관심이 많음

② 표현적이고 다른 사람에게 동기부여 잘함

③ 혁신적, 창조적

④ 실무적인 사무 능력 부족

성격 측면에서의 리더십 특성

변칙적 처리와 추상적 사고가 발달될수록, 성격은 직감이 발달되어 이성적이기보다는 감수성이 있고 대인관계에 유연함을 보일 수 있다. 개방성과 독창성이 있어 틀에 박히지 않는 행동양식을 보이는 경향이 높다. 그러나 선호도가 분명하여 흥미 없는 영역에 대해서는 일관성이 약하고 행동수행력이 약할 수 있다.

① 창의적, 직관적

② 감성 중시

③ 자유분방

④ 개방적, 독창적

⑤ 아이디어 중시

⑥ 독립적인 행동을 좋아함

⑦ 자신의 끼를 발산하는 것을 좋아함

⑧ 언어구사력이 뛰어남

⑨ 상급자 등으로부터 인정받기를 원함

⑩ 상상력이 풍부함

⑪ 감수성이 예민함

⑫ 혁신적

학습 측면에서의 리더십 특성

변칙적 처리와 추상적 사고가 발달될수록, 인지특성은 유추력이 좋고 새로운 것과 변화에 관심이 많다. 그리고 창의성이 있어 응용력이 높지만 반복되는 과제에 동기를 잃기 쉬워 주의력 감소와 산만한 특징을 보인다. 반복을 싫어하고 선행학습이 비효과적일 수 있다. 그래서 학습의 지속성을 위해 학습자의 동기부여가 중요하다.

① 세부적 정보처리 잘못함

② 주의가 산만

③ 구조화된 환경에서 적응이 어려움

④ 창의적 학습에 관심 높음

⑤ 핵심개념을 간략하게 설명해주는 것이 좋음

⑥ 선택 가능한 과제 선호

⑦ 자유로운 학습환경 좋아함

⑧ 다양한 시청각자료 활용한 교육이 효과적

⑨ 상상력을 발휘할 수 있는 과제에 흥미를 보임

⑩ 교육 목표를 작은 단위로 나누어 제시하는 것이 좋음

⑪ 동기부여가 교육태도에 큰 영향을 미침

⑫ 집단활동 좋아함

Tip 두정엽이 잘 발달된 뇌

런던 뒷골목의 수천 개의 길까지 잘 알고 있는 베테랑 택시기사의 뇌를 MRI로 촬영한 결과 일반인에 비해 기억중추 중의 하나인 해마가 더 컸으며 운전경력이 오래된 사람일수록 더 컸다. 이는 지속적인 학습과 학습된 지식을 반복적으로 사용함으로써 관련된 뇌의 두정엽 부위를 발달시킨다는 것을 말한다.

관계형(RF) 리더의 특성

관계형 리더는 [그림 2.9]에서 보는 바와 같이 변칙적인 인지처리와 구체적인 사고를 하는 특성이 잘 발달되어 있다.

이 유형은 직관적인 사고력이 우세하고, 오감으로 들어오는 자극들에 대한 전체적인 통찰이 강하며 관찰력이 우수하다. 학습을 할 때는 손다이크(Edward Thorndike)의 시행착오적 접근법을 선호하며, 문제해결 학습법 게임이나 시뮬레이션 방식의 실습적 학습과

[그림 2.9] 관계형 리더의 인지사고 모델

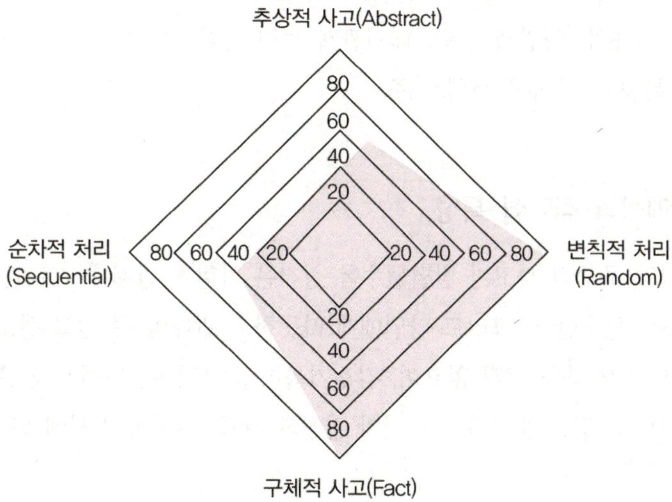

주도적이고 자율적인 학습을 하며, 소그룹 토론식 접근을 선호한다. 타인을 잘 돌보고 성격이 원만하며, 감성적이어서 즐거운 기분을 좋아하고 의사소통 능력이 있어 대인관계가 좋아 사회성이 좋다.

관계형은 구체적이고 물리적 세계에 민감하게 반응하며, 변칙적이라 덜 구조화되어 있고, 창의적이고 실험적이며 직감적인 특성이 있다. 그러나 시간관리가 잘되지 않고 미리미리 준비하지 않아 업무나 과제의 마감일을 빈번히 놓치는 경우가 생긴다. 대안적 방법과 새로운 체계를 선호하며, 확산적 사고를 한다. 현실에 바탕을 두고 있지만 실험적 사고를 하며, 틀에 박히지 않은 행동양식을 보이며 자신만의 아이디어와 나름대로의 방식을 추구하며, 시간관리가 잘 이루어지지 않고 결과보다 과정을 중시한다.

적성 측면에서의 리더십 특성

변칙적 처리와 구체적 사고가 발달될수록, 적성에서는 팀플레이를 선호하고 대인관계 기술이 높아 타인의 복지와 사회적 서비스에 능할 수 있다. 현실에 바탕을 둔 실험적 사고의 직무를 선호한다.

① Team Player

② 인간관계 기술은 좋으나 때로는 상처받기 쉬움

③ 현실에 바탕을 두고 있으나 실험적 사고를 함

④ 사회적, 교육적, 영업적 능력, 대인관계 능력 좋음

⑤ 타인의 복지와 사회적 서비스 중시

성격 측면에서의 리더십 특성

변칙적 처리와 구체적 사고가 발달될수록 성격은 사회적 관계에서 유연성이 높고 친밀한 의사소통을 선호한다. 그리고 타인에게 따뜻하고 관대할 수 있고 선호도가 뚜렷하여 흥미가 없으면 열정을 갖지 않으며, 감정기복이 심해 틀에 박히지 않은 행동양식을 보인다. 결과보다 과정을 중시하고 타인의 관심과 사랑, 정서적 지지에 민감할 수 있다.

① 사회형

② 친밀한 의사소통 선호
③ 남에게는 관대하고, 자신에게 여유 있음
④ 소신 뚜렷하고 자극이 없으면 흥미를 갖지 않음
⑤ 감정기복이 비교적 높음
⑥ 정서적 지지자
⑦ 틀에 박히지 않은 행동양식을 보임
⑧ 결과보다 과정 중시
⑨ 사람들로부터의 관심과 사랑을 중요시함
⑩ 친구의 부탁을 거절 못함

학습 측면에서의 리더십 특성

변칙적 처리와 구체적 사고가 발달될수록, 학습특성은 주변정리와 시간관리가 어렵고 일 마무리를 잘못할 수 있다. 과정을 중시하고, 경쟁적 과제보다 협동적 과제와 친밀감을 선호할 수 있다. 친숙한 친구들과의 소그룹활동을 선호하며, 동기가 없는 분야는 주의력과 실행력이 약하므로 환경 조성과 동기부여가 일의 성취에 중요한 자원이다.

① 주변정리, 시간관리 어려워함
② 일 마무리를 잘못함
③ 단계적 학습, 세부파악 약함
④ 경쟁적 과제보다 협동적 과제 선호
⑤ 상급자나 동료에 대한 친밀감을 중시함
⑥ 사회, 역사 등의 이야기 과목 선호
⑦ 친숙한 친구들과의 소그룹활동 선호
⑧ 직무수행에 있어 동기부여가 중요함
⑨ 주의집중력, 직무실행력 약함
⑩ 일하는 환경 조성이 중요함

Tip 뇌의 변화와 뉴런의 관계

인간의 뇌는 '뉴런(neuron)'이라고 하는 뇌세포로 구성되어 있다. 뉴런은 축삭과 세포체로 구성되어 있다. 세포체에서 뻗어 나온 무수히 많은 수상돌기에서 이웃세포와 연결된다. 이러한 무수히 많은 연결을 '시냅스'라고 하며 여기에서 많은 변화가 일어난다.

뇌의 가소성은 뇌의 구조와 기능을 바꾸는 뇌의 능력을 말한다. 그동안 연구자들은 뇌의 모든 변화는 어린 시절에 이루어진다고 생각한다. 그러나 오늘날에는 뇌 영상 연구를 통하여 성인기에도 변화할 수 있다는 사실이 밝혀졌다(Bower, 1990). 경험이 뇌 가소성의 주된 자극제이다. 경험에 의해 뇌는 다음과 같이 변화된다(Kolb & Whishaw, 1998). 수상돌기의 길이가 길어지고, 수상돌기 가시의 밀도가 증가(혹은 감소)하며, 시냅스가 형성된다. 또한 교세포의 활동이 증가하고, 신진대사의 활성도가 변화한다.

Chapter

03

자기브랜드 리더십과 권한위임 리더십

1. 권한위임의 개념
2. 왜 권한위임이 어려운가?
3. 임파워링 리더의 특징
4. 리더의 특성을 고려한 권한위임

1 권한위임의 개념

권한위임(empowerment)이란 “권한을 위임한다”는 의미와 “결정 등에 참여한다”는 측면과 “개인이 스스로 동기를 부여한다”는 측면이 포함되어 있다. 즉, 조직의 상부에서 권한을 갖고 통제 중심의 관점에서 조직을 운영하기보다는 권한이양을 통해 조직구성원의 자율적이고 적극적이며 능동적인 활동을 유도한다는 개념으로 볼 때, 임파워먼트 정의는 “변화하는 환경에 능동적으로 대처하고 고객만족을 신속히 추구하고자 조직의 실무단계에 있는 하위 계층 사람들에게 의사결정 권한을 상당 부분 위임하는 것”으로 알려져 있다(오창환, 2007).

임파워먼트의 개념은 1940년대를 기점으로 경영학보다는 정치학 또는 사회학 등 타 분야에서 먼저 시작되었는데, 미국에서 1980년대 중반 기업 내에 막연하던 무력감을 해소하고 구성원으로 하여금 더욱 일에 몰입하면서 변화와 성과를 추구하도록 도모하는 수단으로 등장하였으며, 1990년대에 이르러 임파워먼트를 많이 강조하게 되었다(이대봉, 2009). 그리고 임파워먼트의 세부 실천요소로는 의미성과 유능성, 자기 결정성, 영향력이다(Spreitzer, 1995).

그러나 그 이전에도 임파워먼트의 개념은 군사학에서 사용되고 있었다. 즉, 군사학에서 사용하고 있는 임무형지휘는 임파워먼트의 개념을 실전에서 사용한 것이다.

[표 3.1] 임파워먼트 구성요소

구 분	내 용
의미성	의미성은 주어진 과업활동과 신념, 태도, 가치 및 행위자 간의 적합성에 관한 것이다. 즉, 의미성이란 주어진 과업활동의 목적 또는 목표의 가치가 되며, 이것은 개인이 가지고 있는 이상과 가치체계 · 신념 · 태도에 관련된다.
유능성	유능성은 과업활동에 대한 믿음으로, 하급자가 목표를 달성하는 데 필요한 행동을 성공적으로 더욱 정확하게 수행할 수 있다는 믿음을 의미한다.
자기 결정성	자기 결정성은 자신 스스로의 행동에서 시작과 규제의 선택을 경험하는 것을 말한다. 즉, 행동의 지배를 반영하고, 자기 결정에는 행동의 선택이 반영된다.
영향력	영향력은 개인이 조직결과에 영향을 끼칠 수 있다는 스스로의 믿음을 말한다. 즉, 개인이 조직의 전략적 · 관리적 · 업무적 의사결정에 영향력을 미칠 수 있다고 믿는 것이다.

임무형지휘의 기원은 1806년으로 거슬러 올라간다. 독일의 전신인 프러시아는 프랑스 나폴레옹(Napoléon Bonaparte)이 이끄는 프랑스 혁명군에게 대패하고 굴욕적인 '틸지트 강화조약'을 체결하여 당시 20만 명이었던 병력을 4만 2,000여 명으로 축소하고 프랑스에 1만 프랑의 전쟁 배상금을 지불하는 수모를 겪었다. 뿐만 아니라 영토 절반을 프랑스와 동맹국에게 넘겨야 하는 국가적인 난국에 처한 프러시아 국왕 프리드리히 3세(Friedrich Ⅲ)는 샤른호르스트(Gerhard von Scharnhorst) 장군에게 프러시아 육군의 재건을 명한다. 그리하여 1807년에 '군 재조직위원회'가 결성되었고, 국왕의 적극적인 지원 속에서 패전의 멍에를 벗고 프러시아군이 환골탈태할 수 있는 방안이 모색되었다(Oetting, 1993; Leistenschneider, 2002; 김성국, 2011). 그리고 프러시아군 재조직위원회는 1806년 나폴레옹 전쟁의 패전 원인이 지휘관들의 사고 경직성과 피동적인 지휘 때문이었다고 판단하여 새로운 지휘 방법을 모색하였고, 이러한 개혁과정에서 임무형지휘가 도입되었다(Widder, 2002). 이후 임무형지휘는 독일 육군의 최고 지휘 원칙이 되었다.

임무형지휘가 성공을 거두기 위해서는 다음과 같은 핵심요소를 요구한다(Bühlmann & Braun, 2010; Schwier, 1999). 첫째, 리더는 친밀한 인간관계를 통해서 하급자의 지식과 능력에 대해 신뢰를 가질 수 있어야 한다. 둘째, 리더와 하급자 상호 간 의사결정 능력을 배양하고 신뢰를 강화하기 위해서는 많은 훈련이 요구된다. 셋째, 임무형지휘는 강제적으로 시행되는 것이 아니고 상황 변화에 따라 보다 나은 결과를 얻기 위해 리더와 부하가 자발적으로 행동하는 것이다. 그리고 결과에 대해서는 책임을 지는 책임의식이 전제되어야 한다. 넷째, 임무형지휘가 효과적으로 발휘되기 위해서는 정책과 절차 등 제도적인 기초가 명료한 형태로 형성되어 있어야 한다. 다섯째, 임무형지휘가 반드시 성공을 가져온다는 보장이 없기 때문에 임무형지휘에 의해 하급자가 자유재량으로 행동한 결과가 실패로 나타난다고 해도 하급자에 대해 관용을 베푸는 조직문화가 정착되어야 한다.

이와 같이 임무형지휘가 성공을 하기 위한 요소를 다시 한 번 정리하면 상·하 간의 신뢰, 의사소통, 자율성, 책임의식, 조직문화를 꼽을 수 있다.

임무형지휘는 우리 군에도 영향을 주게 되었는데, 1999년 4월 육군의 지휘 개념으로 선정하면서 본격적으로 임무형지휘가 적용되게 되었다. 이와 같이 우리 군에 적용된 임무형지휘 개념을 살펴보면, 지휘관은 명확한 의도와 부하의 임무를 제시하고 임무수행

[그림 3.1] 임무형지휘 성공요소

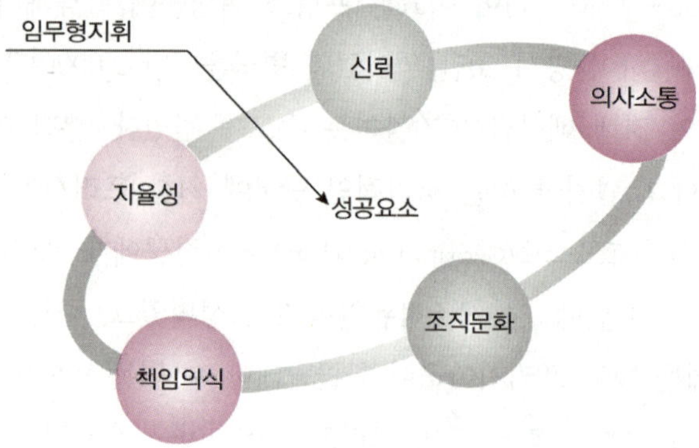

방법은 최대한 위임하며, 부하는 지휘관의 의도와 부여된 임무를 기초로 자율적이고 창의적으로 임무를 수행하는 것이다(육군본부, 2011).

2 왜 권한위임이 어려운가?

권한위임이 왜 어렵고, 잘 실천되지 않는가?에 대한 답을 찾기 위해 군 조직에서 근무하는 중사 이상 간부 731명의 설문내용을 분석한 결과, 첫째, 하급자에 대한 신뢰감 부족이다. 신뢰란 일반적으로 위험을 감수하면서 타자에게 믿음을 주는 사회심리적 상태라고 정의되고 있다. 즉, 상대방에 대한 감시나 감독 없이도 상대가 자신의 기대에 부응하는 행동을 하리라는 믿음 하에 기꺼이 위험을 감수하겠다는 마음의 상태이다(Mayer, Davis, & Shoorman, 1995). 이러한 신뢰의 기반은 학자마다 다양하게 분류하고 있으나 루소 등(Rousseau et al., 1998)은 제재기반 신뢰, 계산기반 신뢰, 관계기반 신뢰, 제도기반 신뢰의 네 가지 유형으로 범주화하였다(송운석, 2012). 제재기반 신뢰(deterrence based trust)는 신뢰를 저버렸을 때 처벌을 받는다는 확실한 위험이 있기 때문에 신뢰하는 것을 말한다. 이 경우 신뢰는 기회주의적 행동으로부터 얻을 수 있는 잠재적 이득보다 신뢰를 어겼을 경우 받을 수 있는 제재가 더 크다고 판단하므로 신뢰행위를 하는 경우이다. 계산기반 신뢰(calculus based trust)는 경제적 교환에서 기초한 상호작용의 특징인 합리적 선택에 기초한다. 계산기반 신뢰는 제재의 존재에서뿐만 아니라 의도 또는 능력과 같은 정보에서도 도출되며, 신뢰자가 피신뢰자의 행동이 자신에게 유익할 것이라고 인식할 때 신뢰감이 일어난다. 관계기반 신뢰(relational based trust)는 신뢰 주체와 객체 사이에 서로가 상대의 욕구·선택·선호 등을 알고 예측하며, 동일한 욕구·선택·선호 등을 자신의 것으로 공유함으로써 발전하게 된다(Lewicki & Bunker, 1996). 제도기반 신뢰(institution based trust)는 제도에 대한 믿음에 기초한 것이다. 즉, 제도기반 신뢰는 조직화된 시스템에 기초한다. 사회적 규범과 법적장치 등과 같은 합리적인 시스템은 신뢰 주체에 대한 손실 확률기대가 낮기 때문에 신뢰가 촉진되는 한편, 융통성을 제한하고 지나친 엄격함을 요구함에 따라 신뢰를 손상시킬 수도 있다.

둘째, 조직문화에 대한 이해 부족이다. 조직문화란 주어진 시기에 조직의 운영을 위한 조직체 시스템이며, 이념과 신념, 언어, 의식, 신화, 상징 등이 포함된 총체적 개념이다(Pettigrew, 1979). 이러한 조직문화는 학자들마다 다소 상이하게 분류하고 있으며, 김찬선(2014)은 합리문화(rational culture)와 위계문화(hierarchy culture), 개발문화(development culture), 합의문화(consensual culture)로 구분하였다. 합리문화는 통제와 안정을 지향하면서 경쟁을 지향하기 때문에 합리문화에서 리더는 지시, 명확한 목표, 생산성, 임무수행 등을 강조한다. 위계문화는 통제와 안정, 내부지향성을 강조하기 때문에 위계문화에서 리더는 안정된 조직운영, 시스템, 완벽성 등을 강조한다. 개발문화는 유연성과 변화, 경쟁을 지향하기 때문에 개발문화에서 리더는 혁신, 성장, 자율성 등을 강조한다. 합의문화는 유연성과 변화, 내부지향성을 가지고 있기 때문에 합의문화에서 리더는 사람과의 관계, 참여, 결속, 사기 등을 강조한다. 이와 같이 각 조직에는 조직특성에 맞는 고유 조직문화를 가지고 있다. 따라서 조직문화를 고려하지 않고 일방적인 권한위임은 결코 성공할 수 없는 것이다. 조직문화와 관련하여 "왜 권한위임이 이루어지지 않는가?"에 대한 질문한 결과, ① 완벽주의와 승진지향 위주의 문화가 강조되기 때문이다. ② 상급자에 의한 억합, 강요, 정해져 있는 답만을 요구하는 문화가 존재하기 때문이다. ③ 상급자가 개인의 경험에 의해 모든 것을 판단하고, 그것만이 옳은 것이라고 생각하는 문화가 존재하기 때문이다. ④ 업무성과에 대한 조급함과 보여주기식의 문화가 존재하기 때문이라고 이야기했다. 이와 같이 아무리 좋은 권한위임 리더십이라 하여도 그동안 오랜 기간 동안 전통적으로 내려오는 조직문화를 고려하지 않고는 권한위임이 제대로 실천되지 못할 것이다.

셋째, 원활한 의사소통의 부족이다. 의사소통이란 집단구성원 상호 간에 정보를 교환함으로써 관리적 기능을 상호 연결시켜 나가는 과정(Scott & Connor, 1978)으로 하향식, 수평식, 상향식이 있다(이병철, 1997). 이러한 의사소통이 왜 이루어지지 않는 이유에 대해 설문조사 결과, ① 하급자의 의견을 존중하지 않고, 하급자를 자신과 동등한 대상으로 생각하지 않기 때문이라고 했다. 즉, 소통이란 동등한 대상으로 여기는 가운데 이루어져야 효과가 있는데, 상급자는 하급자에게 무조건적인 하향식 의사소통을 하기 때문이다. ② 상급자는 하급자보다 모든 것을 많이 알고 있다고 생각하기 때문이다. 상급자는 자신이 하급자보다 경험이 많고, 많이 배웠기 때문에 하급자의 말을 무시하거나 그냥 듣고 흘려버리는 경향이 많기 때문이다. ③ 의사소통에 대한 개방적 태도가 부족하기 때문이다. 개방적 의사소통이란 진솔하게 자기가 느낀 바를 표현하고 자신의 의사에 반하는 의견에 기꺼이 귀를 기울이는 자세를 의미한다. 그러나 대부분의 상사들은 부하와의 관계에서 부하의 개입을 거부하고 통제하려고 한다는 것이다. ④ 의사소통의 지속성이 부족하기 때문이다. 의사소통의 효과는 한 번의 시도에서 나타나는 것이 아니라 지속적인 상호작용을 통해 이루어지는 것이므로 상호 간에 존중하고 잘되기를 바라는 친화적 의사소통이 필요하다. ⑤ 부하에 대한 의사결정 수용성을 고려하지 않기 때문이다. 의사결정 수용성은 의사결정이 부하들에 의해 실행될 때, 또는 작업 동기에 매우 중요한 영향을 미친다(Yukl, 2014). 즉, 의사결정에 있어 조직구성원이 참여를 했는지 또는 참여를 하지 않았는지에 따라 의사결정 실행에 많은 영향을 미친다. 그러나 상급자들은 하급자의 의사결정 참여와는 관계없이 무조건적으로 결정된 사항에 대해 무조건 따르도록 강요한다는 것이다.

넷째, 모든 것을 상급자가 하려고 하는 성격특성 때문이다. 사람들은 각기 다른 성격특성을 갖고 있어서 업무처리방식 또한 각기 상이하게 나타난다. 특히, 성취욕구가 높은 리더는 중요하고 도전할 만한 과업을 부하에게 위임하기보다는 직접 하는 것을 더 선호한다(Miller & Toulouse, 1986). 그러나 일방적으로 리더 혼자 내린 결정은 조직에 부정적인 영향을 줄 수 있다. 이러한 결정은 조직구성원들의 단합과 신뢰와 생산성을 떨어뜨릴 수 있다. 그러나 사회적 지능이 떨어지는 리더에게 직급에 상관없이 가능한 많은 사람에게 권한위임을 하라는 것은 매우 어려운 일이다. 연구결과에 의하면 러더가 되기 전에 소통의 네트워크를 잘 구축한 CEO는 성공할 가능성이 매우 크다(Del Cul et al., 2009)는 연구결과가 있다. 따라서 조직에서는 전 직원의 뇌 덕분에 조직이 돌아가고 있음을 리더는 인식할 필요가 있으며, 전 직원의 뇌를 모두 합할 때, '조직의 뇌'가 된다는 것을 명심할 필요가 있다.

다섯째, 리더는 자신이 가지고 있는 권력을 빼앗기는 것 같아서 권한위임을 하지 않는다는 것이다. 권력의 유형에는 직위적 권력(position power)과 개인적 권력(personal power)으로 구분된다(Bass, 1960; Yukl & Falbe, 1991). 합법적 권력은 조직이 리더에게 공식적으로 부여한 계급과 직책, 규정, 법규 등으로부터 발휘되는 영향력이다. 그리고 보상적 권력은 리더가 구성원들이 원하는 경제적 · 정신적 보상 등을 해줄 수 있는 능력에서 발휘되는 영향력이며, 강압적 권력은 리더가 구성원을 처벌 · 위협하거나 강제로 압력을 행사할 수 있는 영향력을 말한다. 개인적 권력 중 준거적 권력은 리더가 개인적인 인격, 매력, 바람직한 인간적 특성 등을 보유함으로써 미치는 영향력을 말하고, 전문적인 권력은 리더가 특정 분야에 대한 전문지식, 특수기술, 경험, 해결방안 등을 보유함으로써 미치는 영향력이다. 이러한 권력 중 권한위임과 관련된 권력은 직위적 권력에 해당한다. 리더가 권한을 위임했을 때 권력을 빼앗긴다는 생각을 갖는 것은, 권력에 대한 이해가 부족하기 때문이다. 과거에는 권력의 전체 크기(size)는 정해져 있는 것으로 가정하여 파워의 유형이 무엇이고 그것을 어떻게 나누느냐(share), 혹은 어떻게 나의 몫을 키우느냐에 초점을 두어 왔다. 즉, 조직 내 파워는 전통적 관점에서 파워가 zero-sum이라는 것이다. 그러나 오늘날은 파워의 크기가 정해져 있다는 가정을 깨고, 그 크기 자체를 늘려나가자는 관점(positive-sum approach to power)이다(박원우, 2000). Zero-sum 관점의 접근이 조직 내의 현상 설명에는 도움이 되었으나, 조직의 발전추구에는 별 도움이 못되었다. 즉, zero-sum이면 그 사회나 조직에는 갈등과 문제가 발생하여 결과적으로 그 유효성에 도움이 안 되지만, positive-sum일 경우 사회나 조직발전에 도움이 되기 때문이다. 따라서 권력을 positive-sum 관점에서 접근하는 임파워먼트 논리는 기업조직 전체 또는 한 부서나 구성원의 파워 크기가 정해져 있다고 보는 것이 아니라 상호작용의 결과 서로의 파워가 원래보다 더 커질 수 있으며, 나아가 조직 전체의 파워가 늘어나기 때문이다.

여섯째, 리더의 윤리적 리더십 부족이다. 윤리적 리더십(ethical leadership)이란 올바른 목적을 위해 올바른 방식으로 올바른 일을 하도록 다른 사람을 움직이는 도덕적이 인간의 영향력이다(Ciulla, 2003). 그러나 권한위임이 왜 이루어지지 않는가에 대한 설문조사결과, 상급자와 하급자 간의 상호 윤리적 리더십이 부족하기 때문이라는 것이다. 즉, 상급자와 관련된 윤리적 리더십 부족사례는 ① 상급자 자신에 대한 욕심이 과하고, 하급자를 이용하려는 생각이 많다는 것이다. ② 계급이 높다는 이유로 월권행위를 하거나 권력을 남용하는 행위가 존재하기 때문이다. ③ 학연, 지연, 혈연, 출신 구분 등에 따라 하급자의 등급이 부여된다는 것이다. 그리고 하급자에 대한 윤리적 리더십의 부족한 사례는 ① 평상시 상급자가 보았을 때 성실성과 일관성 등이 부족하기 때문이다. ② 업무수행에 대한 공정성과 정직성이 없기 때문이다. ③ 업무에 대한 약속을 제대로 이행하지 못하기 때문이다. 이와 같이 상급자와 하급자가 지켜야 할 윤리적 리더십이 있는데, 이러한 윤리적 리더십이 부족하기 때문에 권한위임이 제대로 이루어지지 않는다는 것이다.

Tip 변화의 기본 개념과 모형

변화를 측정하는 가장 확실한 방법은 시간의 흐름에 따라 변화를 정의하는 선형모형이다. 선형모형을 사용하는 대부분의 리더는 결과 쪽으로 조직구성원을 끌고 간다. 이러한 변화는 주목할 만하지만 지속되기 어렵다(용수철의 원리).

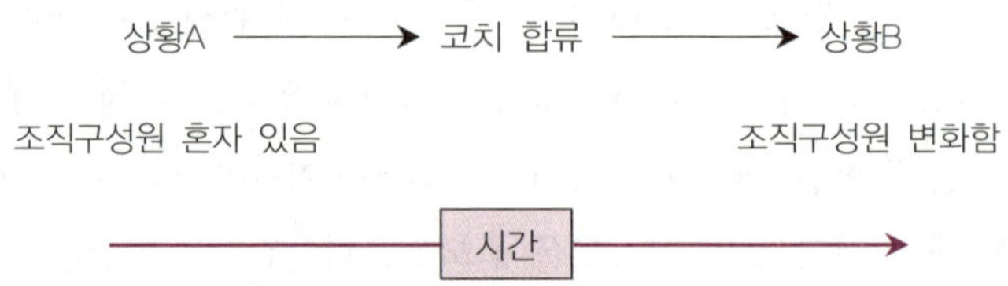

[변화의 선형 모델]

즉, 용수철을 잡아 당겼다가 놓으면(리더가 떠나면) 어떻게 될까? 하나는 이전의 지점으로 돌아가는 것이고, 다른 하나는 그 이전의 자리로 되돌아가지 않는다면 용수철로서의 정체성과 힘을 상실한 것이다.

리더로서 바라는 변화는 부하의 통합성(integrity)을 보존하면서 오래가는 변화이다. 어떻게 하면 구성원의 정체성을 보존하면서 변화를 증진할 수 있을까? 즉, 어떻게 하면 용수철을 고장나지 않게 잡아당길 수 있을까?

시간 이외에 변화의 또 다른 중요한 차원은 깊이이다. 구성원이 자기 안으로 더 깊이 들어가도록 돕는 것이다. 변화가 일어나고 그 변화가 유지되도록 조직구성원을 돕는 것이다.

심층적인 변화를 변혁(transformation)이라고 한다. 변혁은 측정 가능한 성공적인 변화의 징표이며, 행동적 변화를 이끌어내는 검증된 방법이다. 조직에 대한 행동 코미트먼트[1]는 태도 코미트먼트를 포함한 다양한 요인에 의해 결정된다(Iverson & Roy, 1994). 리더가 직원들의 행동 코미트먼트를 높이면 직무만족도는 급여와 무관한 것이 되고(Pfeffer & Lawler, 1980), 직무 동기가 향상된다(Benkhff, 1996). 따라서 뇌가 이러한 요인들을 처리하는 방식에 따라 결정이나 조직에 대한 코미트먼트가 결정된다는 것을 이해할 필요가 있다(Kim, 1999).

3 임파워링 리더의 특징

권한위임을 잘하는 리더의 특징은 다음과 같다. 첫째, 의사소통의 벽을 제거하는 사람이다. 의사소통의 벽을 제거하기 위해서는 적극적 경청력을 향상시킬 필요가 있다. 적극적 경청은 리더가 하급자에게 권한위임을 할 때 매우 중요한 역할을 한다(김문겸, 2018). 적극적 경청력은 몰입과 입장전환, 수용, 완전성으로 구성된다. 몰입은 인간의 생각하는 속도(400~500단어/분)가 말하는 속도(100~150단어)보다 4배 정도 빠르다고 한다. 따라서 상대방의 말을 경청하면서도 우리는 동시에 남은 브레인 파워를 활용하여 다른 생각을 하기도 한다. 그런데 적극적 경청이란 듣고 남은 4분의 3의 시간 혹은 브레인 파워를 여전히 상대방의 말, 기분, 의도 등을 이해하는 데 쓴다는 것이다. 입장전환은 상대방 입장에서 상대방이 말하고자 하는 것을 이해하려는 노력이며, 수용은 상대방이 말하는 동안 그 내용을 판단하지 말고 받아들이려고 하는 노력이다. 완전성은 상대방의 뜻과 감정까지도 이해하고자 노력하고 질문까지 해서 이해하려고 노력하는 것이다. 권한위임은 리더가 하급자에게 자신의 뜻만을 전달하는 것으로 끝나는 것이 아니다. 즉, 하급자가 업무를 수행하기 위해서는 하급자가 상급자의 의도를 명확하게 이해하고 있는지에 대해 확인해 볼 필요가 있으며, 상급자는 하급자가 업무를 수행하는 중에 업무가 잘되어 가는지, 업무에 필요한 것은 무엇인지 등에 대해 적극적인 피드백을 해야 한다. 권한위임을 위한 의사소통과정에서 피드백이 차지하는 중요성을 파악하는 데 요긴

1) 코미트먼트(commitment)는 어떤 행동에 자신(지적 혹은 정서적으로)을 바치는 행위를 말한다.

한 개념이 바로 '조하리의 창(Johari's Windows)'이다. 조하리란 고안자인 루프트(Joseph Luft)와 임행(Harry Ingham)의 이름을 결합한 것으로 '마음의 네 가지 창'이라고도 한다. 의사소통을 통한 권한위임 리더십 향상을 위해서는 피드백을 통해 '열린 창'을 넓혀가는 것이 중요하고, 그러기 위해서는 적극적으로 자기를 보여줄 필요가 있다.

[그림 3.2] 조하리의 창

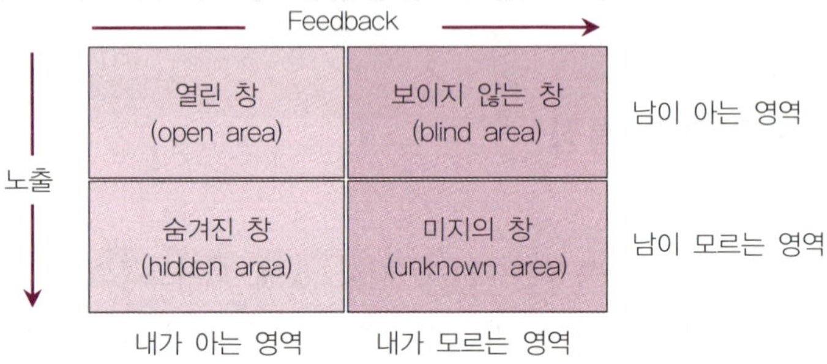

둘째, 자신의 생각을 명확히 전달하는 사람이다. 명료화란 계획, 방침, 역할기대를 전달하는 과정이다. 명료화의 주요 하위 범주에는 부하에게 직무상 책임을 규정해 주고, 성과목표를 설정하며, 과업을 할당하는 것이다(Yukl, 2014). 그리고 하급자에 대한 역할과 책임 명료화하기 위해서는 ① 할당된 과업에 대해 명확한 설명이다. ② 할당된 과업에 대한 이유 설명이다. ③ 할당된 과업의 이해 정도를 점검하는 것이다. ④ 과업수행에 필요한 자원을 제공하는 것이다. ⑤ 서로 다른 목표나 책임에 대해 우선순위를 설명하는 것이다. ⑥ 구체적인 목표와 중요한 과업에 대한 최종 기한을 설정하는 것이다.

셋째, 부하의 역량을 파악하고 개발하는 사람이다. 권한위임 리더가 하급자에게 권한위임을 하기 위해서는 하급자의 역량을 명확히 파악해야 한다. 권한을 위임하기 위해서는 가장 먼저 구성원의 강점과 약점을 파악하는 것이 중요하다. 각 구성원의 역량 수준을 알아야 업무의 난이도와 업무처리 속도 등을 감안한 업무부여가 가능하기 때문이다. 그리고 하급자의 능력과 자신감을 개발하기 위한 세부지침(Yukl, 2014)으로 ① 각 구성원의 개발에 관심을 보이는 것이다. ② 하급자가 성과 향상의 방법을 찾도록 도와준다. ③ 코칭을 할 때는 인내하고 유용해야 한다. ④ 유능한 경력 조언을 제공해야 한다. ⑤

적합한 훈련활동에 참여하도록 장려한다. ⑥ 경험으로부터 학습할 기회를 제공한다. ⑦ 적절할 때 동료에 의한 코칭을 장려한다. ⑧ 하급자의 명성을 촉진시켜 준다.

넷째, 부하의 유능성을 인정하는 사람이다. 유능성은 과업활동에 대한 믿음으로 지칭되는데, 이러한 것은 곧 개인이 결과를 산출하는 데 필요한 행동을 성공적으로 더욱 정확하게 수행할 수 있다는 믿음을 의미하는 것이다(Bandura & Wood, 1989). 인정이란 하급자가 자기에게 업무에 대해 명확하게 수행할 수 있다는 믿음으로, 인정에 대한 지침은 ① 하급자의 지식과 능력을 인정하는 것이다. ② 하급자의 일하는 방법을 인정하는 것이다. ③ 주어진 임무보다도 더 할 수 있다는 능력을 인정하는 것이다. ④ 업무과정 속에서 인정할 공헌을 적극적으로 탐색하는 것이다.

다섯째, 영향력과 결정권을 하급자에게 부여하는 사람이다. 영향력이란 하급자가 조직결과에 영향을 끼칠 수 있다는 스스로의 믿음을 말한다. 즉, 개인이 조직의 전략적, 관리적, 업무적 의사결정에 영향력을 미칠 수 있다고 믿는 것이다(Ashforth, 1989). 자기결정력은 스스로의 행동에서 시작과 규제의 선택을 경험하는 것을 말한다. 자기 결정력에는 행동의 선택이 반영된다(Deci & Connell, 1989). 그리고 영향력과 결정성을 부여하기 위한 지침은 ① 영향력을 행사할 수 있도록 기회를 제공하는 것이다. ② 조직에서 발생된 일에 참여할 수 있는 기회를 제공하는 것이다. ③ 임무수행 방법을 하급자에게 위임하는 것이다. ④ 행동에 대한 자율성을 보장하는 것이다. ⑤ 업무수행의 독립성과 재량권을 부여하는 것이다.

여섯째, 업무에 대한 의미성을 부여하는 사람이다. 의미성이란 주어진 과업활동의 목적 또는 목표의 가치가 되며, 이것은 개인이 가지고 있는 이상과 가치체계, 신념, 태동에 관련된 것이다(Thomas & Velthouse, 1990). 개인적으로 의미 없는 과업활동에 관여하는 것은 인지적 부조화를 야기시켜 개인적인 일탈이 가능하지만(Kahn, 1990), 개인적으로 의미 있는 과업활동은 목적의식이나 열정을 창출해 낸다는 것이다. 따라서 상급자는 하급자에게 아무리 하찮은 임무를 부여하더라도 일에 대한 의미를 부여해줌으로써 업무에 대한 좋은 성과를 기대할 수 있다.

일곱째, 업무수행에 대한 장애를 제거하는 사람이다. 권한을 위임하는 리더는 하급자에게 권한위임 후 자신의 모든 책임이 끝나는 것이 아니라 하급자가 업무를 잘 수행할 수 있도록 업무에 제한이 되는 장애 요인을 제거하고, 정서적·물질적 자원을 지속적으로 제공해야 한다. 임무를 부여 후 어떤 형태의 지원이든 관계없이 상급자의 지원적 리더십은 부하의 자신감을 높이며 직무에서의 스트레스 양을 감소시킨다. 리더가 하급자에게 지원을 효과적으로 사용할 수 있는 방법으로 ① 하급자가 걱정할 때 동정과 자원을 제공하는 것이다. ② 부하의 자아 존중과 자신감을 북돋아 주는 것이다. ③ 부하의 개인적 문제도 도와주어야 한다.

여덟째, 기다려 줄 수 있는 여유를 가진 사람이다. 권한위임 리더는 부하가 임무를 달성하는 데 필요한 자원을 제공함과 동시에 임무를 스스로 해결할 수 있도록 여유를 주어야 한다. 즉, 입무의 수행속도는 조직구성원의 특성에 따라 상이하게 나타나기 때문이다. 그리고 리더가 여유를 가질 수 있는 권한위임 방법으로는 ① 책임을 명확하게 구체화하는 것이다. ② 보고 요건을 구체화하는 것이다. ③ 진행 상황을 적합한 방식으로 모니터하는 것이다. ④ 지원과 도움을 제공하고 위임 철회를 피해야 한다.

아홉째, 부하의 계산된 실수를 인정하는 사람이다. 업무를 하다 보면 누구든지 실수를 할 수 있다. 실수에 따라 물질적, 정신적으로 다양한 피해가 발생한다. 그렇더라도 위임된 임무에서 실수가 발생하는 것이 불가피하다는 것을 인정해야 한다. 물론 실수와 실패를 심각하게 다루어야 하지만 비난과 비판, 처벌을 해서는 안 된다. 부하의 실수를 최소화하기 위해 리더가 점검해야 할 사항은 ① 결과뿐 아니라 주요 과정을 점검하는 것이다. ② 부하의 진척 상황을 검토하고 토의한다. ③ 문제의 실수를 보고하도록 장려해야 한다.

4 리더의 특성을 고려한 권한위임

개인의 성격특성에 따라 권한위임 리더십에 강하게 영향을 미칠 수 있고, 약하게 미칠 수 있다. 개인의 성격특성이 권한위임 리더십에 미치는 영향을 살펴본 결과,

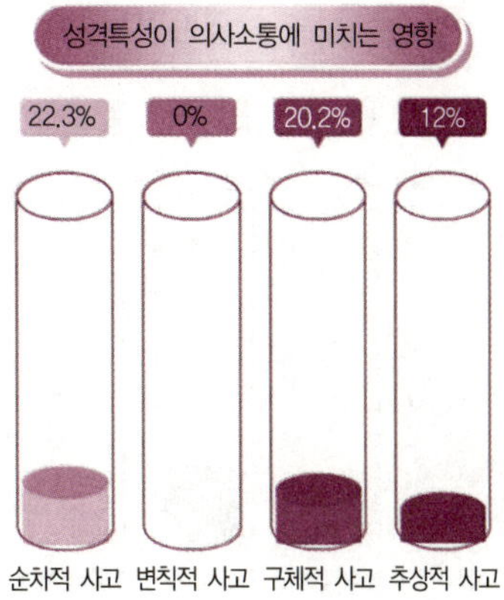

권한위임 리더십의 의사소통에는 순차적 사고가 가장 높게 영향을 미치고, 다음은 구체적 사고와 추상적 사고 순으로 나타났다.

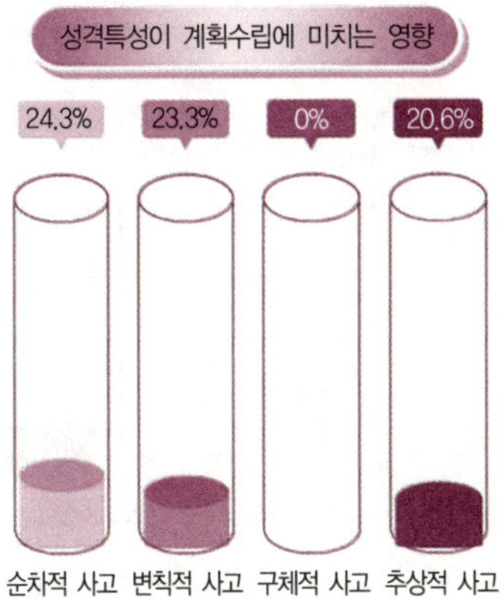

권한위임 리더십의 계획수립에 미치는 영향에서는 순차적 사고가 가장 많은 영향을 미치고, 다음은 변칙적 사고와 추상적 사고 순으로 나타났다.

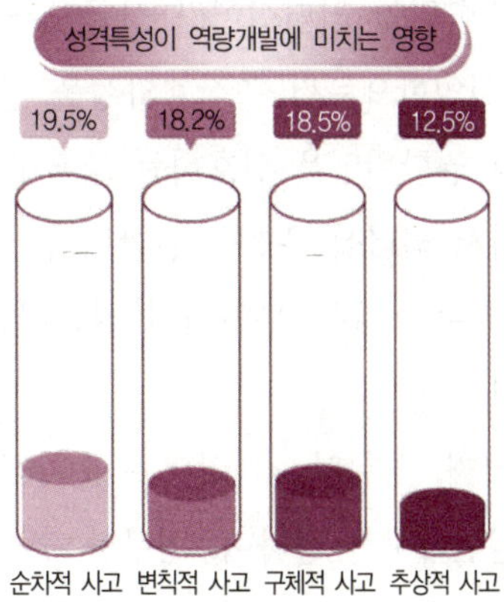

권한위임 리더십의 역량개발에 미치는 영향에서는 순차적 사고가 가장 많은 영향을 미치고, 다음은 구체적 사고와 변칙적 사고, 추상적 사고 순으로 나타났다.

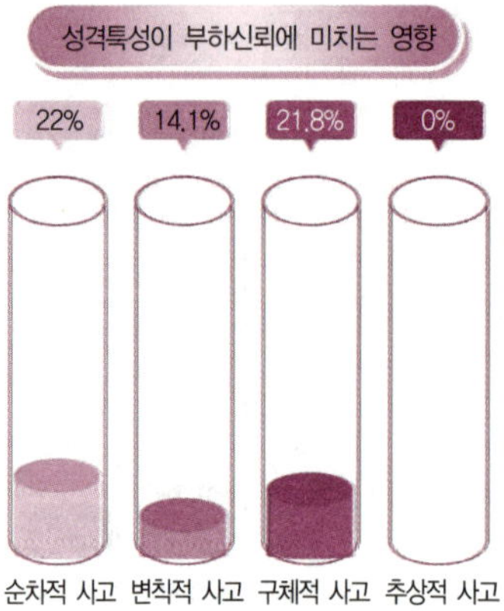

권한위임 리더십의 부하신뢰에 미치는 영향에서는 순차적 사고가 가장 많은 영향을 미치고, 다음은 구체적 사고와 변칙적 사고 순으로 나타났다.

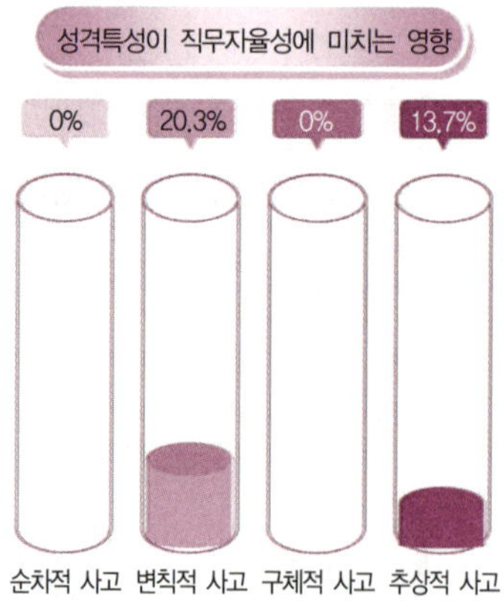

권한위임 리더십의 직무자율성에 미치는 영향에서는 변칙적 사고와 추상적 사고 순으로 영향을 미치는 것으로 나타났다.

권한위임 리더십이란 상급자가 하급자에게 상급자가 가지고 있는 권한을 하급자에게 위임함으로써 조직효과성을 향상시키고자 하는 리더십이다. 그러나 사람의 성격에 따라 권한위임을 선호하는 조직구성원이 있는 반면에, 그렇지 않은 조직구성원이 있다. 따라서 리더십 유형별 권한위임 리더십에 있어 강점과 약점을 알아보고, 권한위임이 잘 안 되는 이유는 무엇이며 권한위임 실천을 위해서는 어떻게 할 것인가에 대해 알아보았다.

첫째, 성취형(SA) 리더는 순차적 사고와 추상적 사고 특성을 가진 리더 유형으로 자아실현욕구가 강하며, 업무를 추진함에 있어 핵심, 원리, 개념을 강조하는 특성을 가졌다. 그리고 성취형 리더는 자아실현욕구가 강하여 권한위임 리더십을 발휘하는 데 다음과 같은 장점이 있다.

성취형의 권한위임 리더십 장점

① 팔로워에게 명확하게 권한을 설득하고 설명할 수 있는 성격임
② 권한위임 후 기다릴 수 있는 인내심이 강하며, 권한을 위임할 때, 정보나 사건을 잘 구조화하여 설명할 수 있음
③ 권한위임의 필요성이 인정되면, 그에 맞게 행동하려고 노력함
④ 하급자에게 명확한 과업 지시를 내릴 수 있으며 신뢰를 저버렸을 때 강력한 제재도 가하는 것을 통해 신뢰를 확보함
⑤ 논리적으로 비평하는 것을 즐기고, 상대 역시 공동의 목표를 위해서 논리적으로 비평하는 것도 수용하려는 자세가 있음
⑥ 권한위임의 필요성에 대해 판단력이 빠르고, 설득력이 높으며, 논리적 의사소통 능력과 추진력이 강함
⑦ 권한을 위임받는 사람들의 특성을 빠르게 판단하고 각자에게 적절한 권한을 나누어 위임하는 능력이 뛰어남
⑧ 팀구성원들이 위임받은 권한에 대해 스스로 결정에 참여할 수 있도록 유도해서 동기부여를 확실하게 할 수 있음
⑨ 권한을 위임받은 조직구성원의 경우 책임감이 강하고, 잘 실천할 수 있음
⑩ 권한을 위임받은 후 업무를 수행함에 핵심정보와 아이디어를 쉽게 찾아냄
⑪ 권한위임을 받은 후 목표를 잘 설정하여 체계적으로 잘 수행함
⑫ 업무를 수행함에 근면함과 자기주도성이 뛰어남
⑬ 권한위임을 받은 업무에 대해 자심감이 있으며, 그 과정을 상급자와 투명하게 공유하고, 가식이 없는 모습을 보여줌
⑭ 업무를 추진함에 있어 문제가 생겼을 때 포착하는 속도와 개선하고자 하는 통찰력이 빠름

성취형 리더는 자아실현욕구가 강하여 권한위임 리더십을 발휘하는 데, 많은 장점이

있지만 다음과 같은 단점 또한 가지고 있다.

성취형의 권한위임 리더십 단점

① 권한위임을 위한 신뢰를 확인하는 과정에서 지나치게 계산적인 면모를 보일 수 있으며, 신뢰를 지는 것에 대한 제재와 처벌의 수위를 높이고자 할 때, 물리적·정신적 비용과 소모가 많이 듦

② 팔로워의 입장에 공감을 잘못함

③ 권한위임 후 신뢰를 쌓기 어려워하고, 신뢰를 얻기까지 시간이 오래 걸림

④ 상급자로 자기주장이 강하며, 권한을 위임했다가도 마음에 들지 않으면 독선적으로 업무를 수행할 여지가 많음

⑤ 권한위임 후 하급자에 대한 원칙을 강조하기 때문에, 권한위임 일정 선을 넘었다고 생각하면 부여한 권한을 회수하려고 함

⑥ 평상시 자존심이 강하고, 권한위임보다는 혼자서 해결하려는 생각이 강함

⑦ 완전한 권한위임을 하지 못함. 팔로워에게 과업을 위임하더라도 반드시 수행 결과를 확인하고, 수정이 필요하다면 팔로워에게 피드백을 주기도 하지만 대부분은 자신이 마무리하는 경향이 있음

⑧ 권한위임의 필요성에 대해 이해하지 못하면 결정을 받아들이지 않는 경향이 강함

⑨ 권한위임을 할 수 있을 정도의 적합한 하급자가 존재하지 않는다면 권한위임을 하지 않는 경향이 강함

⑪ 가식이 없는 모습을 주로 보여주지만, 때때로 리더로서 영향력을 갖고 있다는 것을 보여주기 위해 팔로워의 자율성을 제한하기도 함

⑫ 계산적으로 나에게 떨어질 이윤을 생각하거나 소속해 있는 조직의 제도적 기반을 믿고 임파워먼트를 해주지 않는 경향이 있어, 일단 관계를 맺기 전까지는 다소 하급자들을 존중하고 교감하려 하면서도 자신이 리드하려고 함

⑬ 권한위임에 대한 자신의 의견과 너무 다른 사람과 만난다면 결국 의견 차이는 좁아지지 못하고 서로 감정 상하는 일이 생길 수 있음

⑭ 완벽성과 책임 때문에, 팔로워들을 계속 감독하고, 업무를 지시하게 됨

⑮ 하급자와의 관계를 공적인 것에만 두기 때문에 하급자를 이해하지 못하는 것
⑯ 능력이 부족한 하급자에 대해 과도하게 불신하는 것
⑰ 자신이 다른 사람보다 많이 알고 있다고 생각하여 의사소통의 지속성이 부족함

성취형 리더에게 권한위임 잘 안 되는 이유는 공감 능력이 약하고, 타인을 신뢰하지 못하는 등 다음과 같은 이유에서 권한위임이 제대로 실천되지 못하고 있다.

권한위임이 잘 안 되는 이유

① 관계기반 신뢰가 약하기 때문에
② 업무결과에 따르는 책임감을 많이 우려하기 때문에
③ 자신의 기준에서 생각하려고 하고, 의사불통으로 권한위임이 안 됨
④ 혼자서 처리하려는 기본적인 성격 때문에, 즉 많은 일들을 분담하기 싫어하고, 혼자서 해결하려는 모습을 쉽게 고치지 못해서
⑤ 권한위임을 하면 자신의 권한이 줄어들지 않을까에 대한 우려와 하급자의 업무능력을 신뢰하지 못하기 때문에, 즉 자신보다 업무에 대한 경험이 떨어질 확률이 높은 하급자라고 생각하기 때문에
⑥ 자신의 만족 수준을 채우고, 상대방과 마찰을 피하고자 직접 업무를 수행하려는 경향이 강하기 때문에
⑦ 혼자 일하는 것이 편하다는 생각, 혼자 해왔던 습관이 큰 비중을 차지하는 것
⑧ 업무에 대한 완벽성을 중요시하는 성격으로 하급자의 실수를 잘 용납하지 못하기 때문에
⑨ 자신이 생각한 대로 함께 일할 수 있는 사람인지 판단하기까지 시간이 오래 걸리고, 그 시간을 기다리기보다는 스스로 마무리하는 편이 마음에 편하기 때문에

성취형 리더에게 권한위임 리더십 실천이 강화되기 위해서는 다음과 같은 실천항목을 적극 실천할 필요가 있다.

권한위임 리더십 실천을 위해서

① 원활한 의사소통 활성화
② 조직문화를 잘 이해할 필요가 있음
③ 상급자와 하급자 간의 신뢰 형성
④ 혼자서 해결하려는 성격을 고쳐야 함
⑤ 혼자만 책임을 지려 하는 것보다 지속적인 의사소통을 통해 팔로워와 맞춰가는 시간을 가질 필요가 있음
⑥ 공동의 목표를 달성하기 위해 서로 피드백을 많이 활용할 필요가 있음
⑦ 약점을 먼저 고치고 타인에 대한 신뢰를 높여 교류해야 할 필요가 있음
⑧ 좀 더 솔직한 면모를 드러내고 하급자의 솔직한 면모를 이끌어내야 함

둘째, 관리형(SF) 리더는 순차적 사고와 구체적 사고를 가진 리더 유형으로 모든 일에 있어 완벽주의적인 업무를 추구하는 유형으로 디테일을 많이 강조한다. 그러한 관리형 리더의 권한위임 리더십 장점을 살펴보면 다음과 같다.

관리형의 권한위임 리더십 장점

① 기본적으로 스스로 해결하려고 하고, 완벽주의를 강조하는 성격이기 때문에 권한위임 후 조직구성원이 대충하는 것을 싫어함
② 일의 효율성 증대임. 시간적인 효율을 따지는 것에 민감한 편임. 하급자에게 권한을 위임할 때는 시간적인 절약이 효율적으로 이루어질 수 있도록 체계적이고 세부적으로 하는 편임
③ 업무의 완성도 증대임. 권한위임을 하였을 때, 효과적인 의사소통을 통하여 상대방에게 일에 대한 책임감과 소명을 심어주는 편임
④ 책임감이 강해서 권한위임을 해도 일이 끝나기 전까지 최선을 다함. 즉, 자신이 권한 위임받은 업무에 대해 밤을 새워서라도 완벽하게 마무리하기 위해 노력함
⑤ 업무를 추진함에 있어 안정을 선호하고 겸손하며, 가식이 없음
⑥ 믿음직한 사람에게 권한을 위임하여 현 상황을 급격하게 변화시켜서 혼란을 야기

시키지 않음

⑦ 권한위임 받은 업무를 추진하는 데 신중한 경향이 있기 때문에 큰 실수를 하지 않음

관리형 리더는 위임된 업무를 완벽하게 처리하게 노력하는 등의 장점이 있는 반면에, 다음과 같은 단점이 있다.

관리형의 권한위임 리더십 단점

① 리더가 되면 모든 것을 다 정하며 팀을 이끌어야 한다는 부담감을 크게 가짐

② 제3자에게 부탁하는 것을 별로 좋아하지 않음. 따라서 권한위임 리더십을 크게 선호하지 않음

③ 야망 있는 사람에게 권한위임이 안 된다는 것이고, 만약 자신과 성향이 다른 하급자라면 합의보는 것을 어려워해서 권한위임에 큰 어려움이 있음

④ 하급자가 한 일에 대해 다시 수정하는 경우가 많아서 오히려 권한을 많이 위임하는 것이 더 스스로 피곤하게 한다는 생각을 함

⑤ 권한위임 후 상급자의 의중에 대한 하급자의 파악 의심임. 즉, 하급자가 업무를 추진하는 데 상급자의 의도를 정확히 알고 있는지에 대해 의심하는 경향이 있음

⑥ 책임강이 강해서 권한위임 후에도 불안해하는 모습이 강함

⑦ 사회성이 약하기 때문에 업무를 추진함에 있어 협동성이 결여됨

⑧ 업무를 하는 데 있어 야망이 부족하고 타인과의 합의를 보는 능력이 부족함

⑨ 상대방과 갈등이 생길 경우 풀어가는 데 시간이 좀 걸릴 수도 있고, 상대방이 불편할 수도 있음

⑩ 하급자가 상급자의 말만 전적으로 동의하고 믿고 일을 하다 보니 권한위임을 했을 때, 굉장히 수동적으로 업무를 하게 되어 상급자의 의도에 못미치는 경우가 많음

관리형 리더에게 권한위임 잘 안 되는 이유는 새로운 변화를 싫어하는 등 다음과 같

은 이유에서 권한위임이 제대로 실천되지 못하고 있다.

권한위임이 잘 안 되는 이유

① 권한위임과 동시에 이에 대하여 책임감이 더 커지기 때문임
② 완벽을 추구하는 경향이 있고, 완벽성을 추구하기 때문에 하급자들의 상급자의 의중을 정확히 파악한 상태로 업무를 수행할 수 있을지에 대한 의구심 때문에
③ 자신 혼자 일을 처리하는 편을 선호하기 때문에
④ 타인과의 관계악화를 우려해서, "내가 저 사람에게 이러한 말을 건넸을 때 저 사람은 어떻게 생각할까", "내가 저 사람 입장이라면 기분이 나쁘지 않을까?"와 같은 생각을 많이 하는 습관 때문에 권한위임이 잘 안 됨
⑤ 너무 소극적인 성격으로 조직구성원이 자신을 싫어하면 어쩔까 하는 등에 대한 걱정으로 권한위임이 제대로 이루어지지 않음
⑥ 변화를 싫어하고 상상력이 많이 부족해서 "하급자가 제대로 일을 할 수 있을까?" 하는 걱정 때문에

관리형 리더에게 권한위임 리더십이 잘 실천되기 위해서는 다음과 같은 실천항목을 적극적으로 실천할 필요가 있다.

권한위임 리더십 실천을 위해서

① 조직구성원에 대한 믿음을 키워야 함. 즉, 상급자는 하급자의 능력을 믿고, 하급자는 상급자 자신을 믿을 수 있도록 평상시부터 믿음을 주어야 함
② 소심하고 소극적인 자세를 변화시킬 필요가 있음
③ 권한위임을 받아 업무를 추진할 때는 혼자서만 고민하지 말고, 문제가 발생했을 때 상급자가 공감대를 형성할 필요가 있음
④ 너무 완벽한 업무를 추진한다고 시간을 초과할 수 있는데, 주어진 기간 내에 업무가 완성될 수 있도록 후보계획에 의해 업무를 추진할 필요가 있음

⑤ 추상적 사고가 부족한 경우 핵심, 원리, 개념 파악이 부족하기 때문에 상급자에게 업무를 추진하면서 잦은 피드백을 받을 수 있도록 해야 함

셋째, 자율형(RA) 리더는 변칙적 사고와 추상적 사고를 가진 리더 유형으로 업무를 추진함에 있어 창의적이고 도전적인 정신으로 변화와 혁신을 선호하는 유형이다. 그러한 자율형 리더가 권한위임 리더십을 발휘하는 데 장점은 다음과 같다.

자율형의 권한위임 리더십 장점

① 사회성이 높아 평소 하급자나 집단구성원들과 원만한 대인관계를 유지할 수 있으며, 이를 통해 유능한 하급자와 일을 나눔으로써 각자의 권한에 집중하여 자신감을 보강하는 시너지를 만들 수 있음
② 대인관계 능력이 뛰어나고 표현적이며, 타인에게 동기부여를 잘하는 스타일임. 즉, 권한위임에 비금전적인 부분에서도 동기부여를 잘함
③ 아이디어 개발을 선호하고 인정욕구가 강하기 때문에, 하급자의 의견을 잘 수용할 수 있음. 즉, 새로운 것을 선호하는 성격특성상 본인 혼자만의 아이디어보다 하급자들과 협력적인 분위기를 이끄는 힘이 있음
④ 통찰력이 뛰어나기 때문에 어떤 하급자가 과업에 대해 전문성을 갖추고 있고, 그 과업을 잘 수행할 것인지에 대한 예측이 가능하고 추진력이 좋음
⑤ 협력적으로 타인을 신뢰하며 함께 목표를 달성하는 것을 어려워하지 않음
⑥ 언어적 능력이 높은 편이고 표현적임. 또한 개념화시키는 경향이 있어 타인에게 설명이나 동기부여를 잘함
⑦ 진실성이 있어 의사소통을 할 때 숨기는 것이 없고 개방적이며 신념을 확고히 밝히는 편임
⑧ 조직구성원의 의견을 듣고 의견을 조율하는 것을 잘함
⑨ 내·외적 보상을 확실하게 하는 특성으로 하급자에게 신뢰를 얻음
⑩ 확신에 차서 자신감있게 리드하는 편이기에, 어떤 작업에 대해서 권한을 줄 때, 그것이 정답이라 생각하고 믿고 따라오게 할 수 있는 능력이 있음

⑪ 하급자의 말에 귀를 기울일 줄 알며, 변화하는 상황에 따라 유연하고 기민하게 대처할 수 있음

⑫ 우선 자신감이 충만하기 때문에 자신과 하급자 모두에 긍정적인 감정이 강하며, 직급에 관련 없이 좋은 의견이라면 적극적으로 지지하고 그에 대해 신뢰하며 하급자가 해당 아이디어를 실천으로 옮길 수 있도록 유연하게 행동함

⑬ 모든 구성원을 위해 긍정적이고 명확한 비전을 설정하여 하급자들에게 동기부여함

자율형 리더가 권한위임 리더십을 발휘하는 데 단점은 다음과 같다.

자율형의 권한위임 리더십 단점

① 권한위임 후 체계적이고, 꼼꼼한 관리를 잘하지 못함

② 일을 체계적으로 하기보다는 즉흥적으로 처리하고, 관심이 없는 사소한 것은 무시하는 습관들 때문에 자칫 팔로워들에게 못 미더운 리더의 이미지를 심어 줄 수 있어 설득력이 약해질 수 있음

③ 결단력이 약함. 끈기와 추진력이 부족해 하급자에게 권한위임하고 끝까지 이어가는 것이 어려움

④ 구성원들에게 아닌 것은 아니라고 쓴소리를 하지 못함

⑤ 모두의 의견을 존중하고 직급에 상관없이 좋은 아이디어라면 다 추진할 수 있도록 도와주려다 보니 처음에는 명확했던 목표가 차차 흐려지기 쉽고, 팀원들의 집중력이 흐트러지기 쉬움

⑥ 방해물에 직면했을 때 인내할 수 있는 능력을 키워야 하는데, 자꾸만 창의적인 아이디어에만 집중하고 끈기있게 한 작업을 하지 못하는 습성 때문에 일을 끝까지 주의 기울여 처리하지 못함

자율형 리더에게 권한위임 잘 안 되는 이유는 다음과 같은 이유에서 권한위임이 제대로 실천되지 못하고 있다.

권한위임이 잘 안 되는 이유

① 나와 다른 조직문화의 특성 및 조직문화에 대한 이해가 부족함. 위계적인 문화에서나 체계적인 관리가 필요한 경우의 권한위임 시에는 자신이 어느 정도의 역할을 해야 하는지 헤맬 것 같다는 생각에서 권한위임이 잘 안 됨

② 공감 능력 부족하고, 하급자에 대한 신뢰가 부족함

③ 리더는 팔로워들의 본보기가 되어야 하는데, 섬세하지 못하고 덜렁거리는 이미지를 보여주어 팔로워로부터 신뢰받지 못할 수 있음

④ 상급자가 원하는 수준보다 미흡할 가능성이 높다는 생각 때문에

⑤ 스스로 끈기가 없어 하급자를 이끌어가는 능력이 매우 부족하기 때문

⑥ 업무에 있어 같은 실수를 반복하거나 성실하지 못한 모습을 계속 보여주는 하급자에게는 신뢰를 쉽게 주지 못하고, 또한 회복하는데도 상당한 시간과 노력이 필요하기 때문에

자율형 리더에게 권한위임 리더십이 잘 실천되기 위해서는 다음과 같은 실천항목이 잘 발휘될 필요가 있다.

권한위임 리더십 실천을 위해서

① 권한위임이 더 나은 선택지가 되기 위해선 위임받을 하급자의 역량 역시 매우 중요함

② 상급자로서 요구하는 수준, 즉 '원하는 수준'을 객관화할 필요가 있음

③ 권한을 위임하는 리더나 조직구성원은 업무가 잘 추진될 수 있도록 체계적인 계획수립과 인내심을 가질 필요가 있음

④ 권한을 위임하는 상급자나 업무를 추진하는 하급자의 경우 디테일이 부족할 수 있기 때문에, 업무의 완성도를 높이기 위해 노력할 필요가 있음

⑤ 권한위임 업무를 추진함에 있어 자신의 생각대로 추진할 우려가 있는데, 상급자의 의도를 명확히 파악 후 업무를 추진할 필요가 있음

넷째, 관계형(RF) 리더는 변칙적 사고와 구체적 사고를 가진 리더 유형으로 업무를 추진함에 있어 조직구성원 간의 의견을 소중하게 생각하는 유형으로 상호 신뢰를 중요시하는 유형이다. 이러한 관계형 리더의 권한위임 리더십 장점을 살펴보면 다음과 같다.

관계형의 권한위임 리더십 장점

① 하급자의 능력을 믿고 권한위임을 하는 유형으로 권한위임 후에도 필요한 것을 잘 지원해 주고, 하급자를 가치 있게 여기면서 영향력을 행사함
② 공감 능력이 풍부하고, 모든 사람과 잘 지내려고 하며, 하급자의 욕구를 잘 알아차릴 수 있음
③ 위임받은 업무를 추진하는 데, 조직구성원들과 협업에 강함
④ 대인관계 기술이 좋아 사회관계 구축에 강하고, 다른 사람의 소수의견까지도 소중하게 여김
⑤ 권한위임 리더십을 발휘하는 데, 조직구성원의 욕구를 잘 알아채고 동료들과 잘 지내려는 노력이 강함
⑥ 팀의 협업을 이끄는 과정에서 신뢰를 형성하고 믿음을 주기에 진실성이 있음

관계형 리더의 경우 공감 능력이 풍부하고, 소수의견을 중시하는 등 권한위임 리더십에 대한 장점도 있지만 다음과 같은 단점을 가지고 있다.

관계형의 권한위임 리더십 단점

① 너무 협력적인 과업 수행으로 리더의 카리스마가 감소되는 경향이 있음
② 진실성이 지나치게 강조되어 사생활을 침범당할 수 있음. 동료들과의 더 높은 신뢰관계를 형성하기 위해 너무 솔직하고 개방적이어서 쓸데없는 사생활까지도 공개될 수 있음
③ 권한위임 리더십을 발휘하는 데, 결단력이 부족하여 우유부단하게 업무를 추진할 수 있음

④ 자신에 대한 믿음이 부족함. 이로 인해 리더의 의견이 무시되거나 리더의 권력을 뺏길 수 있다는 생각이 들 수 있음
⑤ 스스로가 주도적으로 뭔가를 진행하거나 실행하지 않고 남에게 맡기고 의지하려는 경향이 있다 보니 책임감이 떨어지는 경우가 있음
⑥ 흥미가 떨어지는 분야에 대한 집중도가 떨어짐. 흥미를 가지지 못함
⑦ 지성 측면에서 지식을 습득하거나 업무 및 업무환경에 대해 배우는 부분, 지성에 취약하고 이는 감정기복으로 이어져 결단을 잘 내리지 못하는 경향이 있음
⑧ 낮은 자신감. 자신의 능력과 판단에 대해 확신이 부족해 권한위임하고 이끌어가는 데 상당한 스트레스를 받는 경우가 있음
⑨ 카리스마가 부족함. 확고한 모습과 통솔 능력을 보여주지 못함. 따라서 권한을 위임한 후 하급자의 신뢰를 얻어 목표로 이끌어가는 힘이 부족함

관계형 리더에게 권한위임이 잘 안 되는 이유는 다음과 같다.

권한위임 잘 안 되는 이유

① 조직구성원들과의 우호적 사회관계를 너무 중시하여 사생활 공개의 범위를 너무 지나치게 확장한다거나 리더로서의 판단력이 흐려질 수 있기 때문에
② 과업에 대한 책임감이 크고 부담이 크기 때문에, 즉 업무결과에 따르는 책임감이 점점 늘어날 것이고 그에 대한 두려움이 커지기 때문에
③ 자신의 성격특성과 조직문화가 맞지 않기 때문에, 즉 틀에 박히지 않은 사고방식으로 자신만의 아이디어와 해결책을 선호하는 특성 때문에

관계형 리더에게 권한위임 리더십이 잘 실천되기 위해서는 다음과 같은 실천항목을 숙달시킬 필요가 있다.

권한위임 리더십 실천을 위해서

① 업무를 추진하는 데 너무 인간적인 면만을 강요하지 말고, 원칙을 세워 업무를 추진할 필요가 있음

② 업무를 추진하는 데 디테일이 부족하기 때문에 업무에 있어 꼼꼼하게 챙길 필요가 있음. 즉, 상급자는 권한위임 후 잦은 피드백을 통해 진단할 필요가 있음

③ 업무를 추진하는 데 자신에게 관심이 없는 부분은 마무리가 약할 수 있기 때문에 인내심을 갖고 끝까지 추진할 필요가 있음

Tip 신뢰하는 분위기 조성 필요

최근 유럽 3개국(오스트리아, 슬로베니아, 체코)에 대한 설문조사결과, 기업의 성공은 협력에 달렸으며 협력은 양보다 질이 중요하다. 협력의 질을 결정하는 가장 중요한 요인이 신뢰이다.

신뢰는 조직의 안정적 기능을 떠받쳐 주는 근간을 세우는 것이다. 4개 기업의 이질적 근로자를 대상으로 한 연구에서 개인과 조직의 가치관을 제품에 구현하는 가장 중요한 요인이 조직에 대한 신뢰라고 한다. 신뢰감은 직무만족도로 이어지고 조직과의 일체감으로 이어지며, 조직에 더 오래 머물고 싶은 마음이 되고 조직에 머무는 동안 더 높은 생산성으로 이어진다. 그러나 너무 신뢰하는 것은 위험하다. 너무 신뢰하거나 정보가 없는 데 신뢰한다면 경영은 적법성이 상실된다. 그러므로 신뢰하는 것만큼, 신뢰를 쌓는 것이 중요하다.

두려움은 편도체 발화율을 높인다. 신뢰가 깨졌을 때, 편도체는 비정상 발화하고, 섬엽과 ACC(갈등탐지기)도 발화된다. 신뢰감이 높고 두려움이 적은 상황에서 편도체 발화가 감소하는데, 이것은 옥시토신이라는 호로몬 때문이다. 믿음이 회복될 때도 옥시토신이 관여한다. 믿음이 생기면 상대방의 의도를 읽을 때 활성화되는 옆대상이랑이 참여하게 된다. 그리고 조건이 충족되어 신뢰한다면, 보상센터 중에서 복측 피개 영역이 활성화되고, 무조건적인 신뢰가 형성되면, 중격 영역이 활성화된다.

믿음과 두려움은 길항작용을 하고 뇌에서 상반된 방식으로 영향을 미친다. 편도체가 활성화되면 두려움은 증가하고 믿음은 약해진다. 따라서 동기유발을 위해 공간을 만들어야 하듯, 믿을 만한 직무환경 조성(권한위임 등)은 중요하다. 믿음이 없다면 행동이 억제되고 두려움이 증가하고, 전달받은 지시마다 의심스럽다면 지시는 쇠귀에 경 읽기가 되는 것이다. 직장의 필요성 때문에, 신뢰할 수 없는 직장에 다닐 때 사람들은 직장에 대한 정서와 자아를 분리하게 된다.

Chapter

04

자기브랜드 리더십과 조직문화

1. 조직문화 개념
2. 조직문화 유형의 특징
3. 자기브랜드 리더십과 조직문화

1 조직문화 개념

문화란 우리 사회 여러 조직 분야에서 사용되고 있으며, 기업에는 기업문화, 행정조직에는 행정문화, 학교에서는 학교문화, 군 조직에서는 군대문화로 사용되고 있다. 즉, 조직문화는 문화의 개념을 미시적으로 조직 수준에 적용한 것을 말한다(Parsons, 1977).

조직문화는 구성원들 간의 공유된 가정, 신념, 그리고 가치로 구성된다(Schein, 1992; Trice & Beyer, 1993). 조직문화의 밑바탕을 구성하고 있는 신념과 가치는 외부환경에서의 생존문제와 내적인 통합문제를 해결하는 데 있어서 구성원들에게 도움을 제공한다. 문화는 강할 수도 있고 약할 수도 있으며 조직 내에서 하나의 주도적인 문화가 존재할 수도 있고, 하위부서들 내에 서로 다른 문화들이 존재할 수도 있다. 조직문화는 리더들에게 상황적 영향 요인이 되지만, 시간이 지나면서 리더들 역시 문화에 영향을 미치게 된다(Yukl, 2013). 이러한 조직문화는 급변하는 사회환경에 적시적으로 대응해야 하는 조직에 많은 영향을 미친다는 인식의 확산으로 그 중요성이 더해지고 있다. 조직문화를 이해하지 못하면 조직의 정체성을 올바르게 판단할 수 없으며, 조직문화를 이해할 때에야 비로소 조직에서 일어나는 현상에 대해 올바르게 대처할 수 있기 때문이다(Schein, 1985).

조직문화의 유형은 학자들마다 다소 상이하게 구분하고 있는데, 해리슨(Harrison, 1972)은 조직이념을 기준으로 권력문화, 역할문화, 과업문화, 인간문화로 구분하고 있으며, 핸디(Handy, 1978)는 이념지향을 기준으로 클럽문화, 역할문화, 과업문화, 실존문화로 구분하였다. 또한 딜과 케네디(Deal & Kennedy, 1952)는 모험수용도 활동결과 피드백을 기준으로 모험문화, 근면문화, 투기문화, 관료문화로 구분하고, 퀸과 맥그레스(Quinn & McGrath, 1985)는 정보처리 관점을 기준으로 합리문화, 개발문화, 위계문화, 합의문화로 구분하였다.

이와 같이 학자들마다 조직문화를 다소 상이하게 구분하고 있다. 그러나 사람의 인지사고의 특성을 고려하였을 때, 퀸과 맥그레스가 정의한 합리문화, 개발문화, 위계문화, 합의문화와 유사한 특성을 가지고 있다. 따라서 이 책에서는 이를 중심으로 자기브랜드 리더십을 적용하고자 했다.

❷ 조직문화 유형의 특징

퀸과 맥그레스의 조직문화 유형의 특성을 살펴보면 [그림 4.1]과 같다. 첫 번째, 합리문화(rational culture)는 지시와 명확한 목표, 생산성, 임무수행 등이 강조되는 합리목표 모형(rational goal model)이라 하며(이동수, 2015), 현실에 대한 확실성을 높게 지각하고 즉각적으로 반응할 때 나타날 수 있는 문화 유형이다. 조직의 분위기는 과업수행에 있어서 생산성을 강조하고, 결과지향적으로 환경 변화에 적극적으로 대처해 나간다.

[그림 4.1] 조직문화 유형

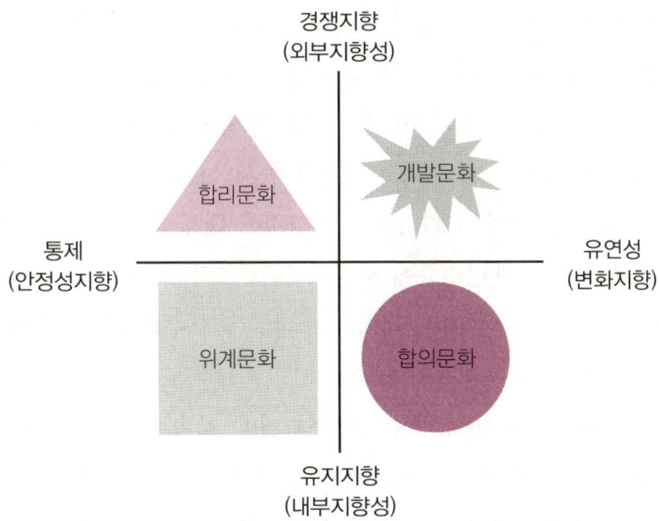

이러한 조직문화는 목표 달성을 중시하고, 끊임없는 생산성 향상을 강조하며 경쟁을 장려하기 때문에 조직구성원의 직무만족과 심리적 · 정서적 몰입을 떨어뜨릴 수 있다. 리더십 스타일은 지시적 · 목표지향적이며, 구성원에 대한 평가는 구체적 성과를 기초로 한다(신유근 · 이춘우, 2014).

두 번째, 개발문화(developmental culture)는 혁신과 적응, 성장, 자원 확보 등이 강조되는 개방체계 모형(open system model)이라 하며(이동수, 2015), 현실에 대한 확실성을 낮게 지각하고 즉각적인 반응이 필요할 때 나타날 수 있는 문화 유형이다. 조직의 분위기는 고도의 유연성을 강조하고 역동적이며, 구성원들에게 기업가 정신과 창의성을 바탕으로 도전을 강조하고, 변화에 대해 자율적으로 수행하여 조직과의 일체감을 촉진시킨다(한주희 · 황원일, 1996). 이러한 조직문화는 업무환경에서 조직구성원들이 긍정적인 태도로 업무를 수행하기 때문에 직무만족이 높아지고, 자율적 업무수행과 위험을 감수하는 도전정신을 갖게 되므로 조직몰입도 향상된다. 리더십 스타일은 창의적이고 모험지향적으로 자원의 획득을 통해 새로운 것에 대한 도전을 강조한다(신유근 · 이춘우, 2014).

세 번째, 위계문화(hierarch culture)는 문서기록과 정보관리, 안정, 통제 등이 강조되는 내부과정 모형(internal process model)이라고 하며(이동수, 2015), 환경적 확실성을 높게 지각하고 즉각적인 반응이 불필요한 경우에 나타나는 문화 유형으로 규정의 집행을 목적으로 한다. 조직의 분위기는 안정 및 통제를 강조하고 안정적인 기반 위에서 조직 내부의 효율성을 중시한다. 조직구성원들은 공식적이고 구조화된 관료제적 가치를 반영하고 규칙과 방침의 준수를 중시한다. 또한 조직의 영속성 유지라는 목적을 가지고, 변화를 추구하기보다는 안정과 통제, 그리고 규칙을 중시하므로 환경에 대한 불확실성이 낮다. 이러한 조직문화는 빠르게 변화하는 외부환경에 대해 위기의식이 적고 창의성이나 혁신을 요구하지 않으므로 매너리즘에 빠지기 쉬워 조직구성원의 직무만족과 조직몰입 수준이 낮아질 수 있다(도윤경, 2001). 리더십 스타일은 보수적이고 신중하며, 안정이 동기부여의 요인이 된다(신유근 · 이춘우, 2014).

네 번째, 합의문화(consensual culture)는 참여와 개방, 결속, 사기 등이 강조되는 인간관계 모형(human relation model)이며(이동수, 2015), 현실에 대한 확실성을 낮게 지각하고 즉각적인 반응이 불필요한 경우에 나타날 수 있는 문화 유형이다. 조직의 분위기는 유연성과 배려를 강조하고 조직 내 구성원 간 가족적인 인간관계 유지를 중시하며, 친교를 통해 동기와 사기를 유발하며 조직에 전념토록 하고, 충성심과 전통을 중시하는 구성원의 태도를 강조한다. 이러한 조직문화는 조직구성원 간의 상호관계성이 좋고, 협조와 신뢰감이 높아 조직효과성을 증진시킨다(Parker & Bradley, 2000). 또한 구성원들의 인간적 배려는 조직 신뢰의 기초(Ouchi, 1981)가 되어 직무만족을 향상시킨다. 리더십 스타일은 지원적이고 구성원의 평가는 상호관계적이며, 친교가 동기부여의 주요 요인이 된다(신유근 · 이춘우, 2014).

Tip 리더는 필요한 변화를 불편해한다

보통의 리더는 '새로운 결정에 불편해하거나, 새로운 결정으로 이동하는 것'을 불편해한다. 즉, '낯익은 것은 안전한 것이고, 변화는 위험한 것'이라고 생각한다. 이러한 새로운 변화를 고수하게 하는 핵심이 인지부조화(생각과 행동의 부조화)이다. 인지부조화는 사람들이 새로운 문을 열 때 다른 문을 닫는 것과 같다. 모든 문을 붙잡고 있으면 변화할 수 없다. 새로운 결정을 갈등 없이 실행하려면 결정을 내린 다음에 새로운 생각과 새로운 목표에 접근하고 싶은 동기가 유발되어야 한다. 또한 새로운 결정을 내린 리더는 새로운 목표를 달성하는 데 필요한 새로운 태도를 취해야 한다. 뇌 영상 연구에서 좌측 전두엽이 활성화되어야 새로운 결정에 따른다는 결과가 나왔다.

따라서 리더 또는 조직구성원이 새로운 결정에 불편해한다면 한동안 불편할 수밖에 없음을 이해시켜야 한다. 즉, 새로운 결정을 수행하는 뇌를 자극하려면 변화의 초기 단계에서 최대한 불편해야 함을 인식시켜야 한다(Pillay, 2012).

3 자기브랜드 리더십과 조직문화

대학생들을 대상으로 개인의 인지사고 특성이 조직문화에 미치는 영향을 살펴본 결과 다음과 같이 나타났다. 개발문화에는 변칙적 사고와 구체적 사고, 추상적 사고 순으로 많은 영향을 미치는 것으로 나타났으며, 합리문화에는 구체적 사고와 순차적 사고, 추상적 사고 순으로 많은 영향을 미치는 것으로 나타났다. 그리고 합의문화에는 구체적 사고와 순차적 사고 순으로 많은 영향을 미치고, 위계문화에는 구체적 사고와 순차적 사고 순으로 영향을 미치는 것으로 나타났다.

자기브랜드 리더십 유형이 조직문화에 미치는 영향을 살펴본 결과, 개발문화에는 관계형 리더와 자율형 리더 순으로 긍정적인 영향을 미치고, 합리문화에는 성취형 리더와 관리형 리더, 자율형 리더 순으로 긍정적인 영향을 미치는 것으로 나타났다. 그리고 합의문화에는 관리형 리더와 성취형 리더 순으로 긍정적인 영향을 미치고, 위계문화에는 관리형 리더와 성취형 리더 순으로 긍정적인 영향을 미치는 것으로 나타났다.

자기브랜드 리더십 특성이 현재의 여섯 가지 문화적 가치에 대해 어떻게 생각하는지 살펴보았다. 여섯 가지의 문화적 가치는 세력거리와 불확실성 회피, 개인주의 대 집합주의, 성별 평등주의, 수행지향성, 인도적 지향성이다.

첫째, 세력거리(power distance)는 조직에서 세력과 지위의 불평등한 분배를 수용하는 것에 관계된다. 높은 세력지위 문화에서는 사람들은 리더가 더 많은 권한을 가지고 있다고 기대하며, 규칙과 지시에 이의를 제기하거나 문제를 제기하지 않고 따를 가능성이 더 높다(Dickson et al., 2003). 부하들은 상사에게 도전하거나 반대를 표현할 가능성이 더 낮다(Adsit, London, Crom, & Jones, 1997). 형식적인 정책과 규칙이 사용되며 관리자들은 결정을 내릴 때 부하들과 잘 협의를 하지 않는다(Smith et al., 2002).

둘째, 불확실성 회피로, 불확실성 회피가 높은 문화권에서는 미지의 것에 대한 두려움이 더 크고 사람들은 더 많은 안전, 안정성 및 질서를 원한다. 사회규범, 전통, 상세한 합의 및 공인된 경험은 더 높게 평가되는데, 이것들은 불확실성과 무질서를 피하는 방법이 되기 때문이다(Den Hartog et al., 1999; Dickson et al., 2003).

셋째, 개인주의(집합주의)로, 개인주의는 개인의 욕구와 자율성이 집단, 조직 또는 사회의 집합적 욕구보다 더 중요한 정도이다. 개인주의 문화에서는 개인의 권리가 사회적 책임보다 더 중요하고 사람들은 스스로를 돌보도록 기대된다(Dickson et al., 2003; Gelfand, Bhawuk, Nishi, & Bechtold, 2004; Hofstede, 1980). 그리고 집합주의적 가치가 지니는 함의는 내집단 또는, 보다 더 큰 사회에 더 중요한지 여부에 부분적으로 좌우되지만, 대부분의 비교문화 연구들은 내집단 집합주의(in-group collectivism)를 강조해 왔다. 내집단은 가족, 종교적 또는 민족적 배경, 정당 소속 또는 안정적이고 협력적인 사업관계에 바탕을 둘 수도 있다. 집합주의 문화에서는 응집력이 높은 내집단에 소속하는 것이 개인의 자기정체성의 중요한 측면이 되며 집단에 충실하는 것이 중요한 가치가 된다. 사람들은 직업을 바꿀 가능성이 낮으며 구성원들은 가외의 업무와 '조직시민행동'에 더 많은 시간을 보낸다(Jackson, Colquitt, & Wesson, & Zapata-Phelan, 2006).

넷째, 성별 평등주의(gender egalitarianism)란 남성과 여성이 동등한 대우를 받으며 남성적 속성과 여성적 속성이 모두 중요하고 바람직하다고 간주되는 정도이다. 성별 평등주의가 높은 문화권에서는 성 역할이 분명하게 구별되지 않고 직무가 성별에 의해 차별되지 않는다. 여성은 중요한 리더십 직책에 선발될 동등한 기회를 가지며, 이것은 기업보다는 공공부문의 경우에 그 가능성이 더 높다. 매우 분화된 성 역할 기대가 없는 경우에 남성과 여성 리더들은 행동에 제한이 적으며 자신의 행동이 자신의 부하와 상사에게 평가받을 때 편견이 더 적다.

다섯째, 수행지향성(performance orientation)이란 높은 수행과 개인적 성취를 가치 있게 여기는 정도를 말한다. 여기에 관련된 가치와 속성으로는 근면, 책임감, 경쟁, 인내, 주도성, 실용주의, 새로운 기술의 습득이 있다. 강력한 수행지향성 가치를 가진 사회에서는 사람보다 결과가 더 강조된다. 개인이 누구인가보다는 무엇을 하는가가 더 중요하며, 개인의 성취는 지위와 자기존중감의 중요한 원천이 될 수 있다. 과제를 효과적으로 달성하는 것은 개인의 욕구나 가족에 대한 충실성보다 더 중요하다. 수행지향성이 높은 문화권에서는 수행과 효율성에 적절한 리더 행동이 더 강조된다. 이러한 리더 행동으로는 도전적 목표나 기준을 설정하고, 일정과 마감시한이 있는 행동계획을 수립하고, 부하들에게 수행을 향상시킬 수 있다는 자신감을 표현하고 부하에게 직무 관련 기술을 개발하고 주도력을 갖도록 격려하며, 성취에 대해서는 칭찬과 보상을 제공하는 것이 있다. 수행지향성이 높은 문화권에서는 중요한 과제를 수행하는 팀을 위해 구성원들 선발하는 일이 우정이나 가족관계가 아니라 재능에 근거해서 이루어질 가능성이 더 높다(Yukl, 2014).

여섯째, 인도적 지향성(humane orientation)이란 사람의 복지에 관심이 높고 자신의 이해관계를 희생하여 타인을 도우려고 하는 것에 높은 관심을 갖는 것을 의미한다. 여기에 포함되는 핵심가치로는 이타주의, 자선, 친절, 동정, 사랑, 아량 등이 있다. 이러한 가치들은 기쁨, 성취 또는 권력에 대한 욕구보다는 친화와 소속에 대한 강력한 욕구와 연관되는 경향이 있다. 이타주의와 친절을 개인의 가족이나 민족적·종교적 내집단에 한정되지 않으며, 모든 사람에 대한 인본주의적 관심을 포함한다. 강력한 인본적 지향성을 지닌 사회는 타인들에게 우호적이고 돌보고 관대하며 친절하도록 개인들을 고무시키며 보상을 준다(Kabasakal & Bodur, 2004). 이러한 사회에서는 직업을 위해 사람들을 교육하고 훈련시키며 의료와 서비스를 제공하는 데 더 많은 자원을 투자할 가능성이 높다. 개인의 경우에 인본적 가치는 문화적 규범뿐만 아니라 경험, 가정 교육, 종교의 가르침에 영향을 받는다. 인본적 지향성 가치들은 지지적 리더십을 장려함으로써 이를테면 부하의 욕구와 감정을 배려하고, 부하가 혼란스러워할 때 공감을 보여주고, 적절한 때에 멘토와 코칭을 제공하고, 개인적 문제들을 다루기 위해 필요한 경우에 지원을 제공하며, 우호적이고 수용적으로 행동한다.

Tip **리더는 자신의 판단에 영향을 주는 사람, 장소, 혹은 물건에 애착을 느낀다**

리더가 사람이든, 물건이든, 장소든 무언가에 집착할 때 리더의 결정은 영향을 받게 된다(Campbell, Whitehead, & Finkelstein, 2009). 사람들은 애착이 가는 것을 놓지 않으려고 한다. 그러나 애착을 포기하지 않는 리더는 비즈니스를 할 때 그릇된 결정을 내릴 수 있다. 애착이 영향을 주는 중요한 경로는 뇌의 보상계이다. 사람은 어떤 보상을 받으면 다른 보상은 받아들이지 않는 경향이 있다. 결과적으로 이런 리더는 낡은 패턴에 안주하게 된다. 그리고 새로운 계획에 애착(위계적인 조직 등)을 버리는 것이 들어 있다면 리더의 보상센터는 '불평'을 하며 작동을 중지하게 된다. 그 결과, 리더는 새로운 길이 잘못된 것 같은 느낌이 들게 된다.

조직에는 리더의 뇌와 조직의 뇌기 있다. 뭔가 '잘못된 것 같은 느낌' 때문에 리더가 회사 진로에 의구심이 들 때, '불평'이 리더의 뇌에 있는 것인지 조직의 뇌에 있는 것인지 생각해 볼 필요성이 있다(Pillay, 2012).

성취형(SA) 리더의 문화적 특성

성취형(SA) 리더에 대한 문화적 특성을 살펴본 결과 불확실성과 성별 평등주의, 수행 지향성이 강한 특성을 가진 것으로 나타났다.

이와 같은 성취형 리더의 문화적 특성에 세부적으로 강・약점을 살펴보면 다음과 같다.

[그림 4.2] 성취형 리더의 문화적 차이 수준

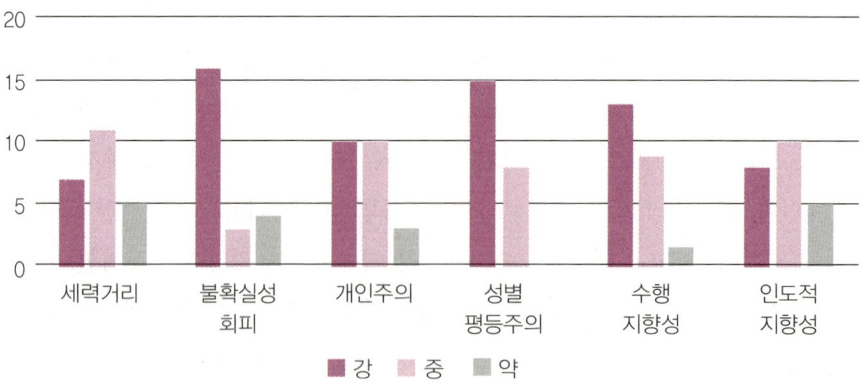

세력거리

세력거리에 대한 긍정적인 인식은 ① 위계질서와 세력이 명확하면 효율성이 증가할 수 있겠으나, 너무 심하면 불만이 생길 수도 있다. ② 일원화된 리더 중심 조직발전을 통해 빠르게 조직을 성장시킬 수 있다. ③ 팔로워로서는 미지의 것보다는 안정적이고 질서가 있는 것을 선호한다. 따라서 사회규범을 잘 따른다. 하지만 완전한 통제를 하는 권위적 리더십보다는 믿을 수 있는 것을 따르기 위해 요구하는 규칙과 질서에 대해 의문을 가지고 적절한 것인지 고민한다. ④ 리더의 규칙과 지시를 잘 따르며, 각자의 역할에 해당하는 책임을 부여할 필요가 있다. ⑤ 권력의 차이를 받아들이기 때문에 상급자의 명령을 잘 따른다는 강점이 있지만, 하급자에게도 당연하게 명령을 내린다는 약점이 있다. ⑥ 리더십과 통솔력을 바탕으로 체계적이고 논리적인 규칙을 세우고 부하들에게 일을 지시하여 일의 효율성을 높일 수 있다는 강점이 있다. ⑦ 리더를 적극적으로 따르기 때문에 진행에 일체감과 속도감이 생긴다. ⑧ 일을 효율적, 생산적으로 할 수 있으며, 리더의 말과 이미 정해진 규칙을 따르기 때문에 별다른 책임감 없이 본인에게 주어진 일만 하면 된다. ⑨ 위계질서가 확실하여 질서 있는 분위기이며, 서로에 대한 역할 기대가 뚜렷하여 효율적인 업무 분배가 이루어질 수 있는 문화이기 때문에 더욱 깊이 몰입하고 더 높은 성과를 달성할 수 있다.

세력거리에 대한 부정적인 인식은 ① 리더의 과도한 권한에 구성원이 반발하고 다양한 의견이 무시될 수 있다. ② 세력거리를 적당하게 유지할 경우 부하들의 참여를 유도하고 수평적인 관계를 유지해 안정감을 줄 수 있다. ③ 세력거리에 대한 인지가 적은 경우 낮은 직급의 사람들과 큰 문제없이 지낼 수 있다. 다만, 낮은 직급의 사람들이 반대로 세력거리에 대한 인지가 강할 때가 문제가 될 수 있고, 스스로의 세력거리에 대한 낮은 인지 때문에 세력거리에 대한 인지가 높은 상사를 만났을 때 본인을 싫어할 가능성이 높다. ④ 세력거리가 높은 조직에서는 지시대로 수행하는 업무에 대해 불만을 낳을 수 있다.

불확실성 회피

불확실성 회피가 높은 특성을 가진 리더들은 ① 조직 내에 안정감과 질서를 주고 조직이 위험에 빠질 가능성을 줄인다. ② 조심스럽고 규칙을 중시하기 때문에 계획에서 이탈할 가능성이 적고 안정적이다. ③ 신중한 업무처리로 변칙을 최소화해 안정감을 줄 수 있고, 질서와 공인된 방법을 잘 따른다. ④ 자세한 계획과 실천으로 불확실성을 최소화하며 완성도를 높일 수 있다. 즉, 불확실하고 무질서한 상황을 감정적으로 선호하지 않으며, 불확실하고 무질서한 상황을 최대한 회피하기 위해 많은 정보를 습득하여 미래를 예측하고자 한다. ⑤ 불확실성 회피의 장점은 명확한 의사결정을 추구하며, 무질서한 상황에서 새로운 질서를 확립하고 그 과정에서 구성원들의 신뢰를 얻을 수 있다. ⑥ 질서와 계획, 표준 절차들을 착실하게 준수할 수 있어서 불법적인 일을 저지를 확률이 적고 안정적인 수익 방안을 창출할 것이다. ⑦ 모험보다는 전통을 중요시하기 때문에 어떤 일을 하던 그 결과가 나쁠 가능성은 없으며, 계획대로 성취해나가는 성향이기 때문에 안정감 있고, 이로 인해 직무 몰입도가 향상될 수 있다.

불확실성 회피가 낮은 사람에 대한 인식은 ① 모험을 무릅쓰지 않으므로 창의적인 문제해결방식을 고안해내는 데 한계가 있다. ② 불확실성을 회피하기 위해 안정성과 질서만을 중시할 위험이 있어서, 새로운 것에 대한 도전을 두려워하여 발전의 기회를 놓칠 수도 있다. ③ 과도한 통제가 구성원의 사생활을 억제하고 개인의 창의성도 제약될 수 있으며, 권한위임이 힘들 수 있다. ④ 불확실성에 대한 회피가 약한 경우 구성원들은 두려움을 느끼고 소극적으로 참여하게 될 수 있다. ⑤ 모험을 하지 않기 때문에 큰 성취를 얻지 못한다. ⑥ 불확실성 회피 성향이 낮아서 어느 정도 리스크를 감내하고도 도전적인 과제를 수행할 의향이 있다. 즉, 성공 시 매우 좋은 아웃풋(output)을 가져올 수 있겠지만 실패 시 감수해야 할 위험이 높기 때문에 신중할 필요가 있을 것이다. ⑦ 불확실성 회피 성향이 낮기 때문에 어떤 일을 큰 걱정 없이 도전해 볼 수 있고, 불확실성에 관한 업무 스트레스에서 남들보다 자유로울 수 있다. 그러나 불확실성에 대한 인식이 낮아 미래에 대한 준비가 미흡할 경우 치명적인 결과를 초래할 수도 있다.

개인주의

개인주의가 높은 특성을 가진 성취형 리더들은 ① 개인의 자유, 권리보장은 만족을 키운다. 자기발전에 더욱 동기부여된다. ② 개인의 권리가 존중받는다. 구성원들이 개인의 목표를 더 많이 성취할 수 있다. ③ 개인의 보상을 주고 임무수행을 시킬 때 업무

효율이 극대화할 수 있다. ④ 개인의 권리와 보상을 중시하여 각각의 구성원의 개인적 목표에 대한 동기부여를 시킬 수 있다. ⑤ 개인적 목표를 만족시키는 것을 중요시하기 때문에 성취도가 높을 것이다. 그러나 아직 한국 사회에 남아 있는 집단주의를 강조하는 조직에 들어가면 매우 스트레스를 받고 곤욕을 겪을 수 있다. ⑥ 개인주의 성향이 강해 스스로 해야 하는 프로젝트에서 강점을 보인다. 하지만 꼭 함께해야 하는 프로젝트에서 비교적 두각을 나타내지 못할 수 있고, 사람들과의 관계에서 부족한 모습을 보여 피해를 볼 수 있다. ⑦ 스스로 문제를 해결하려는 성향으로 협업보다 개별 업무를 선호하기 때문에, 업무에 더 깊이 몰입할 수 있다. ⑧ 집단주의의 집단적 성향이 없기 때문에 효율성이 낮을 수 있고, 조직의 공동 목표와 개인의 목표가 충돌한다면 개인은 조직에서 이탈될 확률이 있으며 개인만을 신경쓰다가 조직의 방향이 모호해지고 업무 효율이 저하될 위험이 있다. ⑨ 협업이 필요한 경우가 생기면 업무의 효율성이 낮아질 수 있고, 조직에 일체감을 느끼기보다 자기성장에 초점을 맞추게 된다.

개인주의가 낮은 특성을 가진 성취형 리더들은 ① 개인주의가 이기주의로 변질되어 사리사욕만 챙기면 조직이 붕괴된다. ② 개인의 발전과 만족보다는 집단을 중시하기 때문에 개인적인 성취가 더딜 수 있다. 또한 팀 중심적 보상이 주를 이루기 때문에 개인의 성과에 대한 인정이 상대적으로 작을 수 있다. ③ 조직에 큰 소속감을 느끼고 조직과 자신을 일치하여 생각하는 조직몰입이 강하다. 그래서 조직과 개인을 분리하여 생각해야 할 때 분리되기 어렵다. ④ 응집력이 높은 집단에 소속하여 집단적 이익을 추구하는 리더십을 행사하는 것을 기대하는 경향이 크다.

성별 평등주의

성별 평등주의에 대한 성취형 리더들의 인식은 ① 직무가 성별에 의해 차별되지 않고, 성 고정 관념을 없애기 위해 노력해야 한다고 생각한다. ② 동등한 대우는 성별을 넘어서 몸이 불편한 사람 등 모두에게 적용되어야 하며, 어떠한 누구도 차별되어서는 안 된다. ③ 여성과 남성이 중요한 직책을 차지하는 데 성별보다는 실력을 중시한다. ④ 조직 내에서 성 역할이 구분되지 말아야 한다고 생각하며, 이에 따른 행동의 제약이 존재하지 않아야 한다고 생각한다. 즉, 평등은 모든 인간이 인간으로서 기본적으로 보장받아야 할 권리이며, 이는 조직 내에서도 동일하게 적용되어야 한다.

수행지향성

수행지향성이 강한 성취형 리더들의 강점은 ① 높은 수준의 목표 설정과 수행으로 팀을 더 높게 발전시킬 수 있다. ② 수행과 책임감을 중요한 가치로 보기 때문에 모든 구성원의 업무 능력 향상을 기대할 수 있다는 강점이 있다. ③ 개인의 높은 성취를 가치 있게 여기므로 업무성과를 극대화할 수 있고, 일의 처리가 빠르며, 과업완성도가 높다. ④ 조직이 성과를 내고, 도전적인 목표를 설정하고 이를 수행하고 일을 진행시키는 역할을 선호한다. 이를 통해 구성원들에게 적절한 동기부여를 하며, 누구도 나서지 않아 일이 진행되지 않는 때에 기꺼이 나선다. ⑤ 높은 수행력과 개인적 성취를 가치 있게 여기기 때문에 일에 있어 많은 성취를 이루어낼 수 있다. 또한 체계적이고 도전적인 목표와 기준을 설정하여 구성원들이 이에 따를 수 있도록 계획을 세우는 데에도 강점이 있다. ⑥ 어떤 일이 맡겨져도 완벽하게 해결할 수 있다는 믿음을 가지게 되며, 일에 대한 자존감이 높아지게 되고 이는 성장에도 큰 도움이 된다.

수행지향성이 낮은 성취형 리더들의 약점은 ① 구성원이 따라오지 못할 경우 리더와 구성원 사이 갈등과 괴리가 생긴다. ② 목표나 기준 설정이 불명확하며 높은 업무생산성을 달성할 수 없으며, 부하의 성취를 제대로 칭찬해줄 수 없다.

인도지향성

인도지향성과 관련하여 성취형 리더들의 강점은 ① 당연히 조직의 구성원을 인도적이고 도덕적으로 대해야 한다고 생각하고, 이로써 구성원들의 만족도가 높아질 수 있다. ② 복지에 관심이 많고 사람에 대한 이해를 많이 하고, 자신이 도와줄 수 있는 것을 도와주길 희망하며 봉사하는 것을 힘들어하지 않는다. ③ 친절하고 서로 공감하는 조직문화를 만들 수 있으며, 부하직원들은 욕구와 감정을 배려받을 수 있다. ④ 타인을 돕고 타인의 이해관계를 존중하려는 노력은 결국 자신에게도 돌아오는 것이므로 공동체 전체의 결속력을 다질 수 있다. ⑤ 성취결과가 나쁘더라도 많은 사람들이 옆에 있어 다음 기회를 준비할 수도 있고, 사람들이 직접적으로 성취에 도움을 줄 수도 있다. ⑥ 자신의 이해관계보다 구성원 개개인의 복지를 더 중요시하는 리더십을 추구하며, 부하의 감정을 배려하여 친근감과 자유로운 분위기를 형성하므로 동기부여가 가능하다.

인도지향성과 관련하여 성취형 리더들의 약점은 ① 성취지향적인 리더와 팔로워가 볼 때 능력 없는 사람으로 보일 수도 있다. ② 이성보다 감성에 더 치우쳐 리더로서의 합리적 판단을 놓칠 수 있다. ③ 다른 사람과의 공감 능력이 낮기 때문에 구성원들의 욕구와 감정을 배려하여 행동하지 못한다.

Tip 조건화

변화가 어려운 이유 중 하나는 '조건화(conditioning)' 현상 때문이다. 조건화는 어떤 자극에 어떻게 반응하도록 뇌 안에 설치된 자동적인 과정이다. 인간의 뇌는 어떤 행동을 습득하면 그 행동 패턴으로 밀고 나간다는 것이 조건화의 기본 개념이다.

조건화 행동은 습관적인 기억 체계와 연관지어 생각할 수 있다. 단기기억은 등외측전전두엽(DLPFC), 장기기억은 해마가 관여한다. 습관적인 기억 때문에 우리는 평생 같은 행동을 반복하면서 살아가는 것이다. 즉, 습관적인 행동이 매우 각인되어 변화의 초기단계에서 옛날 방식으로 돌아가는 것이다.

리더는 조직 속에서 자동으로 반응하는 조직구성원을 만나게 된다. 즉, 5분마다 이메일을 체크하거나 휴대전화를 보는 습관 등은 해마가 관여하는 것이다. 따라서 이런 습관을 바꾸려면 더 강력한 새로운 회로가 형성되어야 한다. 바쁜 습관을 깨기 위해서는 원하는 것을 생각만 하지 말고, 더 많이 행동해야 한다. 이를 위해 동기가 유발되어야 하며, 새로운 선택이 감정과 연결되어야 한다(Pillay, 2012).

Tip 동기화 추론

변화가 어려운 이유 중 하나는 '동기화된 추론(motivated reasoning)'이다. 변화를 거부하는 사람은 바뀔 수 없는 사실을 열거한다. 즉, 자기가 바뀔 수 없는 온갖 증거를 제시하는 것이다. 그러나 그 증거들은 현상 유지를 합리화하기 위한 핑계이다. 리더가 보기에는 전혀 문제가 되지 않는 것들이다. 이러한 신념이 '자기 제한적 신념(self-limiting beliefs)'이다. 동기화된 추론은 뇌가 위협과 짝지어진 부정적인 느낌을 최대한 줄이고 긍정적인 느낌을 최대한 늘리는 쪽으로 판단을 통합함으로써 감정을 조절하는 것이다(Westen et al., 2006).

사람들이 "나는 …을 못해"라고 말할 때 리더는 자기 제한적 신념을 언급하면서 그런 생각 저변에 어떤 감정이 있는지 물어볼 필요가 있다. 부하들이 현실에 안주하는 이런저런 '합리적 이유'를 들어 변화하기 힘들다고 말할 때, 리더는 그들이 왜 그런 말을 하는지 저변의 동기를 탐색해야 한다. 또한 변화에 대한 두려움이 어떤 가정에서 나온 것인지 탐색해야 한다(Pillay, 2012).

관리형(SF) 리더의 문화적 특성

관리형(SF) 리더에 대한 문화적 특성을 살펴본 결과 불확실성 회피와 수행지향성이 강하며, 세력거리에 대해 크게 인식하지 않으며, 개인주의보다는 집단주의를 강조하는 특성이 강하다.

[그림 4.3] 관리형 리더의 문화적 차이 수준

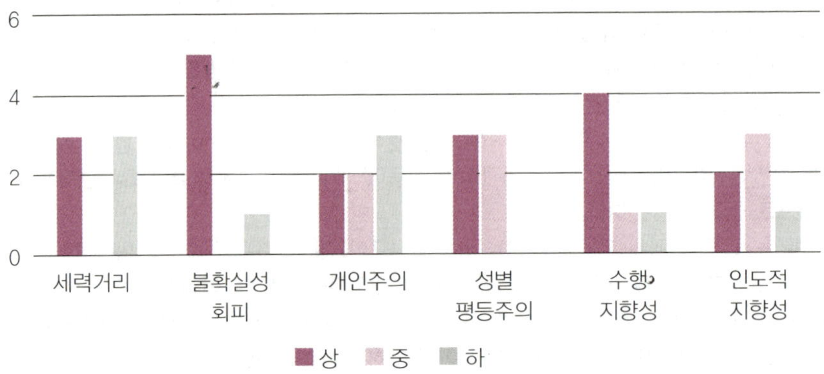

세력거리

관리형 리더의 경우 세력거리와 관련해서는 보통의 특징을 가지고 있으며, 세력거리와 관련하여 관리형 리더들의 인식하는 강점은 ① 참여적인 리더십을 추구하여 팀원들과 의견을 조율하고 소통하며 결정내리는 것을 좋아한다. ② 상급자의 지시에 잘 따르기 때문에 상급자로부터 인정을 많이 받을 수 있다. ③ 불확실성에 대한 두려움이 크기 때문에 질서와 안정을 중요시 생각하고 자세하게 계획을 수립하는 것에 강점이 있다.

세력거리와 관련하여 관리형 리더들의 인식하는 약점은 ① 리더를 하면 부담을 너무 크게 가져 평소에 하지 않던 실수를 한다. ② 세력에 밀려 버리며 명령을 바로 받아들이니 자기의 의견을 잘 주장하지 못한다. ③ 질서와 안정을 추구하는 만큼 변화와 혁신에 대한 두려움이 항상 존재하는 것이 가장 큰 약점이다. 권한위임도 변화와 혁신의 한 부분이고, 권한위임이 덜 된다는 것 또한 큰 약점이고, 시간이 지날수록 더욱더 강한 통제만을 원한다는 약점이 있다. ④ 리더가 잘못된 판단을 했을 때 반박할 수 없어서 권력 남용으로 이어질 수 있고, 구성원들의 반발을 살 수 있다.

불확실성 회피

관리형 리더의 경우 불확실성 회피와 관련해서는 강한 특징을 가지고 있으며, 관리형 리더의 불확실성 회피에 대한 강점은 ① 틀 안에서만 안정적으로 팀을 이끌어 크게 문제가 되는 일을 만들지 않는다. ② 불확실한 정보 등을 회피하기 때문에, 업무를 추진할 때 확실한 정보를 준비한다. ③ 불확실성을 싫어하기 때문에 한 직업을 오래가질 가능성이 높으며, 한 분야의 전문가가 되기를 위해 노력한다. ④ 안전, 안정성, 질서를 중요시하여 불확실하고 위험한 것들을 피할 수 있고, 공인된 경험과 규범에 의거하여 일을 처리하기 때문에 일을 처리할 때 실수를 줄일 수 있다.

관리형 리더의 불확실성 회피에 대한 약점은 ① 신중하다는 강점을 갖지만 자칫하면 일의 속도가 느릴 수 있다는 약점을 가질 수 있다. ② 새로운 도전을 하지 않고 변화와 혁신에 집중하지 않으며 주어진 틀에서만 움직이다 보니 더 창의적인 활동을 기대하기에는 어렵다. ③ 확실한 정보밖에 안 갖기 때문에 갖는 정보량이 낮고, 소속 집단에 대해서 너무 충성한 나머지 자신을 돌볼 시간이 부족하다. 즉, 개인적 목표와 동기부여가 떨어지고, 개인의 권리를 망각할 수 있다. ④ 새로운 것들을 피하게 되어 더 좋고 새로운 것을 놓칠 수 있다.

개인주의

관리형 리더의 경우 개인주의와 관련해서는 약한 특징을 가지고 있으며, 관리형 리더의 개인주의에 대한 강점은 ① 이기적이고 자기의 이익만 모르고 집단에서 배제당할 수 있다. ② 부하끼리 부정적인 경쟁을 일으킬 수 있으며, 높은 개인주의의 강점은 개인의 자유를 존중한다는 것이다. ③ 나는 개인의 욕구와 자율성을 집합적 욕구보다 중요하다고 생각하며, 이는 개개인을 존중하고 개인의 자기 정체성을 중요하게 여길 수 있다.

관리형 리더의 개인주의에 대한 약점은 ① 집단의 응집성과 협동력이 약화되는 약점을 가지며, 개인만 생각하는 이기주의로 변질되어 단체로 무언가를 하기가 어려워질 수 있다.

성별 평등주의

관리형 리더가 생각하는 성별 평등주의에 대한 인식은 ① 남성과 여성의 성별 차이를 두지 않고 개인의 역량으로 역할 분담을 한다. ② 성별에 상관없이 모든 사람과 친해질 수 있으며, 성별에 따른 차별이 없어서 모두가 기회를 가지게 되고 편견이 적다. ③ 남성과 여성이 동등한 기회를 가지고 대우를 받아야 한다고 생각하며 성 역할이 분명하게 구별되지 않아야 한다고 생각한다.

수행지향성

관리형 리더의 경우 수행지향성과 관련해서는 강한 특징을 가지고 있으며, 관리형 리더의 수행지향성에 대한 강점은 ① 사람이 우선적으로 관리가 되어야 업무수행 능력도 향상된다고 생각한다. ② 행동력이 있으므로 생각이 나면 바로바로 움직일 수 있고, 하급자의 책임감을 중요시 생각한다. 또한 과정보다도 결과를 중요하게 생각하며 그에 따라 높은 효율성을 추구하며, 일에 대한 책임감을 갖도록 한다. ③ 높은 수행지향성의 강점은 사람보다 결과가 더 강조되고, 개인이 누구인가보다 무엇을 하는가가 더 중요시되어 상당한 성과를 이룰 수 있다. ④ 개인이 누구인가보다 수행과 효율성이 강조되는 결과를 중요하게 생각하므로 일을 효율적으로 처리할 수 있다.

관리형 리더의 수행지향성에 대한 약점은 ① 결과를 너무 중요시해서 사람들과 개인이 경시될 수 있다. ② 개개인의 감정에 공감하고 개인의 정체성을 존중하기 어렵다는 약점이 있다. ③ 사람 관리에만 집중하다 보면 업무수행 능력이 떨어질 수 있으며, 생각나는 대로 행동해 버림으로 인해 위험이 많다. ④ 결과를 가장 중요시하므로, 결과가 원하는 방향과 어긋날 때 극심한 스트레스를 받는다. 또한 과정을 등한시하기 때문에 잘못된 결과의 원인을 찾는 데 어려움이 있다.

인도적 지향성

관리형 리더의 경우 인도적 지향성과 관련해서는 보통의 특징을 가지고 있으며, 관리형 리더의 인도적 지향성에 대한 강점은 ① 사람의 복지에 관심이 많고 자신의 이해관계를 희생하여 타인의 관심을 가지려고 한다. 또한 지지적 리더십을 장려함으로써 부하의 욕구와 감정을 배려하고 공감하려고 노력한다. ② 지켜야 할 규칙 등을 잘 지킨다.

관리형 리더의 인도적 지향성에 대한 약점은 ① 조직구성원과 타인의 이해를 얻고 감정을 이해하려고 노력하기 때문에 자신의 욕구와 만족을 잊어가며 할 수 있다. ② 규칙에 과도하게 적용하게 되며, 조직구성원들에 대한 복지에 무관심하고 친절하지 못해 갈등이 발생할 수 있다. ③ 타인을 도우려는 의지는 있으나 자신의 이해관계를 희생하면서까지 타인을 도우려고 하지는 않는다. 즉, 자신의 이익을 챙기지만, 타인에게 지지적 리더십을 제공하고 감정을 배려할 수 없다.

Tip 선택값(choice value)의 편향

사람들은 뭔가를 선택하면, 선택한 다음에 자신이 선택한 것을 더 높이 평가하는 경향이 있다. 이것이 변화가 어려운 또 하나의 이유이다. 최근의 한 연구에서 선택하기 전보다 선택한 다음에 선택한 것을 더 선호한다는 연구결과가 있다. 즉, 뭔가를 선택한 다음에 기각한 것과 선택한 것에 대한 보상계의 반응이 현격하게 달라진다고 한다(Sharot, Martino, & Dolan, 2009).

사람들은 종종 무엇을 선택할지 결정하기 전에 정말로 좋아하는 것이 있어야 선택할 수 있다고 생각한다. 그러나 연구에 의하면 사람들은 결정을 내린 다음에 자신에 선택한 것을 좋아한다고 한다. 따라서 이와 같은 방식을 코칭에 적용할 수 있다. 과거에 선택한 것을 과대평가하여 대화하기 어려울 때 이 정보를 사용할 수 있다. 예를 들어, 조직구성원이 예전의 것이 좋은 이유를 들어 일하는 방식을 바꾸고 싶지 않을 때, 선택한 후에 선택한 것을 더 좋아하는 뇌의 과정을 설명하고, 이를 극복해야 함을 설명하는 것이다.

조직구성원은 새로운 것을 시작할 때 새로운 것에 매진하기 어려다. 따라서 리더는 큰 결정을 여러 개의 작은 결정으로 나누어 결정하도록 조직원을 격려할 때에도 이 정보를 사용할 수 있다. 이렇게 하면 작은 결정을 내릴 때마다 선택한 것을 선호하게 되어 큰 선택에 대한 코미트먼트(어떤 행동에 자신을 바치는 행위)가 증가하게 된다. 예를 들어, 대부분 사람은 한꺼번에 많이 변하는 것을 아주 힘들어한다. 그래서 많은 사람은 변화를 차일피일 미룬다. 따라서 결정할 사항을 작게 나누어 결정할 필요가 있다(Pillay, 2012).

자율형(RA) 리더의 문화적 특성

자율형(RA) 리더에 대한 문화적 특성을 살펴본 결과, 세력거리가 약하며, 불확실성 회피가 낮은 것이 가장 큰 특징을 가지고 있다.

[그림 4.4] 자율형 리더의 문화적 차이 수준

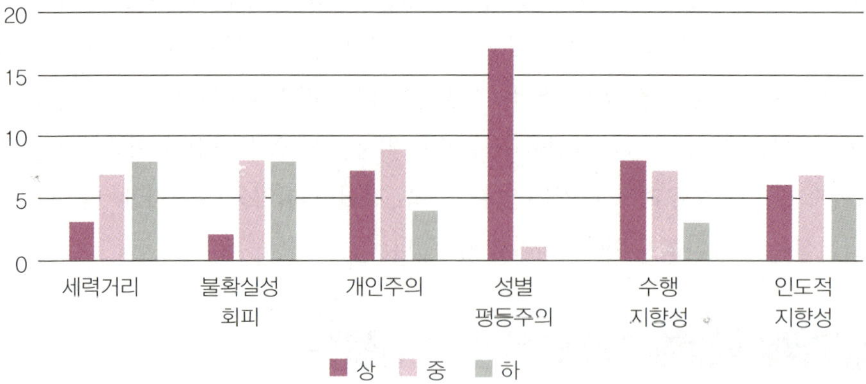

세력거리

자율형 리더의 경우 세력거리와 관련해서는 낮은 특징을 가지고 있으며, 세력거리와 관련하여 관리형 리더들의 인식은 다음과 같다. ① 자율형 리더는 비구조화된 환경을 선호하는 유형으로 세력거리를 거의 두지 않으며, 창의적이고 직관적인 일과 독창적이고 창의적인 결과를 이끌어낼 수 있다. 하지만 반대로 효율성을 추구하고 섬세한 일에서는 조직구성원에게 영향력을 잘 발휘하지 못할 가능성이 높다. ② 다양한 아이디어 생산이 우수하기 때문에 자유롭게 아이디어를 공유하는 집단토의에서 뛰어난 능력을 보일 것이다. 즉, 리더의 지시를 중시하는 높은 세력거리에 익숙하지 않다. 또한 낮은 세력거리 문화에서 중시하는 참여적 리더십환경을 더 선호하고 참여적 의사결정방식을 원한다. ③ 세력거리가 높다면 구조적으로 매우 안정되어 있어서 일을 효율적이게 처리할 수 있다. 그러나 세력거리가 높으면 높을수록 구성원들에 참여도는 낮아질 것이고 리더의 권한이 강화되어서 리더 혼자만의 집단이 되어 버릴 수 있다. ④ 조직구성원들에 적극적인 참여와 민주적인 의사결정이 조직운영에 있어서 중요하다고 생각하기 때문에 세력거리가 낮은 문화에서는 이러한 리더십이 좋은 결과를 가져올 수 있지만, 높은 문화에서는 리더의 지시와 명령을 구성원들이 기다릴 가능성이 높기 때문에, 이들을 수동적인 상태에서 능동적인 상태로 바꾸기 위해 많은 노력이 들어갈 것이다. ⑤ 개인적으로 맡을 일을 자율적으로 하는 것을 선호해서 그런 팀원들에게는 좋지만, 같이하는 것을 선호하는 팀원들에게는 좋지 않을 것이다. ⑥ 많은 권한을 가지지 못하고, 부하직원이 리더의 규칙과 지시에 이의나 문제를 제기할 가능성이 높다. ⑦ 업무의 효율이 떨어지고 리더가 정하는 규칙과 지시에 이의를 제기하는 일이 많아져 리더의 통솔력이 약해질 수 있다. ⑧ 조직 내에서 수평적인 권위체계를 가지려고 노력하며, 이는 공정성과 함께 조직구성원들의 자율성과 창의성을 발휘할 수 있게 해준다.

불확실성 회피

자율형 리더의 경우 불확실성 관련해서는 낮은 특징을 가지고 있으며, 불확실성과 관련하여 자율형 리더들의 인식은 다음과 같다. ① 창의적이고, 자유분방한 성격으로 불확실성에 대해서 도전해보고 싶어하는 경향이 강하다. 그렇기 때문에 새로운 것을 잘 시도하고 창의적인 결과를 이끌어내고자 하나, 섬세하고 꼼꼼하게 마무리하는 능력이 부족해 불확실성을 낮출 능력은 부족하다. ② 창의적인 아이디어 생산이 우수하고 새로운 가능성 탐색을 선호하는 특성이 있다. 따라서 불확실성을 회피하려는 가치는 높지 않다. 불확실성 회피는 규범과 통제를 중시하기 때문에 도전정신의 가치를 높게 평가하지 않을 것이다. 또한 높은 수준의 통제와 감독을 중시하기 때문에 자유로운 분위기를 선호하는 자율형 리더는 이러한 환경을 선호하지 않는다. ③ 새로운 것에 대한 도전을 중요시하고 실패하는 것에 두려움을 느끼지 않기 때문에 불확실성에 대한 회피가 낮은 문화에서는 구성원들의 도전을 장려할 수 있고 실패를 하더라도 용기와 독려를 할 수 있지만, 불확실성에 대한 회피가 높은 문화에서는 그들의 안정을 위협하는 존재로 보일 수 있으며, 실패를 다시 회복하는 것에도 많은 노력이 필요할 것이다. ④ 미지의 영역에 도전함으로써 리더에 대한 신뢰를 키우고 조직의 단합심을 높일 수 있지만, 그에 따른 리스크가 매우 크고 보수적인 조직에서는 반발을 살 수 있다. ⑤ 업무처리의 일관성과 효율성이 떨어질 가능성이 높으며 실행해야 할 업무에 대해서 끝까지 집중하고 완수할 가능성이 낮다. ⑥ 본인은 새로운 아이디어와 함께 미래지향적이기에 규범 및 공유된 합의체계를 가지기 힘들게 된다. 이는 조직 내 불확실성을 높이기에 신중하고 구체적인 의사결정이 필요하다. ⑦ 계획적으로 모험을 무릅쓰는 것을 좋아하고, 혁신에 있어서 긍정적인 태도를 보인다. ⑧ 리드할 때는 동기부여를 잘해 줄 수 있지만, 너무 안전하지 못하다는 약점이 있다.

개인주의

자율형 리더의 경우 개인주의 특성과 관련해서는 보통의 특징을 가지고 있으며, 개인주의와 관련하여 자율형 리더들의 인식은 다음과 같다. ① 개방적이고 자유분방한 성격으로 개인의 자유와 개성을 중요시하기 때문에 조직구성원을 존중하는 경향이 있지만, 업무를 하는 상황에서 조직구성원에게 인간적으로 개입이 필요할 때 어려움을 겪을 수 있다. ② 개인적 영역이 보장되었을 때 높은 성과를 낼 수 있으며, 타인의 개인적 영역을 존중한다. ③ 자율적인 것을 좋아해서 매우 좋겠지만, 의미있는 성과를 내기는 힘들 것 같다. ④ 개인의 권리와 개성을 존중하여 개개인의 자기 정체성 확립을 돕고 각자의 성취와 행복을 고취시킬 수 있다. ⑤ 개인주의 문화보다는 집합주의를 선호하며 집단에 항상 속해 있으려고 노력하며 집단에 충실하기 위해 노력한다.

성별 평등주의

자율형 리더의 경우 성별 평등주의 특성과 관련해서는 매우 강한 특징을 가지고 있으며, 성별 평등주의와 관련하여 자율형 리더들의 인식은 다음과 같다. ① 성별을 떠나 그 사람 자체의 특성과 능력을 판단하고자 한다. ② 타인에 대한 공감 능력이 뛰어나기 때문에 성별 차이로 인한 차별을 받는 것에 불만을 표출할 것이다. 또한 타인에 대한 직접적이고 대면적인 형태를 사용하는 성별 평등주의의 환경을 선호한다. ③ 차별로 인한 비효율이 모두 제거되어 합리적인 조직문화가 형성된다. ④ 고정된 성 역할이 거의 없으며 성별에 구애받지 않고 개인의 능력과 성취에 따라 마음껏 개성과 업무 능력을 펼칠 수 있는 자유로운 환경이 마련될 수 있다.

수행지향성

자율형 리더의 경우 수행지향성 특성과 관련해서는 보통 이상의 특징을 가지고 있으며, 수행지향성과 관련하여 자율형 리더들의 인식은 다음과 같다. ① 수행과 결과를 중심으로 판단한다. 결과를 중시함으로써 효율적인 업무수행력 판단이 가능하다는 강점이 있지만, 그 결과를 위한 과정에서 생기는 일과 그 중요성을 간과하는 약점이 있다. 한편 수행과 동시에 개인적 성취를 이루는 것을 중시하므로 이를 위한 지원과 보상을 아끼지 않는다는 점은 강점이다. ② 수행지향성이 높은 문화에서는 책임감, 도전정신, 성실함, 주도적인 리더십과 같은 강점들이 좋은 효과를 나타내고, 그것을 받아들이는 조직구성원 또한 큰 거부 반응을 보이지 않는다. 그러나 개인보다는 결과를 더 중요시하고 개인이 '어떤 사람인가'보다는 '무슨 일을 하느냐'를 더 중요시하다 보면 수행지향성이 낮은 문화에서는 조직구성원의 자존감 결여와 소외감 같은 인도적인 문제점이 나타날 수 있다. ③ 실천하는 것을 선호하여, 빠른 실행력이 보장되지만, 실수를 많이 할 만한 여지가 있어서, 문제가 발생될 수 있다. ④ 부하직원에게 주도력을 가지도록 격려하여 개인의 책임감, 업무수행 능력과 효율성을 높일 수 있다. ⑤ 책임감을 가지고 업무를 수행할 때 개인의 역량을 중요시하며, 업무를 수행하기 위해 계획적으로 행동하고 타인의 업무수행을 높이기 위해 노력한다. ⑥ 업무성취에 대해 지나치게 간과하는 풍조가 생겨나 업무효율이 떨어지고 부하직원들이 자기개발과 업무성취에 대해 소홀해질 가능성이 높다.

인도적 지향성

자율형 리더의 경우 인도적 지향성 특성과 관련해서는 보통 이하의 특징을 가지고 있으며, 인도적 지향성과 관련하여 자율형 리더들의 인식은 다음과 같다. ① 타인의 상황을 이해하는 것은 쉬우나 진심으로 공감하기는 어려운 성격이므로 감정적 지지와 상냥함, 친절함은 제공하기 어렵다. 그러나 그 사람에게 관심을 갖고 관찰을 통해 그에게 필요한 것을 파악하고 적절한 코칭을 제공하는 것은 가능하다. ② 부하에 대한 공감보다는 성과에 집중하는 경향이 있고, 동료나 부하에게 필요한 지지와 지원을 해주지 못한다. ③ 부하직원의 개인적인 욕구와 감정을 배려하지 않아 업무만족도를 떨어뜨릴 수 있다. ④ 공감 능력이 뛰어나기 때문에 타인을 돕는 것에 관심이 많고, 타인의 불만과 슬픔에 같이 공감한다. ⑤ 집단의 성취를 위해 조직구성원들의 권리를 해하지 않지만, 가끔 자신이 희생하는 것에 대해 정당화하기도 한다. 그 과정에서 개인의 체력과 감정이 소진되거나, 스스로가 지나친 손해를 감수하는 상황이 올 수도 있다. ⑥ 소통을 중요시하여 불만을 최소화할 수 있지만, 때로는 너무 솔직하여 조직구성원에게 상처를 주는 경우가 있다. ⑦ 부하직원의 욕구와 감정을 배려하고 개개인의 사정을 고려하여 서로를 도우려는 분위기를 조성하고 업무만으로 사람이 평가되는 환경을 막을 수 있다.

⑧ 개인을 대할 때 이타성을 중요하게 생각하여 조직구성원과 우호적인 관계를 맺을 수 있으며, 조직 전체의 효율성과 함께 조직구성원의 삶의 만족도를 향상시킨다.

Tip 맥락의 함정

새로운 학습을 방해하는 걸림돌 중 하나는 '맥락'이다. 연구에 의하면, 맥락은 조건화의 주된 결정이다(Abel et al., 2009). "저 치마는 직장에서 입기에는 너무 섹시해 보인다" 또는 "나는 직장에서 진지한 모습을 보여야 한다" 등이다.

맥락은 장소, 사람, 정해진 역할(신념에 따라 그 역할을 할 수도 있고, 하지 않을 수도 있음)을 포함한다. 즉, 외적 맥락에 상관없이 뇌가 정의하고 뇌가 바라본 맥락이 영향을 주게 된다.

뇌의 여러 구조물이 맥락의 조건화에 관여(Alvarez et al., 2008)하는데, 맥락에 대한 자동적인 정서적 반응(편도체)과 해마에서 나오는 강력한 장기기억이다. 그러므로 우리는 주변에서 일어나는 사건에 자동적이고 비교적 일정하게 반응하는 것이다. 그 중에서 편도체와 해마가 특히 중요하다(Herry et al., 2008). 우리의 모든 생각에 영향을 주는 것이다.

따라서 행동에 영향을 주는 의식적, 무의식적 두려움에 주의해야 한다. 오랫동안 과활성화된 편도체는 계속 해마에 메시지를 보내고 있다. 즉, 장기기억은 현재의 두려움에 의미를 부여하고 현재를 왜곡하거나 무언가를 보낸다는 것이다. 조직구성원이 변화하려고 노력할 때 변화하려는 욕구가 어떤 맥락에서 나왔는지 확인해야 한다. 예를 들어, 전반적인 삶이 지루해졌기 때문인가?, 고통스럽기 때문인가? 등 변화가 일어나려면 이전의 맥락을 제거하고 새로운 맥락이 들어와야 한다. 즉, 장기기억의 힘을 제거할 필요가 있다.

이를 위해 리더는 다음과 같이 말할 수 있다. "당신의 모든 생각은 장기기억과 연결되어 있다. 즉, 과거의 무엇인가가 너의 발목을 붙잡을 수 있다. 따라서 초점을 미래에 맞추고 과거와 미래의 균형을 맞추면서 과거를 이해해야 한다"고 이야기해 줄 필요가 있다.

관계형(RF) 리더의 문화적 특성

관계형(RF) 리더에 대한 문화적 특성을 살펴본 결과, 세력거리를 중요하게 생각하지 않으며, 불확실성을 회피하지 않고, 성별 평등주의가 높으며, 수행지향성이 보통 이하, 인도적 지향성을 추구하는 특성을 가지고 있다.

[그림 4.5] 관계형 리더의 문화적 차이 수준

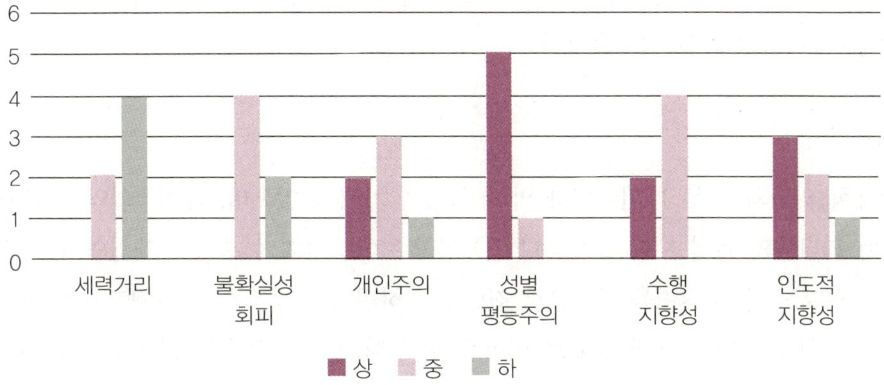

세력거리

관계형 리더의 경우 인도적 지향성 특성과 관련해서는 보통 이하의 특징을 가지고 있으며, 세력거리와 관련하여 관계형 리더들의 인식은 다음과 같다. ① 조직구성원들의 참여가 낮으면 업무가 진행되지 않을 수 있고, 소통과 참여를 통한 수평적인 관계를 지향하므로 세력거리가 낮은 문화권에서 조직구성원의 만족도가 높다. 그러나 세력거리가 높은 곳에서는 원활한 일의 진행이 어려울 수 있다. ② 낮은 세력거리 문화에서는 참여적 리더십이 더욱 잘 맞기에 조직구성원의 활동성과를 높여 조직이 다양한 방면으로 발전할 수 있지만 다양한 의견이 충돌될 경우 조직의 발전 방향에 혼란을 줄 수 있다.

불확실성 회피

관계형 리더의 경우 불확실성 회피를 하지 않는 특징을 가지고 있으며, 불확실성 회피와 관련하여 관계형 리더들의 인식은 다음과 같다. ① 불확실성 회피가 높은 문화에서는 안정, 질서를 원하기에 규범, 전통 등 확인된 절차는 높은 가치를 지닌다. 전통적인 분야에서는 불확실성을 회피하더라도 안정적인 성과를 낼 수 있지만 이러한 태도는 빠르게 변화하는 환경에 적응하지 못하는 결과로 이어질 수 있다. ② 불확실성이 낮을 때 관리자를 위한 자질로는 유연하고 혁명적이며 모험을 무릅쓰는 리더로, 활동을 감독하지 않고 권한을 위임하기에 조직의 혁신을 추구하여 더 발전할 수 있는 방향으로 나아갈 수 있다고 생각한다. ③ 불확실성으로부터 창조가 탄생한다고 믿는 신념 때문에 안정성보다는 혁신적인 태도를 보인다.

개인주의

관계형 리더의 경우 개인주의가 약한 특징을 가지고 있으며, 개인주의와 관련하여 관계형 리더들의 인식은 다음과 같다. ① 집합주의는 사회적 책임을 개인의 권리보다 중요시 여겨 높은 응집력을 중심으로 집단 행동하면서 협동 과업을 수행할 수 있으나, 이는 구성원에 대한 희생과 규율로 이어질 수 있다. ② 이 문화는 창조성이 풍부하고 새로운 관점을 내포하고 있다.

성별 평등주의

관계형 리더의 경우 성별 평등주의가 매우 강하며, 성별 평등주의와 관련하여 관계형 리더들의 인식은 다음과 같다. ① 직무가 성별에 의해 차별을 받지 않아 여성도 중요한 업무에 참여할 기회가 주어지고, 성 역할이 구분되지 않으며 특성에 따라 차별을 받지 않는다. ② 행동에 제한이 적으며 행동이 평가받을 때 편견이 더 적게 들어가기에 자신의 능력과 역량만으로 평가받기에 더욱 공정한 평가가 가능하다.

수행지향성

관계형 리더의 경우 수행지향성이 보통 이하이며, 수행지향성과 관련하여 관계형 리더들의 인식은 다음과 같다. ① 도전적 목표, 마감 시한이 있는 행동 수립, 부하에게 주도력을 갖도록 격려, 칭찬 제공과 같은 수행과 효율성의 적절한 리더의 행동이 강조된다. 하지만 이는 결과를 사람보다 우선 가치에 두기에 사람을 소외시키는 현상을 초래할 수도 있다. ② 리더가 계속해서 부하에게 수행 관련 동기부여를 해야 한다는 것이다.

인도적 지향성

관계형 리더의 경우 인도적 지향성이 높고, 인도적 지향성과 관련하여 관계형 리더들의 인식은 다음과 같다. ① 리더의 지지적 요구를 받으면 부하들이 업무를 더 원활하게 수행할 수 있고, 개인의 일에 대한 만족도가 높아질 수 있다. 그러나 일이 효율적으로 진행되지 못하거나 리더의 영향력이 약해질 수 있다. ② 인도적 지향성이 높은 경우 사람의 복지에 관심이 높고 자신의 이해관계를 희생하여 타인을 도우려는 것에 높은 관심이 많기에 이타주의, 자선, 친절, 공정, 사람, 아량이 주요 추구 가치이다. ③ 지지적 리더십을 통해 부하의 욕구, 감정을 배려해주고 적절한 때에 멘토링 제공을 해준다면 개인의 문제해결에 도움을 주고 개개인을 우호적으로 포용해줄 수 있다. ④ 사람을 중요시하기에 목표 추구와 관련해서 추구성이 낮아져 조직의 성과에는 마이너스 영향을 끼칠 수 있다. 또한 리더가 부하의 개인적 문제도 관리해야 한다는 번거로움도 존재한다.

Tip 리더가 혁신적인 리더가 되도록 어떻게 도울 수 있을까?

첫째, 창의성과 광기는 연속선상에 있다. 창의성은 광기와 같은 영역을 사용하므로 창의적인 뇌가 '과활성화'되면 광기 혹은 자제력 상실로 이어질 수 있다. 그러므로 리더는 코치를 고용하여 이런 두려움을 관리해야 한다.

둘째, 창의성과 혁신을 위해 어떤 부위에 개입해야 하는지 추측할 수 있다. 리더는 많이 꿈꾸고(무의식 속으로 들어가고), 시 · 공간적으로 방향감각을 잃거나 통제력을 상실할지 모른다는 두려움을 줄이고(시 · 공간적으로 초월하는 방법을 알아야 하고), 교차 감각적 추론과 은유를 더 많이 사용해야 한다.

셋째, 창의성에 필수적인 좌측 전두엽을 자극해야 한다. 이를 위해 리더는 의미상 거리가 먼 것을 서로 연결해 보려고 노력해야 한다. 의미상 거리란 두 개념의 연관성을 말하는 것으로, 충분한 시간을 주고 연관 지시 과제를 주면, 좌측 전두극은 유사성의 지도를 만들 수 있다(Pillay, 2012).

Chapter

05

자기브랜드 리더십과 의사소통(대인관계) 전략

1. 의사소통 및 대인관계 원리와 개념
2. 과업지향적 스타일과 관계지향적 스타일
3. 리더와 조직구성원의 특성을 고려한 의사소통/대인관계

1 의사소통 및 대인관계 원리와 개념

커뮤니케이션의 의의

베니스와 그의 동료 나누스(Bennis & Nanus, 1985)는 미국에서 가장 영향력이 있고, 주위 사람들로부터 존경의 대상이 되는 60명의 저명인사를 대상으로 공통적인 특징이 무엇인가 조사한 결과, 커뮤니케이션 능력으로 꼽았다. 그들은 나름대로 비전을 주위 사람들에게 전하고 상호 공감대를 형성하는 데 다른 사람에 비해 능력이 뛰어났다고 했다. 이처럼 커뮤니케이션은 사람이 살아가는 데, 리더십의 원천이며 여러 가지 문제를 해결하는 데 열쇠가 되는 것이다.

과거에 커뮤니케이션은 무조건 기계적인 정보의 전달만으로 인식했었다. 즉, 한 지점에서 다른 지점에 필요한 정보를 전달하는 수단으로만 생각했었다. 그러나 현재에는 서로 다른 이해와 사고, 경험과 선호 및 교육적인 배경을 가지고 있는 두 사람 이상 상호간의 어떤 특정한 사항에 대해 유사한 의미와 이해를 만들어내기 위한 과정으로 활용되고 있다(송운석, 2012).

커뮤니케이션의 과정

커뮤니케이션에 필요한 요소로는 전달자와 메시지, 수신자로 구성되어 있다(송운석, 2012). 전달자는 필요한 내용을 전달하고자 하는 사람으로 전달자는 한 사람 또는 한 그룹일 수도 있고, 수신자는 메시지를 받아들이는 사람으로 한 사람 또는 집단 및 조직일 수도 있다. 메시지는 전달자의 생각을 실어서 전하는 매개체로서 여러 가지의 형태를 취할 수 있다. 이는 언어의 형태일 수도 있고, 그림일 수도 있고, 글씨일 수도 있고 또는 제스처나 손짓일 수도 있다. 이러한 세 주체 안에서 이루어지고 있는 커뮤니케이션의 과정을 구체적으로 표현하면 다음 [그림 5.1]과 같다.

일단 메시지가 상대방에게 전달되면 수신자는 그것을 감각기관을 통해 수신한다. 그 수신통로는 눈이 될 수도 있고, 귀가 될 수도 있고 또는 육체적인 느낌이 될 수도 있다. 메시지를 수신자의 감각기관을 통해 받아들이면 이는 수신자의 선택에 의해 해독된다.

[그림 5.1] 커뮤니케이션 과정

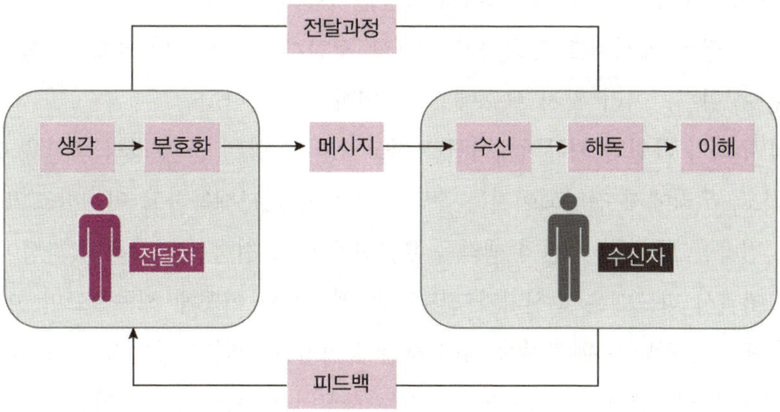

또한 해독된 메시지는 수신자의 경험에 비추어 자신의 지식을 바탕으로 의미를 부여하고 이해하게 된다. 이것이 메시지가 전해지는 일반적인 과정이다.

여기서 우리가 주의를 기울여야 할 부분은 전달자가 전하고자 하는 생각이나 아이디어가 전달 가능한 부호로 전환하는 과정과, 수신자가 감각기관을 통해 받아들인 메시지를 이해 가능하도록 해독하는 과정이다. 전달자는 부호화 과정에서 상대방을 생각해서 상대방이 이해하기 쉽도록 부호화하는 것이 아니라, 자신의 경험에 따라 자신이 하기 쉬운 대로 또는 하고 싶은 대로 부호화한다. 이때 전달자의 생각이 그대로 수신자에게 전달되기 위해서는 수신자는 정확하게 전달자의 부호화 과정을 알아야 한다. 하지만 인간은 각기 다른 생각을 가지고 있고 자신만의 독특한 방법에 익숙해 있다. 따라서 수신자는 전달자의 부호화 과정에서 일어나는 모든 사항을 이해할 수가 없다. 결론적으로 수신자 역시 받아들이는 메시지를 자신의 경험에 비추어 자신의 가치관에 맞추어 자기식대로 해독할 수밖에 없다. 그러므로 전달자와 수신자 간에 정확한 의사전달이란 거의 불가능하다. 또한 해독된 메시지가 이해되는 과정도 수신자의 입장에서 자신의 경험과 상황에 맞게 이해하고 의미를 부여하게 되어, 전달자의 의도와는 완전히 다른 의미로 이해될 수 있는 여지가 크다. 이러한 과정을 기초로 커뮤니케이션 과정에서 일어나는 현상의 몇 가지 가정을 해보면 다음과 같다.

첫 번째, 상대방에게 전달하고자 하는 바를 있는 그대로 정확히 전달하기는 불가능하므로 수신자로부터 기대하는 반응을 얻기 힘들다. 두 번째, 일단 수신자가 메시지를 받아들이면 그 메시지의 해독과 의미의 결정은 수신자에 달려 있다. 세 번째, 수신자가 어떻게 그 전달된 메시지를 해독하고 이해할 것인가는 수신자의 태도, 경험, 동기 및 처해 있는 상황 등 여러 가지 요소에 의해 영향을 받는다.

따라서 우리가 타인과 커뮤니케이션을 하고 있다고 함은 곧 우리의 생각을 부호화하여 전달하고, 우리에게 전달되어지는 수많은 메시지들을 해독하고 이해하고 또 그것에 나름대로 반응을 보이며, 자신의 생각을 부호화해 다시 전하는 반복적인 과정이라고 할 수 있다. 여기서 피드백은 수신자가 전달받은 메시지를 어떻게 해독했으며, 어떻게 이해했는지 또는 전달받은 메시지에 의해 자신에 어떠한 변화가 왔는지의 여부를 알려주는 작업이다. 만약 피드백이 없으면 수신자는 자신이 전한 메시지가 어떻게 전달되었는지 확인할 길이 없어 지속적인 커뮤니케이션이 불가능해진다. 이렇게 메시지가 부호화되어 전해지고 해독되며 이해되고 이것이 다시 피드백 과정을 통해 수신자에게 전달되고, 또 수신자는 전달된 메시지에 다시 반응을 보이면서 반복적으로 서로가 이해하는 범위를 넓혀가는 것이다.

커뮤니케이션의 장애 요인

커뮤니케이션 과정에서는 부적합하게 표현된 메시지, 단어의 누락, 상대방의 불신, 어의의 왜곡, 주변의 여러 가지 잡음 등으로 인해 많은 장애 요인들이 있다. 따라서 전달자와 수신자 간 의사소통을 하는 동안 일어날 수 있는 장애 요인을 살펴보면 다음과 같다.

첫 번째, 의사소통과정에서 일어나는 사람들의 심리적 과정에서 일어날 수 있는 굴절과 왜곡의 가능성으로 다음 [그림 5.2]와 같이 설명할 수 있다.

의사소통에는 전달하고자 하는 전달자의 인식세계가 있고, 수신자의 인식세계가 있다. 예를 들어, A라는 남자가 B라는 여자에게 관심을 표명하는 과정을 살펴보자. A라는 남자는 평상시 내성적이기 때문에 자신의 의견을 상대방에게 직접적으로 표현하지 못하는 성격이다. 따라서 A라는 남자가 관심을 표명하는 의도(A2)를 직접적으로 표현하지 못하고, 여자를 보면 놀리거나, 농담하거나, 성가시게 구는 방법(A3)을 선택했다. 이와

[그림 5.2] 전달자와 수신자의 인식과정

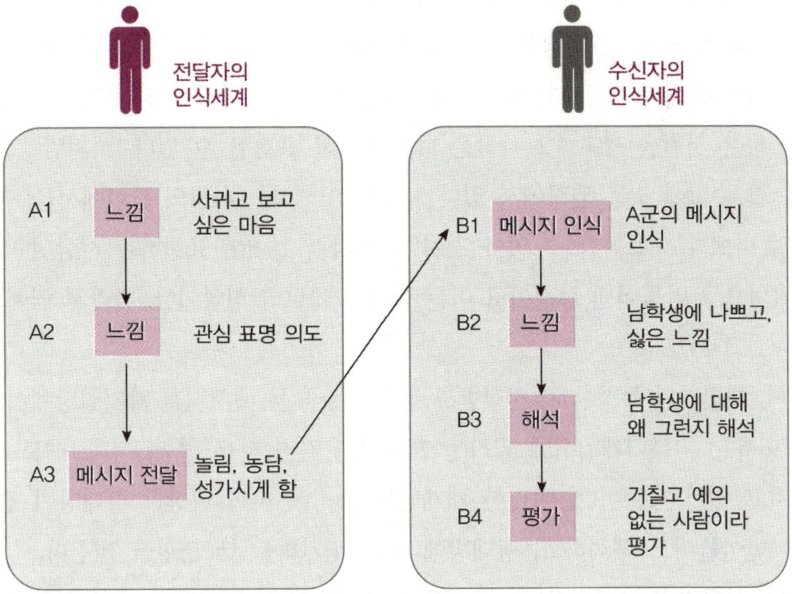

같은 방법이 A라는 남자는 B라는 여자에게 자신을 표현하는 최선의 방법이고, B라는 여자도 자신의 마음을 알 것이라 생각했다. 그러나 여자는 A라는 남자에 대한 행동 메시지를 인식(B1)하고, 남학생에 대한 나쁘고 싫은 느낌(B2)이 들면서, A라는 남자에 대한 해석(B3)과 동시에 A라는 남자는 거칠고, 예의 없는 사람이라고 평가하게 된다.

A라는 남자는 진정으로 자신이 좋아하는 감정을 상대방 여자에게 전하고자 최선의 방법을 선택한 것이지만, 결과는 완전히 상이하게 나타난 것이다. 이러한 왜곡된 결과가 나타나게 된 이유는 ① 전달자가 자신의 감정을 상대방에게 전하고자 하는 의도로 의사표현 방법을 선택하는 데 있어 자신을 보호할 수 있는 방법을 선택하다 보니 올바른 의사전달이 어려워진 것이다. ② 전달자의 메시지를 받아들이는 사람의 입장에서 전달자의 바른 의도를 보지 못함으로써 상대방으로부터 전달되는 메시지를 선별적으로 받아들이고, ③ 자신이 선별적으로 받아들인 메시지로부터 받은 느낌을 해석함에 있어 자신의 감정과 경험과 가치 판단에 기준하여 해석하다 보니 원래 전달자의 의도와는 다른 방향으로 해석이 되고, ④ 상대방을 평가하는 데 자신이 해석한 바에 기초하여 상

대방을 평가하니 완전히 왜곡된 평가가 나올 수밖에 없다.

두 번째, 실체와 상징의 혼돈이다. 우리가 활용하는 언어는 전달자가 실체 자체로부터 받은 느낌, 상징, 그리고 경험 등의 총체이다. 사실을 토대로 형성되는 이미지는 만들어내는 사람에 따라 모두 다르다. 예를 들어, 상대방의 사정을 전혀 모르는 상황에서 도둑질을 하는 사람을 보고 '그 사람은 나쁘다'라고 표현할 수 있다. 하지만 그 사람이 도둑질을 할 수밖에 없는 입장에서 있다는 것을 이해하는 사람의 관점에서 보면, 그 행동을 정말 나쁘다고 표현할 수 없을 것이다. 따라서 언어는 표현하는 사람의 입장에서 실체를 바탕으로 만들어낸 상징이고 이는 실상이 아니라 허상이다. 따라서 언어 실체는 다르다.

세 번째, 개인적인 특성으로, 전달받고 전달하는 모든 메시지를 자기입장에서 이해하게 되는 이유는 커뮤니케이션에 임하는 개개인이 각기 다른 경험, 기대, 태도 및 가치관을 가지고 있기 때문이다. 이러한 개개인의 특징은 사회 현상과 상대방이 전해주는 메시지를 받아들이고 해석하고, 상대방에 대한 평가하는 데 영향을 미친다.

네 번째, 상황적인 요인이다. ① 정보의 과중성으로, 우리에게 일정한 시간에 소화해서 반응을 보일 수 있는 정보량이 한정되어 있다. 그 이상의 정보가 전해지면 우리는 그 정보를 해석·이해하는 한계성에 부딪혀 효과적인 의사소통이 불가능해진다. ② 시간의 압박을 들 수 있다. 때로는 우리는 주어진 시간 내에 여러 사람과 개별적으로 접촉하여 메시지를 전해야만 하는 경우가 있다. 또는 다양한 정보를 다양한 사람들에게 되도록 빠른 시간 안에 전해야 하는 경우도 있다. 이러한 때는 시간의 압박으로 인해 정말 상대방이 자신이 전하고자 하는 내용을 바르게 이해했는지 확인하며, 지속적인 상호작용을 통해 서로 공통적인 이해의 범위를 넓히기 위한 노력을 할 수 없게 된다. 따라서 메시지의 전달은 매우 피상적이 되고 서로 간의 신뢰성은 점차적으로 약화되어 효과적인 의사소통은 힘들어지고 서로 간의 신뢰에 금이 갈 수 있다. ③ 커뮤니케이션이 이루어지고 있는 풍토를 들 수 있다. 만약 신뢰와 개방의 풍토가 형성된 분위기에서 서로 의사소통을 하게 되면, 전달자와 수신자들은 자신들의 느낌을 숨김없이 솔직하게 주고, 받음으로써 훨씬 효과적인 의사소통이 가능하다. 하지만 불신과 반목의 분위기가 팽배한 속에서 서로 간의 의사소통은 아무리 진실된 자신의 감정과 사실을 전하더라도 상대방에서는 그것을 오해하여 왜곡되게 받아들이기 쉽다. ④ 비언어적인 의사전달 수단의 오용을 들 수 있다. 우리는 의사소통에서 언어적 수준의 의사소통은 물론 비언어적 수준도 같이 신경을 쓰게 된다. 만일 시간이 많이 있으니 "우리 탁 터놓고 같이 이야기해 보자"라고 말해 놓고 계속해서 시계를 보고 다른 곳에 신경쓴다면, 상대방은 정말로 개방적으로 진실되게 대화에 임하기 힘들 것이다.

대인관계와 효과적인 커뮤니케이션

커뮤니케이션은 단순한 메시지를 주고받는 기계적인 과정이 아니다. 인간의 심리적인 요인들, 인식과정, 비언어적인 몸짓으로부터 얼굴의 표정 또 우리들이 사용하는 모든 물건 및 상황적인 요인들이 혼재해서 동시에 일어나는 총체적인 인간과정(personal processs)이다. 그러나 이러한 커뮤니케이션이 대인관계에서 잘되기 위해서는 개방적인 태도와 효과적인 메시지 전달 방법이 무엇보다 중요하다.

첫째, 개방적인 분위기에서 의사소통이 잘되기 위해서는 몇 가지 중요한 요소가 있다. ① 평가하지 말고 묘사하라. 사람들은 대화 속에서 "나는 맞고, 너는 틀렸다"와 같이 상대방의 말에 대해 평가하는 방식으로 대화를 하게 된다. 만약 상대방의 이야기에 대해 평가를 하게 되면 신뢰보다는 서로 자신을 방어하는 데 급급해 솔직한 대화가 진행되기 어렵다. 따라서 상대방과 함께 원만한 대화를 이어가기 위해서는 평가보다는 묘사하는 것이 좋다. 묘사라는 것은 내가 느낀 바를 그대로 표현하고, 과연 자신이 표현한 내용이 상대방이 전달하고자 하는 의도인지 정보를 구하는 작업이다. ② 남의 사고나 행동을 바꾸려 하지 말고 문제에 초점을 맞추어라. 즉, "나는 맞고, 너는 틀렸다"와 마찬가지로 이야기의 본질에는 신경쓰지 않고, 상대방의 태도나 사고방식을 바꾸려고 하는 경우가 있다. 상호 대화 중에는 문제에 초점을 맞추어 서로의 협력을 통해 문제가 무엇인지 정의하고 이해하려는 자세가 중요하다. 같이 고민하고 협조하여 문제의 해결책을 찾기 위해 노력하는 자세가 필요하다. ③ 전략적인 자세를 피하고 솔직하게 대하라. 사람들은 상대방과 대화를 하면서 어떠한 이득을 취하기 위해 숨겨진 의도를 가지고 대화하는 경우가 많다. 숨겨진 의도를 가지고 드러나지 않게 은근히 자신이 원하는 방향으로 상대방을 유도하려 하면, 그에 반발심이 생겨 의사소통이 중단될 수 있다. 따라서 서로가 문제해결이나, 서로를 이해하기 위해 의견을 주고받는 원만한 의사소통을

[그림 5.3] 효과적인 커뮤니케이션 방법

위해서는 솔직한 마음으로 대화에 임할 필요가 있다. ④ 중립적인 자세를 피하고 상대방을 이해하려고 노력하라. 우리는 의사소통과정에서 상대방이 이해해주길 바라고 중요한 사람으로 인정해주길 바란다. 무슨 이야기를 하면 그 이야기를 귀담아 들어주길 바란다. 상대방이 그러한 자세를 취해 주면, 우리는 속에 들어 있는 모든 이야기를 다 끄집어내도 시원치 않은 경우가 있다. 하지만 자신의 이야기를 들어주는 사람이 중립적인 자세에서 조금도 상대방의 입장을 이해하려 하지 않고 잘잘못만을 가려 자신의 의견을 말하는 경우, 그 사람과는 더 이상 대화를 지속시키고 싶은 생각이 없어진다. 진정한 상호 대화하려고 한다면, 감정이입(empathy)이 필요하다. ⑤ 윗사람 입장에서 대화하지 말고 동등한 입장에서 대화하라. 사람과 대화하다 보면, 자신은 돈이든, 사회적인 지위이든, 지식적인 측면이든 모든 면에서 우위에 있다고 생각하고 상대방을 아랫사람 대하듯 거만한 태도로 대하는 경우가 있다. 이렇게 되면 상대방은 정말 터놓고 이야기할 마음이 생기지 않는다. 그러한 태도를 가지고 있는 사람이 메시지를 전달하게 되면 그사람이 하는 말에 귀를 기울이기보다는 상대방의 태도에 대한 불쾌함과 상대방과의 경쟁심리 또는 시기심이 앞서 의사소통의 길이 막힌다. 진정한 대화를 위해서는 동등한 입장에서 이야기할 수 있어야 한다. ⑥ 문제에 대한 답을 알고 있다는 입장이 아닌 배우겠다는 입장에서 대화할 필요가 있다. 자신은 이미 이야기하고 있는 문제에 대한 답을 다 알고 있는데, 그러한 문제를 가지고 그러느냐는 식의 태도라든지, 자신이 알고 있으니 가르쳐주는 대로 하라는 식의 입장에서 대화에 임하면 상대방은 순간적으로 열등감에 젖게 되고 이는 곧바로 자신을 방어하려는 자세로 대화에 임하게 되므로 아이디어를 주고받고 의견을 교환하는 의사소통은 단절되게 된다.

둘째, 효과적인 메시지 전달 방법으로, 효과적으로 메시지를 전달하기 위해서는 명확한 목표 설정, 적절한 의사소통 수단의 활용, 감정이입적인 커뮤니케이션, 피드백의 활용, 상호 간의 공감적 관계형성, '나' 메시지 사용 등이 있다. ① 명확한 목표 설정으로, 의사소통은 무조건 자신의 생각이나 느낌을 쏟아 붓는 작업이 아니다. 전하고자 하는 내용이 무엇인지, 그것을 전함으로써 무엇을 얻을 것인가에 대한 명확한 목표가 설정되어 있어야 한다. 만약 전하고자 하는 메시지를 상대방이 정확하게 이해하도록 하는 것이 그 커뮤니케이션의 목표라고 하면, 상대방이 그 전하고자 하는 것을 가장 쉽게 이해할 수 있도록 하는 데 필요한 도표라든지, 그림이라든지, 보조 자료들을 동원하면 된다. 하지만 의사소통을 통해서 상대방의 태도 변화를 유도하는 것이 목표하고 하면, 상대방의 어떠한 행동이 어떻게 변화하여 어떠한 상태가 되길 원하는지에 대한 명확한 이해와 뚜렷한 결과에 대한 인식이 있어야 한다. ② 적절한 의사소통 수단의 활용이다. 상대방에게 의사를 전달할 때는 상대방의 시간과 이해 수준, 상황 등을 고려하여 선택할 필요가 있다. ③ 감정이입의 커뮤니케이션이다. 감정이입의 커뮤니케이션이란 전달자가 상대의 사고, 태도, 입장 속으로 한 번 들어가 보는 것이다. 그리고 상대방의 눈으로, 가치관으로, 시각으로 문제를 재조명해 보는 노력이다. 그래서 서로 논의하고 있는 문제에 대해 어떤 측면에서 다르게 바라보고 있으며 다르게 해석·이해하고 있는지를 알아보고, 상대방이 가능한 이해하기 쉽도록, 그리고 받아들이기 쉽도록 자신의 메시지를 전하는 것이다. ④ 피드백의 활용으로, 전달자는 자신의 메시지가 수신자에게 잘 전해지고 있는지, 어느 정도 상대방이 이해하고 있는지 확인할 필요가 있다. 피드백이란 자신이 전하고자 하는 메시지를 어떻게 해석하고 이해하고 있는지 물어보는 것이다. ⑤ 상호 간의 공감적 관계형성이다. 공감적 관계는 서로 믿고 서로가 인정하는 관계를 의미한다. ⑥ '나' 메시지를 사용하는 것이다. 자신이 느끼는 감정을 밝히고, 상대방의 행동이나 의견에 대한 나의 반응을 전하고, 상대방에게 행동의 변화를 요구하는 효과적인 커뮤니케이션의 기술로서 '나' 메시지를 들 수 있다. 이 방법은 자신의 느낌에 대해 왜 그러한 느낌을 가지게 되었으며, 자신은 어떻게 생각하는가에 대한 문제를 자신이 본 사실과 그것으로 인한 자신의 감정의 변화에 초점을 두어 설명하는 방법이다.

2 과업지향적 스타일과 관계지향적 스타일

과업지향적 스타일

과업지향적(task-oriented)인 사람들은 목표지향적이다. 그들은 성취하길 원한다. 이 사람들에게 일은 의미가 있고, 이들은 '할 일' 목록, 일정표, 그리고 일일 계획표 같은 것들을 좋아한다. 이 타입의 사람에게 있어서 일을 성취하고 일을 하는 것이 그들의 존재 이유가 된다. 즉, 이 사람들의 존재 이유(reason for being)는 하는 것(doing)으로부터 나온다. 이 사람들의 '미결 서류함'은 결코 비어 있는 법이 없다. 휴가지에서도, 가능한 한 많은 것을 하려고 한다. 인생의 모든 방면에서 그들은 하는 것에서 의미를 찾는다(피터 G. 노스하우스, 2015).

정신과 의사 제이 롤리치(Jay Rohrlich)는 자신의 책 『일과 사랑: 결정적 균형(*Work and Love: The Crucial Balance*)』(1980)에서 생활을 규칙화하고, 구조화하는 데 있어서 일이 어떻게 도움이 될 수 있는지를 보여주고 있다. 과업을 처리하는 것은 사람들에게 통제와 자기 극복의 느낌을 부여한다. 성취는 우리 자신의 이미지를 뚜렷하게 하고 스스로 자신을 정의하도록 도와준다. 경주를 하는 것이나 프로젝트를 완수하는 것과 같이, 어떤 목표에 도달하는 것은 사람들로 하여금 좋은 기분을 느끼게 만들어 준다. 그것은 바로 우리가 누구인지를 긍정적으로 표현하는 것이기 때문이다.

과업지향적인 사람들에게 드러나는 몇 가지 분명한 사례를 보자면, 일일 플래너에 색깔 표식을 사용하는 사람들, 자기 집의 모든 방에 접착식 노트를 붙여 놓은 사람들, 또는 토요일 오전 10시가 되기 전에 세차하고, 빨래하고, 집을 청소해 놓는 사람이다. 과업지향적 사람들은 또한 장보기에서부터 헬스장 체중 감량 운동 방법에 이르기까지 모든 일에 대한 목록을 만들 가능성이 있는 사람들이다. 이 사람들의 공통점은 목표를 달성하고 일을 완수하는 것에 대한 관심이 중요하다.

관계지향적 스타일

관계지향적(relationship-oriented) 사람들은 과업지향적 사람들 만큼 목표지향적이지 않다는 점에서 그들과 다르다. 하는 것(doing)보다는 존재하는 것(being)에서 의미를 찾는다. 관계지향적 사람들은 임무를 찾아나서는 대신, 사람들과 어울리고 싶어한다. 이 사람들은 관계와 그 관계가 가져오는 기쁨을 즐긴다(피터 G. 노스하우스, 2015).

더 나아가 관계지향적 사람들은 종종 지금 현재를 지향하는 경향이 강하다. 이 사람들은 이루어야 할 어떤 미래의 목적보다는 현재 이 순간에서 의미를 찾는다. 집단 상황에서는, 다른 사람들과 함께 있는 것을 감지하고 느끼는 것이 이 사람들에게는 매력적인 것이다. 일부 사람들은 그들을 '관계 중독자들'로 묘사하기도 한다. 그들은 비행기가 이륙할 때 제일 늦게 휴대전화를 끄고 비행기가 착륙하면 가장 먼저 휴대전화 전원을 켜는 사람들이다. 기본적으로 그들은 연결관계 속에 있다.

업무환경에서, 관계지향적 사람들은 다른 사람들과 연결 관계를 하거나 밀착되기를 원한다. 예를 들면, 관계지향적 사람은 날씨, 스포츠, 또는 그 밖에 어떤 것에 대해 이야기를 나누려고 열심히 일하고 있는 사람에게 끼어들어 일을 중단시키는 것을 꺼리지 않는다. 문제를 해결할 때에, 관계지향적인 사람들은 그 문제를 처리하는 데 있어 다른 사람들과 이야기하고 관련하는 것을 좋아한다.

Tip 업무 전환과 뇌의 관계

업무를 전환하면 같은 업무를 반복할 때보다 수행력이 떨어지거나 대가를 치러야 한다(Rogers & Monsell, 1995). 이것이 많은 사람이 변화에 저항하는 이유이다. 변화에 뒤따르는 여러 가지 비용(예: 시간 지연, 친숙하지 않은 것에 대한 두려움, 방향 감각의 상실, 부정확) 때문에 회사는 종종 즉각적인 변화를 금하기도 한다. 업무를 바꿔야 하는 사람이 업무 전환을 새로운 정복의 기회로 여긴다면 업무 전환은 순조롭게 이루어질 것이다. 이런 관점을 길러주기 위해 회사는 숙련된 예전의 솜씨보다 새로운 학습에 보상을 주어야 한다.

전환 비용의 뇌과학적 근거는 '역행 억제'이다. 즉, 새로운 과제로 이동(변화)하기 위해 이전 과제에 대한 주의를 억제해야 한다. 다시 말해, 과제 전환은 단지 새로운 과제에 주의를 기울이는 것이 아니라 뇌가 접수한 많은 과제 중에서 어떤 것을 선택하고 나머지는 억제하는 것이다.

연구결과에 의하면 주의력을 담당하는 전두엽과 두정엽이 과제 전환에 참여한다고 한다(Astle, Jackson, & Swainson, 2006). 전두엽 기능을 훈련한다면 전환 비용에 대한 적응력을 높일 수 있다. 작은 단위로 분할한 점진적 변화는 후방 두정엽(뇌의 내비게이션)을 돕는다(Mitchell & Cusack, 2007). 사람들이 변화를 밖에서 주입한 것이 아닌 '자신이 선택한 일'로 여길 때 변화가 더 빨라진다고 한다.

리더는 새로운 변화의 중요성을 강조하면서 동시에 이전의 방식을 버려야 하는 이유를 설명해야 한다. 이렇게 하면 업무 전환에 필요한 역행 억제(과거의 방식을 억제)가 향상된다. 낡은 방법으로 변화를 시도한다면 구시대적 변화는 구시대적 결과만 가져오며 원하는 결과를 얻을 수 없다고 말하면서 사람들이 실질적인 문제를 이해할 수 있도록 도와야 한다. 또한 이들이 새로운 업무를 연마하도록 격려해야 한다. 변화를 지시하는 것은 변화를 이끌어내는 최악의 방법이다. 따라서 리더는 변화가 고통스럽다는 것을 이해할 수 있도록 도와야 한다. 이를 느끼는 고통이란 변화가 전두엽을 자극한 신호일 뿐이다. 전두엽의 통제력을 증가시키면 변화가 일어나기 시작한다. 따라서 변화의 초기에 인지적 통제력을 기르면 효과적으로 변화할 수 있다.

과업 중심 리더십과 관계 중심 리더십

피터 G. 노스하우스(2015)는 [그림 5.4]와 같이 사람의 리더십을 과업지향적 리더십(task-oriented leadership)과 관계지향적 리더십(relationship-oriented leadership)으로 구분하였다.

[그림 5.4] 과업-관계 리더십 연속선

과업 중심 리더십

과업 중심 리더십(task leadership) 행동은 목표의 성취를 촉진한다. 이것은 구성원들로

하여금 자신의 목적을 성취하도록 돕는 행동이다. 연구자들은 과업 중심 리더십에 수많은 행동이 포함된다는 것을 발견했다. 이런 행동들은 종종 다른 형식으로 이름 붙여지지만, 이 행동들은 항상 과업 완수에 관한 것이다. 예를 들면, 어떤 사람들은 과정 중심의 리더십을 구조 주도(initiating structure)라고 부르는데, 이런 리더가 일을 조직화하고 역할 책임들을 정의하고, 업무활동 계획을 짜는 것을 의미한다(Stogdill, 1974). 또 다른 사람들은 과업 중심 리더십을 성과지향(production orientation)으로 이름 붙였는데, 작업량 문제, 그리고 판매량 같은 측면에서 관심을 기울인다. 과업 중심 리더십을 부르는 세 번째 이름은 성과에 대한 관심(concern for production)이다(Blake & Mouton, 1964). 여기에 포함되는 것은 정책결정, 새로운 제품 개발, 작업량, 또는 조직이 성취하고자 하는 것이면 모두 포함된다. 간단히 말하면, 과업 중심 리더십은 팀이 목표를 달성하는 데 있어서 그들을 돕기 위해 무엇인가를 하는 경우라면 언제든지 발생하는 것이다. 이것은 곧 진행될 회의에 대한 안건 목록을 나누어 주는 것과 같은 단순한 것일 수도 있고, 제품 개발과정에 관한 수많은 품질관리 기준들을 설명하는 것과 같은 복잡한 것일 수도 있다. 과업 중심 리더십은 수많은 행동이 포함된다. 이 모든 것들의 공통점은 목표 성취를 향해 나아가도록 사람들에게 영향을 미치는 것이다.

개인이 과업지향성이 높든 또는 높지 않든 간에 기억해야 할 중요한 점은 리더로서 그는 항상 어느 정도의 과정지향적 행동을 보여줄 것을 요구받는다는 것이다. 어떤 사람들에게는 이것이 쉬울 것이고 또 다른 사람에게는 도전적인 과제가 될 것이다. 하지만 어느 정도의 과업지향적 행동은 각자의 효과적인 리더십 수행에서 필수적이다.

관계 중심 리더십

관계 중심 리더십(relationship leadership) 행동은 부하직원들이 자기 자신에 대해, 서로 간에, 그리고 그들이 처한 상황에 대해 편안함을 느낄 수 있게 돕는다. 예를 들면, 교실에서 어떤 교사가 모든 학생들이 서로의 이름을 알아야 한다고 요구할 때, 그 교사는 관계 중심의 리더십을 보여주는 것이다. 교사는 학생들이 자기 자신에 대해, 다른 학생들에 대해, 그리고 그들의 환경에 대해 편안하게 느낄 수 있도록 돕고 있는 것이다.

연구자들은 관계 중심 리더십의 의미를 명확히 하기 위해 여러 가지 방식으로 설명해 왔다. 어떤 연구자들은 이것을 배려 행동(consideration behavior)이라고 이름 붙였는데(Stogdill, 1974), 여기에는 동지 의식 형성, 존중, 신뢰, 그리고 리더와 그를 따르는 사람들 사이의 배려가 포함된다. 또 다른 연구자들은 관계 중심 리더십을 구성원 지향성(employee orientation)을 가지는 것으로 설명하는데(Bowers & Seashore, 1966), 여기에는 직원들에게 인간 존재로서 관심을 주는 것, 그들의 독특함을 가치 있게 여기는 것, 그들의 개인적인 욕구에 특별한 관심을 기울이는 것이 포함된다. 또 다른 연구에서는 관계 중심 리더십을 단순하게 사람에 대한 관심(concern for people)이라고 정의하기도 한다(Blake & Mouton, 1964). 어떤 조직 안에서, 사람에 대한 관심은 신뢰 구축, 좋은 근무환경 제공, 공정한 임금구조 유지, 그리고 좋은 사회적 관계를 촉진하는 것을 포함한다.

본질적으로, 관계 중심 리더십 행동은 다음 세 가지에 관한 것이다. ① 구성원들을 존엄과 존중으로 대하기, ② 관계를 형성하고 사람들이 잘 어울리도록 도와주기, ③ 직장을 즐거운 곳으로 만들기 등이다.

리더 유형별 대인관계 성향 및 개선방안

리더 유형별 과업-관계 리더십 연속선에서 어떤 특성을 갖느냐에 따라 행동특성이 상이하게 나타난다. 따라서 리더 유형별 대인관계에서 어떠한 특성이 있는지, 대학생들이 경험한 사례와 사례를 기준으로 대인관계 향상을 위해 무엇을 개선해야 할지에 대해 살펴보았다.

첫째, 성취형 리더(SA)에 대한 사례와 개선방안을 살펴보면 다음과 같다.

사례 #1

교내 프로그램으로 학생들끼리 회사를 조직해 상품을 기획해 홍보까지 하는 경험을 한 적이 있다. 그때 나는 마케팅 부서에서 팀장의 역할을 맡게 되었고 2일이라는 기간 안에 상품을 어떻게 홍보할 것인지에 대한 계획과 광고까지 제작해야 했다. 그때 같이 팀을 했던 친구들은 모두 서로를 처음 본 사이였지만, 나는 시간이 빠듯하다는 생각에, 목표를 설정하고 팀원들에게 역할을 분담하고 2일 간 업무를 어떻게 진행할지에 대한 계획을 짰다. 즉, 친구들끼리 관계보다는 과업에 우선하는 행동을 한 적이 있다.

개선 방향

목표를 설정하고 팀원들에게 역할을 분담하며 직무를 어떻게 수행할지에 초점을 맞추는 것은 응당 리더가 해야 할 일이지만 그 전에 팀원들에 대해 파악하며 팀원들이 이 직무를 최대한 스트레스를 받지 않으면서, 편안하게 할 수 있도록 만들어 주어야 한다. 앞으로 리더를 하게 된다면 무작정 일부터 시작하는 것이 아닌 팀원들이 서로 알아갈 수 있도록, 그리고 나도 팀원들을 팀원도 나를 알아갈 수 있는 시간을 보내며 서로가 가지고 있는 특별함에 대해 알아가며 신뢰를 구축하는 과정이 필요하다고 느꼈다.

사례 #2

팀플레이에서 리더의 역할을 맡았을 때 제일 먼저 하는 일은 역할 분담이다. 무슨 일을 할지 정하고 구조화하는 일을 좋아한다. 또한 팀원들과 좋은 관계를 유지하는 것도 중요하지만 목표에 맞는 성과를 달성하는 것이 훨씬 중요하다고 생각한다. 전공수업에서 팀플레이를 했을 때 팀원과의 관계와 과제를 제대로 마치는 것 사이에서 고민한 적이 있었다. 성격도 잘 맞고 유쾌한 친구라 팀플레이로 만났지만 같이하는 팀활동에는 적극적으로 참여하지 않았다. 그때 리더의 역할을 맡고 있어서 처음에는 좋은 말로 맡은 역할을 적극적으로 해줬으면 좋겠다고 말했는데 그 뒤에도 계속적으로 참여를 하지 않았다. 그러는 과정에서 다른 팀원들의 불만이 높아졌고, 결국 그 친구와의 관계보다는 팀플레이를 성공적으로 이끄는 것이 중요하다고 생각해 단호하게 말한 경험이 있다.

개선 방향

나는 업무수행에서 과업과 관계를 모두 챙기려 한다. 그러다 보니 드는 에너지가 많고, 내가 기대했던 만큼 구성원들이 따라주지 않았을 때 오는 무력감이 크다. 구성원 각각의 능력치를 높게 평가하고 그것을 잘해 줄 것이라는 기대와 나의 노력에 비례하게 잘 따라줄 것이라는 기대를 많이 하기 때문이다. 하지만 구성원들의 입장에서는 원치 않는 기대였을지도 모른다. 따라서 각 구성원의 역량을 정확히 파악하는 것이 필요할 것이고, 높은 기대에 미치지 못하였을 때도 끝까지 구성원을 신뢰하는 것이 필요하다. 또한 구성원과 피드백을 지속적으로 주고받으며 서로의 상태를 파악해야 할 것이다.

좋은 결과를 내기 위해서는 같이 일하는 사람들과의 관계도 좋아야 한다고 생각한다. 그렇기 때문에 리더의 역할을 맡아 역할 분담을 하게 된다면 팀원들의 의견을 좀 더 반영할 필요가 있을 것 같다. 원하고 자신 있는 역할을 맡았을 때 적극적으로 활동에 참여할 수 있기 때문이다. 또한 목표를 향해 가는 것도 중요하지만 함께 일하는 사람들의 고충에도 신경써야겠다는 생각을 했다. 팀활동에 적극적이지 않다면 다른 이유는 없는지 대화를 통해 원인을 파악하고 공감하고 해결해 줄 수 있는 일이라면 도움을 줘야겠다.

둘째, 관리형(SF) 리더에 대한 사례와 개선방안을 살펴보면 다음과 같다.

사례 #1

나는 압도적으로 관계 중심 리더십의 특성을 가지고 있다고 생각한다. 내가 아르바이트를 할 때의 이야기다. 나는 신입 아르바이트 학생이 들어왔을 때, 가장 먼저 그 친구에게 관심을 갖는다는 것이다. 이러한 행동은 당연히 새로운 친구를 위해서이기도 하지만, 나를 위한 것이기도 하다. 만약에 내가 신입이면 선배님들이 "이렇게 대해주면 좋겠다"라는 점을 생각해 봤을 때, 조직구성원들이 관심을 가져줌으로 더 빨리 조직구성원과 친해지고, 환경에 빨리 적응할 수 있다고 생각하기 때문이다.

개선 방향

내가 개선해야 할 점은 남들에 관심을 매우 많이 가져버리며, 그것으로 인해 내가 수행해야 하는 업무를 대충해버린다는 것이다. 자각은 있지만 고치는 것이 어렵다. 남들에 관심을 갖는 것이 재미있기 때문이다. 상대방을 알아가면서 어떤 사람인지 파악하고 생활하는 것과 안 하고 하는 것과는 그 사람과의 관계가 크게 바뀐다고 생각한다. 많이 관심을 갖는 점은 개선해야 할 점이라고 생각하지만, 나의 장점이라고도 생각한다. 모든 일이 그렇지만 적당한 것이 좋다고 생각한다. 상대방 입장에서는 남이 본인한테 관심을 갖는 것을 좋아하지 않는 사람도 있을 수 있으니, 상대방을 위해서도 개선해야 한다고 생각한다.

사례 #2

내가 팀의 리더를 맡았을 때의 일이다. 나는 항상 결과에 집중하는 편이며, 완벽한 성과를 지향한다. 생산-설계 프로젝트 당시 리더로서 팀원들에게 각각의 임무를 부여한 적이 있다. 임무를 부여할 때는 개개인의 특성, 성격을 신중히 고려한 것을 바탕으로 진행하고, 나 역시 이러한 과정을 상당히 좋아했다. 항상 정해진 규칙과 틀을 선호하며 일을 조직화하는 경향이 이번 프로젝트에서도 잘 나타났다. 1주차에는 아이디어 생성, 2주차는 제품 선정, 3주차에는 설계 및 디자인 등 앞으로의 일정에 대한 계획도 내가 정했다. 이렇게 내가 진행한 프로젝트는 항상 좋은 결과를 가져왔다. 하지만 그 과정에서 팀원들에게 책임감을 많이 강조하며 본인의 임무를 제때 수행하지 못하였을 때 나는 제일 화가 났다. 이러한 부분이 나의 약점이라 생각하는데, 임무를 제대로 하지 못한 팀원과 소통하며 같이 고쳐나가면 되지만 나는 직접 말을 못하고, 화를 속으로 참으로면서 그 사람에 대한 신뢰가 떨어져 잘 회복되지 않는다. 이렇게 나에게 낙인이 찍힌 팀원한테는 별다른 기대도 하지 않고 좋은 관계를 구축하려고 노력도 하지 않았다.

개선 방향

관계 중심 리더십이 부족한 나는 구성원들에 대한 신뢰를 갖는 것이 나에게 가장 시급하다는 것을 깨달았다. 비록 나는 과업지향 리더이지만, 팀원들과의 소통을 중요시 생각하고 그들의 입장에서 생각하려고 노력했다. 그러나 내가 제일 부족한 부분이 팀원들에 대한 신뢰를 쉽게 잃어버린다는 것이다. 한 번의 실수나 잘못으로 팀원에 대한 신뢰가 한순간에 무너져 버리는 것을 느끼며 이러한 부분은 고쳐야겠다고 생각했다. 앞으로 팀원들과 더 많은 소통을 하려고 노력할 것이고, 누구나 실수는 할 수 있다는 마음가짐으로 팀원들에 대한 신뢰를 놓지 않을 것이다. 또한 남들이 모두 나와 같은 생각을 할 것이라는 기대를 버리며, 나와 다른 의견을 마주하게 될 때도 원활한 소통으로 조율할 필요가 있다.

셋째, 자율형 리더(RA)에 대한 사례와 개선방안을 살펴보면 다음과 같다.

사례 #1

과거에 했던 대외활동 행사 기획을 한 달 간 진행했던 적이 있다. 한 달 간 거의 매일 붙어있어서 많이 친해졌고, 관계적으로는 깊은 이야기도 나눌 만큼 돈독했다. 하지만 아쉬웠던 것은 친해진 만큼 서로의 의견조율에 있어서 쉽게 반박하기 어려운 것이다. 그렇기 때문에 마감 기한이 다가올 때까지 과업의 성취도가 낮은 상태였다. 팀장이 아니었기 때문에 목소리를 내는 것은 아니라고 생각했지만, 그렇다고 책임을 팀장에게만 미뤄두는 것 또한 직무 유기라고 생각했다. 그래서 팀장과 협의 하에 과업에 대해 비판적인 의견들을 주로 냈고, 과업에 대하여 시간 테이블을 작성하여 분배하고 기간 내에 과업을 끝낼 것을 주문했다. 팀원들 간의 관계를 기존에 다져 놨기 때문에 다행히도 큰 문제없이 과업이 잘 마무리된 적이 있다.

개선 방향

팀을 이끌어 나가는 것에 있어서 관계 중심적인 리더십도 중요하지만, 과업의 중요도를 무시할 수 없다. 하지만 사례에서 언급했듯이 팀장과의 관계, 팀원 간의 관계에 대해서 쉽게 비판적인 의견을 내지 못하는 리더십은 아쉬운 점이었다. 관계는 우호적으로 유지하되 일과 관계를 분리할 수 있는 커뮤니케이션 스킬이 필요하다.

사례 #2

학기 중 조별과제를 수행할 때의 일이다. 나는 조별과제에서 아무도 나서는 사람이 없어 조장을 맡게 되었다. 그때 조장으로서 나의 목표는 오로지 '좋은 점수를 받는 것'으로 팀원 개개인으로는 전혀 관심을 가지지 않았다. 나는 효율성을 가장 중요하게 생각해 처음에 일의 순서와 역할을 정하는 것부터 시작했고, 각자 작업해 자료를 공유하는 방식을 주로 사용해 대면 작업을 최소화했다. 또한 팀원이 모두 고학년이다 보니, 모두가 효율성을 가장 중요하게 생각하기도 했다.

우리 팀은 모두 묵묵하고 서로 배려를 많이 해주는 성향이라 별다른 갈등 없이 장기 조별과제를 마무리했고, 협력 부분에서 가장 좋은 점수를 받았다. 하지만 아쉬웠던 점은 첫 번째, 팀 분위기가 좋았지만, 사적으로는 전혀 친해지지 못했다는 것이다. 한 학기를 걸친 장기 프로젝트로 사적으로도 관계를 유지해가는 팀도 있었는데 우리 팀은 그러지 못했다. 두 번째, 결과물이 평범한 수준을 벗어나지 못했다. 우리 조는 회의를 할 때 굉장히 차분하고 딱딱한 분위기였다. 또 상대방을 존중하기 위해 반대 의견도 잘 내지 않았다. 그래서 창의적이거나 틀릴 수도 있는 의견과 아이디어는 아무도 말하지 않았고, 결국 우리는 이 수업의 지난 학기 자료에서 크게 벗어나지 못한 결과물만을 만들게 되었다.

개선 방향

좋은 결과를 만들기 위해서는 관계 또한 중요하다는 것을 직접 느끼는 계기였다. 팀원들과 좋은 관계를 만들기 위해서는 첫째로, 팀원들에게 관심을 가져야 할 것 같다. 나와 함께 일하는 사람들이 어떤 성격이고, 무엇을 좋아하고 싫어하는지를 알면 더 효율적으로 과업을 달성할 수 있을 것이다. 또한 동료에게 관심을 갖고 동료를 중요하게 생각하면 그 일이 나와 다른 팀원들 모두에게 더 즐거운 시간이 될 것 같다.

둘째로, 의사소통을 더 자주, 많이 하는 것이 도움이 될 것 같다. 의사소통은 서로를 이해하고 친밀해질 수 있게 해주는 유일한 수단이라고 느꼈다. 일단 나부터 의견을 내는 것을 부끄러워하지 말고, 먼저 다가서서 자유롭게 이야기하는 분위기를 만들 필요가 있다.

사례 #3

동아리에서 신입생 환영 행사를 위해 부원들과 함께 준비할 때의 일이다. 준비 초반에는 중간중간 잡담도 하고 게임도 하며 친목활동에 어울렸지만, 후반부로 갈수록 시간이 없어지고 부원들의 집중력이 떨어져 회의와 준비에 소홀하다고 느꼈을 때는 모두 함께 과업에 집중해줄 것을 강조했다.

열심히 참여하지 않는 부원을 직접 지목하여 이야기했고, 자유롭게 과업을 분담했던 초반과 달리 후반에는 과업을 분배하여 지시하였다. 또한 임의로 이탈하여 쉬는 것도 허락하지 않았으며 하나의 과업을 끝낸 후 함께 휴식하는 방식을 택한 적이 있다.

개선 방향

나는 관계보다 과업을 더욱 중요시한다. 현재의 속도, 참여 수준으로 과업 달성이 어렵다고 판단하면 개인의 욕구를 무시하고 과업을 최우선 목표로 둔다. 또한 이러한 과정에서 강압적이고 독단적인 행동도 보인다. 조직과 과업에 가장 큰 책임을 지는 리더로서 과업을 지향하는 것이 나쁜 것이라 생각하진 않지만, 그 과정에서 나타나는 강압적, 독단적 행동은 개선해야 할 것이라 생각한다.

후반부에 과업이 몰리는 상황을 예방할 필요가 있다. 하나의 과업 목표 아래 여러 단기 목표를 두어 구성원이 진행 현황을 분명히 알 수 있도록 한다. 마감 기한이 하나일 때보다 짧게 여러 개 있을 때 업무 지연이 더 없어질 것이다. 또한 기한이 촉박한 상황이라 할지라도 감정을 통제하고 이성적인 모습을 보일 필요가 있다. 구성원을 직접 지목하는 행위는 상대의 감정을 상하게 할 수 있으므로 최대한 구성원 전체를 격려하도록 하고, 최대한 감정을 드러내지 않고 객관적이고 이성적으로 행동할 필요가 있다.

과업을 분배하여 지시하되, 독단적으로 결정을 내리지 말고 상의를 통해 결정한다. 상의하는 시간을 아깝다고 생각하지 않는다. 그 시간을 통해 구성원에게 자신도 적극적으로 과업에 참여하고 있으며 어느 정도의 권한을 가지고 있음을 느끼게 할 수 있다.

넷째, 관계형(RF) 리더에 대한 사례와 개선방안을 살펴보면 다음과 같다.

사례 #1

동아리 회장으로 있을 때의 일이다. 회장으로서 다른 임원진과 모여 매주 회의를 통해 해당 주간의 활동을 계획하고 앞으로의 방향에 대해 논의하였다. 회장은 총 2명으로 이루어졌는데, 다른 회장은 일의 과업지향적으로 모든 활동 하나하나를 구조화하여 세부적인 일정을 짜고 정확한 역할 분담을 통해 책임을 정의하고 활동을 짰다. 단순한 하나의 활동에 대해서도 머릿속으로 활동을 구상하였고, 모든 준비를 최소 1주일 전에 마쳐 시뮬레이션을 통해 완벽한 계획실행을 목표로 삼고 나아갔다.

이에 반해 나는 활동이 계획과는 조금 틀어지더라도 학생들끼리 모여 재미있게 놀고 서로의 관계를 쌓는 것이 우선 목표라고 생각하였다. 물론 나는 관계지향 리더십을 발휘하였지만, 활동에 대한 계획수립에 적극적으로 참여하였고, 어떻게 하면 일이 효과적으로 진행될지 고민하였다. 다만, 실전 상황에서 계획과는 다르더라도 계획의 관철이 최우선 목표가 아닌 구성원들이 서로 관심을 갖고 개인적인 욕구를 실현하여 서로에게 관심을 갖도록 하는 것이었다.

개선 방향

나는 동아리를 운영하면서 업무지향적 태도는 조금 내려놓더라도 서로 간의 관계지향에 관심을 두었다. 이는 성과를 지향해야 하는 상황에서 능력을 발휘하지 못할 수 있다. 이에 명확한 목표를 세우고 업무를 구조화하도록 해야 할 필요가 있다. 업무가 구조화된다면, 활동계획에 따라 행동하면 되므로 구성원 개인의 역할이 분담되어 자신이 무엇을 해야 하는지 성취점이 명확해지기 때문이다.

또한 회의를 통해 업무의 정의에 대해 파악하고 다른 구성원으로부터 조언을 받아 직무를 어떻게 수행할지, 초점을 맞춰 일을 진행한다면 관계지향할 때의 경우보다 효율적으로 업적을 달성할 수 있다고 생각한다.

사례 #2

조별과제를 수행할 때의 일이다. 팀원들이 다같이 수행해야 하는 목표를 등한시하지는 않았지만, 팀원들 간의 조화와 친밀도에 대해 더 중요하게 생각했고 그에 따라 프로젝트에 매겨진 성적과는 별개로 팀원들과 오랜 기간 친밀한 사이로 남는 경우가 많았다.

학생회활동을 할 때도 의견충돌로 인해 잦은 갈등이 있었는데 팀원 간의 화합이 전제되어야 목표 수행도 가능하다는 생각에 이를 중재하는 역할을 종종 자처했다. 업무 외적으로도 새로운 사람을 만날 때, 그 사람과 나의 이해관계에서 생각하기보다는 개개인의 특별한 가치관과 개성을 찾으며 배우고 그 과정에 의미를 두는 경우가 많았다. 물론 이러한 성향 탓에 간혹 목표 달성을 완전하게 이루지 못했던 경우도 있었고 업무수행에 있어서 시간이 촉박했던 적도 있었다.

개선 방향

구성원의 일원으로서 개개인의 특성을 인정해주고 이를 배려하는 것도 필요하지만 어떠한 팀이라도 서로 다른 구성원들이 존재하고 의견이 다른 경우는 생길 수밖에 없다. 따라서 이를 받아들여 너무 개별성 인정에 치우치지 않고 리더로서 공동 목표 달성을 위해 요구되는 개인이 안고 가야 할 특성과 버려야 하는 특성을 명확하게 제시한다면 과업에 대한 중요성도 인식할 것으로 생각한다.

3 리더와 조직구성원의 특성을 고려한 의사소통/대인관계

사람의 특성에 따라 의사소통과 대인관계 방법이 다르다. 인지사고 특성이 의사소통에 미치는 영향을 살펴본 결과 순차적 사고와 구체적 사고, 변칙적 사고 순으로 의사소통에 긍정적인 영향을 미치는 것으로 나타났다. 그리고 사람의 특성에 따라 의사소통을 하는 데 있어 생각의 차이가 있다. 즉, 리더 유형별 의사소통의 방식에 차이가 있는데, 이를 확인하기 위해 정순례(2014)가 사용한 의사소통 유형 척도를 이용하여 설문조사 후 분석한 결과 다음 [그림 5.5]와 같이 나타났다.

첫째, 의사소통의 회유형을 보면 성취형과 관리형, 자율형은 유사하지만, 관계형이 다른 유형에 비해 다소 높은 것을 알 수 있다. 회유형(placating)의 의사소통을 하는 사람은 무조건 상대방의 의견에 동의하며 의존적, 순종적, 희생적이며, 모든 잘못한 것을 자기의 책임으로 돌리는 경향이 있다. 자신의 가치나 감정은 무시한 채, 다른 사람의 감정을 건드리지 않기 위해 비위를 맞추려고하는 유형이다(김영애, 2004). 이와 같은 회유형의 의사소통 유형을 보면 다음과 같다.

- 상대방의 얼굴표정, 감정, 말투에 신경을 많이 쓰지 않는다.
- 의사소통 간 타인을 배려하고 잘 돌봐주는 편이다.
- 자신의 욕구보다 타인의 욕구를 더 중요하게 생각하는 편이다.
- 타인으로부터 부탁(도움)을 받으면 거절하지 못하고 들어주는 편이다.
- 나를 화나게 한 사람에게 표현하지 않고 혼자서 화난 감정을 참는 편이다.
- 나는 주위 사람들에게 잘 대해 줘야 하며 다른 사람을 화나게 하고 싶지 않다.

둘째, 산만형(distracting)의 경우도 회유형과 유사하게 관계형이 가장 높고, 다음은 관리형이 높은 것으로 나타났다. 산만형의 특성은 초이성형과 반대되는 유형으로 자기, 타인, 그리고 상황을 고려하지 않는다. 주의가 산만하고 생각과 말과 행동 등 모든 차원에서 부산스러우며 부적절하여 주위를 혼란스럽게 한다. 그리고 이러한 유형들은 내면 깊은 곳에 외로움과 무가치감과 혼란스러운 감정을 경험할 수 있다(김영애, 2004). 이와 같은 산만형의 의사소통 유형을 보면 다음과 같다.

[그림 5.5] 리더 유형별 의사소통 유형

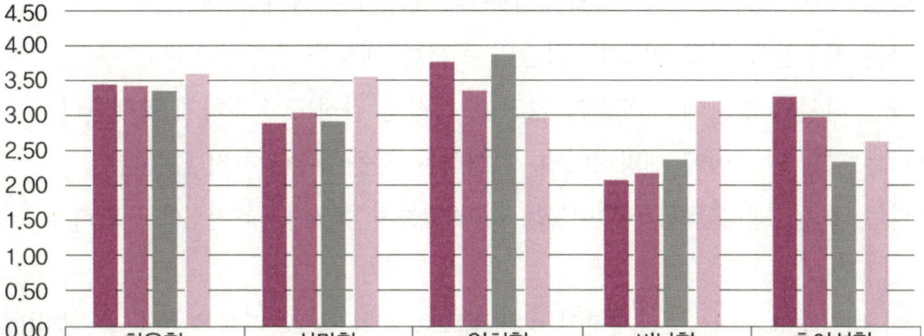

	회유형	산만형	일치형	비난형	초이성형
SA	3.44	2.93	3.79	2.10	3.29
SF	3.44	3.06	3.38	2.19	3.00
RA	3.38	2.92	3.88	2.40	2.42
RF	3.61	3.57	3.00	3.21	2.64

- 의사소통 간 곤란하거나 난처할 때는 유머로 그 상황을 가볍게 넘기는 편이다.
- 의사소통 간 다른 사람은 나의 말이나 행동에 재미있어 하고 즐거워하는 편이다.
- 나는 스트레스를 받는 주제에 대하여 되도록 깊이 생각하지 않으려는 경향이 있다.
- 나는 이야기하고자 하는 주제에 대해 생각이 자주 바뀌고, 동시에 여러 가지 행동을 하는 편이다.
- 불편한 상황에서는 불안하거나 안절부절해서 가만히 있지를 못하는 편이다.
- 나는 의사소통 간 타인들로부터 정신이 없거나 산만하다는 소리를 듣는 편이다.

셋째, 일치형(congruent)의 경우 자율형이 가장 높고, 다음은 성취형-관리형-관계형 순으로 나타났다. 일치형의 사람은 내용과 내면의 가정이 일치적으로 표현되는 것을 말한다. 이들은 자신의 개성과 독특성을 인정하고, 자기를 보호하기 위해 지나치게 방어적이지 않으며, 자기 자신과 다른 사람을 사랑하고 신뢰하며 수용한다. 이들에게서는 삶의 에너지가 자연스럽게 흘러나오기 때문에 자신의 자원을 잘 활용할 수 있을 뿐만 아니라 상처받는 것을 두려워하지 않고, 삶이 주는 모험에도 도전할 수 있으며 다른 사람들과 친밀한 관계를 맺을 수 있다(김영애, 2004). 이와 같은 일치형의 의사소통 유형을 보면 다음과 같다.

- 나는 의견이 불일치하는 상황에서도 잘 대처하는 편이다.
- 나는 자신감을 갖고 있으며, 나만의 독특한 개성을 존중한다.
- 나는 타인의 평가에 구애받지 않고 부정적인 감정도 솔직하게 표현한다.
- 나는 다양한 경험에 개방적이며, 모험하는 것을 두려워하지 않는다.
- 나는 내 감정을 솔직하게 털어놓는 것이 힘들지 않으며, 나 자신에 편안하게 느낀다.

넷째, 비난형(blaming)은 관계형이 상대적으로 제일 높고, 다음은 자율형-관리형-성취형 순으로 나타났다. 비난형은 타인을 무시하며, 자신이 틀리거나 약하게 보여서는 안 된다는 굳은 신념을 가지고 공포를 유발함으로써 스스로 강한자로 군림한다. 자기주장이 강하고 지배적이며, 어떠한 상황이나 다른 사람을 비난하려 한다(Satir, 2000). 이와 같은 비난형의 의사소통 유형을 보면 다음과 같다.

- 나는 상대방의 실수나 결점을 잘 찾아내어 비판하는 편이다.
- 상대방이 자존심을 건드릴 때, 그 자리에서 욱하고 화가 치밀어 올라 언성을 높이는 편이다.
- 나는 대체로 불평불만이 많은 편이다.
- 나는 사소한 일에도 지나치게 흥분하거나 화를 내는 때가 종종 있다.
- 나는 친한 사람 때문에 화가 났을 때, 일부러 마음 상하는 말을 하고 후회할 때가 종종 있다.
- 나는 다른 사람의 의견보다 내 의견을 주장하므로 분위기를 이끄는 편이다.

다섯째, 초이성형(super-reasonable)의 결과를 보면, 성취형이 상대적으로 가장 높고, 다음은 관리형-관계형-자율형의 순으로 나타났다. 초이성형의 사람은 매우 정확하고 완벽을 추구하며 냉정, 침착하게 의사소통한다. 그는 결코 감정을 내보이는 일이 없고 사전이나 계산기에 비유될 정도이지만, 내적으로는 상처를 잘 받으며, 타인을 위한 자신의 정서적 욕구는 숨기고 자신의 가치를 높이려고 한다. 그들의 목소리는 차가우며, 건조한 단순음이고 언어는 추상적이다(김혜숙, 2010).

- 나는 타인으로부터의 부탁을 거절할 수 있으며, 거절 후 상대방의 반응에 신경쓰

지 않는 편이다.

- 나는 일을 하거나 인간관계에서나 실수하지 않으려고 노력하는 편이다.
- 나는 지나치게 이성적이고 합리적인 편이다.
- 나는 우울함, 슬픔, 기쁨 등의 감정을 잘 드러내지 않는 편이다.
- 나는 타인으로부터 현명하고 침착하지만 냉정하다는 말을 자주 듣는 편이다.

이와 같이 사람들의 성향에 따라 의사소통에도 선호하는 의사소통이 있으며, 그렇지 않은 의사소통방식이 있다. 이러한 의사소통방식은 사람이 태어나고 성장하면서 여러 가지 성격과 환경, 가치 등에 따라 차이가 발생하게 되는 것이다. 따라서 원만한 의사소통을 통한 대인관계 향상을 위해서는 다음 [표 5.1]과 같이 리더 유형별 의사소통 간 일어날 수 있는 갈등 요인을 확인하고, 갈등 요인에 대한 전략을 세워 의사소통할 필요가 있다.

[표 5.1] 유형별 의사소통 및 대인관계 전략

구 분	갈등 요인	의사소통 및 대인관계 전략
SA (성취형)	• 세부통제나 간섭할 때 • 독립적인 영역을 침범할 때 • 자주 목표가 바뀔 때 • 체계적이지 않을 때 • 즉흥적이고 충동적인 행동	• 일관성 있고 예측 가능한 말과 행동 • 목표 중심의 대화 • 일 관련하여 성과 중심의 대화
SF (관리형)	• 모호하고 정확하지 않은 경우 • 예측 가능하지 않은 말과 행동 • 스스로 알아서 하라고 요구하는 말	• 모호하지 않게 정확하게 분명한 언어소통 • 일관성 있는 말과 행동 • 구체적인 방법론 제시
RA (자율형)	• 세부 간섭하고 통제할 때 • 타인이 마음대로 조정하려고 할 때 • 꼼꼼하고 세부적인 지적은 도움이 안 됨 • 관습적인 틀 속에서 집어넣으려고 할 때 • 과제수행 관련 시간 압박의 언어	• 자율성 존중의 의사소통 • 인정과 수용의 의사소통 • 좋아하는 방식의 의사소통으로 동기부여 • 호기심을 자극하는 말과 행동
RF (관계형)	• 동기부여를 위해 인정, 수용하지 않을 때 • 구속하고 간섭하는 의사소통 • 틀에 박힌 방식의 대화(강요) • 규칙, 원칙을 강요할 때 • 개성을 인정하지 않고 획일성을 요구할 때	• 인정과 수용 및 칭찬 • 개성을 인정하는 의사소통 • 자율성을 존중하는 의사소통 • 자신이 선호하는 방식대로 소통하도록 동기부여

Tip 신체언어

거울신경은 누군가 행동하고 의도하고 감정을 느낄 때, 관찰자의 뇌에서 활성화되는 특수한 무리의 뇌세포이다(Vivona, 2009). 그러므로 누군가 몸을 움직일 때 그에게 의식적으로 주의를 기울이지 않더라도 거울신경은 그 사람의 모습에 반응하는 것이다. 그리고 그 모습이 어색하다면 그 사람을 좋아하지 않는 것이다. 따라서 자신의 신체언어가 자동적으로 다른 사람에게 영향을 준다는 사실을 알게 되었기 때문에 리더는 자신을 자각하려고 노력해야 한다.

최근 신경과학 문헌에서 등장한 개념 중 '체계화된 인지'라는 개념에 의하면 생각이 동작을 만들기보다 동작 그 자체가 생각을 만들 수 있다는 가설을 이야기하고 있다. 즉, 어떤 동작은 통찰과 문제해결에 도움이 된다는 것이다(Vivona, 2009). 실제로 어떤 연구자는 서로의 감정을 이해할 때 필요한 것은 감정 거울신경이 아니라, 생각과 감정을 만들어내는 운동 거울신경이라고 주장하고 있다(Callese, 2009).

이와 같은 신체언어 리딩(reading)은 뇌의 여러 수준에서 일어난다. 신체언어 리딩은 뇌에 있는 거울신경계에서 자동으로 일어난다. 이러한 리딩은 사람들의 뇌 안에서 생각과 정서를 자극하게 된다. 또한 몸을 움직여 봄으로써 통찰하고 생각하는 패턴을 바꿀 수 있다. 정확하게 어떤 동작이 문제해결에 도움이 되는지 아직 밝혀지지 않았지만, 어떤 경우에 몸을 움직여 보면 문제에 대한 통찰력이 생긴다. 그러므로 리더는 운동을 처방하기도 하고 문제를 푸는 중간에 잠깐 짬을 내어 팔운동이나 스트레칭과 같은 운동을 하라고 조언할 필요가 있다. 즉, 문제에 대한 통찰력을 높이는 한 가지 방법은(머리로 생각하는 것보다) 몸을 움직여 보는 것임을 이해할 필요가 있다.

Chapter

06

자기브랜드 리더십을 통한 갈등관리

1. 갈등의 원인과 갈등관리 개념
2. 유형별 갈등 요인에 대한 강점과 약점
3. 갈등해결을 위한 접근법
4. 리더와 조직구성원의 특성을 고려한 갈등관리

1 갈등의 원인과 갈등관리 개념

갈등은 집단 및 조직 안에서 피할 수 없는 것이며, 모든 리더에게 있어 어려운 과제이자 진정한 기회를 부여하는 것이기도 하다. 잘 알려진 저서 『예스를 끌어내는 협상법(*Getting to Yes*)』에서 피셔와 유리(Fisher & Ury, 1981)는 갈등에 대처하는 것이 우리 모두에게 있어 일상적인 일이라고 주장한다. 사람들은 저마다 다르고, 그렇기 때문에 자신들의 다름에 대해 서로 협상해야 할 필요가 있다. 갈등은 서로 반대되는 힘들이 서로 다른 방향으로 잡아당기는 것과 관련 있다. 많은 사람들은 갈등이 파괴적이고, 스트레스를 유발하며, 피해야만 하는 것이라고 믿는다(피터 G. 노스하우스, 2016).

윌멋과 호커(Wilmot & Hocker, 2011)는 갈등(conflict)이란 둘 또는 그 이상의 상호 의존적인 개인들 사이에서 지각되는 신념, 가치 및 목표에 대한 또는 존중, 권한 및 결합관계를 향한 욕구에 대한 서로 양립할 수 없다고 여겨지는 차이를 놓고 벌어지는 투쟁이라고 했다. 이와 같은 정의는 갈등의 몇 가지 특수한 측면을 강조하고 있다(Wimot & Hocker, 2011).

첫째, 갈등은 투쟁(struggle)이다. 이것은 서로 반대되는 힘들이 한데 모인 것이다. 예를 들면, 어떤 리더와 상급 직원이 모든 직원들이 주말에 일을 해야 하는지를 두고 서로 반대 의견을 내세운다면 갈등이 생긴 것이라고 볼 수 있다. 둘째, 갈등이 생기기 위해서는 당사자들 사이에 상호 의존의 요소가 있어야 한다. 만약 리더가 다른 리더들 및 구성원들과 관계없이 온전히 독립적으로 기능할 수 있다면, 갈등이 생길 이유가 없을 것이다. 누구든지 자기 일을 하면 될 것이고, 경쟁을 할 아무런 부분이 없기 때문이다. 셋째, 갈등은 항상 감정적(affective) 요소, 즉 정의 중 '느껴지는' 것에 해당하는 부분을 지닌다. 갈등은 감정적인 과정으로 양쪽 이해당사자 모두에게 감정을 유발하는 일이다(Brown & Keller, 1979). 갈등과 연관된 주요 감정들이 항상 분노나 적대감인 것은 아니다. 그보다는 일련의 다양한 감정들이 갈등에 수반된다. 호커와 윌멋(Hocker & Wilmot, 1995)은 많은 사람들이 갈등 상황 중에 외로움, 슬픔, 또는 단절감은 느낀다는 것을 발견했다. 넷째, 갈등은 양립할 수 없을 것으로 보이는 개인들 사이의 차이와 연관된다. 갈등은 개인들의 신념, 가치, 그리고 목표의 차이에 의해 또는 개인들의 권한이나 지위, 연결감 등을 향한 욕구의 차이에 의해 발생한다. 갈등의 기회는 끝도 없는데, 이는 우리가 저마다 구체적인 관심사와 생각을 지닌 유일무이한 사람이기 때문이다. 이러한 차이점들은 지속적으로 갈등의 씨앗을 키워낸다.

의사소통과 갈등

리더십 상황에서 갈등이 존재할 때, 이 갈등은 의사소통을 통해 발견되고 표현된다. 의사소통은 사람들이 자신의 의견 차이나 다름을 표현하는 데 사용하는 수단이다. 의사소통은 또한 갈등이 성공적으로 해결되는 장소, 또는 악화되어 부정적 결과가 초래하는 장소를 제공하기도 한다.

갈등을 이해하기 위해서 우리는 의사소통을 이해할 필요가 있다. 사람들 사이에 의사소통이 이루어질 때, 이는 두 가지 관점에서 일어나게 된다. 한 가지는 내용 차원이고, 또 다른 한 가지는 관계 차원이다(Watzlawick, Beavin, & Jackson, 1967). 의사소통의 내용 차원(content dimension)은 돈, 날씨, 토지 등과 같은 객관적이고 관찰 가능한 측면과 관련된 것이다. 관계 차원(relationship dimension)은 당사자들이 서로에 대한 결합관계를 보는 인식을 가리킨다.

[그림 6.1] 내용 및 관계 갈등의 종류

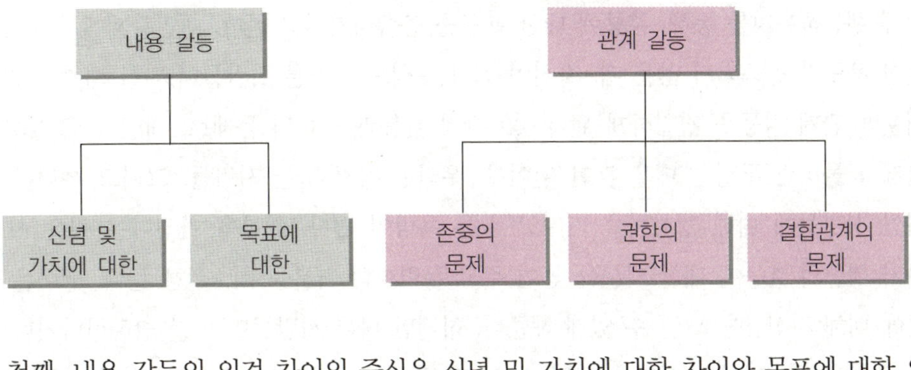

첫째, 내용 갈등의 의견 차이의 중심은 신념 및 가치에 대한 차이와 목표에 대한 의견 차이가 있다. ① 신념 및 가치에 대한 갈등이다. 사람들은 각자 인생의 철학과 같은 자신만의 신념과 가치를 가지고 있다. 우리는 서로 다른 교육 및 직업 경험, 가족환경을 지닌 사람들이다. 우리가 다른 사람들과 의사소통을 할 때, 우리는 다른 사람들의 관점이 종종 자신의 관점과는 매우 다르다는 사실을 인식하게 된다. 만약 우리가 다른 사람이 말하고 있는 것이 우리 자신의 관점과 양립할 수 없다고 인식한다면, 신념이나 가치에 대한 갈등이 일어날 가능성이 크다. ② 목표에 대한 갈등은 절차적 갈등(procedural conflicts)과 실질적 갈등(substantive conflicts)으로 구분한다(Knutson, Lashbrook, & Heemer, 1976). 절차적 갈등은 어떤 목표를 이루기 위한 시도에서 취하고자 하는 접근 방법과 관련한 개인들 사이의 의견 차이를 말한다. 이것은 하나의 합의된 목표에 대한 최선의 수단을 놓고 일어나는 갈등이다. 즉, 어떤 목표를 이룰 것이냐에 관한 것이 아니다. 절차적 갈등은 개인들이 목표를 어떻게 성취할지에 대해 합의하지 못할 때 발생할 수 있다. 실질적 갈등은 개인들이 목표의 실체 자체와 관련하여 또는 목표가 무엇인지에 관련하여 의견 차이를 보일 때 생겨난다.

둘째, 관계 차원의 갈등은 성격 충돌과 유사한 갈등으로 존중과 권한, 결합관계의 문제에 대한 개인 간의 양립할 수 없는 의견 차이와 연관되어 있다. ① 관계 갈등과 존중의 문제로, 존중과 인정에 대한 욕구는 매슬로(Maslow, 1970)에 의해 인간 욕구계층의 주요 욕구 중 한 가지로 확인된 바 있다. 우리는 각자 존중에 대한 욕구를 가진다. 즉, 우리는 자기가 중요하고, 유용하고, 가치 있다고 느끼길 원한다. 자신의 주변에 어떤 영향이 되길 원하고, 다른 사람들이 자신을 존중할 만한 가치가 있는 사람으로 봐주길 바란다. 우리는 무엇을 하고 어떻게 행동하는지를 통해, 특히 직장 동료들과의 관계에서 어떻게 행동하는지를 통해, 존중에 대한 욕구를 충족시키려고 한다. 대인관계에서 존중에 대한 욕구가 충족되지 않을 때, 자신이 원하는 식으로 다른 사람들이 나를 봐주지 않기 때문에 관계 갈등을 경험하게 된다. ② 관계 갈등과 권한의 문제로, 개인 간 갈등에서 문제를 둘러싼 투쟁은 매우 흔한 일이다. 우리는 각자 다른 사람들, 그리고 우리를 둘러싼 상황들에 대해 영향력을 가지고 싶은 욕망이 있다. 권한을 가진다는 것은 사실, 자기 행동의 효능에 대한 기분을 높여 주고 무력함의 기분을 최소화해 준다. 권한은 자기에 대해 자신감을 느낄 수 있게 해준다. 하지만 다른 사람들이 나를 방해한다거나 나의 권한을 제한한다고 여기게 되면, 대인 간 갈등이 종종 뒤따른다. 대인 간 갈등은 한 사람의 권한욕구가 다른 사람들의 권한욕구와 양립 불가할 때 일어난다. 어느 경우에서건, 우리는 각자 다양한 수준의 권한을 찾으려 한다. 예를 들어, 어떤 사람이 느끼는 다른 사람들이나 일에 대한 권한의 욕구가 매우 높은 때가 있다고 하자. 또 다른 때에는 똑같은 그 사람이 다른 사람들이 지휘하는 것을 더 원할 수도 있다. ③ 관계 갈등과 결합관계의 문제로, 우리는 모두 대인관계에서 포함되길 바라고, 상대방이 나를 좋아하길 바라고, 애정을 받길 원한다(Schutz, 1966). 만약 친밀감에 대한 욕구가 관계에서 충족되지 않는다면 우리는 좌절감을 느끼고 갈등의 감정들을 경험하게 된다. 물론 어떤 사람들은 대인관계에서 매우 가깝고 친밀하게 되길 선호하는 반면, 또 다른 사람들은 보다 덜 친밀하고 더 거리를 두길 선호한다. 어느 경우이든지, 다른 사람들이 따뜻함과 애정을 향한 자신의 욕망과 양립할 수 없는 방식으로 행동하면, 갈등의 감정들이 생겨나게 된다.

2 유형별 갈등 요인에 대한 강점과 약점

성취형 리더의 강점과 약점

첫째, 통찰력으로 빠른 판단과 설득이 가능하고, 목표지향적이며 진취적인 면모를 지닌다. 그러나 자기주장이 강해 타인과의 정서적 공감 능력이 약할 수 있다. 목표지향적이기 때문에 내용 갈등이 발생할 수 있으며, 그 중에서도 목표 갈등이 발생할 수 있다. 또한 자기주장이 강하기 때문에 관계 갈등 중 존중이나 권한의 문제로 갈등이 발생할 수 있다.

 # 목표의 문제 사례

4년 전, 군 생활을 같이 했던 후임과 큰 갈등을 겪었다. 그 친구는 사회에서 연기활동을 하다 온 친구였다. 창의적이고, 비구조화된 환경을 선호하며 표현적이고 예측하기 힘든 행동을 보였던 것으로 보아 그 친구의 성향은 자율형(RA)이었다. 당시 상황은 후임과 전역 후 미국, 캐나다 여행을 계획하고, 비행기 예약을 마친 상태였다. 출발 날짜가 2주일 남은 상황에서 숙소 예약과 여행 일정 수립을 위해 서울에서 만나기로 했다. 만나기 전까지 자신이 가고 싶은 여행지와 괜찮은 숙소 등을 알아오기로 했기 때문에, 상당 시간을 들여 사전 조사를 했다. 후임과 만나 여행 계획을 짜려고 하니, 후임이 아무것도 조사해 오지 않았다. 이 뿐만 아니라 여행지에서 사용하고자 하는 금액에서도 큰 차이가 났다. 개인적으로 미국 브로드웨이에 가서 뮤지컬도 보고, NBA 경기도 관람하고 싶었지만, 그 친구는 자금 상황이 넉넉하지 않아 돈을 내지 않는 관광지 위주로 보고 싶다고 했다. 한 달이 넘는 기간 동안 미국 동부 지역과 캐나다 일부 지역을 여행하기로 했기 때문에, 자금 상황이 좋지 않다는 말에 화가 났다. 1박 2일이나 2박 3일 가는 여행도 아닌데, 돈이 없다는 이유로 내가 하고자 하는 많은 것을 포기해야 할 것 같았기 때문이다. 그래서 후임에게 숙소 비용과 교통비 등을 설명해주며, 돈이 더 많이 필요할 것 같다고 이야기를 했더니, 부모님께 말씀드려 돈을 마련해 올 테니 일단 예약을 진행하자고 했다. 그래서 그 친구를 믿고 미국과 캐나다에 가서 사용할 돈을 모두 사용해 그 친구의 숙소비와 교통비까지 대신 내주었다. 하지만 출발 전 날까지 돈을 보내주지 않았고, 어쩔 수 없이 부모님께 말씀드려 여행비를 받아 미국으로 출발했다. 후임과 함께 출발하고 나서 돈 이야기를 했더니, 그 돈은 한국 가서 무조건 돌려주겠다고 했다. 이미 출발했기 때문에 어쩔 수 없어서 알겠다고 했고, 비행기에서 미국 세부 일정을 짜기 시작했다. 뮤지컬과 농구 경기 관람 등을 일정에 포함시켰지만, 후임은 돈이 부족하다며 자기는 돈이 들어가지 않는 다른 것을 하겠다고 했다.

둘째, 성취형의 경우 분석적이고 논리적 의사소통에 능하며, 목표지향적이고 진취적이고 체계적 특성을 바탕으로 꾸준한 실천력과 추진력을 가지고 있으므로, 한쪽이 이기고 다른 쪽이 지게 되는 접근법에 강하다. 강점으로는 자기주장이 강하기 때문에 신속하고 결단력 있는 행동을 가지고 있으며, 지시적이고 논리적이므로 원활한 의사소통을 바탕으로 이해당사자들이 각자 최선을 다하도록 만들 수 있다. 하지만 단점으로는, 타인과의 정서적 공감 능력이 약할 수 있으므로 불안정한 상황과 적대적인 의사소통을 만들어낼 수도 있다. 또한 정서적 공감 능력 부족으로 인해 다른 사람들의 욕구에 공감하고 인정하지 못해 본질적으로 거절의 성격을 가질 수 있다는 단점이 있다. 그리고 자신의 주장이 강하며 정서적 공감 능력이 약하기 때문에 관계 갈등 중, 상대방의 권한욕구가 충족되지 못하거나 결합관계에 대한 욕구가 충족되지 못할 가능성이 크며 관계 갈등이 문제를 야기할 수 있다.

셋째, 성취형은 이론과 사고활동에 능하며 합리적이고 체계적인 접근 능력이 뛰어나다. 그래서 창의적이면서도 합리적으로 업무를 처리하는 강점을 지니고 있다. 따라서 갈등해결 전략 중 하나인 세분화를 타 유형보다 효과적으로 활용할 수 있으며, 이는 내용 갈등을 해결하는 데 우수한 자질이라 할 수 있다. 반면, 감정적 교류가 약하기에 관계문제에서는 원만히 해결하기 어렵다는 약점을 지니고 있다. 그리고 성취형 리더의 경우 목표지향적인 성격, 인정욕구가 강하기 때문에 관계 갈등 중 존중 갈등을 잘 해결할 수 있다면 큰 강점을 지닐 수 있다. 반면, 자기주장이 강하고 공감 능력이 낮아 타인과의 관계 갈등에서, 특히 결합관계의 문제에서 영향을 받을 수 있다는 단점이 있다.

넷째, 성취형의 경우 진취적이고 통찰 능력이 뛰어나기 때문에 내용 갈등이 일어났을 때 합리적인 의사결정을 할 수 있다. 또한 논리적 의사소통을 잘하기 때문에 관계 갈등에서도 원만한 의사소통을 할 수 있다. 하지만 자기주장이 강하고 원칙적이기 때문에 내용 갈등에서 합의점에 도달하기 어려울 수 있다. 또한 공감대 형성이 약하고 인정욕구, 명예심이 뛰어나 인정받지 못할 경우 관계 갈등이 심화될 수 있다.

다섯째, 성취형 리더의 강점은 목표지향적이고 계획적이다. 반면, 약점은 완벽한 계획에 의해 움직이기 때문에 융통성이 없고 자신의 주관에 확고한 편이기에 타인의 의견에 공감하지 못하는 경우가 많다. 이에 따라서 내용 갈등으로는 목표의 차이에서 오는 목표 갈등이 발생할 가능성이 높다. 자신이 생각하는 목표치가 높아서 다른 구성원과 목표에 대한 차이의 간극이 넓어 갈등으로 이어질 가능성이 높기 때문이다. 관계 갈등으로는 권한 갈등이 나타날 가능성이 높다. 리더가 구성원에게 권한을 행사하는 과정에서 자신의 권한만 앞세우고 타인의 영향력을 경시할 수 있기 때문이다.

여섯째, 성취형의 경우 인정욕구가 강하고 과업 달성에 있어 본인의 의견을 추진하고자 하는 경향이 크므로 자기주장은 강하지만 협조성은 낮은 편일 수 있다. 따라서 갈등을 접근할 때 다른 사람들과의 신념 및 가치, 목표와의 의견 차이를 좁히지 못할 가능성이 크다. 또한 진취적이고 체계적으로 본인이 목표를 설정하고 추진하기 때문에 권한욕구가 크고, 다른 사람들에게 존중욕구를 충족시켜 줄 가능성이 낮다. 따라서 신속하고 결단력 있으며 창의성을 만들어내긴 하지만, 불안정한 상황과 적대적인 의사소통으로 다른 사람들의 욕구를 인정하지 않을 수 있다.

일곱째, 성취형들은 리더십이 있고 목표를 이성적이며 자기주장을 확실히 할 수 있어 존중욕구의 충족이 굉장히 중요하다. 따라서 이러한 부분이 충족되지 않을 경우에 존중문제가 발생할 확률이 매우 높다. 또한 그들은 목표 의식이 뚜렷하여 목표 갈등이 일어날 경우 타협과 합의가 어려울 경우가 높다. 반면, 결합관계 갈등과 같은 친밀감을

권한의 문제 사례

중간고사가 끝날 무렵 나는 한 연극 동아리의 모집 광고 글을 봤다. 이 동아리는 첫 연극을 위해 첫 기수를 모집하고 있었다. 이 연극 동아리는 일반적이고 정통적인 연극에서 나타나는 서열과 권력이 없을 것이라고 했다. 나는 연극 현장에서는 권력 남용과 서열의 존재로부터 오는 불편함을 느끼는 사람이다. 예전에 속해 있었던 연극 동아리에서 '감독'이라는 지위에 있는 사람들에게서 오는 권력 남용을 경험한 적이 있었다. 당연하게 여겨지는 불편함을 제거한 동아리가 되겠다는 다짐을 광고 글에서 보고 나는 이 동아리에 관심이 생겼다. 이 동아리의 '불편함을 줄이고 즐거움을 극대화하겠다'는 취지가 마음에 들었다.

관심이 생겨서 동아리 관리자에게 문의해보고 나는 더 큰 매력을 느낄 수 있었다. 이 연극 동아리는 아주 혁신적인 아이디어를 가지고 있었다. 구성원의 신분을 알지 못하게 이름 대신 별명을 붙여 부르는 규정이 있었다. 서열과 권력을 막기 위해 나이를 밝히지 않고 모두 별명을 부르며 편한 대로 존댓말 혹은 반말을 했다. 연극에 특성상 감독과 연출이 존재해야 하지만 여기서는 그런 직책 자체가 없었다. 연기를 하는 구성원, 의상을 관리하는 구성원, 무대를 관리하는 구성원, 연출을 관리하는 구성원 정도의 역할만 있을 뿐이었다. 수평적 조직을 지향하기 위해 역할에 직책 이름을 만들지 않고 주로 담당하는 업무 정도만 부여한 것이다. 그 이유는 연극 동아리라는 집단에서 권력을 가진 직책을 만들면 서열이 생기고 권력의 남용이 생길 수 있기 때문이다. 이 동아리 광고 글에 매혹당한 나는 오디션을 통해 동아리에 들어갔다.

동아리 첫 모임과 동시에 캐스팅된 구성원들이 함께 한자리에 모여 서로 별명을 정하였다. 그 후 자연스러운 분위기에서 서로의 의견을 자유롭게 이야기하는 분위기를 볼 수 있었다. 이 시점에서 나는 정말, 이 동아리는 다른 연극 동아리와는 다르겠다고 생각했다. 연출의 역할을 맡은 부원도 자신이 수행하는 일이 '연출'이라는 업무를 하는 것일 뿐이지 '연출'이라는 직책 자체가 없기 때문에 일반적 연극에서 연출이 가지는 권력과 능력은 없다고 했다. 이렇게 우리는 각자의 선호에 따라 해야 할 일은 나누었지만 그 일에 따른 직책이나 권력은 없었다. 연기를 선호했던 나는 연기를 하게 되었다.

필요한 문제에 대해서는 자존감이 높아서 갈등을 빚어낼 확률이 적다.

여덟째, 성취형은 말없이 무뚝뚝해 보이는 경향으로 회피성을 보일 수 있다. 이런 스타일의 사람들은 보통 장점으로는 화를 내지 않고 표출하지 않으므로 작은 일은 그냥 넘어가고 화가 난 상대방이 화를 식힐 수 있는 시간을 제공한다. 다만, 성취형이 가진 공감대 형성이 약한 단점이 갈등관계에서도 단점으로 드러난다. 상대방의 의미와 말의

존중의 문제 사례

올해는 부모님이 집을 비우시는 일이 많았다. 코로나로 바깥 모임을 자제하던 오빠는 그 때마다 집으로 친구들을 불러 성대한 파티를 열었고, 오빠 친구들이 집에 오는 것을 반기지 않던 나는 이 문제로 몇 차례 갈등을 빚곤 했다. 과외 2개를 하며 체력적으로 많이 지쳐 있던 나는, 집에 오면 편한 옷으로 갈아입고 거실과 방, 화장실 등을 드나드는 자유를 당연하게 생각했고, 오빠 역시 자신이 옳다고 생각하는 데 있어 뜻을 쉽게 굽히지 않는 성격이기에 오빠와 나의 갈등은 극에 달한 상황이었다. 결국, 부모님의 중재로 표면적인 갈등이 잘 해결되었지만 어느날 제 방에서 서랍에 넣어둔 옛날에 쓰던 휴대전화가 완전히 망가져 있는 것을 보고, 그 형상이 누군가 일부러 하지 않고서는 보여질 수 없는 형상이라는 판단 하에 그간 느끼고 있던 갈등이 폭발하게 되었다.

뜻을 이해하기보다는 상황을 외면하고자 하는 특성을 보일 수 있다. 또한 규칙과 규율을 중시하는 성취형 성격상 상대방과의 갈등이 타당하다고 생각하지 않을 확률이 높다. 회피 성향을 보일 수 있는 성취형은 멀리 보았을 때 역효과를 가져올 것이고 그 속에 관계 갈등은 더욱 악화되며 양쪽이 스트레스 받을 것을 예상할 수 있다. 상대방에게 공감하지 못하기에 대화는 어려워지고 정적이 가져오는 답답함만 커질 것이라고 생각한다.

아홉 번째, 성취형은 목표지향적이고, 원칙을 중시하는 성격적 특성을 가진다. 따라서 자신의 목표와 원칙에 대한 가치가 상대와 다를 경우 쉽게 내용 갈등을 겪을 수 있다. 또한 자기주장이 강하고 상대에 대한 공감이 낮고, 지시적인 성향은 상대로부터 존중 문제로 인한 갈등을 유발시킬 수 있다. 그리고 명예심을 중시하기 때문에 상대로부터 원하는 만큼의 인정을 받는지에 대한 관계 갈등을 겪기 쉽다. 그러나 이들의 뛰어난 통찰능력을 활용한다면 상대의 존중, 권한, 결합관계에 대한 욕구를 통찰하여 자신이 원하는 방향으로 동참시킬 수 있을 것이다.

열 번째, 성취형은 존중, 권한의 문제와 신념 및 가치에 대한 문제를 중요하게 생각하며 결합관계의 문제에 부딪히기 쉽다. 성취형은 타인과 함께 일하기보다는 혼자 일하는 것을 선호하는 유형이다. 따라서 자신의 업무에 대해서 타인이 존중하지 못하거나 권한을 침해한다고 느끼는 경우 다른 유형들보다 예민하게 반응한다. 하지만 그런 만큼 성취형은 목표지향적이기 때문에 목표를 달성하지 못해서 목표에 대한 갈등의 시발점

신념 및 가치의 문제 사례

관리형(SF)의 성격을 가진 친구와 자전거 여행을 갔다. 섬진강 하류의 광양에서부터 출발해 상류인 임실까지 간 후 영산강 상류로 가서 영산강 하류인 목포까지 가는 긴 여행이었다. 광양에서 출발해서 곡성에 갈 때까지는 순조로웠다. 하지만 다음날 곡성을 출발한 후 비가 내리면서 문제가 발생했다. 자전거, 사람, 가방 상관없이 모두 젖기 시작했다. 처음에는 빈 건물에서 잠깐 비를 피했고 조금 지나니 비가 그쳤다. 하지만 그 이후로 다시 비가 내리기 시작했고, 더이상 일정을 미룰 수 없었기 때문에 일단 광주까지는 비를 많이 맞으면서 갔다. 광주에서 쉬고, 다음날부터 의견이 달라졌다. 나는 한 번 오기 힘들기 때문에 비가 오더라도 마지막까지 가고 싶었고, 친구는 비가 오니까 우리들 몸 상태와 자전거 상태가 걱정이니 광주에서 서울로 올라가기를 원했다.

이 되는 경우는 드물다. 또한 동시에 이들은 비형식적인 분석과 개념을 생각하는 유형이기 때문에 신념 및 가치에 대한 가치관이 뚜렷하여 이를 타협하지 못하고 신념 및 가치에 대한 문제가 발생되는 경우가 있다. 또한 타인의 정서적 공감 능력이 약하고 자기주장이 강한 편이기 때문에 원만한 대인관계를 형성하기 어려워서 결합관계의 문제에 부딪히기 쉽다는 단점이 있다.

열한 번째, 성취형은 논리적이고 원리와 개념에 대한 이해가 뛰어나기 때문에 내용 갈등에 강할 수 있다. 내용 갈등의 구성요소인 신념 및 가치, 또는 목표의 차이를 빠르게 이해하고 이 간극을 좁힐 수 있는 바람직한 대안을 도출해낼 수 있다. 하지만 성취형은 감정적인 공감에 약하고 사회적 관계를 맺는 데 어려움을 겪기 때문에 관계 갈등에 취약할 수 있다. 관계 갈등의 구성요소인 존중, 권한, 그리고 결합관계에 있어서 상대방이 무엇을 원하는지 제대로 포착해내지 못할 수 있다. 또한 상대방이 애정을 받기를 원한다는 것을 알더라도 사회성이 부족해 이를 제대로 충족시켜주지 못할 수 있다.

열두 번째, 성취형은 순차적인 인지처리와 추상적인 사고를 하는 유형으로, 이론과 사고를 선호한다. 정보나 사건을 구조화하길 좋아하고 핵심정보와 아이디어를 쉽게 찾으며 판단력과 통찰력이 뛰어나 분석과 논리, 연구, 탐구에 뛰어난 특성을 가진다. 이에 따라 그들은 신념 및 가치, 목표에 대한 내용을 쉽게 파악하여 원활한 갈등처리가 가능하지만, 관계 갈등에서는 자기주장이 강하고 혼자서 문제를 해결하려는 경향 때문에 자신만의 욕구나 권한을 중심으로 행동하여 이에 대한 갈등이 발생할 수 있다. 또한 타인과의 정서적 공감 능력이 약하여 결합 관계에서도 타인과 갈등을 겪을 가능성이 있다.

결합관계의 문제 사례

나는 엄마와 관계 차원의 갈등을 겪었다. 관계 차원의 갈등은 당사자들 간 관계성과 내용의 해석이 중요하고, '성격 충돌'이라고도 불린다. 엄마는 나를 포함한 가족구성원들에게 의견을 묻지 않고 독단적으로 집을 담보로 투자를 결정하여 결국은 투자사기를 당하여 집이 강제 매각되는 참혹한 결과가 발생했다. 엄마는 내가 가족구성원으로서 충분히 존중을 받지 못한다고 느끼게 하였다. 또한 가정에 영향을 미칠 중요한 결정사항에 대해 권한이 나에게는 없다고 느꼈다. 우리는 자신의 주변에 어떤 영향이 되길 바라고, 존중할 만한 가치가 있는 사람으로 여겨지길 원하는 경향이 있다. 이러한 존중욕구가 상호 간에 충족되지 않으면 관계 갈등이 발생하는 것이다. 그리고 권한은 존중과 마찬가지로 타인에게 영향력을 가지고 싶어하고, 나의 힘에 대한 느낌을 강화해주고 무력감을 최소화해주는 역할을 한다. 권한이 타인에 의해 제한되거나 방해될 때에도 관계 갈등이 발생한다. 이처럼 나는 존중의 문제와 권한의 문제에 의해 관계 갈등을 겪었다.

관리형 리더의 강점과 약점

첫째, 관리형은 역시 논리적인 방식을 선호하고, 꼼꼼하고 이성적이기 때문에 타인에게 신뢰감을 주는 유형이다. 또한 구체적인 지시나 방법을 잘 따른다는 특징을 갖지만 역시 타인과의 공감대 형성이 약할 수 있다. 성취형과 마찬가지로 신념, 가치, 목표 등 내용 갈등 상황에 직면하기 쉽다. 이 유형은 갈등 상황에 있어 회피 스타일일 가능성이 크다. 이러한 유형은 협조성과 자기주장이 모두 낮은 편으로, 문제가 사소한 것이거나, 잠재적 피해가 클 때, 열을 식힐 시간이 필요한 상황에 있어 강점을 갖는다. 하지만 보통 결과적으로 역효과를 야기하여 스트레스와 더한 갈등으로 이어질 수 있다는 점, 문제해결에 있어 소극적이라는 점에서 약점이 있다.

 # 신념 및 가치의 문제 사례

축구 동아리의 주장과 갈등을 겪었던 적이 있다. 주장은 성취형이고 우리가 겪었던 갈등은 내용 갈등의 일부로 동아리의 목표가 무엇인지에 대하여 의견 차이에서 발생하였다. 나는 단순히 취미로 하는 동아리활동이고 물론 축구 실력 향상에도 목표가 있지만, 그보다 축구를 좋아하는 사람들끼리 모여 함께 시간을 보내고 친목을 다지는 활동들에 의의를 두었다. 그래서 매주 같은 취미를 갖고 있는 사람들을 만나고 즐겁게 축구하고 함께 맛있는 것을 먹으러 가는 활동을 하고 싶었다. 하지만 주장은 꼭 축구 대회에서 좋은 성적을 얻는 것이 중요하다며 동아리원들의 축구 실력 향상에 중점을 두었다. 이를 위해 고된 훈련들과 스케줄을 요구하여 체력적으로 많은 부담이 되었다. 나는 운동 선수가 아닌 취미로 즐거운 축구를 원하여 동아리에 들어왔지만, 주장은 그 이상을 추구하여 서로 이루고자 하는 것이 달라 주장과 갈등을 겪었던 경험이 있다.

둘째, 관리형의 경우 내용 갈등의 면에서는 갈등을 일으킬 여지가 적다. 왜냐하면 관리형은 타인의 신념과 가치가 이성적으로 이해 가능하다면 그것에 대해 반대할 가능성이 적기 때문이다. 하지만 사교적이지 못한 성격으로 인해 관계의 측면에서 갈등의 여지는 있을 수 있다. 일정한 틀이 있는 관계를 좋아하고 무뚝뚝한 성격을 가진 관리형은 타인과의 관계에 있어서 어려움을 겪을 것이고 이것이 갈등의 씨앗이 될 수 있다.

셋째, 관리형의 경우 절차와 과정을 중시하며 정확하고 이성적이다. 반면에, 정서적 공감이 약하고 상상력이 부족하다. 이들은 내용 갈등 측면에서 강점을 보인다. 신념과 가치 갈등에서 객관적인 측면을 잘 관찰한다. 또한 목표를 설정하기까지 체계적인 절차 수립과 명확한 목표를 수립하여 갈등해결을 효과적으로 이뤄낼 수 있다. 반면에, 관계 차원에서는 약점을 보인다. 타인에 대한 정서적 공감이 약하기에 존중과 권한에서 입장 차이를 보일 것이다. 그리고 대인관계를 형성하는 일보다는 혼자 일처리하는 것이 더 편하기에 결합관계에서 어려움을 겪을 것이다.

넷째, 관리형의 경우 성격상 강점은 성실함이라고 본다. 갈등을 이기거나 해결하기 위해서는 끝까지 성실함이 필요하다. 그래서 내용 갈등이든 관계 갈등이든 일을 악화시키거나 상대방의 기분을 나쁘게 만들 일은 없다. 그리고 논리적인 분석이 가능하기 때문에 대체방안이거나 되도록 서로 win-win한 조건을 제시하면서 킬만과 토머스(Thomas

& Kilmann)의 갈등접근 스타일로 말하면 협력 스타일로 일이나 문제를 순차적으로 하나씩 하나씩 갈등에 대처할 가능성이 높다. 하지만 관리형의 가장 치명적인 약점은 사회성이 없고 유연성이 낮은 것이다. 자기주장이 과한 것은 아니지만 다른 사람의 의견에 대해 공감하지는 못할 것이다. 그래서 수용 스타일은 어려울 것이고 내용 차원에서 객관적으로 관찰하는 것도 어려울 것이다. 어떻게 보면 목표 갈등의 경우는 자신의 목표를 달성하고 싶은 마음이 크기에 상대방과 의견이나 방식이 다르면 그 사람의 의견을 수용할 수 없을 가능성도 높다. 그러므로 관리형의 강점은 성실함, 약점은 공감대와 유연성이 낮고 사회성이 부족한 것이다.

다섯째, 관리형은 합리적으로 자신의 추구하는 결과를 도출해 낼 수 있음과 동시에 상대의 입장 또한 고려할 줄 아는 유형이다. 하지만 계획적으로 진행하는 경향이 있어 다른 유형의 사람과 만난다면 절차적 갈등을 빚을 수 있다. 또한 정해진 방향대로 일을 수행하려 하기 때문에 목표를 설정하는 데 있어 융통성 없는 모습을 보인다면 상대와 목표 갈등을 갖기 쉽다. 하지만 상대의 입장을 고려하여 겹치는 지점을 찾아 상호의 이득을 얻을 수 있는 옵션을 만든다면 갈등을 쉽게 해결할 수 있는 유형이기도 하다.

 # 목표의 문제 사례

갈등을 겪고 있는 사람은 이번 학기 학회의 회장을 맡고 있는 친구이다. 그 친구는 대학교 같은 과 선배이자 고등학교 동기인데, 성격이 매우 활발하고 사교성이 좋은 관계형의 사람이다. 반면, 나는 관리형 사람으로, 사교적이지 못하고 팀원들 간의 관계도 매우 소극적이었다. 그 친구와 겪고 있는 현재의 갈등 유형은 내용 갈등 중에서도 목표 갈등이다. 우리 학회는 기업의 M&A 사례를 바탕으로 산업분석, 기업분석, 기업 밸류에이션을 진행하는 활동을 하는데 팀장인 내가 미리 조사하여 업무를 배분하고 거의 매일 모여 토의를 해야 한다. 최근 이쪽 업계에 대해 흥미가 떨어져서 개인적으로는 활동을 열심히 할 동기가 매우 떨어져 있고 기본만 하자는 생각을 가지고 있는 반면, 회장인 친구는 이 활동 결과물의 퀄리티에 대해 매우 기대하고 있다. 팀장인 내가 직접 모이지 않고 비대면으로 업무를 전달하는 것부터 시작해서 매주 발표할 때 퀄리티에 대해서 지적을 받을 때 서로 다른 생각으로 갈등을 겪었다. 또한 학회에서 진행하는 모임이나 친목자리에 자주 빠지면서 그 갈등이 더 심해지고 있는 상황이다.

여섯째, 관리형은 상상력이 부족하고 구조화된 사고를 하기 때문에 내용적인 측면에 있어서 새로운 것을 시도하고자 하는 사람과 신념 및 가치의 문제를 겪을 수 있다. 또한 무뚝뚝하고 정서적 공감대 형성이 약하기 때문에 타인의 존중욕구를 충족시키지 못해 관계 갈등을 겪을 것이다. 그러나 성실 근면하고 데이터를 꼼꼼하게 처리하기 때문에, 정보들을 분석하여 얻은 정확한 데이터를 바탕으로 갈등을 겪을 때 협상을 유리하게 이끌어나갈 수 있다. 즉, 상대에게 구체적인 통계 자료를 제시함으로써 설득력을 높일 수 있다.

 # 존중의 문제 사례

고교 시절 단체 줄넘기를 하는 도중 발생한 갈등이다. 본래 성격상 남에게 모진 말보다 칭찬을 많이 하는 성격이기에 남이 나를 대하는 태도에도 많이 주목하는 편인데, 나는 친구의 실수를 항상 용인해 주었지만, 친구는 친구들 앞에서 장난이라는 명분 하에 무시 발언을 하였다. 이전부터 무시하는 투의 발언을 해 왔던 친구이기에, 바람직한 관계 유지를 위해서 한 번 짚고 넘어가야 한다 판단되었다. 하지만 이성보다 감정이 앞서 차분하게 내 입장을 전달하지 못하고 똑같은 방식으로 대하는 방식을 취했었다. 당시에는 직접적으로 말을 건네는 것보다 똑같은 행동이 상대의 기분을 현저히 상하게 할 수 있음을 보여주는 것이 낫다는 어리석은 판단을 하여 그 친구가 줄을 돌리다 실수를 하였을 때 "왜 이렇게 줄을 못 돌려"라며 웃으며 말을 던졌고, 친구는 나의 무시 발언에 기분이 상하여 줄을 던지고 나갔었다.

일곱째, 관리형의 장점은 성실 근면하고 꼼꼼하며 명료한 것을 선호한다. 그리고 예측 가능하며 성실함과 책임감이 우수하여 타인에게 신뢰를 줄 수 있으며 실천력이 강하며 관례와 원칙을 중시한다. 따라서 같은 가치관이나 신념을 가지고 있는 사람과는 신념, 가치 갈등이 일어나지 않을 것이다. 하지만 타인과의 정서적 공감대 형성이 약해서 결합관계의 문제가 자주 발생할 것 같다.

자율형 리더의 강점과 약점

첫째, 자율형은 원만한 대인관계를 바탕으로 관계 갈등을 최소화할 수 있다. 그러나 섬세한 실무적 능력이 부족하거나 분명한 선호도로 인해 목표를 이루는 과정에서 갈등이 발생할 수 있다. 그리고 자율형은 사람들이 갈등을 불러일으키는 불편한 감정들로부터 물러설 수 있게 해준다. 문제가 어느 한쪽 당사자에게 더 중요한 것일 때, 또는 관계에서 조화가 가장 중요한 목표인 경우에 강점이 발휘될 수 있다. 하지만 조화를 향한 욕구가 최적의 해결책을 찾으려는 욕구를 넘어서 버릴 수도 있으며, 관계를 매끄럽게 유지하기 위해서 자신의 가치와 목표가 희생될 수 있는 약점을 갖고 있다.

신념 및 가치의 문제 사례

가족구성원 중 한 명과의 갈등이다. "돈도 안 되는 일을 왜 하냐?" 어쩌면 그는 아무렇지 않게 툭 내뱉은 말이며 그의 가치관으로는 이해되지 않을 수 있다고 생각하지만, 그것과 별개로 당시 큰 상처를 받았었다. 우선 나는 생명이 중요하다고 생각하는 내 신념과 연관된 일로 앞으로 자살 예방에 힘쓰는 전문가로 성장하는 꿈을 가지고 있다. 또한 내가 생각하는 일의 가치는 자아를 성찰하고 성장할 수 있으며 타인을 도울 수 있는 것이 보람된 일이라 생각하기 때문에 돈이 생활에 중요하지만 일의 가치를 포기할 정도는 아니라고 판단했다. 심리사로서의 길은 개인마다 달라서 장담할 수 있는 것은 없지만, 초심자로 일할 때 버는 수입이 투자한 돈에 비해 턱없이 부족하다는 것만큼은 공통되었기 때문에 가족구성원과의 갈등이 시작되었다. 보람과 가치를 느끼면서 돈도 잘 벌 수 있는 직업이 있는데 왜 굳이 그 길을 가야 하느냐가 주된 갈등이었으며 대화가 길어질수록 서로의 의견이 존중받지 못했다는 느낌에 결국 관계 갈등으로 이어졌다. 관계 갈등으로 넘어가면서 그는 점점 나를 깎아내리는 단어를 선택했으며 '자신의 의견이 무조건 맞다'는 어투로 대화를 이어갔기 때문이다. 그 과정에서 내 욕구가 무시당했다고 느꼈으며 결국 서로 적대적인 의사소통을 사용하게 되었다.

둘째, 자율형은 직감이 발달되어 감수성이 있고 대인관계에 유연함을 보이기 때문에 관계 갈등이 적지만 선호도가 분명하여 흥미 없는 영역에서 일관성 및 행동수행력이 약할 수 있다는 단점이 있다. 그리고 자율형의 장점은 논리적이고 분석적이며 추상적이고 변칙적인 사고에 능하다. 이러한 장점은 목표 갈등에서 실질적 갈등이 있을 때, 목표가 무엇인지 의견 차이가 있을 때, 목표에 대해 잘 파악해 낼 수 있다. 단점은 나무보다는 숲을 보는 성향 때문에 세세한 부분을 놓칠 수 있다. 또한 통제되고 반복적인 작업을 싫어한다. 이러한 단점은 관계 갈등에서 권한의 문제에서 자신을 통제하는 것을

 # 권한의 문제 사례

나는 중학생 시절 같은 반 부회장과 잦은 갈등을 겪은 적이 있다. 당시 나는 학급회장이었고, 부회장과의 의견 충돌이 잦았다. 부회장은 관리형 리더로 성격이 꼼꼼하고 원칙적인 것을 선호하였다. 동급생들이 약간이라도 소란을 피우면 부회장은 그것에 대해 불만을 토로하였다. 나는 사소한 것 하나하나 동급생을 제지하고 단속하길 원하지 않았다. 형식적인 원칙이나 규칙보다 대인관계를 더 중요하게 생각하였고, 사소한 문제에는 집중하지 않았다. 반 학생들이 서로 친하고 밝게 학교생활을 하는 것이 더 중요하다고 생각하였다. 부회장은 그런 내게 자주 불만을 가졌다. 예를 들어, 학생들이 수업 시간에 선생님이 잠깐 자리를 비웠을 때, 조금이라도 떠들는 소리가 나면 부회장은 내게 학생들을 제재하길 원했다. 하지만 나는 큰 문제가 되지 않은 사소한 상황에도 동급생을 제지하고 관리하는 것은 옳지 않다고 생각하였다.

싫어하기 때문에 갈등 상황에서 힘들다.

셋째, 자율형은 창의적이고 직감적인 기획 능력과 감수성이 있고 대인관계에 유연함을 보여 관계 갈등처리의 측면에서 뛰어날 수 있다. 그러나 흥미 없는 영역에 대해서 행동 수행력이 약한 모습을 보이거나 주의가 산만하며 구조화된 환경에서 적응이 어려울 수 있다. 즉, 원칙을 중요시하고 이성적인 관리형과 만났을 때 내용 갈등이 쉽게 일어날 수 있다. 그리고 자율형은 사람의 행동과 마음의 동요에 민감한 만큼 상대방의 태도, 방법, 개성을 잘 파악해서 관계 갈등이 적을 것이다. 그러나 관심 없는 주제에 주의력이 낮고 반복되는 것을 싫어하는 만큼 목표를 이루는 방법에서 갈등이 생길 수 있다.

넷째, 자율형은 개방적으로 이야기를 주고받는 토론을 좋아한다. 따라서 타인과 신념, 가치, 목표에 대한 차이를 보일 때 의견을 상호적으로 주고받으며 서로의 차이를 이해하고 이를 좁힐 수 있는 환경을 타 유형에 비해 보다 잘 구성할 수 있는 강점을 가지고 있다. 또한 표현적이고 타인에게 동기부여를 잘하는 등 대인관계에 뛰어난 모습을 보이기 때문에 관계 갈등에도 강점을 가지고 있다. 그러나 가끔 예측하기 힘든 행동을 보이고 흥미 없는 영역에 대해 일관성 없는 모습, 약한 행동 수행력 등을 보여 신념 및 가치 부문의 내용적 측면에서 타인과 갈등을 일으킬 수 있다는 약점 또한 보유하고 있다.

다섯째, 자율형은 사회적, 교육적, 영업적인 능력과 대인관계 능력은 뛰어나지만, 섬세한 실무적인 사무 능력이 부족하다. 또한 금방 주의력이 감소하기 때문에 반복을 싫어하고 선행학습이 비효과적이라 학습자의 동기부여가 중요하다. 하지만 표현적이고 타인에게 동기부여를 잘하며 창의적인 일을 선호한다.

여섯째, 자율형은 직감이 발달되어 이성적이기보다는 감수성이 있고 대인관계에 유연함을 보이는 리더십 유형이다. 따라서 상대방의 존중욕구를 잘 파악하여 존중받지 못함에서 오는 관계 갈등을 피할 수 있다. 그러나 자유로운 사고를 가지고 예측할 수 없는 행동을 하는 자율형은 권한관계로부터 오는 관계 갈등을 경험하기 쉽다. 이들은 다른 사람들이 자신들의 권한을 제한한다고 느낄 때 스트레스를 받고 이는 갈등의 원인이 될 수 있다. 또한 목표를 달성하는 데 있어 폐쇄적인 방법을 이용할 경우 이들은 답답함을 느끼며, 이는 목표 갈등(절차적 갈등)을 유발할 수 있다.

존중의 문제 사례

나는 현재 코로나19 여파로 학교 수업이 비대면 강의로 대체된 이후 자취 생활을 잠시 접어두고 본가에 들어와 살고 있다. 성인이 된 이후 줄곧 혼자 살아왔기에 여간 불편한 점이 한둘이 아니다. 우리 집은 아버지, 어머니, 누나로 구성되어 있는데, 나는 그 중에서 아버지와 누나랑 성격이 너무 안 맞아 다툼이 종종 있다. 어머니마저도 제 독립된 공간과 프라이버시 등을 존중하지 않아서 나는 이 가정에 무척 싫증이 난 상황이다.

일곱째, 자율형의 리더는 타인의 행동과 마음의 동요에 민감하다. 상대방의 태도와 개성 등을 잘 파악하기 때문에 대인관계 능력이 뛰어나다. 따라서 상대방을 존중하여 관계 갈등을 해결하는 데 유리하다. 하지만 이성적이기보다는 감정적이고, 주의력이 떨어지거나, 반복되는 과제에 동기를 잃기 쉽다. 타인과 목표를 이뤄가는 과정에서 절차적 갈등이 발생할 수 있다는 약점이 있다.

결합의 문제 사례

2018년 9월경 내가 의경으로 복무하고 있던 때였다. 무더운 여름을 보내고 선선해진 날씨에 친한 소대원들 6명 정도가 모여 주말 외출을 이용해 한강 난지캠핑장으로 피크닉을 가려고 하던 때였다. 야간근무를 끝내고 아침 9시에 부대에서 외출을 보내주는데 나와 나의 친했던 후임 2명은 전날 캠핑장에 가서 구워 먹을 고기, 소금, 야채 등 먹거리와 캠핑용품 등을 챙겨서 부대에서 조금 휴식을 취한 뒤 11시쯤 출발해 캠핑장 근처 대형마트로 향했다. 나머지 3명은 볼일이 있다고 하여 뒤에 합류할 것을 약속한 상황이었다. 마트에서 장을 보던 중 나머지 2명의 대원이 합류했고 한 명의 대원은 장보기 때 합류할 것을 약속했었지만 나타나지 않았다. 그렇게 그 후임을 놔두고 5명은 이깃저것 먹기리를 챙겨서 난지캠핑장으로 향했고 한 명이 아직까지도 나타나지 않자 일단 캠핑준비를 시작하였다. 고기 구워 먹을 숯불과 가스버너 등을 세팅하고 고기를 굽고 있었다. 그렇게 음식준비가 거의 다 될 쯤, 그 후임이 나타나게 되었고 그 후임은 자리에 껴서 음식을 나누어 먹었다. 그렇게 캠핑을 즐기고 날이 어둑해질 때 쯤 뒷정리를 하였는데 내 눈에 그 후임이 뒷정리에 잘 참여를 안 하려 하고 뒤척이는게 눈에 띄었다. 기분이 조금 언짢았으나 그렇게 넘어갔다. 후에 다른 대원에게서 그 대원이 캠핑이 별로 재미없었다는 말을 하는 것을 전해 듣게 되었고 관계 갈등은 그렇게 시작되었다.

관계형 리더의 내용 차원 갈등 원인

첫째, 관계형은 절충 스타일, 즉 경쟁, 그리고 수용 중간 사이에서 일어난다. 협조성과 자기주장 모두 중간 정도인 스타일이고, 자신의 목표와 다른 사람들의 목표를 모두 보살펴 줄 수 있어서, 매우 긍정적인 갈등 스타일이다. 즉, 양쪽 이해당사자 사이에 동등한 힘의 균형을 강제한다. 관계형은 타인에 관대하지만, 단점은 갈등을 확실하게 해결하지 못하고 서로 만족하지 못하게 될 가능성이 높다.

둘째, 관계형의 리더는 감성적이고 대인관계가 좋고 사회성이 뛰어나다는 장점이 있다. 그들은 이성보다는 감성을 더 잘 발휘하는 모습을 보인다. 따라서 그들이 관계 갈등을 해결하는 것에 강점을 보인다. 다만, 그들은 순차적 유형의 리더들과는 반대로 이성의 영역이 갈등해결에 중요시되는 내용 갈등을 잘 해결하지 못하는 약점을 보인다.

셋째, 관계형은 인간관계 기술에 대해 강점을 가지고 있기 때문에 관계에서 좋은 관

신념 및 가치의 문제 사례

아버지는 항상 나에 대한 기대가 매우 크셨고 아버지 어릴 적 하지 못했던 일들에 대한 후회가 많으신데 자신처럼 훗날에 후회하지 말라고 나에게 엄청난 압박과 기대를 거셨다. 나는 내가 하고 싶은 꿈을 찾아 나아가는게 목표였지만 의사, 변호사, 검사 등 '사'자 들어가는 안정적인 직업을 원하셨다. 하지만 나에겐 큰 의미가 없었다.

나는 "내가 하고 싶은 것을 하지 못한다면 사는 것이 무슨 의미가 있을까"란 생각을 항상 가지고 있었다. 갈등의 연속이었다. 사춘기 시절 나는 꿈이 컸었고 그 꿈을 아버지는 접으라고 하셨다. 아버지는 아버지의 주장만 하셨고 나의 주장은 들어주지 않으셨다. 그렇게 부자의 감정의 골은 깊어지고 서로 소통이 되지 않는 상황까지 이르렀다. 어린 나이에 나는 아버지의 호통과 큰 소리로 상처를 많이 받았고 아버지와 제대로 대화를 하지 않는 상황이 되었다.

계를 유지하며 관계 갈등을 빚을 확률이 비교적 낮다는 강점이 있다. 하지만 그만큼 상처받기 쉽기 때문에 좋은 관계를 유지하지 못한다면 오히려 관계 갈등이 빈번하게 벌어질 수 있다는 약점을 가지고 있다. 또한 일의 마무리를 잘못하기 때문에 방식의 차이로 인한 내용 갈등을 빚을 수 있다는 것 역시 약점이 될 수 있다.

넷째, 관계형의 갈등대처 스타일은 수용 스타일이다. 협조성이 높고 자기주장이 낮은 것이 이 스타일의 특징이다. 사람들이 갈등을 불러일으키는 불편한 감정들로부터 물러설 수 있게 해준다. 또 문제가 어느 한쪽 당사자에게 더 중요한 것일 때, 또는 관계에서 조화가 가장 중요한 목표일 때 잘 맞을 수 있다는 강점이 있다. 그러나 사실상 한쪽은 패배 한쪽은 승리의 전략이고 수용하는 쪽은 관계를 매끄럽게 유지하기 위해 자신의 가치와 목표를 희생시킨다. 또한 조화를 향한 욕구가 최적의 해결책을 찾으려는 욕구를 넘어서 버릴 수도 있다.

결합의 문제 사례

친구들끼리 디스코드라는 프로그램을 통해 인터넷 통화방을 만들고 나는 그것을 관리하던 관리자의 역할을 맡고 있었다. 관리자로 채널을 관리하며 주제별로 구획을 나누어 채널을 각각의 용도에 맞게끔 관리하고 있었다. 그러던 중 한 친구가 와서 나에게 채널을 하나 만들어 달라고 건의를 했다. 내 입장에서는 만들자고 건의한 채널이 이미 존재하는 채널과 조금 역할이 겹치는 것 같아서 우선 의견을 기각했고, 그 다음에 그 채널을 만들어야 할 이유를 자세히 내세우라고 조금은 권위적으로 얘기했었다. 그러나 그 친구는 "싫으면 관두고"라며 포기한 듯 보였고, 그 일은 일단락되었다. 하지만 조금 뒤에 나는 다른 친구에게 그 친구가 내 뒷말한다는 제보를 받았다. 뒷말의 내용은 대략적으로 내가 재수없고 싸가지가 없다는 내용이었고, 육두문자도 섞여 있었다. 지금 생각해보면 그 친구의 유형은 자율형에 가까웠다고 생각한다. 왜냐하면 자기가 말하고자 하는 핵심만을 간략하게 전해주었고, 세부적인 이유를 묻자 이를 회피하고 바로 건의사항을 포기하는 모습을 보였기 때문이다. 나 같은 경우에는 아무래도 관리자라는 직책상 원래 유형인 관계형의 모습도 의견을 조금 더 자세히 들으려고 하는 모습에서 보였지만, 통화방의 자체적인 규칙을 중시하는 모습에서 관리형의 모습도 보였다고 생각한다.

Tip 뇌가 공정성에 어떻게 반응하는가?

사람들은 공정성에 매우 강하게 반응하며, 불공정한 제안은 생산성에도 영향을 미친다.

첫째, 금전적인 인센티브 자체가 보상 자극이 되기에는 부족하다. 최근에 나온 신경 영상 연구에서 똑같은 액수이지만 불공정하게 받은 사람보다 공정하게 받은 사람의 행복감 척도가 더 높고, 뇌 보상 영역이 활성화된다. 뇌의 보상센터가 협력 파트너 혹은 협동에 반응한다는 연구결과이다. 즉, 물질적 결과만이 행동의 동기는 아니며, 공정하고 공평한 것도 중요하다는 것이다(Tabibnia & Lieverman, 2007).

둘째, 타인을 대하는 방식이 집단의 전체적 기능에 영향을 줄 수 있다. 제왕적 관계보다는 위계적 관계를 선호할 때 좌측 전방 섬엽과 ACC가 활성화된다. 지배적인 위치를 선호할수록 타인의 고통을 인식하는 뇌(전방 섬엽과 ACC)가 둔감하다는 연구결과가 있다. 즉, 타인의 불행의 의미를 느끼지 못하는 것이 뇌의 활동과 관련이 있는 것이다.

셋째, 불공평한 대우에 혐오감을 보일 때, 섬엽이 활성화된다. 섬엽은 자신의 급여가 다른 사람에 비해 불공평하다고 느낄 때, 그 급여를 거부하게 만든다. 공감은 수정이 가능하며, 리더는 공감을 훈련하면 공정성도 향상시킬 수 있음을 인식할 필요가 있다.

넷째, 이타성을 주고받는 것도 공정성의 영역이다. 서로 협력할 때는 그렇지 않지만, 일방적으로 희생할 때는 양측 ACC, 좌측 해마, 좌측 설회가 활성화된다고 한다. 그리고 일방적으로 협력할 때는 ACC와 외측 안와 전두엽(LOFC)이 활성화되고, 이것은 이후 일방적인 협조의 거부를 야기하게 된다는 것이다. 따라서 리더는 조직에서 이직을 줄이고 협력을 이끌어내기 위해 리더는 어떤 사람이 떠나고 어떤 사람이 남는지를 사회적 차원에서 이해할 필요가 있다.

거울신경은 불공정한 의도를 자동으로 읽을 수 있으므로 마음속에 품고 있는 의도일지라도 솔직하고 진실해야 할 필요가 있다. 그리고 뇌는 단지 돈에만 반응하는 것이 아니라 공정성에도 반응한다. 즉, 리더는 생산성을 높이기 위해 급여가 공정한지를 살펴보아야 하고, 불공정하다면 급여를 통한 동기유발 효과는 기대하지 못한 것이다. 또한 일방적으로 희생할 때, 뇌는 협력을 거부하게 된다는 것이다. 따하서 한 직원이 리더에게 맞추려고 자신의 길을 희생했다면 리더는 그에게 그에 따른 보상을 해주어야 한다.

3 갈등해결을 위한 접근법

갈등은 최대한 빨리 해결하는 것이 개인 및 조직의 생산성을 향상시키는 데 도움이 된다. 따라서 갈등을 해결하기 위한 접근법으로, 피셔(Roger Fisher)와 유리(William Ury)의 원칙에 입각한 협상과 차별화 · 세분화 · 체면 세우기의 의사소통 전략, 킬만(Ralph H. Kilmnn)과 토머스(Kenneth W. Thomas)의 갈등접근 스타일에 대해 알아본다.

피셔와 유리의 갈등접근법

피셔와 유리(Fisher & Ury, 1981)의 갈등협상 접근법은 세계에서 가장 인정받는 갈등해결 접근법으로 '원칙에 입각한 협상(principled negotiation)'이라고도 한다. 피셔와 유리의 협상 방법은 [그림 6.2]에서 보는 바와 같이 사람과 이익, 옵션, 기준의 네 가지 원칙으로 이루어져 있다.

① 사람을 문제로부터 분리하기로, 피셔와 유리(Fisher & Ury, 1981)는 갈등이 문제 요인(problem factor)과 사람 요인(people factor)으로 구성된다고 주장한다. 즉, 갈등을 효과적으로 해결하기 위해서는 사람 요인이 문제 요인으로부터 분리되어야 한다고 주장했다. 사람과 문제는 서로 얽혀 있기 때문에, 갈등 상황 동안에 사람들을 그 문제로부터 분리하는 것은 쉽지 않은 일이다. 우리가 각자 가진 성격, 신념, 그리고 가치는 우리가 겪는 갈등과 복잡하게 뒤섞여 있다. 하지만 원칙에 입각한 협상에서는 사람과 문제가 서로에게서 구분되어 풀어질 필요가 있다고 말한다. 사람을 문제로부터 분리함으로써 우리는 비로소 다른 사람들이 특수함을 알아볼 수 있게 된다. 모든 사람은 다양한 상황에서 자신만의 뚜렷한 생각과 감정들을 가진다. 우리는 모두 다르게 세상을 보기 때문에, 갈등에 대해 다양한 감정적 반응을 겪는다. 문제의 사람 측면에 직접적으로 초점을 맞춤으

[그림 6.2] 피셔와 유리의 원칙에 입각한 협상 방법

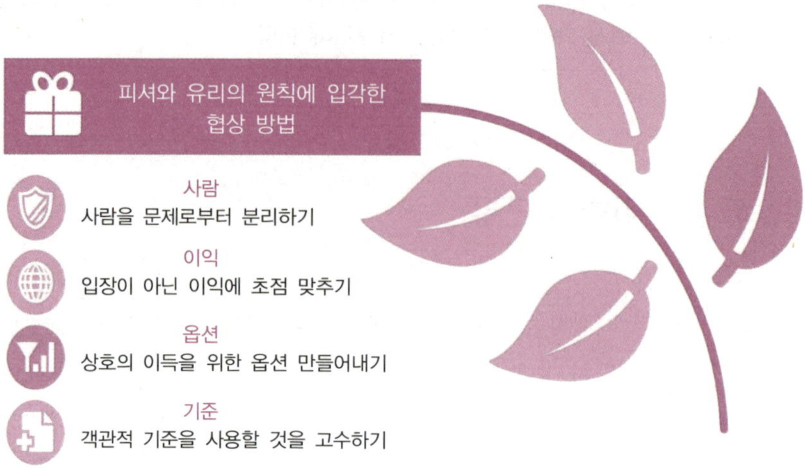

로써, 우리는 갈등을 겪는 상대방의 성격과 특유한 욕구들을 더 의식할 수 있게 된다.

사람을 문제로부터 분리해 낼 때, 우리는 문제해결을 위해 다른 사람들과 함께 노력하게 된다. 피셔와 유리(Fisher & Ury, 1981)는 갈등에 있는 사람들은 "서로 옆에 서서 상대방이 아니라 문제를 공격하는 것으로 자신들을 볼" 필요가 있다고 주장한다. 사람을 문제로부터 분리하는 것은 우리가 관계를 파괴하는 대신 그것을 보살피고 강화할 수 있게 해준다.

② 입장이 아닌 이익에 초점 맞추기로, 갈등의 이해당사자들이 서로의 입장이 아니라 이익에 초점을 맞춰야 한다고 한다. 입장(positions)은 특정 갈등에서 우리가 서는 위치 또는 관점을 대표한다. 이익(interests)은 우리의 입장 뒤에 있는 것을 의미한다. 즉, 입장은 갈등에서 서로 반대하는 관점이고, 이익은 관련된 사람들이 가진, 이 갈등과 연관 있는 욕구와 가치를 가리킨다. 피셔와 유리(Fisher & Ury, 1981)는 "입장은 당신이 결정한 것이다. 이익은 당신이 그렇게 결정하도록 만든 것이다"라고 했다. 이익에 초점을 맞추는 것은 당사자들이 그 갈등의 특수한 토대를 분석하도록 갈등협상을 확장시킨다. 어떤 입장 뒤에 있는 이익들을 알아보기 위해서는, 사람들을 움직이는 원동력이 되는 기본적인 관심사들을 살펴보는 것이 유용하다. 우리가 가지는 관심사들은 안전, 소속, 인정, 권한, 그리고 경제적 안정 등에 대한 욕구들을 포함한다(Fisher & Ury, 1981). 이런

기본적인 욕구에 주의를 기울이고 사람들이 이것들을 충족시킬 수 있게 돕는 것이 갈등협상의 중심이다.

이익에 집중하는 것은 또한 서로 대립하는 당사자들이 '진짜' 갈등을 고심하는 데 도움이 된다. 이익과 입장 모두를 다루는 것은 갈등협상을 더 확실하게 하는 데 도움이 된다. 로버트 테리(Rovert Terry, 1993)는 자신의 진정성 리더십 모델에서 리더가 "어떤 갈등 상황에서 진짜로, 정말로 일어나고 있는 것은 무엇인가, 그리고 그것에 대해 우리가 해야 할 일은 무엇인가?"라는 질문을 해야 할 도덕적 책임을 가진다고 주장한다. 리더가 실제로 일어나고 있는 일이 무엇인지 알지 못하는 한, 그의 행동은 부적절할 것이고 심각한 결과를 초래할 수도 있을 것이다. 이익에 초점을 맞추는 것은 갈등의 중심에 있는 것이 무엇인지를 알아내는 좋은 방법이다.

③ 상호의 이득을 위한 옵션 만들어내기로, 우리는 결과가 우리 아니면 상대편, 둘 중 한쪽에만 유리할 것이라고 느끼고, 그 외에 다른 가능한 선택은 보지 못하는 경우가 있다. 그러나 양측 모두를 만족시킬 수 있는 새로운 옵션을 만들어냄으로써, 갈등을 고정된 선택권 문제로 보는 경향을 극복할 필요가 있다. 원칙에 입각한 협상법에서는 갈등에 대한 창의적인 해결책들을 열심히 생각해보고 찾아보아야 한다고 강조한다. 우리는 옵션을 확장시키고, 어떤 한 가지의 최선책이 있을 것이라고 생각을 제한하지 말아야 한다. 갈등 이해당사자들의 이익에 초점을 맞추는 것은 이런 종류의 창의적 사고로 이어질 수 있다. 우리의 이익들이 어디에서 겹쳐지고 딱 들어맞는지를 탐색함으로써, 우리는 양측 모두에 이득이 되는 해결책들을 확인할 수 있다. 이렇게 이익을 만족시키는 과정은 절대적일 필요가 없다. 우리는 서로의 이익에 대해 배려하고, 양측 모두의 이익을 충족시키는 것이 더 어려워지는 것이 아니라 더 쉬워질 수 있게 함으로써 서로를 도울 수 있다.

④ 객관적 기준을 사용할 것을 고수하기로, 협상의 목표는 압력이 아니라 원칙에 근거를 둔 해결책에 이르는 것이다. 갈등당사자들은 편향되지 않은 렌즈를 가지고 자신들의 갈등을 바라볼 수 있게 도와줄 객관적 기준을 찾아야 한다. 객관적 기준은 여러 가지 형태를 가질 수 있으며, 다음 [그림 6.3]과 같은 것들이 포함된다.

[그림 6.3] 객관적 기준

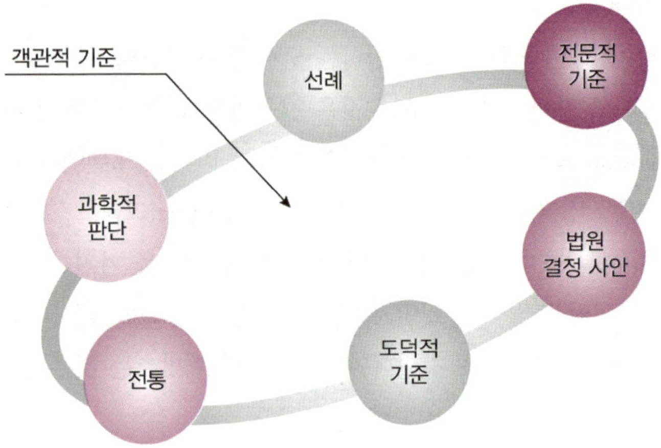

선례: 문제가 과거에 어떻게 해결되었는지를 보는 것

전문적 기준: 갈등과 연관한 직업이나 업계를 바탕으로 한 행동을 규정하는 규칙이나 기준이 있는지를 결정하는 것

법원 결정 사안: 갈등의 법률 절차나 법적 영향을 보는 것

도덕적 기준: 윤리적인 고려 또는 '올바른 일을 하기'에 근거해 갈등을 해결할 것을 생각해보는 것

전통: 갈등을 숙고하는 데 있어 이미 확립된 관행이나 관습을 살펴보는 것

과학적 판단: 사실과 증거들을 고려하는 것

차별화 · 세분화 · 체면 세우기의 의사소통 전략

의사소통 전략의 사용은 불안을 줄여주고, 갈등당사자들이 더 일찍 해결책을 찾도록 도와주고, 관계를 강화시켜준다. 의사소통 전략으로 차별화, 세분화, 그리고 체면 세우기에 대해 알아보고자 한다.

차별화 전략

차별화(differentiation)는 갈등의 초기에서 일어나는 과정을 설명하는 것이다. 이것은 당사자들이 갈등의 성격을 정의하고 서로에 대한 자신들의 입장을 명확히 하는 것을 돕는다. 차별화는 갈등해결에서 매우 중요한데, 왜냐하면 이것이 갈등의 성격과 변수들을 확립하기 때문이다. 차별화는 개인들이 각자 자신의 입장을 설명하고 또 더 정교하게 만들도록 요구하는 데, 이때 서로의 유사점보다 차이점들에 자주 초점을 두게 된다. 이것은 갈등을 해결해나가는 과정에서 필수적인 부분이다(Putnam, 2010). 차별화는 갈등과정 중에서 어려운 시기를 대표하는데, 이것은 갈등이 식혀지기보다는 갈등이 심화되는 것과 연관되기 때문이다. 이 시기 동안, 갈등이 성공적으로 해결되지 않을 것이라는 두려움이 생겨날 수 있다. 차별화는 또한 처음에는 갈등을 개인화시켜서 사람들이 그 갈등의 원인이 바로 자기 자신이라는 감정과 감상을 느끼게 만들기 때문에 어려운 부분이기도 하다(Folger, Poole, & Stutman, 1993).

차별화의 가치는 그것이 갈등을 정의해 준다는 데 있다. 차별화는 양측 당사자들이 고려 대상인 문제에 대해 얼마나 서로 차이를 가지는지를 깨달을 수 있게 도와준다. 이러한 차이들에 대한 인식은 갈등해결에 유용한 것인데, 왜냐하면 이것이 갈등에 초점을 주고, 갈등 속 문제에 대한 양쪽 당사자들의 이익에 신빙성을 부여하고, 또한 본질적으로 갈등을 객관화하기 때문이다. 피셔와 유리(Fisher & Ury, 1981)의 협상 방법과 일치하는 부분으로 차별화는 문제로부터 사람을 분리하는 한 가지 방식이 된다.

세분화 전략

세분화(fractionation)는 큰 갈등을 더 작고 다루기 쉬운 조각들로 분해하는 기술을 가리킨다(Fisher, 1971; Wilmot & Hocker, 2011). 차별화와 마찬가지로 세분화는 보통 갈등과정의 초기에 일어난다. 이것은 의도적인 과정으로서, 참여자들이 큰 갈등을 작은 갈등으로 '축소'한 다음 큰 갈등의 한 부분에만 맞서기로 합의하는 것을 포함하게 된다. 이것은 의도적인 과정으로서, 참여자들이 큰 갈등을 작은 갈등으로 '축소'한 다음 큰 갈등의 한 부분에만 맞서기로 합의하는 것을 포함하게 된다. 첫째, 갈등을 세분화하는 한 갈등으로 축소함으로써 갈등을 줄여 준다. 사람들이 자신이 마주하고 있는 갈등이 어떤 거대하고 형체가 없는 어려움의 덩어리가 아니라, 구체적이고 분명한 어려움들로 이루어진 것이라는 것을 알게 하는 것은 유용한 일이다. 둘째, 세분화는 갈등에 초점을 부여한다. 큰 갈등을 좁힘으로써, 사람들은 한 번에 아주 많은 문제들을 풀려고 하는 대신,

문제들에 명확성과 의미를 부여하게 된다. 셋째, 갈등을 축소하는 것은 그 분쟁의 감정적 강도를 줄이는 데 도움이 된다. 작은 갈등은 가벼운 감정적 무게를 수반한다(Wilmot & Hocker, 2011). 넷째, 세분화는 갈등당사자들 사이에 더 나은 작업관계를 촉진한다. 갈등의 축소판을 해결하기로 합의함으로써 당사자들은 문제해결을 위해 서로와 함께 노력할 의지를 확인하게 된다.

Tip 애착과 리더십

불안전 애착은 리더십에 많은 영향을 준다. 회사에 대해 불안한 혹은 회피적 애착은 회사를 효과적으로 이끌 수 없게 한다. 불안 애착형 리더는 이기적 리더십, 과제지향적인 상황에서 자질이 부족한 리더십, 부하에게 도움을 주지 못하는 리더십과 연관되어 있다. 회피 애착형 리더는 직원의 안전을 책임지지 못하기 때문에 직원의 사회 정서적 기능이 떨어지고 장기적으로 직원들의 정신 건강에 문제가 발생할 수 있다.

애착과 뇌생리학 측면에서 볼 때, 회피 애착자는 웃는 얼굴과 같은 긍정적 신호에 줄무늬체와 복측 피개 영역(보상의 뇌)이 약하게 발화된다. 이는 회피 애착자가 사회적 보상에 둔감하다는 이유이며, 불안 애착자는 화난 얼굴과 같은 부정적 신호에 좌측 편도체가 발화하고, 발화 정도는 불안 애착과 정적 상관관계가 있다. 이는 사회적 처벌에 민감하다는 의미이다.

따라서 리더의 애착 유형은 효율적인 리더십에 결정적인 영향을 준다. 리더는 머리를 맞대고 협력해야 하는 파트너와 조직에 직원을 어떻게 배치해야 안전 애착을 확보할 수 있는지 고민해야 한다. 불안전 애착(불안 애착과 회피 애착)이 형성된 리더는 스트레스 반응이 강하고 처벌에 예민한 반면, 보상에는 둔감하다.

따라서 리더는 조직구성원의 애착 유형을 탐색하고, 필요할 때 사람들과 어울리며 타인의 감정을 읽을 수 있도록 도와야 한다(Pillay, 2012).

체면 세우기 전략

갈등해결에서 리더를 도울 수 있는 세 번째 스킬은 체면 세우기이다. 체면 세우기(face saving)는 위협에 대한 반응으로서 자신의 자아 이미지를 설정하거나 유지하기 위한 의사소통 시도를 가리킨다(Folger et al., 1993; 헬르무, 1967; Lulofs, 1994). 체면 세우기 메시지는 한 개인이 자신이 타인들에게 어떻게 보여지는가를 설정하는 데 도움이 된다. 체면 세우기 메시지의 목표는 자아 이미지의 보호이다.

갈등은 종종 위협적이고 불안을 유발하는데, 이런 갈등의 당사자들은 자신들이 취한 입장에 대해서 다른 사람들을 어떻게 보는지에 대해 걱정을 할 수도 있다. 자신에 대한 이런 우려는 갈등해결에서 역효과를 낳을 수 있는데, 왜냐하면 이것이 초점을 실질적인 문제에서 개인적인 문제로 옮기기 때문이다. 갈등의 중심적인 관심사에 맞서는 대신, 체면 세우기의 관심사는 당사자들이 갈등에 관계된 자신들의 자아 이미지를 다루게 만든다.

만약 사람들이 상대방의 자아 이미지를 보존하는 방식으로 의사소통을 한다면, 대인 간 갈등을 덜 위협적인 것으로 만들 수 있다. 갈등의 문제는 당사자들에 대한 위협을 최소화하는 태도를 가지고 논의되어야 한다. "당신이 좋은 주장을 했다고 생각하지만, 나는 다르게 봅니다"와 같이, 체면 세우기 메시지를 사용함으로써, 상대방이 멍청하거나 우둔하다고 느끼게 만드는 일 없이 상대방의 관점을 인정하는 것이다. 만약 단지 논쟁을 이기기 위해 상대방의 자아 이미지를 훼손하는 대신 서로의 자아 이미지를 지지하고자 노력한다면, 갈등의 위협은 줄어들게 된다. 사람들이 다른 사람들에게 어떻게 보이길 원하는지, 갈등이 어떻게 그런 욕망을 위협하는지, 그리고 의사소통이 어떻게 그런 위협을 최소화할 수 있는지를 아는 것이 중요하다(Lulofs, 1994).

갈등을 해결하기 위한 노력에서, 두 가지 이유로 인해 체면 세우기는 당사자들이 꼭 고려해야 할 대상이다. 첫째, 가능하다면 당사자들은 갈등 중 대화가 체면 위협적인 문제로 옮겨가는 것을 피하려는 노력을 해야 한다. 사람을 문제로부터 분리하라는 피셔와 유리(Fisher & Ury, 1981)의 원칙과 비슷하게 이것은 내용 문제에 초점을 맞추고 상대방의 자아 이미지를 시험하지 않는 상호작용을 유지함으로써 지킬 수 있다. 둘째, 갈등의 말기에 체면 세우기 메시지는 실제로 당사자들이 갈등시기 동안 어떻게 이해했는지에 대해 서로 확인하고 지지하는 것을 돕는 데 이용될 수 있다. 체면 세우기 메시지는 다른 사람들에게 그들이 갈등 상황 동안 적절하게 행동했고 그들의 관계가 아직 건강하다는 것을 확인시켜 줄 수 있다.

킬만과 토머스의 갈등접근 스타일

갈등 스타일(conflict style)은 갈등에 접근할 때 사람들이 사용하는 정형화된 반응이나 행동으로 정의된다. 블레이크와 무톤(Blake & Mouton, 1964)의 작업 결과를 바탕으로 킬만과 토머스(Kilman & Thomas, 1975, 1977)가 개발한 갈등 스타일 모델은 가장 널리 인정되고 있는 것들 중 한 가지이며, 갈등 스타일의 유형에는 회피, 경쟁, 수용, 절충, 협력으로 구성된다. 그리고 이 모델의 구분은 자기주장과 협조성을 중심으로 설명하고 있다. 자기주장(assertiveness)은 자신의 관심사를 만족시키려는 시도를 가리키며, 협조성(cooperativeness)은 다른 사람들의 관심사를 만족시키려는 시도를 말한다.

첫째, 회피(avoidance)는 자기주장이 약하면서 비협조적인 갈등 스타일이다. 회피 스타일을 선호하는 사람들은 수동적이고 갈등 상황을 직접 정면으로 맞서기보다는 무시하려는 경향이 있다. 그들이 사용하는 전략은 갈등이 존재한다는 것을 부정하기, 갈등을 보변하기 위해 농담을 이용하기, 또는 화제를 바꾸려고 하기 같은 것들이다. 회피는 자신의 이익 추구에 대해 주장하지도 않고, 다른 사람들의 이익 추구를 돕는 데 협조적이지도 않다.

[그림 6.4] 갈등접근의 스타일

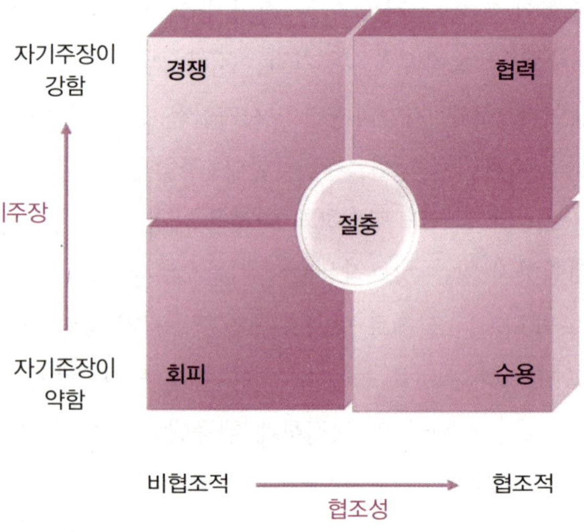

둘째, 경쟁(competition)은 자신의 목표를 추구하는 데 있어 자기주장은 매우 강하지만 다른 사람들이 목표를 추구하는 것을 돕는 것에는 매우 비협조적인 사람들의 갈등 스타일이다. 이 사람들은 자기 자신의 목표를 달성하기 위해 다른 사람들을 조종하거나 설득하는 것으로 투쟁을 해결하려고 한다. 경쟁적 스타일은 본질적으로 승리 아니면 패배(Win-lose)식의 갈등 전략이다.

셋째, 수용(accommodation)은 자기주장은 약하지만 협조적인 갈등 스타일이다. 어떤 사람이 수용을 할 때 상대방에 전달하는 바는 본질적으로 "당신이 옳다는 데 동의합니다. 이 문제는 잊어버립시다"라는 내용이다. 수용은 '타율적인' 접근법이며, 다른 사람들의 욕구를 매우 세심하게 보살피고 자기 자신의 욕구는 무시할 것을 요구한다. 이 스타일을 사용하면, 개인은 다른 사람들을 따름으로써 문제를 해결한다.

넷째, 절충(compromise)은 경쟁과 수용 사이 중간 즈음에서 일어나며 자기주장과 협조성 모두 어느 정도 관계된다. 많은 사람들이 절충을 '쌍방양보(give and take)'의 제안으로 본다. 절충하는 사람들은 자신들의 욕구와 다른 사람들의 관심사를 모두 보살핀다. 절충은 회피와 협력 스타일의 중간 지점에 위치한다. 이것은 절충하는 사람들이 대립을 완전히 무시하지는 않지만, 그렇다고 문제를 가지고 최대한의 노력을 기울이지도 않는다는 것을 시사한다. 사람들은 이 스타일을 자주 선택하는데 양측 당사자들의 관심사를 일부 충족시키면서 타협안을 신속하게 찾기 때문이다.

다섯째, 협력(collaboration)은 가장 선호되는 갈등 스타일로서, 자기주장과 협조성을 모두 필요로 한다. 이것은 양측이 갈등에 대한 어떤 긍정적인 해결을 보기로 합의하고 서로 상대방의 관심사에 충분히 배려하면서도 자신의 관심사를 희생하거나 억누르지 않는 것이다. 각자가 적당히 만족하고 그 해결책을 지지할 수 있을 때까지는 갈등이 완전히 해결되지 않은 것이다. 협력은 인간 갈등의 불가피함을 인정하기 때문에, 이상적인 갈등 스타일이다. 협력은 갈등에 정면으로 맞서고, 그 다음 갈등을 이용해서 생산적인 결과물을 생산해낸다.

4 리더와 조직구성원의 특성을 고려한 갈등관리

성취형의 갈등해결 방법

성취형의 경우 [그림 6.5] 갈등을 해결하기 위해 협력을 많이 하는 것으로 나타났으며, 경쟁에 의한 갈등해결은 가장 낮은 순위로 나타났다.

[그림 6.5] 성취형의 갈등극복 방법

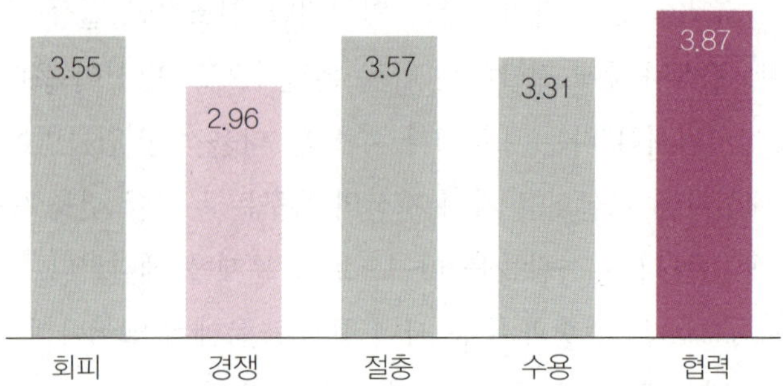

그러면 성취형 리더들의 경우 피셔와 유리(Fisher & Ury, 1981)의 방법을 이용하여, 어떻게 문제로부터 사람을 분리해내고, 어떻게 갈등을 해결할 수 있는지에 대해 알아보자.

갈등해결 사례

갈등은 주로 사람 요인과 문제 요인을 갖고 있는데 이 둘을 분리시키는 것은 매우 중요하다. 왜냐하면 사람과 문제를 분리시켜야만 우리는 상대방의 특수함과 욕구를 알아볼 수 있기 때문이다. 내가 문제와 사람을 분리해낸 경우는 어릴 때 사촌들이 다같이 모여서 명절 때 같이 놀이를 할 때가 있었다. 그때 작은아빠의 자제분인 조카 두 명과 고모의 자제인 사촌 한 명, 나, 동생까지 5명이 다같이 술래잡기를 하며 놀고 있었다. 술래잡기를 할 때 그때 암묵적인 규칙은 상대방의 신체에 접촉(터치)만 하면 술래가 이긴 것이었다. 사건의 발단은 조카 중 한 명이 술래였을 때 그 조카가 내 친동생을 살짝 터치를 했는데 동생은 그와 동시에 도망치면서 자신이 걸리지 않았다고 우겼다. 당시 5명의 친척들 중 내가 나이가 제일 많았기 때문에 갈등의 중재자이자 리더 역할을 맡고 있던 나로선 참 난감했었다. 분명 명시적으로 정하진 않았어도 암묵적으로 가벼운 터치라도 있으면 술래가 바뀌는 것으로 놀이를 즐기고 있는 상황에서 동생은 분명 잡힌 것이었지만 친동생에게 매정하게 “너가 틀렸어”라고 말하면 동생과의 관계가 틀어져서 이번 명절이 지나고도 사이가 어색해질 것 같았다.

고민 끝에 나는 사람을 문제로부터 분리하기로 결심했다. 동생이 내게 중요했어도 당시에 리더로서 공정함을 보여야 이 다음에도 친척동생들이 나를 믿고 규율을 지키며 놀이에 임할 것임을 알고 있었기에, 난 동생과 술래였던 조카 두 명의 손을 잡고 우리가 기존에 암묵적인 놀이 규칙을 따르고 있었고, 내가 직접 동생이 술래에게 잡힌 걸 봤으니 동생이 진 것이 맞다고 설명했다. 처음엔 동생이 인정하지 않으려 해서 갈등을 해결하는 것이 쉽지 않았다.

그래서 나는 입장이 아닌 이익에 초점을 맞추고, 상호의 이득을 위한 옵션을 만들어내고, 객관적 기준을 사용하였다. 우선 동생의 입장에서 친형이 자신의 편을 들어주지 않아서 서운할 수도 있겠지만, 나는 놀이가 끝나서 모두가 화목하게 집에 들어가면 어른들이 좋아할 것이며 그렇게 되면 우리가 맛있는 음식(이익)을 얻을 수 있다고 동생에게 설명하였다. 또한 지금까지 술래가 된 적이 없었던 동생이 술래가 되면 놀이의 다양성이 증대되므로 더 모두가 즐겁게 놀이를 즐길 수 있으며, 누구라도 술래가 될 수 있다는 긴장감이 생겨서 더 몰입하여 술래잡기를 재미있게 할 수 있으며, 무엇보다 지금까지의 선례로 봤을 때 객관적으로 동생이 터치된 것이 맞기 때문에 술래가 되는게 맞다고 설득하였다. 그 결과 처음엔 때를 쓰던 동생도 납득을 하고 술래 역할을 하였으며 우리 모두는 더 웃으며 즐겁게 놀이를 즐길 수 있었다. 위 사례의 예시처럼 특정 갈등이 생겼을 때 사람과 문제를 분리시킨 후에 여러 가지 방법(예: 객관적 기준 사용, 입장이 아닌 이익에 초점 맞추기) 등을 이용하면 구성원들을 이해시키고 설득하는 데 훨씬 용이하다.

관리형의 갈등해결 방법

관리형의 경우 [그림 6.6] 갈등을 해결하기 위해 회피를 많이 하는 것으로 나타났으며, 경쟁에 의한 갈등해결은 가장 낮은 순위로 나타났다.

그러면 관리형 리더들의 경우 피셔와 유리(Fisher & Ury, 1981)의 방법을 이용하여, 어떻게 문제로부터 사람을 분리해내고, 어떻게 갈등을 해결할 수 있는지에 대해 알아보자.

갈등해결 사례

피셔와 유리는 갈등을 해결할 때 경쟁적인 흥정이나 과도한 수용이 아닌, 문제 자체의 중요도를 가지고 의사결정을 할 것을 강조하고 다음 네 가지 원칙을 통해 협상의 기본요소들, 즉 사람, 이익, 옵션, 기준에 초점을 맞춘다. 첫 번째로는 사람을 문제로부터

[그림 6.6] 관리형의 갈등극복 방법

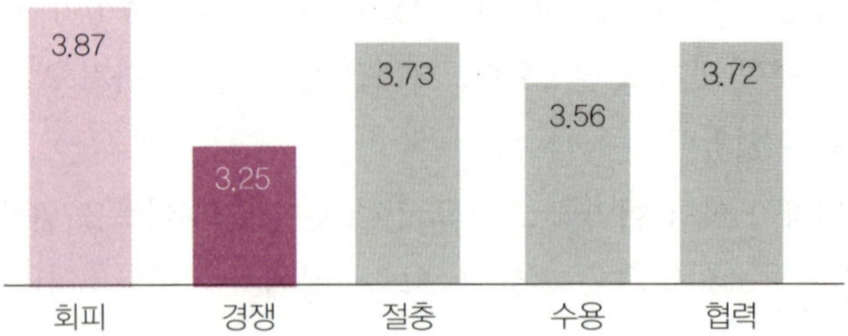

분리하며, 두 번째로는 입장이 아닌 이익에 초점을 맞추고, 세 번째로는 상호의 이득을 위한 옵션을 만들어내기이다. 네 번째로는 객관적인 기준을 사용할 것을 고수해야 한다. 내가 이 원칙들로부터 가장 크게 공감된 원칙은 바로 첫 번째 원칙, 사람을 문제로부터 분리하기이다.

팀 프로젝트 당시, 같은 팀원들 사이에서 크고 작은 갈등을 항상 봐왔다. 팀 프로젝트의 주제를 정하는 큰 문제에서부터 사소한 품목 정하기, 물품 구매하기 등 수많은 갈등의 사례를 본 결과, 대다수의 갈등 상황은 사람 간의 요인들이 얽혀 있었다는 것이다. 예를 들어, 정말 친하고 막역한 사이끼리 의견이 엇갈릴 때는 갈등 상황으로까지 진전되지 않고 서로 배려하며 타협하고 절충안을 찾으려 노력한다. 반면, 평소에 사이가 좋지 않던 상대방과의 의견 충돌이 발생할 때, 이는 큰 갈등 상황으로 번진다. 나는 이러한 갈등 상황을 볼 때, 우선 그들을 물리적으로 분리시킨다. 그 후 당사자들에게 각각 대화를 하다 보면, 현재 상황뿐만 아니라 과거에서부터 상대방에게 쌓였던 감정의 응어리를 터트린다. 그래서 나는 우선 당사자와 대화를 할 때 크게 공감을 해준다. 예를 들면, 빈말이라도 “아, 나도 저 친구 예전부터 그 점이 문제라고 생각했었어”라는 식의 공감대를 형성한다. 내가 당사자에게 공감하는 모습을 보이면 당사자는 서서히 흥분을 가라앉히고 현재 상황을 객관적으로 보기 시작한다. 당사자가 그런 기색을 보일 때 나는 얼른 이 상황을 객관적으로 정리하여 당사자에게 긍정적인 해결 방법에 대한 이야기를 한다. 또한 내가 상대방의 입장이 되어 당사자에게 이야기를 해준다. 그렇게 내가 상대방에 이입하여 당사자에게 진심으로 이야기를 해주면 당사자도 상대방의 입장에서 현재의 갈등 상황을 생각하기 시작한다. 그 후 최종적으로 나는 당사자와 이 상황을 원만하게 해결할 수 있는 방안을 상대방과 함께 모색하자고 제안한다. 즉, 당사자로 하여금 철저히 갈등을 사람 요인과 문제 요인을 분리시켜 두 요인 모두 번갈아 가면서 생각하게 한다. 이렇게 함으로써 우리는 상대방의 특수함과 욕구, 감정, 기분들을 알아볼 수 있게 되고 관계에 더 주의를 기울이고 공통으로 문제에 맞설 수 있다.

그 밖에 내가 직접 갈등 상황에 놓여 있을 때, 나는 항상 원만한 해결을 원한다. 상호의 이득을 위한 옵션들을 생각한다. 특히, 양쪽의 이익이 달려 있는 상황이라면, 이해당사자들의 이익들이 겹치는 지점이 어디인지를 생각하며 갈등에 대한 창의적인 해결책을 열심히 생각해보고 찾아본다. 예를 들어, 내가 친구들과 여행을 갔을 때, 나는 여러 군데를 둘러보고 싶은 욕구가 컸던 반면, 친구는 하루 정도는 자유롭게 푹 쉬고 싶다는 이야기를 했다. 크게 갈등 상황을 맺은 것은 아니었지만 나는 나와 친구의 이익이 겹치는 지점을 생각했다. 그 결과, 나는 친구에게 온천이 유명한 지역을 가서, 낮에는 구경을 하다가 오후에 온천을 즐기면서 쉬자고 제안을 했다. 즉, 온천이 유명한 지역을 가는 것이 나의 여러 지역을 구경하고자 하는 욕구와 피로를 회복하고자 하는 친구의 욕구가 이루는 이익의 교집합이라고 생각을 하였고, 이에 알맞은 창의적인 해결책을 제시하였던 것이다. 그 결과, 친구는 나의 제안을 너무나도 좋아했고 원만히 여행을 마칠 수 있었다. 위 사례처럼 갈등을 해결하기 위해선 이해당사자들이 얻는 이익들의 교집합을 항상 생각해야 한다. 이 부분을 깊게 생각하다 보면 자연스레 창의적인 해결책이 나온다고 생각한다.

결국, 갈등을 해결하기 위한 첫 단계는 갈등을 사람 요인과 문제 요인으로 분리시키는 것이다. 이렇게 갈등을 객관적으로 바라보기 시작하면 이해당사자들이 얻는 이익은 무엇인가에 대하여 생각하고, 이들의 교집합이 무엇인지를 파악하여 그에 맞는 창의적인 해결방안을 서로 모색해야 할 것이다. 이 과정에서 여러 가지 객관적 기준, 예를 들어 선례, 전문적인 기준, 관행, 관습을 참고한다면 큰 도움이 될 것이다. 갈등은 누구에게나 언제든지 발생할 수 있는 자연스러운 현상이므로 갈등을 무조건적으로 회피하고 무시하기보다는 함께 해결해 나가며 대안을 모색하는 과정에서 관계는 더욱더 단단해지며 끈끈해진다고 생각한다.

사람을 문제로부터 분리할 때 세 가지 점을 중요하다고 생각한다. 첫째는 인지를 만든다. 협상할 때 상대방의 견해를 알아야 하고 상대방의 이익이든 관점이든 공감해야 한다고 생각한다. 그러나 상대방에 대해 아는 것이 동조하는 뜻은 아니다. 둘째는 감정을 조절한다. 감정 조절의 필요성은 매우 중요하다고 생각하고, 특히 예민한 논쟁할 때 정서는 결과를 좌우할 확률을 크다고 생각하기 때문이다. 셋째는 소통을 강화한다. 사람들이 같은 가치관이나 경험이 있어도 소통은 쉬운 일이 아니라고 생각한다. 사람들은 항상 소통해야 문제를 해결할 수 있다고 말하는데, 사실 소통이 부족하기보다는 소통을 너무 많이 해서 문제가 된다. 자기 하고 싶은 말만 하고 상대방이 어떤 말을 하는지 모르면 이것은 소통이 아니라고 생각한다. 따라서 앞서 언급했던 세 가지 점을 잘 수행하기 위해 '경청'을 잘해야 한다고 믿는다. 사람과 문제를 단번에 분리할 수 없어서 협상에 과정에서 계속 일의 본질만 가지고 판단의 방향을 노력해야 한다.

협상할 때 입장보다는 이익이 문제점이어서 나와 상대방의 공통적인 이익의 해결법은 무엇인지에 대해 먼저 생각하고 찾아본다. 통상적인 이익에 대해 생각난 것은 돈이지만 다른 것들도 될 수 있다. 그래서 잊어버리기 전에 구체적으로 생각난 이익을 쓰고 귀납하고 우열 순서를 정렬한다. 이익을 토론하기 전에 상대방의 이익을 자세하게 탐구하며 쌍방의 공통적인 이익을 찾는다. 그리고 상대방이 만족할 수 있도록 상세한 것에 설득력 있게 알아야 한다. 토론할 때 내가 준비한 이익을 제시한 후 얻고 싶은 결과가 상대방이 이 사람은 자신만의 이익을 고려한 것이 아니라 우리도 고려하였군이라는 생각만 있으면 된다. 그래야 이 협상과 갈등해결을 더 나아갈 수 있다.

내가 공통적인 이익을 상대방에게 제시 후 어떤 점에서 갈등이 생길 수 있지만 좋은 과정으로 된다. 왜냐하면 우리가 처음부터 성공한 협상을 달성하기 위해 자기한테만 유익이 되는 방식으로 진행하지 않고 상대방을 배려하며 나에게 손상을 입지 않는 방향으로 해왔기 때문이다. 또한 제일 중요한 것은 항상 사람은 감정을 가지고 판단하면 안 되고 일의 본질만 가지고 객관적으로 판단해야 한다. 즉, 갈등을 해결한 과정에 동의하지 않거나 생각이 다르거나 쌍방 유익을 같이 만족시키기 위해 문제점에 대해 반드시 객관적으로 지적해야 한다. 게다가 말투는 생각보다 정서에게 많은 영향을 줄 수 있어서 말투까지 신경을 많이 쓰고 존중한 태도와 성의로 진행해서 목적을 달성해야 한다.

자율형의 갈등해결 방법

자율형의 경우 [그림 6.7] 갈등을 해결하기 위해 협력를 많이 하는 것으로 나타났으며, 회피에 의한 갈등해결은 가장 낮은 순위로 나타났다.

그러면 자율형 리더들의 경우 피셔와 유리(Fisher & Ury, 1981)의 방법을 이용하여, 어떻게 문제로부터 사람을 분리해 내고, 어떻게 갈등을 해결할 수 있는지에 대해 알아보자.

[그림 6.7] 자율형의 갈등극복 방법

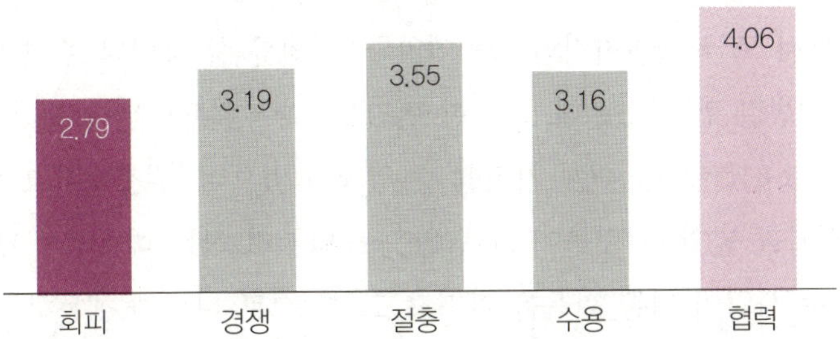

갈등해결 사례

갈등해결의 기본은 상대방의 말을 경청하는 것이다. 상대방의 말을 귀담아 듣지 않으면 제대로 된 소통이 이루어질 수가 없으며 소통이 이루어지지 않으면 갈등은 해결되지 않을 것이고 더욱 악화될 것이다. 피셔와 유리가 제시한 갈등접근법에서도 그 바탕이 되는 것은 상대방과 소통을 하는 것이다.

피셔와 유리가 제시한 4원칙 중에 첫 번째 원칙인 '사람을 문제로부터 분리하기'를 시행하기 위해서는 갈등관계에 있는 상대방과 적극적으로 소통을 해야 한다. 내용에 나와 있는 것처럼 갈등 요인에서 사람 요인과 문제 요인을 분리해야만 상대방의 특수함과 욕구들을 파악할 수 있는데, 상대방과 소통을 하지 않은 채 자의로만 이것을 분리하는 것은 불가능에 가까운 행동이다.

두 번째 원칙 또한 그 기반에는 상대방의 말에 경청하는 것이 포함된다. '입장'은 상대방이 말하는 것의 포장지에 가깝다. 대부분 사람들은 그 포장지가 상대방의 진심인

줄 착각하면서 자신이 상대방의 말을 잘 들어주었다고 말을 한다. 하지만 진정한 갈등 해결을 위해서는 그 안의 진짜 알맹이인 상대방의 '이익'을 파악하여야 하는데, 이 또한 소통이 없으면 찾아내기 힘들다.

마지막으로 세 번째 원칙인 '상호의 이득을 위한 옵션을 만들어내기'에서 알 수 있듯이 갈등해결이란 한쪽의 힘으로만 하는 것이 아니라 양측의 적극적인 가담이 필요한 것이다. 소통이 한측의 말만 듣는 것이 아니라 그 사람의 개입을 적극적으로 유도하는 것이라고 본다면 세 번째 원칙에서 또한 소통은 중요한 역할을 하게 될 것이다.

내가 스포츠 커뮤니케이션 수업에서 조별과제를 할 때의 일을 예로 들어보겠다. 우리 팀에 새내기 학우가 있었는데, 의욕적이지만 조별과제의 매커니즘을 잘 이해하지 못한, 우리 입장에서 조금 골칫거리인 조원이었다. 회의를 할 때마다 주제에 어긋나는 의견을 내 갈등이 생길 뻔 하였는데, 그러한 반감을 그 조원으로부터 분리하니 문제(주제에 맞지 않는 의견 조율)를 보다 쉽게 처리할 수 있게 되었으며, 절충적이고 색다른 주제를 선정해 좋은 평가를 받았고, 덧붙여 그 팀원을 도와주려 하는 마음까지 생기게 되었다. 문제를 일으키는 사람이 나쁜 마음을 가지고 고의적으로 나쁘게 행동하는 것이 아니라는 생각을 하게 되면, 오히려 효율적으로 문제를 해결하고 그 사람과 정서적인 유대감까지 쌓을 수 있게 되는 것을 알 수 있는 경험이었다.

나는 신문방송학과를 재학하면서, 한 학기에도 몇 번씩 조별과제를 하곤 했다. 그리고 다년 간의 경험을 통해, 가장 효율적인 문제해결 방법을 파악해나갈 수 있었고 그 방법이 피셔와 유리의 것과 비슷하다고 느꼈다.

우선 사람을 문제로부터 분리해내기 위해 모든 사람들의 영향력을 동등하게 설정할 필요가 있다. 가끔 의견을 나누다 보면, 목소리가 큰 소수가 존재하기 마련이다. 때에 따라 다른 사람들의 의견이 영향력이 큰 소수의 여론에 묵살당할 수도 있다고 느꼈다. 그래서 선택한 방법은 익명성이었다. 처음에 하나의 공동과제를 두고 자연스럽게 의견을 나누되, 대화의 과정을 서로의 생각을 파악하는 정도로만 제한했다. 이후 바로 의견을 취합하기보다는, 익명 투표를 진행해 각자의 최종 선택에 익명성을 부여했다. 이를 통해 소수의 입장만이 부각되는 일이 없이 오로지 집단 공통의 이익에만 초점을 맞출 수 있었다.

더불어 복수투표가 가능하게 설정해, 가장 선택이 많은 항목과 더불어 그 다음으로 선택이 많은 항목도 파악할 수 있게 했다. 그래서 최종 선택을 받지 못했더라도 투표수가 높았던 다른 후보군들을 추후 결과물에 충분히 반영할 수 있게 했다. 그렇게 된다면 피셔와 유리가 말했던 '상호의 이득을 위한 옵션 만들어내기'도 충족되어 더욱 갈등해결에 용이하다고 보았다.

관계형의 갈등해결 방법

관계형의 경우 [그림 6.8] 갈등을 해결하기 위해 회피를 많이 하는 것으로 나타났으며, 경쟁에 의한 갈등해결은 가장 낮은 순위로 나타났다.

그러면 관계형 리더들의 경우 피셔와 유리(Fisher & Ury, 1981)의 방법을 이용하여, 어떻게 문제로부터 사람을 분리해내고, 어떻게 갈등을 해결할 수 있는지에 대해 알아보자.

[그림 6.8] 관계형의 갈등극복 방법

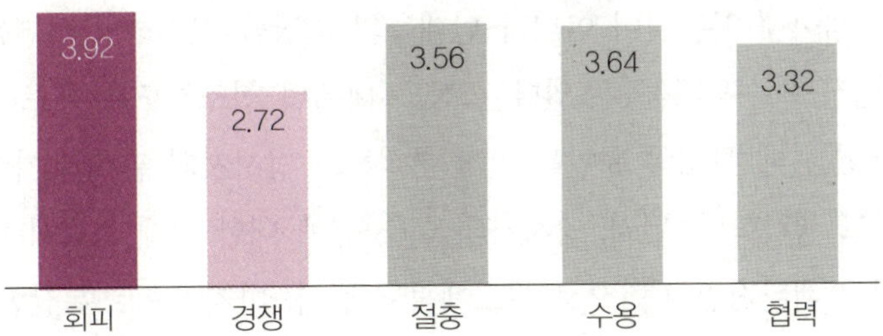

갈등해결 사례

사람과 사람이 만나게 되면, 최소 두 사람이 하나의 상황에서 만나게 되면, 서로가 겪고 자라온 환경이 필연적으로 다를 수밖에 없다. 각자가 보고 겪은 경험이 다르기에 서로 다른 입장이 충돌할 수밖에 없고 이 과정에서 갈등이 생겨나게 된다. 소위 각자의 입장이 다르고, 입장에 따른 이익이 다른 것이다.

이때 주관적인 기준은 서로 자신의 입장에 맞춰 해석하여 자신에게 유리하게 적용하기에 객관적인 기준을 활용하여 갈등에 대해 이해당사자들의 이익이 겹치는 지점을 파악하여 창의적으로 해결할 수 있도록 해야 한다. 나의 경우, 일전에 동아리활동을 하여 신입생을 데리고 엠티(MT)를 가는 기간에 태풍이 예고되어 있었고, 이에 엠티를 진행하여야 하는가에 대해 토론을 한 적이 있다. 신입생들이 오리엔테이션을 받고 서로가 모여 처음으로 얼굴을 보는 자리이기에 향후 활동을 하는 데에 있어서도 영향을 미치기에 엠티를 진행하여야 한다는 입장과, 그럼에도 불구하고 학생들의 안전이 최우선이니 엠티를 취소하고 교내 오리엔테이션으로 대체하여야 한다는 입장이 대립하였다. 서로가 지향하는 가치가 달랐던 것이다. 서로의 생각이 명확했기에 엠티 취소 측은, 엠티에서 얻을 수 있는 이익을 교내 오리엔테이션으로 대체 진행하여도 얻을 수 있다는 점과 친목도모는 안전하게 학교 주변 음식점을 빌려서 조금 불편하더라도 안전을 위해 작게 해야 한다고 설득하였다. 비록 엠티를 진행하는 것이 전통에 맞지만, 안전이라는 최우선 가치에 중점을 둬서 반대편의 입장에 있는 이익을 충분히 찬성편에서도 조금이나마 추구할 수 있다는 점을 들어 사안에 대해 절충방안을 택했다. 결국 엠티를 취소하는 대신 실내 오리엔테이션을 진행하고 원래는 진행하지 않았던 부서별 대규모 회식을 동아리비로 지원하여 진행함으로써 절충방안을 모색하여 진행하였다. 이익추구를 위해 반대측을 무조건 깎아내리는 것이 아니라 반대측의 입장을 인정하여 체면을 살려주면서도 반대측의 입장도 수용해줄 수 있다는 점을 내세워 협조하도록 유도해낸 것이다.

갈등이 발생했을 때 문제의 원인을 먼저 분석하고 당사자의 관계와 차이의 충돌점을 정리해야 한다고 생각한다. 먼저, 당사자의 이 사건에 대한 견해를 들어내서 사건을 방관자의 시각에서 객관적인 시각으로 다르게 분석한다. 마지막으로 복잡한 사건을 하나씩의 모순된 충돌점으로 세분화한다. 사건 당사자가 자신의 문제를 인식하도록 장려한다고 생각한다.

피셔와 유리의 방법을 이용하여 문제로부터 사람을 분리할 때, 갈등내용과 인간관계를 구분해서 바라봐야 한다. 이 둘은 밀접하게 연관되어 있기 때문에 이를 구분하기는 매우 어렵지만 다음과 같은 방법을 통해 분리가 가능할 것이라고 생각한다. 첫째로는 문제당사자와의 갈등뿐만 아니라 감정에도 초점을 맞추는 것이다. 사람과 어떠한 갈등으로 엮이면 그 상대를 갈등당사자로 보고 문제해결의 대상으로만 보려고 할 수 있다. 따라서 이에 대해 시각을 옮겨 그 당사자를 '인간'으로 보기 위한 노력을 해야 하는데, 이를 위해 당사자가 느낄 수 있는 감정 선에 집중해 입장을 바꿔서 생각해보려는 시도가 필요하다. 둘째로는 역설적으로 들릴 수 있지만 갈등을 회피하지 않는 것이다. 모든 인간 및 주체들은 서로 다른 이해관계로 얽혀 있고 결국 서로 공생하기 위해 합의점을 찾아가야 하는 존재들이다. 그렇기 때문에 오히려 갈등 상황에 대해 회피하지 않고 부딪혀 더 많은 합의를 이루어내는 것이 도움이 된다는 것을 인지하는 것이 바람직하다. 갈등해결을 위해 함께 노력할 수 있는 방법으로는 피셔와 유리의 방법 중 객관적 기준 사용하기를 생각할 수 있다. 객관적 기준으로 사용할 수 있는 법원 결정 사안, 도덕적 잣대, 혹은 과학적 판단 등을 이용해 갈등해결의 방향이 편향되지 않고 다수의 사람들이 상식 선에서 동의할 수 있는 수준으로 향하는 것을 지향한다면 갈등요소가 줄어들 것이고 합의내용 또한 양측 모두 동의할 수 있는 선에서 이루어질 가능성이 높다. 이러한 이유로 갈등해결을 위해 모두 객관적 기준으로 합의를 보는 것이 이상적이다.

Tip 리더에게 공감이 중요한 이유

- 공감은 팀워크를 관리하고 갈등을 조정하는 데 유용하다.
- 공감은 범문화적 소통을 촉진한다.
- 공감인 공공 서비스 정책을 공포하고 홍보할 때 대중의 정서를 관리하는 데 도움이 된다.
- 공감은 소비자를 관리하고 그들의 욕구를 파악할 때 매우 중요하다.

뇌에서 공감의 토대는 거울신경이다. 뇌는 우리가 보고 있는 사람의 뇌를 모방하는 것과 억제하는 것은 같은 영역에서 일어난다. 그러면 왜 리더에게 거울신경계가 중요한 것인가? 뇌는 행동뿐만 아니라 의도에도 거울 반응을 하는 것으로 알려져 있다. 리더는 거울신경을 통하여 다른 사람의 의도를 거의 자동으로 알아낼 수 있다. 즉, 리더의 정서와 행동을 하급자가 따라 하기 때문에 거울신경은 조직에서 중요하다.

사람은 다른 사람의 감정에도 거울반응을 한다. 즉, 공감을 잘하는 사람은 거울 반응을 더 잘하게 된다. 또한 거울신경을 이해함으로써 효과적인 인사배치가 가능한 것이다(Pillay, 2012).

Chapter

07

자기브랜드 리더십을 통한 스트레스 관리

1. 스트레스 원인과 개념
2. 직무 및 조직 관련 스트레스 원
3. 개인 관련 스트레스 원
4. 리더와 조직구성원의 특성을 고려한 스트레스 관리 전략

1 스트레스 원인과 개념

우리가 일상생활에서 흔히 사용하는 스트레스라는 말의 어원은 라틴어의 stringer라는 말에서 유래되었다고 한다. 이 말의 뜻은 '팽팽하게 죄다'라는 뜻인데, 이 말이 오늘날 쓰이는 용어로 정착된 것은 14세기부터라 한다. 그래서 오늘날에는 물체나 인간에게 작용하는 힘, 압력 또는 강한 영향력을 의미한다. 즉, 힘이 가해진 물체나 삶은 이러한 외부 압력에 대항해서 통합성을 유지하기 위해 긴장을 불러 일으키는데 이러한 뜻도 포함되어 있다(이종목, 2008). 결국 스트레스란 말은 외부의 압력과 이에 대항하는 긴장이라는 두 가지 의미에서 이해해야 한다.

이러한 뜻을 보다 쉽게 이해하기 위해서 고무공을 예로 들어 보면, 고무공을 손가락으로 누르면 고무공은 누른 만큼 쑥 들어간다. 그러면 그와 동시에 고무공은 원래의 상태로 되돌아가기 위해 밖으로 밀어내려는 힘이 작용하게 된다. 이와 같이 고무공을 손가락으로 눌러 쑥 들어간 상태를 외부의 압력이라 하고, 원상태로 되돌아가기 위한 힘을 긴장이라 한다. 다시 말하면, 이러한 외부의 압력을 스트레스 원(stressor)이라 하고 원상태로 되돌아가려는 반작용을 스트레스라고 한다. 진정한 스트레스는 스트레스 원에 대항하기 위한 심신의 변화과정만을 뜻한다. 즉, 외부로부터 압력을 받게 되면 긴장, 흥분, 각성 또는 불안과 같은 생리적 반응이 일어나게 되는데 이러한 과정을 스트레스라 부른다.

스트레스에 대한 최초의 학문적 연구는 셀리에(Hans Selye)로부터 시작되었다. 그는 프라하대학의 의과학생이었을 때 환자는 질병의 종류에 관계없이 모두 똑같이 "환자 같다"는 사실에 주목했다. 즉, 위궤양 또는 고혈압이라는 각 질병의 특정한 증상 이외에 생기가 없다, 안색이 나쁘다는 등 어떤 질병에나 공통적으로 나타나는 비특징적 증상이 있다는 사실을 깨달았다. 그 후 그는 지속적인 연구를 통해 체내에는 외부로부터 오는 자극에 대응하기 위해 스스로를 변화시키는 작용이 있고, 그 변화는 자극의 내용 여하를 불문하고 항상 일정하다는 사실을 발견했다. 이 같은 사실에 기초하여 그는 일반적응증후(general adaptation syndrome: GAS)라는 개념을 발표했다. 스트레스의 결과가 신체부위에 영향을 준다는 뜻에서 일반적(general)이라 불렀고, 스트레스의 원인으로부터 신체를 대처 또는 적응시킨다는 의미에서 적응(adaptation)이라 불렀고, 스트레스 결과에 의해 어떤 반응이 일어난다는 의미에서 증후(syndrome)라 불렀다. 이러한 일반적응증후는 3단계를 거치면서 사람에게 좋은 결과를 주기도 하고 나쁜 결과를 주기도 한다.

첫 번째, 경계단계(alarm stage)로 정신적 혹은 육체적 위험 앞에 갑자기 노출되었을 때 나타나는 최초의 즉각적인 반응단계를 말한다. 경계단계는 다시 두 가지 하위단계로 구분된다. ① 충격기(shock phase)로서 위협에 처했을 때 즉각적으로 나타나는 반응이다. 이 기간에는 맥박이 빨라지고 체온과 혈압이 감소하고 근육의 긴장도가 낮아진다. ② 역충격기(counter-shock phase)로서 방어력을 동원하는 대응 현상이 일어난다. 이 기간 동안에는 부신피질(신장 위에 있는 분비선 겉 부분의 층)이 확대되어 부신피질 호르몬 분비를 증가시켜 신체 내의 나트륨, 칼륨, 염소 등 무기질 수준을 조절하여 뉴런의 정보전달을 강화시키거나, 신체 내의 단백질과 지방질을 포도당으로 전환시켜 긴급 상황에 대처하도록 해준다. 그러나 우리의 신체는 경계단계에만 머물러있을 수 없다. 외부자극이 너무 강해서 생명에 위협을 느끼게 되면 몇 시간이나 며칠 내에 죽어버리기 때문이다. 우리 신체가 생존하기 위해서는 다음 단계인 저항단계를 거쳐야 한다.

두 번째, 저항단계(resistance stage)로 신체가 외부자극에 대해 완전히 적응하여 저항하고 있는 시기이다. 스트레스에 완전히 적응하기 때문에 증상은 호전되거나 없어져 버린다. 이 단계에서는 경계단계와는 아주 다른 특징을 갖는다. 경계단계에서는 부신피질에

[그림 7.1] CAS가 일어나는 동안의 반응단계

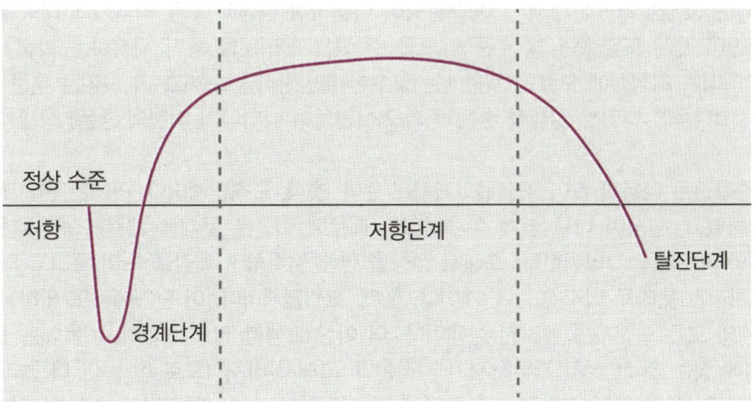

서 혈액 속에 분비물을 방출시켜 이미 이전에 저장하여 놓았던 지방질을 소비하지만, 저항단계에서는 다량의 분비물을 피질에 쌓아 놓는다. 경계단계에서는 혈액농축, 저염소혈증, 이화작용 등의 현상이 일어나지만 저항단계에서는 혈액희석과 염소혈증, 동화작용 등의 현상이 일어나게 된다. 그러나 스트레스에 계속 노출되어 있으면 어렵게 획득한 적응력은 다시 기능을 잃게 되어 제3단계인 탈진단계에 들어가게 된다.

세 번째, 탈진단계(exhaustion stage)로 스트레스에 대한 적응 에너지가 제한되어 있기 때문에 스트레스에 계속 노출되면 증상은 다시 나타나고 우리의 신체는 탈진상태에 빠지게 된다. 이러한 조건이 지나치게 되면 죽는 경우도 생긴다.

다행히도 대개의 경우 육체적 정신적 스트레스는 처음의 두 단계에서 종결될 수 있도록 우리의 신체는 적응을 하고 있다. 그러나 이전의 병력이나 유전적 성질 때문에 내장기관이 약한 경우 급기야는 그것이 파괴되고 출혈성 궤양이나 심장발작과 같은 상태를 일으키는 경우도 있다. 결국 스트레스는 스트레스 원에 대처하여 평온한 상태를 유지하기 위한 생리적 반응, 즉 "전투 아니면 도피(fight or flight)" 반응 과정이다(이종목, 2008).

Tip 정상증후군

사람들은 갑자기 '정체'되기 전까지 성장하면서 살아간다. 그런데 리더가 갑자기 정체되면 어떻게 될까?, 이런 한계를 갑자기 깨달을까?, 충격으로 다가올까?, 여기서 끝이라고 생각할까?

정상에 도달했을 때 성공한 리더의 마음속에 이런저런 많은 생각이 나타날 것이다. 파슨스(2007)는 정상증후군에 대해 "문제해결력이 탁월하여 정상에 오른 리더가 인내력을 상실하고 자신이 전에 도달했던 그 수준에 오를 수 있을지 의문을 품기 시작하는 과정"이라고 하였다. 리더가 최정상에 오르면 처음에는 모호한 불만족감을 느끼고 이 느낌은 혼란스러움이 되며, 그다음에 내면은 절대적 혼돈과 카오스(만물이 나타나기 이전의 혼돈) 상태가 된다고 한다.

정상증후군은 다음과 같이 3단계를 거치게 된다. 첫째, 도착단계이다. 리더는 현업의 정상에 도달하였고, 성공이 너무 쉽게 이루어졌기 때문에 이들은 문제를 해결하느라 골몰하던 그 시절의 짜릿함을 그리워한다. 그래서 정상을 향해 질주하던 쾌감을 느껴 보려고 더 열심히 노력하지만 뜻대로 되지 않는 단계이다. 둘째, 고원단계이다. 이 단계에서도 리더는 현재 동종업계의 모든 도전자를 물리친 상태이다. 더 이상 고생할 필요가 없다. 처음에는 즐겁지만 '타성에 젖는 것'이 점차 지루해지기 시작한다. 그래서 마지막으로 한 번만 더 놀라운 업적을 남기고 싶어하지만 결과는 미미하여 크게 실망한다. 셋째, 하강단계이다. 이 단계에서 리더의 실적이 눈에 띄게 저조해지며, 더 이상 '올라갈 곳'은 없는데, 정상은 너무 지루하다. 또한 이들은 더 이상 슈퍼스타가 아닌 것을 애통해 한다. 그래서 이들은 다른 배로 갈아타거나 명예퇴직을 하게 된다.

리더는 승진 속도가 점차 느려지다가 '더 이상 승진할 수 없을 때' 불안해한다. 불안은 편도체 발화율을 높이고 결국, 사고력을 떨어뜨리게 된다. 그리고 '무감각'해진 뇌 때문에 리더는 쉽게 싫증 나게 되며, 지루함을 못 견디는 사람은 전두엽이 부분적으로 비정상적이라는 결과가 있다(Jiang, 2009). 따분해 하는 리더의 좌뇌와 우뇌는 소통이 적다. 뇌는 단조로울 때 좌뇌와 우뇌의 통일성이 감소하고 자기 조절력의 결핍을 의미하는 느린 뇌파가 증가한다고 한다(Aslanyan & Pascale, 2007). 또한 지루함은 정신적 자극이 줄어든다. 이렇게 되면 뇌세포가 퇴화하고 크기가 줄어 결국 리더의 수행력도 떨어지게 된다(Saunders, 1996).

Tip 정상증후군 극복을 위한 리더십 적용

업무가 따분하거나 단조롭다고 생각하는 리더는 정상증후군을 의심하거나 예방해야 한다. 신기한 것을 추구하는 사람의 뇌는 일상사에 다르게 반응한다. 이들의 계산기 영역은 반복적인 정보에 과소반응하고, 친숙한 것은 무엇이든 장기기억의 뇌를 자극할 수 없게 된다. 그 결과, 이들은 대체로 행동의 동기가 부족하게 되고, 더욱이 창의성에 관여하는 뇌가 더 작기 때문에 창의성도 영향을 받는 것이다.

'신기한 것'이 없다면 뇌세포는 퇴화하고, 결과적으로 수행력이 떨어지게 된다. 리더는 구성원이 쉽게 싫증내는 사람인지 아닌지를 판단하고 그가 이 사실을 깨닫도록 도와주어야 한다. 신기한 것에 이끌리는 구성원을 코칭할 때는 혁신과 같은 주제로 뇌를 자극해야 한다(Pillay, 2012).

2 직무 및 조직 관련 스트레스 원

과제 특성

복잡한 과제는 일반적으로 정보과부하 조건을 요구하기 때문에 상대적으로 높은 인지활동을 요구하며, 따라서 이러한 조건은 스트레스를 높여 주는 조건이 될 수 있다. 인간이 갖고 있는 일의 처리 능력에는 한계가 있기 때문에 과제가 복잡해지면 그만큼 스트레스에 쉽게 노출될 수 있다. 특히, 지루하게 반복되는 과업수행에서 오는 단조로움은 기계화 및 자동화 시대에 살고 있는 오늘날 가장 위험한 스트레스 원이 될 수 있다.

역할 갈등과 역할 모호성

비교적 짧은 기간이지만 상당한 관심을 갖고 가장 많이 연구해 온 스트레스 원의 하나가 역할 관련 요인이다. 역할 갈등은 역할 담당자가 자신의 직위에서 역할전달자의 역할 기대를 상충되는 상황으로 지각하는 심리적 상태로 정의된다. 공식적이고 구조적인 조직은 주로 구조적인 변수(의사결정의 참여, 부하의 폭) 때문에 역할 갈등이 발생하고, 비공식적이고 비구조적인 조직은 주로 인간관계 변수(신뢰 존경, 동료와의 관계) 때문에 역할 갈등이 발생한다. 이러한 갈등은 정신적 긴장과 정적 상관관계를 맺으며, 직무만족이나 직무성과와는 각각 부적인 상관관계를 갖고 있는 것으로 알려져 있다.

한편 역할 모호성은 개인의 역할이 명확하지 않을 때 발생한다. 예컨대, 개인의 책임 한계나 직무의 목표가 명료하지 않을 때 발생한다. 즉, 역할 모호성은 개인적인 갈등의 범주에 속하는데, 자기 역할을 수행하는 데 필요하다고 느끼고 있는 정보를 보유하지 못하거나 전달받지 못하는 경우에 주로 일어난다. 스트레스 연구에서 많이 다루고 있는 예언성과 확실성이 감소할 때도 역할 모호성을 경험하게 된다. 비록 이러한 역할 모호성은 대부분의 조직에서 당면하게 되는 불가피한 조건이긴 하지만, 조직이나 상급자들은 근로자들이 역할과 관련된 모호성을 최대한 감소시키고 명료화하도록 노력할 필요가 있다.

조직문화

산업 및 조직심리학은 산업장면에서의 인간행동을 연구하는 학문임에도 불구하고 많은 연구들은 개인 수준에만 분석의 초점을 두어 왔으며, 개인의 행동에 영향을 미치는 외부환경이나 문화와 같은 맥락효과를 무시해 온 경향이 있다.

1980년에 홉스테드(Geert Hofstede)는 전 세계 66개국 53개 문화권에 지사를 두고 있는 IBM회사 근로자들을 조사한 결과 권력거리(power distance), 불확실성 회피(uncertainty avoidance), 남성성과 여성성(masculinity and femininity), 그리고 개인주의와 집합주의(individualism and collectivism) 등 네 가지의 작업가치 차원이 있음을 밝혀냈는데, 미국은 개인주의에서 1위인 반면에, 한국은 43위로 상당한 문화적 거리를 보이고 있다. 개인주의 문화권의 근로자들은 채용 장면에서 개인의 성취력이 가장 중요한 요소로 작용하기 때문에 집합주의 사회에서처럼 친족이나 연고지가 중요하게 작용하지는 않는다. 개인주의가 강한 문화권의 근로자들은 조직과 자신과의 관계를 계약적 관점에서 계산적으로 이해하는 데 반해서, 집합주의 문화권에서는 개인과 조직 간의 관계를 도덕적인 관점에서 이해하려 한다. 집합주의 문화권에서는 관리자나 동료, 또는 경영주와의 유대 때문에 조직에 몰입하는 데 반해서, 개인주의 문화권에서는 직무 자체나 보상과 같은 개인적인 보상 때문에 조직에 몰입한다.

리더십 유형과 스트레스 원

리더십 유형이 스트레스 요인에 어떻게 영향을 미치는지를 확인하기 위해 대학생들을 대상으로 리더십 유형 검사를 하고, 지난 1년 간 아래와 같은 상황에서 얼마나 스트레스를 받았는지 조사 후 분석한 결과 다음 [그림 7.2]와 같이 나타났다.

① 부모와 의견 충돌이 있어서 싸웠다.
② 부모와의 갈등이 심화되었다.
③ 집안 식구가 나에게 불필요하게 간섭했다.
④ 나의 가치관이 올바른 것인가에 대해 회의에 빠졌다.
⑤ 왜 사는지에 대한 의문 때문에 방황했다.
⑥ 내가 중요하다고 생각하는 가치를 실천하지 못했다.
⑦ 취업 및 진로를 결정하지 못해 방황했다.
⑧ 대학을 졸업하더라도 가족들의 기대만큼 성취하지 못할 것 같은 생각이 들었다.
⑨ 사회적 불안정 때문에 직장을 얻기가 어렵지 않을까 생각했다.
⑩ 확고한 인생관이 없어서 방황했다.
⑪ 이상과 현실 간의 격차 때문에 갈등을 경험했다.

이와 같은 스트레스 요인에 대한 설문결과, 지난 1년 간 부모와 의견 충돌이 있어서 싸운 유형은 관계형과 자율형이 높은 것으로 나타났으며, 부모와의 갈등이 심화된 유형은 자율형이 상대적으로 높은 것으로 나타났고, 집안 식구가 불필요하게 간섭한 경우는 자율형과 성취형이 높게 나타났다. 자신의 가치관에 대한 회의에 대한 설문에서는 각 유형별 큰 차이가 없었으며, 왜 사는지에 대한 의문 때문에 방황 여부에 대해서는 관계형이 상대적으로 높게 나타났다. 자신이 중요하다고 생각하는 가치를 실천하지 못한 것에 대한 설문에서는 관리형과 자율형이 상대적으로 높게 나타났고, 취업과 진로에 대한 방황은 전체적으로 평균 이상으로 나타났다.

[그림 7.2] 리더 유형이 지난 1년 간 느낀 스트레스의 정도

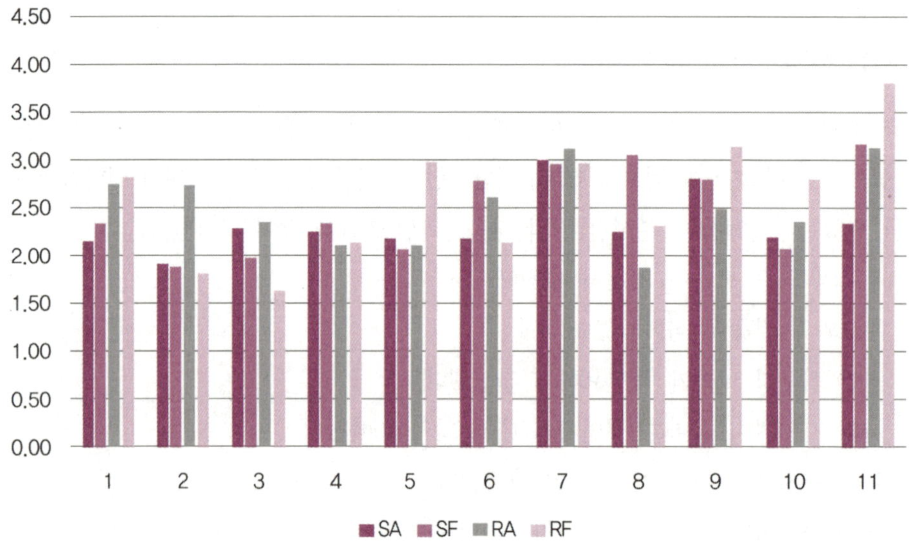

대학 졸업 후 가족이 기대만큼 성취하지 못할 것 같은 느낌은 관리형이 상대적으로 높고, 자율형이 낮게 나타났으며, 사회적 불안정 때문에, 직장에 대한 불안감은 관계형이 상대적으로 높고, 자율형이 낮은 것으로 나타났다. 확고한 인생관이 없어 방황한 유형은 관계형이 상대적으로 높고, 이상과 현실 간의 격차 때문에 갈등을 경험한 유형은 관계형이 상대적으로 높고, 성취형이 낮은 것으로 나타났다.

3 개인 관련 스트레스 원

A유형 행동(type A behavior pattern: TABP)

사람의 성격을 보통 A유형 행동(type A behavior pattern: TABP)과 B유형 행동(type B behavior pattern: TBBP)으로 나누는데, 최근에는 C유형 행동(type C behavior pattern: TCBP)도 함께 연구되고 있다. A유형 행동은 지나치게 경쟁적이고 공격적이고, 참을성이 없고, 급박하며, 적대적인 행동을 말한다. 이들은 삶의 중요한 측면에 불만을 품는 경우가 잦고, 고도로 경쟁적이며 야망이 크고, 외톨이로 살아가는 경향이 진하다. B유형 행동은 A유형 행동에 속하지 않는 것, 즉 덜 경쟁적이며, 덜 투쟁적인 등의 행동을 의미한다. C유형 행동은 친절하고 자기희생적이며, 협조를 잘하고, 남을 즐겁게 하며, 자기를 내세우지 않고, 참을성이 강하고 외적 권위에 잘 따르며, 부정적인 정서, 특히 노여움을 표현하지 않는 것으로 묘사된다.

A유형의 특성을 살펴보면, ① 시간을 철저하게 지키고 항상 긴박감을 느낀다. 제 시간에 일을 마쳐야 하며, 단기간에 가능한 한 많은 일을 하려고 하기 때문에 항상 초조하고 바쁘다. ② 공격적이고 적대적이며 참을성이 없다. 자극적인 말을 많이 하며, 줄서서 기다리는 것을 참지 못하고 운전할 때 끼어드는 차에 쉽게 화를 내는 등 공격적인 행동을 충동적으로 한다. 자기보다 못한 사람들이 있으면 참지 못하고 자신이 직접 나서서 해치운다. ③ 성취지향적이고 적극적이다. 야망 수준이 높고 투쟁적으로 일을 한다. 그렇기 때문에 편안히 쉬지를 못하고, 아무것도 하지 않는 것을 견디지 못하며 항상 바쁘게 생활한다. ④ 경쟁적이고 승부욕이 강하다. 무슨 일에서든 잘해야 하기 때문에 지는 것을 견디지 못한다. 인생 자체가 도전이라고 생각하고 지기를 싫어하기 때문에 심지어는 어린이들과의 경쟁에서도 이기려 한다. ⑤ 한꺼번에 여러 가지 일을 한다. 머리 회전이 빠르고 계단을 두 개씩 건너 걷거나 식사하면서도 신문을 보고, 텔레비전의 뉴스를 들으면서 대화를 하는 등 한꺼번에 여러 가지 일을 해야 직성이 풀린다. ⑥ 심미안이 결여되어 있다. 그림이나 음악, 시 등 예술과 세상의 아름다움에 대한 진정한 관심이 부족하고, 대화의 주제가 항상 시간, 일, 성취 등에 집중되어 있다.

통제 소재

자신에게 일어나는 모든 일을 자신이 통제할 수 있다고 믿는 사람들과 자신의 삶에서 중요한 사건들이 주로 타인이나 외부의 힘에 의해 결정된다고 믿는 사람들을 구별한다. 어떤 사람은 행위의 결과를 자신의 행동에 의한 결과로 보기보다는 행운, 기회, 운명, 또는 다른 사람 등에 의한 것이라고 해석하기도 하는데, 이런 경향이 높은 사람을 외통제자(extrovert)라고 한다. 그러나 어떤 행위의 결과를 자신의 행동에 달려 있다고 본다면 이러한 특성이 높은 사람을 내통제자(introvert)라 부른다. 내통제자는 자기 자신이 보다 많은 통제력을 발휘한다고 판단하기 때문에 스트레스 상황에 노출되더라도 크게 위험을 느끼지 않으며, 지나친 적대적 반응도 하지 않는다. 즉, 내통제자는 역할 갈등은 덜 느끼지만, 반대로 직무에서는 보다 큰 만족을 얻으며 사회적 지원자들로부터도 보다 많은 지원을 받는다고 한다. 내통제자들은 외통제자들보다 다음과 같은 이유 때문에 과제를 잘 수행한다.

첫째로, 내통제자는 외통제자에 비하여 자신이 노력하면 보다 더 좋은 수행을 할 것이고, 그러한 수행은 다시 더 나은 보상을 얻을 것이라는 기대를 더 많이 한다. 둘째로, 복잡한 과제 상황에 처하게 되면 내통제자들은 외통제자들보다 문제를 해결하기 위하여 보다 많은 관련 정보를 구할 것이며, 따라서 수행 수준도 그만큼 높아질 것이다. 그러나 스트레스 상황에 대한 통제력이 더 이상 유용하지 못하다고 판단하게 되면 내통제자들은 모든 것을 자신에게 귀인시키려는 경향 때문에, 스트레스에 대한 대처 노력을 쉽게 포기하며, 행동 또한 상당히 무력해지는 특징도 있다.

Tip 왜 어떤 리더는 상처를 잘 극복하고, 어떤 리더는 그렇지 못할까?

스트레스는 뇌세포를 죽인다. 스트레스가 발생하면 변연계 영역과 변연계 회로에 있는 교세포(뇌세포 일종)와 뉴런이 퇴화하거나 사망하게 된다. 그러나 행동에 치료적으로 개입하면, 신경보호 경로와 신경재생 경로를 자극하고 스트레스의 파괴력을 차단함으로써 구조적으로 변형된 뇌세포를 복구할 수 있다.

부정적 정서에 반응 수위를 낮춘다면, 전두엽 뉴런이 통합될 수 있다. 연구에 의하면 회복력의 중요한 측면은 부정적 정서에 대한 반응 수위를 낮추는 것이다. 전전두엽(VMPFC, DLPFC)의 활동이 둔해지면 부정적 정서에 대한 반응이 예민해지기 때문이다. 즉, 회복력이 좋은 뇌의 정보센터는 정서의 강도를 낮추게 된다.

사회적 지지는 뇌를 돕는다. 사회적 지지는 편도체(AMG)에 부담을 주는 스트레스 반응을 줄이고 스트레스에 대한 회복력을 높인다고 한다(Ozbay et al., 2008).

정서적 유연성이 회복력의 핵심이다. 회복력은 정서적 자원을 유연하게 사용하는 것이다. 한 연구에서 부정적이거나 중립적인 사진을 보여주고 뇌의 반응을 분석한 결과, 회복력이 낮은 사람은 부정적인 사진과 중립적인 사진에 전방 섬엽(AI, PI)이 활성화되어 위협을 느꼈으며, 그 발화는 비교적 오래갔다고 한다. 반면, 회복력이 높은 사람의 전방 섬엽(AI, PI)은 혐오스런 사진에 의해서만 활성화되었다고 한다. 즉, 회복력이 높은 사람은 혐오감 이외의 다른 정서를 적절하게 억제할 수 있는 것이다(Waugh et al., 2008).

구성원들이 스트레스 유발 요인에 잘 대처하여 이를 극복한 경험이 있다면 스트레스를 극복할 수 있다는 자신감이 생기고 뇌에 '부가적인 신경망'이 발달하여 실패했을 때 실패를 극복하는 데 도움이 될 것이다. 리더가 개입해야 할 뇌의 영역 중 하나는 스트레스 상황에서 유연성을 발휘하는 영역이다. 즉, 스트레스 반응을 완화하기 위해 유연성의 뇌를 훈련해야 한다. 옥시토신은 스트레스센터 혹은 편도체에 영향을 주어 스트레스에 대한 회복력을 높여 주게 된다. 옥시토신이 분비되면 뇌는 에너지 자원을 보존할 수 있다. 따라서 리더의 적극적인 사회적 지지가 필요하다(Southwick, Vythilingam, & Charney, 2005).

4 리더와 조직구성원의 특성을 고려한 스트레스 관리 전략

사람들은 다양한 문화(합리문화, 개발문화, 위계문화, 합의문화)를 가진 조직에서 근무를 하게 된다. 이때 자신의 성향과 상이한 조직문화를 가지게 될 때, 스트레스를 받게 되며 그 조직에서 오랫동안 머물지 못하고 떠나는 사례가 발생한다. 따라서 리더 유형별 다양한 조직에서 근무할 때 유형별 스트레스 요인은 무엇이고 조직생산성 향상을 위한 스트레스 관리 전략은 무엇인지 알아보았다.

성취형 리더의 스트레스 요인과 리더십 전략

성취형 리더가 다양한 조직문화에서 근무할 때 나타날 수 있는 스트레스 요인과 리더십 전략을 알아보았다.

첫째, 성취형 리더가 합리문화에서 근무할 때 나타날 수 있는 스트레스 요인과 생산성 향상을 위한 리더십 전략은 다음과 같다. ① 합리문화에서는 지나치게 목표, 결과 중심적인 조직문화가 갈등을 야기할 수 있다. 해당 조직의 구성원들은 리더가 극심하게 결과 및 목표를 강조하는 모습에 쉽게 지칠 수 있으며, 이러한 양상이 심화되면 조직구성원과 리더 사이에 갈등이 야기될 것이다. 따라서 생산성 및 과업 달성이 우선시되는 합리문화에서 생산성 향상을 위해서 리더는 본인이 추구하는 목표 및 결과를 자기 자신만의 것이 아닌 조직 전체가 함께 향유해야 할 목표와 결과임을 인지시킬 필요가 있다. 또한 장기적인 계획을 수립하되, 단계적으로 목표를 설정함으로써 과업 달성 시 적절한 보상체계 역시 필요하다. ② 합리문화에서 근무하게 될 경우, 구성원의 작은 실수에도 민감한 조직문화가 형성되리라 생각한다. 이는 조직의 담합을 저해하고 각 구성원들이 과업지향적이더라도 업무에 대한 스트레스로 잠재한 역량을 최대로 발휘하지 못하게 하고 갈등의 시발점이 되어 성공적인 과업 수행의 장애 요인이 될 수 있다. 따라서 일의 우선순위를 정해 후순위 업무에 대한 스트레스를 완화시키며, 일과 휴식을 분리하기 위해 노력함으로써 조직 내 갈등을 줄이고 효율성을 향상시킬 수 있을 것이다.

둘째, 성취형 리더가 개발문화에서 근무할 때 나타날 수 있는 스트레스 요인은 다음과 같다. ① 창의성과 유연성이 강조되는 개발문화에서는 위험을 감수해야 한다는 점이 갈등의 요인으로 작용할 수 있다. 주로, 스타트업이나 바이오 회사들이 개발문화에 속하는 조직이다. 해당 기업들 혹은 개발문화에서 지나치게 도전정신 및 창의성을 강조하게 될 시, 안정성이 결여될 수 있으며 이는 윤리문제로도 이어질 수 있다. 따라서 리더는 조직 내에서 구성원들에게 최소한으로 지켜야 할 윤리강령 등을 마련하고 이를 조직구성원들에게 숙지하도록 해야 한다. 이를 통해 안정성이 확보된다면 갈등이 줄어들 수 있으며 이는 자연스럽게 생산성 향상에 도움이 될 것이다. ② 개발문화는 과도한 위험 추구 성향을 잠재하고 있다. 이에 따라 구성원 간 갈등보다는 성과의 불확실성으로 경영자(리더)와 구성원 간의 갈등이 예상된다. 위험 추구와 창의성이 얽힌 조직문화를 효과적으로 통제하기 위해서는 성공적인 업무수행에는 충분한 보상을 주며 끊임없이 창의적인 성과를 추구하도록 하고 실패한 업무는 적절한 패널티를 부여하여 스스로 통제할 수 있도록 이끌 필요가 있다. 즉, 당근과 채찍은 개발문화가 조직 차원의 성과를 달성하는 데 도움이 될 것이다.

셋째, 성취형 리더가 위계문화에서 근무할 때 나타날 수 있는 스트레스 요인은 다음과 같다. ① 통제를 통해 안정성을 확보하고, 내부과정이 중요한 위계문화에서는 지나치게 수직적인 상·하 관계 및 불필요한 보고체계 등이 갈등을 야기할 수 있다. 또한 조직 자체의 목표가 발전보다는 안정지향적이기 때문에 조직구성원의 역량 발휘가 힘들다는 점에서 갈등이 야기될 수 있다. 따라서 리더는 확고한 상·하 관계 속에서 수평적인 분위기를 조직 내에 스며들 수 있게 해야 하며, 절차를 위한 체계를 정비하여 효율성을 제고하여 생산성 향상 및 갈등 요인을 제거할 필요가 있다. ② 위계문화의 과도한 경직성은 변화에 대응하는 능력을 저하시킬 수 있다. 따라서 수조에 천적을 풀어 물고기들이 활동성을 잃지 않도록 하듯이 정기적으로 비슷한 직급 간 인사교류를 통해 위계문화를 지켜줌과 동시에 업무에 대한 경각심을 유지하도록 독려해야 한다. 새로운 환경에서 구성원들은 적응하기 위해 노력함으로써 외부 변화에 대한 적응력을 키우며 위계문화의 단점을 개선해 나갈 수 있을 것이다.

넷째, 성취형 리더가 합의문화에서 근무할 때 나타날 수 있는 스트레스 요인은 다음과 같다. ① 합의문화는 인간관계를 중요시하며 구성원 간 배려를 통한 사기 진작과 가족적인 관계를 지향한다. 합의문화에서는 구성원들이 조직 전체의 목표를 쉽게 망각할 수 있다는 점이 리더와 구성원 간 갈등을 야기하는 요인으로 작용할 수 있다. 따라서 리더는 기존 가족적인 관계를 원만히 유지하는 한편, 공통된 집단에 속하는 구성원들에게 함께 나아가야 할 방향성을 확실하게 인식시킴으로써 생산성을 향상시키고 갈등 요인을 제거할 수 있을 것이다. ② 합의문화에서 업무수행 시 배려가 가장 중요해지면 신속한 일처리를 저해할 것이다. 그래서 합의문화 내에서는 업무 책임을 명확히 두어 과도한 배려를 제한하는 것이 필요하다. 업무처리방식은 참여와 개방, 그리고 합의를 통해 효과적인 방법을 찾아 나가지만 최종 결과에 대해서는 명확히 책임을 구분하여 과도한 배려로 자신의 책임을 소홀히 하지 못하게 막는 것이다. 이와 같은 성과체계가 정착된다면 협동적인 문화는 유지되지만 주어진 시간 내 자신의 책임을 다하도록 압박하여 일처리 또한 신속해질 수 있을 것이다.

관리형 리더의 스트레스 요인과 리더십 전략

관리형 리더가 다양한 조직문화에서 근무할 때 나타날 수 있는 스트레스 요인과 리더십 전략을 알아보았다.

첫째, 관리형 리더가 합리문화에서 근무할 때 나타날 수 있는 스트레스 요인과 생산성 향상을 위한 리더십 전략은 다음과 같다. ① 합리문화는 과업 달성을 지향한다. 따라서 지나친 결과지향주의로 인해 최상의 결과물을 만들어내는 과정에서 갈등이 발생할 수 있다. 예를 들어, 구성원 간 의견충돌이 발생할 경우, 리더는 조직 유지와 최상의 결과물을 내기 위해 최선의 결정을 이끌어내야 한다. 갈등이 발생한 구성원들의 의견을 다른 구성원들에게 공개하며 다수결의 선택에 맡길 필요가 있다. 합리문화는 생산성을 강조하기에 다수결은 빠른 문제해결과 동시에 최선의 결정과 갈등을 완화할 수 있기 때문이다. ② 합리문화와 같은 경우, 과업의 달성을 지향하기에 생산성과 성과, 결과지향적이고 특정 목표를 향해 나가는 조직문화이다. 이 조직문화의 경우 결점 없는 성과를 요구하고 목표를 성취하기 위한 통제성 또한 높다. 따라서 자유롭고 개방적인 토의의 장이 되지 못해 조직원 간 인간관계 또한 소홀할 가능성이 높고, 개개인의 요구와 의견이 모두 반영되지 못하여 조직원 간 갈등이 발생할 우려가 있다. 이럴 때일수록 리더는 과업의 목표를 분명히 하여 조직원들로 하여금 효율적으로 목표를 성취하게 하되, 일방적인 방향이 아닌, 토의, 참여의 과정이 더 보장되어 보다 더 상호적인 조직으로 발전시켜야 할 것이다. 조직구성원 또한 조직의 목표를 끊임없이 스스로 상기시키며 성과를 우선시하여 조직 전체가 추구하는 목표에 도달하도록 하여, 무엇보다 조직의 목표를 가장 중요시하여야 할 것이다.

둘째, 관리형 리더가 개발문화에서 근무할 때 나타날 수 있는 스트레스 요인과 생산성 향상을 위한 리더십 전략은 다음과 같다. ① 개발문화는 창의성과 유연성이 주가 되는 조직문화이다. 따라서 언제나 리스크 발생 가능성을 지니고 있으며 구성원들의 다양한 의견을 취합해 추진하는 과정에서 갈등이 발생할 수 있다. 이런 경우, 우선 각종 변수에 대응할 수 있도록 언제나 플랜 B를 구성하여 리더는 구성원들에게 미리 숙지시키는 '체계성'을 구축해야 한다. 변수에 대한 대응체계를 통해 생산성을 더욱 향상시킬 수 있다. 그리고 구성원들의 창의성을 존중하며 발전시키기 위해선 수직체계보다는 구성원들과 리더의 소통이 원활히 이루어지는 수평체계를 갖춰야 한다. 이를 통해 구성원 각 개인의 개성을 살리면서 최상의 결과물로 발전시킬 수 있다. ② 개발문화는 새로움, 창의적인, 도전적인 것을 추구하는 모형으로, 창의 혁신을 추구하는 만큼 환경에 유연함을 지향한다. 변화를 끊임없이 수용하며 새로운 것을 추구하려는 조직문화로, 정해진 틀대로 특정 목표를 추구해 가는 합리문화에 비해 위험을 감수해야 하기에 의견 수용과 그로 발생하는 리스크를 대비하는 데에 구성원 간 갈등이 발생할 수밖에 없다. 리더는 조직원들이 자유롭게 의견을 내어 창의적인 소통의 장이 보장되도록 하되, 조직이 넓게 추구하는 지향점의 범위를 크게 벗어나지 않도록 제재해야 할 것이다. 창의적 '변혁'이 이뤄질 수 있도록 자유로운 토론이 이루어지게 해야 할 것이다. 조직원은 보다 조직이 새로운 방향으로 나아갈 수 있도록 창의적인 아이디어를 내되, 서로의 의견을 존중하며 보완점을 찾아 바람직한 절충안을 도출할 수 있도록 서로에 대한 존중이 필요할 것이다.

셋째, 관리형 리더가 위계문화에서 근무할 때 나타날 수 있는 스트레스 요인과 생산성 향상을 위한 리더십 전략은 다음과 같다. ① 위계문화는 규칙과 안정을 추구한다. 따라서 지나친 구조화로 변수에 대한 유연한 대응이 부족하다. 또한 수직구조의 조직은 더 좋은 의견을 묵살할 가능성도 지녀 조직의 발전 가능성이 저하된다. 이에 리더는 규칙을 유지하되 조직운영에 불필요한 규칙은 삭제하는 판단력이 필요하다. 즉, 꽉 막힌 틀보다는 완화된 규칙을 기반으로 조직을 운영하며 구성원 간의 상호 소통과 토의의 장을 마련할 필요가 있다. 또한 의견을 말하는 과정에서 눈치보지 않고 의견을 펼칠 수 있는 환경을 조성해야 한다. 나아가 조직에게 명확한 비전을 제시하며 지나친 안정성 추구에서 벗어나 결과물에 대한 성취감도 심어 줄 필요가 있다. ② 위계문화는 공식화, 구조화를 강조하는 조직문화로 창의적인 혁신을 중시하여 위험을 감수해야 하는 개발문화와 달리 안정되고 통제된 조직문화이다. 경쟁을 지향하는 합리문화와 개발문화와 달리 내부적인 유지를 지향하기에 특정 목표를 향해 보다 '안정된' 방식을 추진한다. 이러한 조직문화에서는 규칙을 준수해야 하기에 자유로운 환경과 창의적인 활동을 선호하는 구성원들과 충돌이 생길 우려가 있다. 또한 반복적이고 구조화된 환경에서는 주의산만이 잦아 효율적으로 지향점에 도달하지 못할 수도 있다. 그렇기에 리더는 조직이 통제적이라는 느낌이 들지 않도록, 안정과 구조화를 유지하면서 구성원들이 새로움을 추구할 수 있게 하는 것이 좋다. 규칙이 준수되고 안정된 상태 내에서 조직원들의 자유가 보장될 때 더 효과적으로 목표에 달성할 수 있을 것이다. 구성원들은 위계문화가 안정성과 합리성을 중시하기에 그 내부과정을 잘 준수하도록 해야 한다.

넷째, 관리형 리더가 합의문화에서 근무할 때 나타날 수 있는 스트레스 요인과 생산성 향상을 위한 리더십 전략은 다음과 같다. ① 합의문화는 구성원 간의 관계를 우선시한다. 이는 자칫 상대에 대한 지나친 배려로 이어져 결과물을 도출하기까지 상당 시간이 소요될 수 있다. 합의문화에서 리더에게 가장 중요한 것은 '결단력'이다. 상호관계성을 중시하기에 토의를 통해 의견을 내고 결론을 도출하기까지 반복적인 협의과정을 거쳐 효율성이 떨어진다. 리더는 이를 방지하기 위해 명확한 판단력을 기반으로 결정을 내릴 수 있어야 한다. 또한 어느 조직문화보다도 토의가 강조되는 만큼 의견 충돌 가능성도 높다. 혹은 배려를 중시하여 본인의 의견을 맘껏 펼치지 못할 수 있다. 이에 리더는 적절한 중재자 역할과 함께 모든 구성원들이 명확히 자신의 의견을 말할 수 있는 분위기를 형성하는 것이 중요하다. ② 합의문화는 가장 개방적인 조직문화로, 참여적이고 개방적이다. 변화에도 열려 있으면서 성과보다 조직원 간 인간관계를 우선시하여 평등하고 자유로운 문화를 조성한다. 가족과 같은 관계를 형성하며 의견 또한 자유롭게 오갈 수 있고, 그렇기에 토의 또한 중시된다. 하지만 이러한 조직문화에서는 조직의 목표가 우선시되지 않는다는 점에서 생산성이 떨어질 수 있을 것이고, 제대로 된 성취를 내지 못할 가능성이 있다는 점에서 구성원 간 갈등이 생길 수 있다. 리더는 자유로운 분위기가 조성되는 조직문화의 장점을 인정하여 구성원 간 꾸준한 참여와 토의가 이뤄질 수 있도록 하되, 조직이 추구하는 큰 목표를 끊임없이 상기시켜 구성원들이 과업을 놓치지 않도록 해야 한다. 조직원들 또한 인간관계를 지향하기 이전에 한 조직의 일원으로서 과업을 성취해야 한다는 사실을 인식하며 결과를 지향하는 모습을 보여 편안한 환경에서 조직의 목표를 성취해 가야 할 것이다.

자율형 리더의 스트레스 요인과 리더십 전략

자율형 리더가 다양한 조직문화에서 근무할 때 나타날 수 있는 스트레스 요인과 리더십 전략을 알아보았다.

첫째, 자율형 리더가 합리문화에서 근무할 때 나타날 수 있는 스트레스 요인과 생산성 향상을 위한 리더십 전략은 다음과 같다. ① 합리문화는 과업 달성을 지향하고 생산성을 강조하고 결과와 목표를 지향한다. 그리고 합리문화에서는 정이나 배려에 의해 과업 달성에 방해가 되거나 목표가 뚜렷하지 않을 때 갈등이 생긴다. 따라서 카리스마적 리더십을 가지는 것이 효과적이다. 리더는 두루뭉술한 목표를 제시하는 것보다 명확한 목표와 전략적 비전을 제시하고 성과를 입증해내야 한다. 또한 조직구성원들은 명확한 목표를 향해 자신의 과업을 달성해야 한다. ② 합리문화에서는 과업 달성과 생산성을 강조하여 구성원들에게 결과에 대한 과도한 압박감을 줄 수 있다. 이 경우, 조직 내 만연해 있는 결과주의로 인해 결과 값을 과장하는 행위나 업무의 과정 사이에서 부정행위가 발생할 수 있다. 리더는 생산성이나 과업, 목표 달성에 대한 지나친 강조를 줄이고 적당한 과업 달성 격려의 중요성을 인식해야 한다. 또한 생산성이나 효율성 향상이 요구될 때는 조직구성원들에게 보상체계를 통해 동기를 부여하고 공정성을 확립하여 직원들의 사기가 올라가도록 장려해야 한다.

둘째, 자율형 리더가 개발문화에서 근무할 때 나타날 수 있는 스트레스 요인과 생산성 향상을 위한 리더십 전략은 다음과 같다. ① 개발문화는 창의 혁신을 지향하고 창의성과 위험을 감수하고 변화와 도전을 장려하며 고도의 유연성을 가지고 있다. 의미 없어 보이는 반복적인 과업이 생길 때 갈등이 생긴다. 리더는 변화를 두려워하지 않고 변화와 도전을 자주 시도할 수 있는 배짱이 있어야 하고, 조직구성원들에게 어느 정도의 자유를 주어 창의적이고 혁신적인 사고를 할 수 있는 분위기를 만들어 주어야 한다. 조직구성원은 자유에 따른 책임감을 가지고 변화와 도전을 시도하려 노력해야 한다. ② 개발문화는 창의 혁신적이고 변화를 두려워하지 않는다는 장점이 있다. 그러나 모험적인 것을 두려워하고 일상에 안주하는 데서 안정감을 느끼는 구성원에게는 이러한 분위기가 조직으로의 적응을 저해하고 갈등을 일으키게 만들 수 있다. 리더는 변화와 도전을 통해 혁신을 일으킬 수도 있으나, 그만큼 상당한 리스크가 따름을 인지해야 한다. 또한 이러한 분위기에 불안함 혹은 불편함을 느끼는 구성원이 있을 수 있음을 인정하고, 그들이 변화를 두려워하지 않도록 격려해주고 좋지 않은 결과에 대해 질책 대신에 응원을 보내주어야 할 것이다.

셋째, 자율형 리더가 위계문화에서 근무할 때 나타날 수 있는 스트레스 요인과 생산성 향상을 위한 리더십 전략은 다음과 같다. ① 위계문화는 내부과정, 규칙과 안정을 중요시하여 통제를 하는 경향이 있다. 따라서 공식화와 구조화를 강조한다. 따라서 윤리적, 도덕적 리더십을 가지는 것이 중요하다. 규칙을 지키지 않고 합리적이지 않은 시도를 할 때 갈등이 생긴다. 따라서 리더는 규칙을 반드시 지키고 지키지 않은 조직구성원에 합당한 처분을 해야 한다. 또한 카리스마를 가지고 통제를 하는 분위기를 만들어야만 한다. 조직구성원은 통제를 따르고 주어진 과업을 해야 한다. ② 위계문화는 지나친 위계질서와 규칙 강조를 통해 구성원들이 압박감을 느끼고 짓눌린다는 느낌을 받을 수 있다. 따라서 리더는 내부과정을 준수하고 구조화를 강조하는 동시에 어느 정도의 유연성을 보장하고 조직구성원들의 목소리에 귀를 기울여야 한다. 또한 과도하게 규칙에만 얽매이려는 태도를 버려야 한다.

넷째, 자율형 리더가 합의문화에서 근무할 때 나타날 수 있는 스트레스 요인과 생산성 향상을 위한 리더십 전략은 다음과 같다. ① 합의문화는 인간관계를 지향하며 참여, 개방, 토의를 강조하고 가족적 관계를 가지고 있다. 주로 과업 달성을 위해 독단적으로 행동할 때 갈등이 생기기 때문에 리더는 도덕적이고 조직구성원을 중요시해야 한다. 조직구성원에게 공정해야 하고 존중해주어야 한다. 또한 개방적인 태도로 참여와 토의를 할 분위기를 조성해야 한다. 조직구성원들은 독단적으로 행동하지 않고 참여와 토의를 통해 자신의 의견을 적극적으로 이야기하고 대화를 해야 한다. ② 합의문화는 인간관계지향적인 조직문화로 지원적, 상호 의존적이고 배려와 참여를 강조한다는 장점이 있다. 그러나 이것이 지나치면 구성원들 간의 프라이버시를 침해할 수 있고 인간관계에만 치중하여 업무의 효율성을 저해할 수 있다. 따라서 리더는 이를 인지하고 구성원들에게 각자만의 개인 시간이나 개인 공간을 제공해 주어야 한다. 또한 조직구성원들이 업무를 진행하는 시·공간과 소통하는 시·공간을 구분해주어 한 상황에서 하나의 목표에 집중할 수 있는 환경을 만들어주는 것이 좋다.

관계형 리더의 스트레스 요인과 리더십 전략

관계형 리더가 다양한 조직문화에서 근무할 때 나타날 수 있는 스트레스 요인과 리더십 전략을 알아보았다.

첫째, 관계형 리더가 합리문화에서 근무할 때 나타날 수 있는 스트레스 요인과 생산성 향상을 위한 리더십 전략은 다음과 같다. ① 합리문화는 목표지향적이고 결과주의적이기 때문에 정서적 공감이나 신뢰가 약할 수 있다. 또한 동기부여가 부족하다. 따라서 구조화된 과업 지시보다는 지원적 동기부여가 우선적으로 필요하다. 목표를 구체적이고 명확하게 하고, 그 길을 효과적으로 제시하고 장애물을 제거해야 한다. 그리고 리더와 조직구성원 간의 관계 개선을 통해 신뢰와 충성도를 높일 필요가 있다. 과업수행을 위한 구체적이고 명확한 방법을 제시하는 것도 중요하다. ② 합리문화는 목표, 과업 지향적인 조직문화로, 결과만 지향하다 보니 동기부여, 구성원 간의 관계에 집중하기 힘들 수 있다. 따라서 리더로서 친밀감과 공감을 통해 동기부여, 창의력 증진에 관심을 강화할 필요가 있다.

둘째, 관계형 리더가 개발문화에서 근무할 때 나타날 수 있는 스트레스 요인과 생산성 향상을 위한 리더십 전략은 다음과 같다. ① 개발문화는 과업지향적이기보다는 창의성과 혁신을 지향하며 높은 리스크를 감수하는 경향이 있다. 또한 고도의 유연성을 갖고 있다. 다만, 조직생산성이 떨어지고 조직구성원의 업무성취감이 충족되지 않을 수 있다. 따라서 리더로서 조직의 장기적인 목표와 계획을 제시하는 것이 필요하다. 그리고 이를 바탕으로 조직생산성을 제고하기 위한 프로그램을 만드는 것이 필요하다. 업무성취에 대한 보상과 처벌에 대한 명확하고 구체적인 기준을 설정하여 직위력을 높이는 것도 중요하다. ② 개발문화에서는 리더로서 창의, 유연성 중시로 인해 성과에 상대적으로 민감하지 않은 문화에서 갈등을 느낄 수 있다. 따라서 창의력을 중시하되 성과를 끌어올리는 전략이 필요할 것 같다.

셋째, 관계형 리더가 위계문화에서 근무할 때 나타날 수 있는 스트레스 요인과 생산성 향상을 위한 리더십 전략은 다음과 같다. ① 위계문화는 내부과정과 안정 및 통제를 강조한다. 또한 기준과 공식화, 구조화를 중시한다. 따라서 틀에 박힌 반복적인 작업에 조직구성원들이 지칠 수 있으며, 동기부여가 제대로 되지 않을 수 있다. 그리고 유연성이 떨어져 변화와 혁신이 부족할 수 있다. 따라서 리더와 조직구성원 간 관계 개선을 통하여 신뢰도와 충성도를 제고하고, 동기부여를 촉진할 필요가 있다. 조직유연성 향상을 바탕으로 혁신과 조직학습을 촉진할 필요도 있다. 높은 지원적 리더십과 참여적 리더십을 통한 조직구성원들의 헌신도를 높이는 것도 중요하다. ② 위계문화에서는 주로 내부과정이 중요하게 여겨진다는 점에서 갈등이 발생한다. 위계문화에서는 절차가 중요하게 여겨지기 때문에 불필요한 절차를 거치느라 업무의 효율성이 떨어져서 갈등이 일어나는 경우가 있다. 이런 문화에서 리더의 자리에 위치할 경우 내부과정을 중요하게 여긴다는 것을 받아들이고 내부과정을 무시하지 않으면서 내부과정을 효율적으로 만들 수 있도록 해야 한다.

넷째, 관계형 리더가 합의문화에서 근무할 때 나타날 수 있는 스트레스 요인과 생산성 향상을 위한 리더십 전략은 다음과 같다. ① 합의문화는 인간관계를 지향하고 지원적이며, 조직구성원들의 참여를 중시하는 문화이다. 조직구성원들의 헌신성을 제고하고 동기를 부여하는 데에 효과적이지만 리더의 직위력이 다소 약할 수 있으며 조직의 생산성이 떨어질 수 있다. 따라서 리더는 논리적이고 구체적인 기준과 규칙을 제시할 수 있어야 한다. 그리고 이에 대한 보상과 처벌을 명확히 하여 조직구성원의 책임감을 제고할 필요가 있다. 더불어 구조화되고 명확한 과업을 제시하여 조직구성원들의 생산성을 향상시킬 필요가 있다. ② 합의문화에서는 인간관계가 지향된다는 점이 가장 갈등의 포인트였다. 물론 인간관계가 중시되는 것도 중요한 점이 많으나 인간관계가 너무 중시되면 일과 인간관계의 주객이 전도되어 업무를 소홀히 하게 되는 경우들이 생기기 때문이다. 따라서 이런 조직에서 근무를 할 경우 업무가 소홀해지지 않도록 중심을 잘 잡아주어야 한다.

Chapter

08

자기브랜드 리더십을 통한 설득 및 협상

1. 설득 및 협상의 개념
2. 설득의 법칙에 대한 유형별 장점과 단점, 자기방어 전략
3. 개인 인지사고 특성을 고려한 협상 전략

우리는 삶을 살아가면서 많은 사람과의 관계 속에 살아가고 있고, 이 과정에서 이해관계가 상충되면서 갈등이 발생하게 된다. 이러한 갈등이 생겼을 때 우리는 다른 사람을 설득하거나 협상을 하게 된다. 따라서 설득과 협상에 있어 사람들의 성격특성이 어떠한 역할을 하는지 또는 성공적인 설득과 협상을 위해서는 어떻게 해야 할지에 대해 알아보고자 한다.

1 설득 및 협상의 개념

설득에 대한 개념과 사람들 설득하는 데 있어 성격특성이 어떻게 영향을 미치는지에 대해 알아보고자 로버트 치알디니(Robert B. Cialdini)의 설득의 법칙을 중심으로 전개하고자 한다. 설득에 대한 사전적 의미를 살펴보면 설득이란 “상대편이 이쪽 편의 이야기를 따르도록 여러 가지로 깨우쳐 말하는 것”이다(네이버 국어사전, 2021). 그리고 로버트 치알디니는 여섯 가지 설득의 법칙으로 상호성의 법칙, 희귀성의 법칙, 권위의 법칙, 일관성의 법칙, 호감의 법칙, 사회적 증거의 법칙을 이야기하고 있다.

첫째, 상호성의 법칙이란 선물이나 서비스를 받았다면 다시 돌려줘야 하는 의무감을 느끼게 하는 것이다. 이러한 상호성의 법칙은 상대방을 빚진 상태로 만들어서 빚진 감정을 갖게 하는 것이다. 즉, 되로 주고 말로 받으려고 하는 생각인 것이다. 둘째, 희귀성의 법칙이란 사람들은 갖기 힘든 것을 더 가지고 싶어한다는 것이다. 즉, 사람들에게 한정 판매 또는 시간제한 등을 통한 심리적 압박감을 갖게 하고, 상실에 대한 두려움을 이용하는 것이다. 셋째, 권위의 법칙이란 불확실한 상황에서 신뢰할 수 있는 전문가의 의견을 따르게 하는 것이다. 즉, 사람들에게 권위에 대한 맹종을 갖도록 하는 전략이다. 넷째, 일관성의 법칙이란 사람들은 과거에 했던 발언이나 행동과 일치된 모습을 보여주려는 속성이 있다. 즉, 사람들의 일관적인 행동을 이용하여 자기가 원하는 것을 성취하고자 하는 전략이다. 다섯째, 호감의 법칙이란 사람들은 호감을 가지고 있는 사람에게 ‘Yes’라는 답을 할 확률이 커진다는 것이다. 즉, 상대방에게 자신에 대한 호감을 심어주어 승리로 이끌고자 하는 전략이다. 여섯째, 사회적 증거의 법칙이란 사람들은 확신이 없는 경우 다른 사람의 행동을 보고 결정한다는 것이다. 즉, 불확실성과 유사성을 이용하여 자신이 원하는 방향으로 이끌고자 하는 전략이다.

또한 우리는 삶의 살아가는 데 있어 협상의 연속성 속에서 살아간다고 해도 과언이 아닐 것이다. 집에서는 부모와 자녀, 배우자와 협상을 하면서 살아가고, 조직에서는 상급자와 하급자, 동료와 협상의 관계에서 살아가고 있다. 이러한 협상의 의미를 살펴보면, 협상이란 어떤 목적에 부합되는 결정을 하기 위하여 여럿이 서로 의논하는 것을 이야기한다(네이버 국어사전, 2021).

즉, 협상이란 의사소통을 통하여 상호 만족할 만한 수준으로의 합의에 이르는 과정을 이야기한다. 설득과 협상의 차이점을 살펴보면 설득이란 내가 원하는 방향으로 상대방을 이끄는 것이며, 협상이란 내가 원하는 방향으로만 이끄는 것이 아니라 상호 이익이 되는 방향으로 합의를 이끌어내는 것이다. 즉, 설득이란 내가 승리할 수 있는 것이지만, 협상이란 내가 일방적으로 승리를 하게되면 그 협상은 오래가지 못하게 되는 것이다. 따라서 성공적인 협상의 기술을 향상시키는 데, 리더 유형별 성격특성과 연계하여 설명한다.

2 설득의 법칙에 대한 유형별 장점과 단점, 자기방어 전략

유형별 리더에 대해 설득 및 협상과정에서 유리한 입장에 서기 위해 설득의 법칙을 기준으로 장·단점을 분석 후 자기방어 전략을 수립하고자 했다.

성취형 리더의 장점

상호성의 법칙

① 무슨 일이 있어도 도움을 받으면 다시 갚으려고 하는 성향을 가지고 있기 때문에

② 업무수행에 있어서 '나부터'라는 마음을 갖고 솔선수범하여 먼저 움직인다. 청소를 앞장서서 하거나, 사비로 동아리방 이불 빨래를 하는 등, 그러면 구성원들은 나에게 빚진 마음을 갖게 되고 이를 갚아야 한다는 의무감에 팀활동에 적극적으로 참여하기 때문에

③ 팀으로 과업을 수행하는 데 있어 일을 조금만 하려고 하지 않고, 오히려 기피하는 업무를 떠안으려 하는 모습을 보이기 때문에

④ 성격상 상대방을 배려하려는 성격을 갖고 있으며, 이러한 배려심은 상대방을 설득하려고 할 때 도움이 될 것으로 생각하기 때문에

권위의 법칙

① 타인을 설득할 때 감정에 호소하거나 이유 없이 주장만 하는 것이 아니라, 타당한 근거를 잘 제시하는 편임. 특히, 기사와 관련 노서를 통해 전문가의 발언을 인용하여 상대방을 설득하는 전략을 자주 취하기 때문에

② 평소에 전문가들의 의견을 잘 믿는 편임. 불안감에 휩싸여 아무거나 시도하지 않는 것보다, 전문가 도움을 요청하는 것이 좋을 것 같다고 생각하기 때문에

③ 소속 집단에서의 역할을 이해하고 이를 수행하려고 노력함. 그 과정에서 구성원들이 나를 신뢰하고, 나의 업무 능력을 바탕으로 전문가로 인정하는 경우가 종종 있음. 즉, 내 업무수행을 보고 나를 '신뢰할 수 있는 전문가'로 인정해주는 것을 선호하기 때문에

④ 전문가의 의견을 따르며, 불확실함에 대한 책임을 남에게 떠넘기는 것보다 스스로 선택한 것에 책임을 지기 때문에

⑤ 성격상 한 분야에 대하여 전문적인 지식을 가지는 것을 원하고, 만약 설득하려고 하는 부분이 자신의 전문적인 지식을 가지고 있는 분야라면 전문적인 지식을 바탕으로 다른 사람을 잘 설득할 수 있을 것이라 생각하기 때문에

일관성의 법칙

① 과거의 발언과 약속을 지키려는 책임감이 강하기 때문에

② 한 번 한 약속은 무조건 지키려고 하는 성향을 가지고 있음. 또한 신뢰를 쌓는 것은 대단히 중요한 일이라고 생각하고, 신뢰를 저버리는 행동은 절대 하지 않아야 한다고 생각하기 때문에

③ 희귀한 것이어도 침착하다는 점과 소신이 있어서 주위 의견에 크게 좌지우지되지 않기 때문에

④ 체계적이고 기억력이 좋은 성격특성을 바탕으로 상대방의 발언과 행동을 잘 캐치하고, 이를 기록하여 자발적인 개입을 잘 이끌어낼 수 있기 때문에
⑤ 자신이 과거에 했던 발언에 대해 혹은 약속에 대해 실현하고자 하는 의지가 강해서 상대에게 신뢰감을 줄 수 있기 때문에

호감의 법칙

① 기본적으로 나의 성향이 상대방에게 호감을 사려고 노력하기 때문에
② 상대방과 호의를 주고받는 것에 익숙하다는 것, 상대의 언행에서 보이는 술수를 잘 눈치챔. 따라서 상대의 호의와 악의를 구분하는 능력이 있고, 상대의 사소한 특징을 잡아내어 칭찬하거나 언급함으로써 상대의 호감을 잘 이끌어낼 수 있기 때문에
③ 타인과의 대화를 잘 이끌어나가며, 타인의 기분을 해칠 만큼 심한 장난을 치는 것을 지양함. 특히, 1 : 1 대화에 더 능숙하며, 타인의 말을 경청하고, 이해를 잘하기 때문에
④ 외모적으로 누군가에게 안 좋은 느낌을 들도록 하지 않고, 오히려 호감적으로 생겼다는 말을 더 들으며, 상대방으로 하여금 호감을 갖게 만든 후 설득을 진행할 수 있기 때문에

성취형 리더의 단점

상호성의 법칙

① 우선 나의 경우 상대방에게 호의를 베푸는 경우가 있긴 하지만 상대방을 빚진 상태로 만드는 것을 선호하지 않기 때문에 이러한 전략을 의식적으로 사용한 적이 없어서 약점이라고 생각한다.
② 내가 상호성의 법칙을 잘 이용할 수 없기보다는, 상대가 상호성의 법칙을 이용할 경우 이를 효과적으로 대처할 수 없을 수 있다고 생각하기 때문에 약점이라고 생각한다. 상대가 나에게 호의를 베풀면, 그 호의에 대해서 감사함을 느끼고 이를 무언가로 돌려줘야겠다는 생각이 저절로 든다. 그리고 그 의무감을 실제로 행동

하려는 경향이 있다고 스스로 생각한다. 물론 그 호의를 갚는 것이 꼭 나쁜 것은 아니지만, 상대가 나의 수락을 의도한 경우나, 어떤 술책을 썼을 경우를 대비해야 한다고 생각한다.

③ 나의 약점은 상대방이 원하는 것이 무엇인지 정확하게 파악하는 능력이 조금 부족하다는 것이다. 상대방이 원하는 것을 정확히 안 상태에서 예상치 못한 상황에 만족감을 주면 상대에게 더욱 빚진 기분을 느끼게 할 수 있지만, 상대가 별로 관심 없는 것에 대한 호의를 베푼다면 큰 효과가 없을 수 있기 때문이다.

희귀성의 법칙

① 희귀성의 법칙이란 사람들이 대부분 갖기 힘든 것을 더 갖고 싶어한다는 법칙인데, 이러한 설득의 방법도 의식적으로 생각하고 사용한 적이 없기 때문에 이 또한 약점으로 작용한다.

② 나는 쇼핑을 즐겨하는데, 세일을 한다는 말에 충동 구매한 적이 많다. 최근에도 올리브영 세일을 하는데, 전 품목을 세일한다는 말에 그동안 사고 싶었던 것들을 단 몇 시간 만에 모든 것을 다 사버렸다. 왠지 세일 기간에 사지 않으면 억울한 느낌이 들어, 총 4일 동안 하는 세일 중 이틀을 가게에 들르며 이것을 살까 저것을 살까 고민했다.

③ 이 법칙은 기업들이 마케팅, 판촉에 적극적으로 활용하는데 나는 이러한 기업들의 전략에 정말 잘 먹혀 들어간다. 예를 들어, 치킨 할인이 이번 주까지라고 하면 오늘은 다른 것을 먹기로 했음에도 불구하고 그 치킨을 먹는다. 또한 내가 원래 사려고 마음먹은 음료수 대신에 진열대에 딱 한 개만 남아 있는 음료수를 구매한다.

권위의 법칙

권위의 법칙에 따르면 불확실한 상황에서 신뢰할 수 있는 전문가의 의견을 따르게 된다고 하지만, 불확실함을 회피하려는 성향과 현상이나 상황에 대한 체계적이고 논리적인 분석으로 인한 스스로의 결정에 자신감이 있어서 남의 말을 듣고 후회하는 것보다는 후회하게 되더라도 스스로의 결정에 의지하려는 경향이 있다. 이는 경우에 따라서는 무모한 도전일 수 있다.

일관성의 법칙

나는 조건이 변화하면 처음의 선택을 고수하기보다는 변화된 조건에 잘 흔들린다는 약점이 있다. 또한 나는 내가 옳다고 생각한 것이라도 다수가 반대하면 나 자신을 의심하는 습관을 가지고 있다.

호감의 법칙

① 나는 거절을 잘못하는 편이라 남이 도와 달라고 하거나 무리한 부탁을 들어 달라고 했을 때, 나는 난감해하면서 부탁을 들어줬던 적이 많았다. 그러다가 주변 친구들조차도 나를 만만하게 보는 느낌이 들어 무리한 부탁을 요청했을 때에는 거절하는 방법을 배우기도 했다.

② 나는 친한 사람들의 부탁을 잘 거절하지 못한다. 예를 들어, 나는 술 마시는 것을 극도로 싫어한다. 나는 친구들과 술 마실 시간에 집에서 혼자 쉬는 것을 훨씬 선호한다. 외향적인 성격의 친구들은 친구들과 만나면서 에너지를 얻지만 내향적인 성격의 나는 혼자 있으면서 스스로 충전한다. 친구들은 내가 원하지도 않았는데 내 생일파티를 하겠다고 모임을 잡았다. 나는 이를 거절했으나, 친구들이 실망하는 모습을 보고 다시 참여하겠다고 말할 수밖에 없었다.

③ 호감의 법칙에서 약점을 갖는 이유는 상대방의 호감을 사는 것은 내 통제 밖의 영역이라고 생각하기 때문이다. 게다가 사교성이나 다른 사람들에게 환심을 사는 반면에, 약점을 가지고 있기 때문에 호감의 법칙에서 약점을 갖는다고 생각한다.

④ 호감의 법칙에 의해 상대에 따라 다른 기준으로 대하는 경우가 종종 있다. 이는 수용받지 못한 사람이 알거나 느끼게 되었을 때 그 사람과의 관계에 부정적인 영향을 줄 수 있다.

사회적 증거의 법칙

① 사회적 증거의 법칙이란 사람들은 확신이 없는 경우 타인의 행동을 따라 하고 이

에 의해 더 쉽게 설득된다는 것인데, 평소에 다수의 의견에 반대되는 입장일지라도 그 의견을 쉽게 무시하고 다수의 의견에 동조하지 않는 편이기 때문에 상대방에게도 유용하게 활용하지 않아서 나의 약점 중 하나라고 생각한다.

② 나는 다수에 의견에 따르는 편이라, 자신의 의견을 정확하게 못내는 경우가 많다. 그러다 보니 종종 다수에게 이끌려 가는 느낌을 받은 적도 있었다. 예능 프로그램을 보면서, 남들의 웃음 소리에 따라서 웃은 적도 많다. 그렇게 웃긴 장면이 아니더라도 나도 모르게 '하하' 하고 웃은 적이 있다.

③ 사회적 증거의 법칙을 위해 다른 사람들을 이용하는 데 서툴다는 점이다. 다른 사람들을 설득하여 분위기를 조성하는 것을 통해 설득하는 방법을 위해서는 다른 사람들의 감정이나 분위기를 잘 이용할 수 있어야 한다. 그러나 나는 분위기를 주도하는 역할을 잘 수행하지 못하기 때문에 이에 서툴다.

관리형 리더의 장점

상호성의 법칙

① 나는 기본적으로 무엇인가를 받았을 때는 꼭 두 배 이상으로 하고 돌려주는 편이다. 특히, 부탁을 했을 때는 남의 시간을 낭비시켜 버렸다는 것에 대한 죄악감이 들어서 감사의 마음보다 나의 죄악감 해소를 위해 두 배로 보답을 한다. 이것이 바로 첫 번째 강점이라고 생각한다.

② 나는 평소에 상대방에게 호의를 많이 베푸는 타입이다. 평소에 학교 과제나 공부들을 미리 하는 성격이라 주변 친구들이 나한테 많이 도움을 받는데, 이렇게 내가 타인에게 호의를 베풀수록 상대방은 나한테 빚진 상태가 되기 마련이다. 이처럼 마음의 빚이 있는 상대방에게 설득을 한다면 상대방은 나한테서 일종의 의무감을 느낄 것이고 나의 설득에 쉽게 응하게 된다.

③ 문화 때문인 것 같다. 서양적인 사람은 일반적으로 상대방에 대해 기대가 별로 없다고 생각한다. 따라서 미국에 있을 때 나만의 '상호성의 법칙'에 대해서 미국 사람의 반응과 대만 사람의 반응은 완전 다르다. 미국 사람은 배려받은 느낌이고 대만 사람은 익숙해서 아무 생각이 없다. 그러므로 개인적으로 상호성의 법칙은

'icebreaker'에서 나쁘지 않은 선택이다.

희귀성의 법칙

갖기 힘든 것은 더 가지고 싶어진다고 처음 배웠을 때, 정말 나의 이야기를 하는 것 같았다. 나는 도전하고자 하는 마음과 포기를 안 하는 사람이기 때문에 갖기 힘든 것에는 더 열정적으로 노력하기 때문이다.

권위의 법칙

권위의 법칙에 있어서 나는 타인에게 설득할 때 꼭 근거를 들어 설득하는 편이기 때문에 권위의 법칙을 잘 활용할 수 있는 강점을 가지고 있다.

일관성의 법칙

① 주로 상대방이 과거에 했던 행동이나 언행들을 이용하여 상대방을 설득한다. 예를 들어, 같이 운동을 가자고 상대방을 설득할 때 이전에 미리 약속을 잡아 놓고 일관성의 법칙에 의거해 상대방을 설득하기 시작한다. 사람들은 과거에 했던 발언이나 행동과 일치된 모습을 보여주려는 속성이 있기 때문에 쉽게 나의 설득에 응할 것이다.

② 약속하면 꼭 하는 성격이어서 주변 사람은 나한테 부탁한 것이 더 많지만 적극적으로 생각하면 믿을 수 있는 사람으로 볼 수 있다.

호감의 법칙

① 나는 거절을 못하는 성격으로 인해 그것이 만약 어떤 무리한 부탁이든 받아들이며 'Yes'하는 경향이 있다. 사실 이것은 약점이기도 하지만 객관적으로 보았을 때 강점이라고도 생각한다.

② 나는 이를 잘 알고 있기 때문에, 누군가를 설득하려 할 때, 상대방과의 사소한 공통점이라도 이야기를 한다. 또한 사소한 버릇이나 행동들을 칭찬해주어 상대방이 나에게 호감을 느끼게 한다. 이는 내가 낯선 사람과도 금방 친해지는 비결이다.

관리형 리더의 단점

상호성의 법칙

'이성'과 '감성' 사이에서 균형을 잃지 않으려고 애써도 늘 잘 해내지 못한다. 극단적인 '이성' 아니면 극단적인 '감성'이다. 아주 가끔 어머님께서 번역이 필요해서 비즈니스를 했을 때 나도 같이 간다. 이렇게 작업을 몇 번 하다가 상대방은 신경쓰지도 않은 작은 도움을 줄 때 크든 작든 나의 입장에서 그저 넘치는 고마움이다. 이런 경우가 생기면 (일에 관련하지 않아도) 나는 그에 대한 값을 갚아야 한다는 마음이 생겨 협상할 때 혹은 마땅한 요구를 해야 할 때 나 자신이 항상 '감성' 때문에 많이 힘들다. 그 도움 때문에 망설이고 요구해야 하는데 미안해서 말을 못한 때가 많았다.

희귀성의 법칙

① 사람들은 갖기 힘든 것을 더 가지고 싶어하는 속성이 있기 때문에 이를 이용하면 효과적인 설득을 할 수 있다. 하지만 나는 희귀성의 법칙을 이용하여 남을 설득할 때는 약간의 거짓과 허풍이 들어가야 된다고 생각한다. 물론, 실제로 내가 설득하려는 내용이 희귀하다면 나도 이 법칙을 이용하겠지만, 실제로는 그렇지 않은 경우가 더 빈번하기에, 거짓말을 잘하지 못하는 나의 성격으로 인해 희귀성의 법칙을 이용하는 것에 약점이 있다.

② 요즘 코로나 때문에 많은 것들이 공급 수요를 따르지 못해서 가격을 올리거나 아예 그냥 받지도 않았다. 때마침 내가 매일 특정한 과일을 꼭 많이 먹어야 되는데 요즘은 가격이 올라가기보다는 항상 품절 상황이 많다. 그래서 며칠이나 몇 주 기다리다가 그 과일을 다시 살 수 있을 때 많이 고민한다. 사장님께서 또 오래 기다려야 살 수 있고 심지어 코로나 상태가 완전 끝난 후에 다시 살 수 있다고 해서 내가 어떻게 해야 매일 먹을 수 있으며 잠재적인 손실까지 입지 않을까? 많이 사서 집에 둘 수도 없고 오래 두고 먹기 위해 많이 사더라도 갑자기 위장이 아파서 과일을 못 먹고 썩어서 버린 경우도 있다. 코로나 때문에 평소 많이 먹을 수 있는 과일까지 희귀하게 느낀다.

권위의 법칙

① 나는 상대방을 설득할 때 나의 주장과 논리에 몰두된 채, 그 분야의 전문가적 지식이나 조언들을 활용하지 못하는 경향이 있다. 예를 들어, 누군가를 설득하려 할 때, 간단한 인터넷 서핑이나 지인들의 도움으로써 전문가적 의견을 받은 후 이것을 이용하여 상대방을 설득하는 것이 효과적임을 알지만 그렇게 하지 못하는 경향이 있다.

② 상대방을 설득할 때는 어쩌면 자신의 권위적인 부분을 내세우는 것이 효과적일 수 있다. 하지만 나는 매사에 상대방의 입장에서 생각하려 하고, 내가 상대방에게 권위를 내세울 때 상대방의 감정 상태나 기분 등을 많이 고려하는 편이기 때문에 위 전략을 이용하여 남을 설득하는 데 약점이 있다.

③ 전문가의 의견이라면 맹목적이고 비판적 능력없이 신뢰하게 된다.

사회적 증거의 법칙

① 확신이 없는 경우 다른 사람의 행동을 보고 결정하는 것이 이 법칙이지만 나는 사람들이 웃고 있어도 스스로가 웃긴다고 느끼지 않는 이상 웃지 못한다. 이것이 바로 나의 약점이다.

② 너무나 사람의 의견을 따라 자기의 견해를 잃었다. 생각도 잘못하고 자기 의견도 없고 그냥 동조하고 다른 생각이 아예 없다(어렸을 때 문화 때문에 사람을 따르고 지금은 생각이 없어서 따른다).

③ 나는 타인에게 잘 휩쓸리는 특성을 가지고 있기 때문에 나의 주관성을 잃을 수 있다는 약점을 가지고 있다.

자율형 리더의 장점

상호성의 법칙

① 어떤 무리 안에서 누군가 양보해야 하거나 먼저 해야 할 상황이 생길 때, 보통 내가 먼저 자원하는 경우가 많다. 상대방을 배려하기 위해서이기도 하고, 또 그런

것에 크게 개의치 않기 때문이다. 이러한 양보와 배려를 통해 상대방은 나에게 신세를 지게 되고, 다음에 내가 무언가를 원하는 상황이 왔을 때 쉽게 양보받을 수 있었다.

② 나는 사람들의 관계가 지속되기 위해서는 서로 비슷한 수준의 이익을 주고받는 관계가 수립되어야 한다는 것을 인지하고 있다. 누군가가 나에게 뭔가를 줬다면 나도 그에 상응하는 뭔가를 그에게 전해주어야 한다고 생각한다. 다른 사람에게 뭔가 받기를 바란다면 그에 해당되는 것을 주어야 하는 것이다. 마찬가지로 다른 사람들의 협력을 받고자 한다면 그에 상응하는 도움을 주는 방법을 통해 상호성의 법칙을 사용하고 있다.

권위의 법칙

① 권위의 법칙이란 불확실한 상황에서 신뢰할 수 있는 전문가의 의견을 따르게 된다는 법칙이다. 자율형은 다양한 아이디어 생산에 우수한 특성이 있다. 따라서 타인의 감정이나 생각을 파악하여 불확실한 상황이라고 느끼면, 전문성을 보이고 다양한 아이디어를 제시하면, 설득력을 높일 수 있다.

② 전문가의 말이 틀리는 경우들을 종종 봐왔기 때문이다. 또한 신뢰도가 낮은 전문가 라이선스(licence)도 많은 것을 보아서 전문가의 말을 맹신하면 안 된다는 것을 알게 되었다. 또한 나는 인지사고 유형이 자율형으로 일관성이 낮은 행동패턴을 가지고 있다. 이것은 일관성의 법칙에 포섭되지 않게 해주는 것 같다.

③ 나는 권위를 지니고 있는 사람의 말을 중요하게 여기고 쉽게 받아들인다고 생각한다. 나는 그리하여 다른 사람들에 대해 더 높은 수준의 영향력을 행사하고, 다른 사람들을 더 효과적으로 설득하기 위해 조직에서 더 많은 권위를 가지려고 노력한다.

일관성의 법칙

① 처음의 의도를 오랫동안 유지하는 일관적 특성을 지니고 있으며, 그와 동시에 과거의 발언 및 행동과 일면 불일치하더라도 처음 의도와 상통한다면 상황에 따라 행동을 수정하는 유연성도 지니고 있다.

② 일관성의 법칙이란 사람들은 과거에 했던 발언이나 행동과 일치된 모습을 보여주려는 속성이 있다는 법칙이다. 나의 APL 유형은 자율형이다. 자율형은 선호도가 확실한 특성이 있다. 따라서 나는 처음에 한 결정과 일관되게 다음의 발언과 행동을 결정한다. 일관성 있는 모습을 보이면, 타인은 그러한 일관성 있는 행위를 바탕으로 설득에 더욱 이끌리게 된다.

③ 상대가 했던 발언이나 행동을 잘 기억하는 편이라, 그를 근거로 상대를 설득하는 경우가 많다.

④ 일관성의 법칙을 적용받을 때 나의 강점이 나타난다고 생각한다. 일관성의 법칙은 사람들이 과거에 했던 발언이나 행동과 일치된 모습을 보여주려는 속성을 이용하는 설득 법칙이다. 하지만 나는 새로운 일처리방식이나 색다른 아이디어를 항상 갈구하는 성격이기 때문에 일관성의 법칙을 적용받으면 크게 영향을 받지 않을 확률이 높다. 또한 같은 상황이더라도 그때그때 어떤 방식이 최선의 일처리 방식인지 고민하고 최대한 새로운, 더 나은 방식을 찾아보려고 하기 때문에 일관성에 대해 본능적인 거부감을 가질 수 있다. 처음에 내가 의도한 바를 되돌아 보며 본질이 무엇인지를 꿰뚫을 수 있는 것이 내 강점이라고 생각한다.

호감의 법칙

① 나는 어떤 사람을 만났을 때 항상 상대방을 맞춰 주려고 노력한다. 그 사람의 말을 잘 들어주고 공통관심사를 찾으려고 노력한다. 그리고 상대방의 장점을 잘 파악하고 칭찬을 아끼지 않는다. 이런 나의 특성 때문에 상대방의 호감을 사기 쉬울 것이라 생각한다.

② 나는 평소에 대내·외적인 모습을 통해 사람들로부터 호감을 종종 얻는 편이다. 예를 들어, 나는 사람들에게 '선하게 생겼다'는 말을 자주 듣는다. 외적인 모습이 호감도 상승에 영향을 주는 것이다. 더불어 나는 사람 자체를 좋아할뿐더러 사람들 사이에 있으면 자주 웃고 리액션을 잘 해주는 편이다. 그래서 외적인 모습과 더불어 사람들을 대하는 행동과 태도 역시도 많은 사람들의 호감을 사는 것으로 생각된다. 이렇게 사람들에게 나의 이미지가 긍정적으로 박혀 있다 보니, 사람들이 나의 주장과 제안에 힘을 실어준다고 느껴질 때가 있다. 내가 직접 말로써 어

떤 부탁을 하거나 설득을 하면 "네가 그렇게 말한다니, 다시 한 번 생각해 볼게" 라고 답하는 경우를 종종 보았기 때문이다.

③ 상대방을 설득함에 있어서 호감의 법칙이 중요한지는 자명한 일일 것이다. 사람들은 자신이 좋아하는 사람의 말에 귀를 기울이며, 그래서 다른 사람들과 친밀한 정적 유대 관계를 형성하는 것이 중요할 것이다. 다른 사람들이 함께하고 싶어하는 사람이 되기 위해서 나는 함께하고 싶은 사람이 어떤 사람인지를 먼저 생각하면서 유머 감각 있고, 잘 웃고, 친절하고, 긍정적인 사람이 되기 위해 노력하고 있다.

사회적 증거의 법칙

① 사회적 증거의 법칙이란 사람들은 확신이 없는 경우 다른 사람의 행동을 보고 결정한다는 법칙이다. 자율형은 높은 수준의 공감 능력을 보이며 타인의 생각이나 감정을 잘 파악하고, 인간 행위와 마음의 동요에 민감한 반응을 보이는 특성이 있다. 따라서 타인의 마음을 파악하여 확신이 없다고 판단되는 경우, 많은 사람을 한 번에 설득할 수 있다.

② 사회적 증거의 법칙은 사람들이 확신이 없는 상황에서 다른 사람의 행동을 보고 결정한다는 것이다. 하지만 나는 사회적 증거에 대해 항상 의심을 하는 편이며, 사회의 기득권층이나 지도부가 유도하는 유사성 법칙에 대해 반감을 강하게 갖고 있는 사람이다. 따라서 이런 사회적 증거의 법칙을 악용하려는 세력과 마주했을 때 조작된 사회적 증거에 대해 적극적으로 반격을 가할 수 있으며, 과정상의 오류를 철저히 점검하기 때문에 이런 면에서 내 강점이 드러난다고 생각한다.

자율형 리더의 단점

상호성의 법칙

① 나는 상대방이 과거에 제공한 호의에 반드시 보답해야 한다는 가치관을 지니고 있다. 따라서 상대방이 나에게 호의와 비슷한 술책을 제시하면, 보답에 대한 강박관념으로 인해 상대방의 설득에 넘어갈지도 모른다.

② 상호성의 법칙을 잘 지키지 못한다. 받는 건 다소 당연하게 여기고, 주는데는 인색한 면이 있다.
③ 상호성의 법칙에 가장 약한데, 그 이유는 내가 타인의 호감에 민감하기 때문이다. 이로 인해 원치 않는 약속을 잡거나 무리한 부탁을 들어주게 되는 경우가 잦다.
④ 보상심리가 강한 편이라 상호성에 집착하여 대인관계를 해친 적이 있다.

희귀성의 법칙

① 자율형은 새로운 가능성이나 새로운 점에 대한 탐색을 선호하는 특성이 있다. 나도 사람들이 갖기 힘든 것이나 나 혼자서 갖는 것을 굉장히 선호한다. 따라서 나는 상대방이 나만 가질 수 있다거나 상실에 대한 두려움을 자극하면, 상대방의 설득에 쉽게 넘어갈지도 모른다.
② 나는 욕구나 충동을 잘 억제하지 못한다. 어떤 갖고 싶은 물건이 있을 때 만약 그것이 희귀하기까지 하다면 나는 무리해서라도 그 물건을 살 것이다. 아직 희귀성의 법칙에 대항할 적절한 자기방어 기재를 가지고 있지 못한다.
③ 희귀성의 법칙도 나의 약점이다. 희귀한 기회라고 하면 평소 생각했던 것보다 더 가치가 높아 보이고, 조바심이 나 이성적인 판단을 하지 못한다.

권위의 법칙

① 나는 전문가의 말은 의심 없이 받아들이는 경우가 많다. 불확실한 상황 속에서 예를 들면, 수능을 준비할 때 전문가인 인터넷 강사에게 의지하고 무조건적으로 신뢰하면서 필요도 없는 책들을 많이 산 경험이 있다.
② 나는 나보다 상급자이거나 높은 직함을 가지고 있는 상대에게 쉽게 순응하는 모습을 보인다. 또한 내가 알고 있는 것이 확실하지 않거나 스스로 자신이 없을 때, 상대가 나보다 더 전문적이며 잘 알고 있다고 생각할 때 상대에게 쉽게 휘둘린다. 하지만 모든 순간 내가 상대보다 전문적이고 확실한 지식을 가질 수는 없으므로, 이러한 권위의 법칙에 대항할 수 있는 자기방어 전략을 찾을 필요가 있다.
③ 내가 어리기 때문에, 사람을 판단하고 구분하는 능력이 부족하기 때문이다. 설득에 있어 권위성은 매우 중요한 속성이다. 하지만 때로는 이를 악용해 마치 자신

이 전문가인 것처럼 가장해 권위를 쌓는 사람들도 존재한다. 나는 아직 학생이고, 내가 앞으로 종사할 분야에 대해 완전히 잘 알고 있는 것도 아니기 때문에 전문가를 보고 판단할 수 있는 능력이 부족하다.

④ 권위의 법칙은 불확실한 상황에서 전문가를 신뢰하고 그의 의견을 따르게 되는 사람들의 본성을 활용하여 설득하는 도구이다. 하지만 권위에 대한 맹종을 거부하고 이를 타파하고자 하는 나는 권위를 활용해 타인을 설득하는 것이 불가능할 것이라고 생각된다. 따라서 이러한 권위의 법칙은 사용하지 않는 편이 나을 것으로 생각한다. 역으로 내가 권위의 법칙의 대상이 되면 나는 이에 본능적으로 거부감을 느껴 자기방어 전략을 펼칠 것이라고 생각한다.

호감의 법칙

① 저렴한 제품을 구매하거나, 큰 의사결정이 아닌 경우 호감도에 의해 결정하는 경향이 높다. 부탁을 잘 거절하지 못한다. 권위에 대하여 주눅 드는 경향이 있다.

② 자율형은 사람이나 과업 등에 대한 선호도가 분명한 특성이 있다. 따라서 나는 좋은 첫인상이나 사소한 공통점으로 인해 호감이 생기면 그 사람의 말은 다 믿고 지지하는 성향이 있다. 그로 인해, 호감이 있는 사람의 설득에는 쉽게 넘어갈 가능성이 있다.

③ 상대방의 호감을 잘 끌어내지 못하고, 논리로 설득하는 경우가 많다.

④ 호감을 가지고 있는 사람과 관련해서는 과하게 긍정적으로 판단하는 경향이 있다. 반면, 나쁜 감정을 가지고 있는 사람에게는 과하게 방어적이고 공격적으로 대하곤 한다.

⑤ 호감이 가는 사람의 말과 호감이 가지 않는 사람의 말을 객관적으로 수용하지 못하고 감정적으로 대처해 일을 그르친 적이 있다.

⑥ 나는 호감을 갖고 있는 상대의 부탁을 잘 거절하지 못하는 성격이기 때문에 가끔 친구의 부탁 때문에 내가 곤경에 빠지는 경우가 있었다. 호감의 법칙을 잘 활용하면 생산적인 집단활동을 유도할 수 있지만 공동체의 목표와 관련 없거나 그에 반하는 방향으로 호감의 법칙이 작용하게 되면 부정적인 효과를 발생시킬 수 있다. 이런 법칙에 대항하기 위해 나는 호감을 유발하는 요인들에 직접적으로 맞서

서 그들의 영향력을 감소시키려고 하기보다는 그런 요인들이 나에게 충분히 영향력을 발휘하도록 만든 후에 그 영향력을 역이용하는 대응 전략을 펼치는 것이 현명하다고 생각한다.

사회적 증거의 법칙

나는 나이가 어리기 때문에 사회에서 큰소리를 내기도 어려울뿐더러 내 생각을 확신할 용기도 부족하다. 그렇다 보니 주로 다수가 선택하는 것을 옳다고 판단하고, 받아들이는 경우가 많다. 때로는 나의 생각을 당당하게 말할 수 있는 줏대가 필요하다고 생각한다.

관계형 리더의 장점

상호성의 법칙

나는 다른 사람에 대한 칭찬을 인색하게 여기지 않고, 상대방의 도움이나 찬사를 받은 후에도 상대방에게 감사를 전한다. 나는 사람과 사람 사이에 서로가 있다고 생각하지만, 되로 주고 말로 받는다는 말을 매우 공감이 된다.

희귀성의 법칙

희귀성도 결국에는 다른 사람들이 가진 물건을 나는 가지지 못할까 봐 두려워하는 대세에 대한 편승이라고 생각한다. 청개구리 본성이라고, 하지 말라고 하면 사람들은 더 하는 성향을 보인다. 갖기 힘든 것을 더 가지고 싶어하는 것은, 다른 사람들이 다 희귀한 물건을 가지고 있는데 나는 없다는 두려움과, 희귀한 물건을 가짐으로써 갖지 못한 사람들에 대해 우월함을 가지는 것인데, 나는 위에서도 언급하였다시피 외면으로 사람을 판단하려 하지 않고, 내면을 보려고 하기에 희귀성의 법칙에 휘둘리지 않고 나의 길을 갈 수 있다.

권위의 법칙

권위 있는 사람에게 무작정 따르지는 않는다. 보통 전문가는 권위를 가지고 사람들은 권위에 두려움을 가져 복종한다. 이는 권위에 대한 두려움으로 인해 판단력이 흐려져 대세에 합류하는 것과 같은 원리라고 생각한다. 하지만 불확실한 상황이라고 해서 권위자가 항상 옳은 선택을 하는 것은 아니다. 권위자도 잘못된 신념을 바탕으로 판단을 내릴 수 있고, 권위자라고 생각하였던 이가 실은 권위자가 아니었는데 그의 직함, 외형에 속아 그릇된 판단을 따라간 것일 수도 있다. 대표적인 예시가 히틀러(Adolf Hitler)의 유대인 학살과 밀그램(Stanly Milgram)의 실험이다. 나는 나의 가치관이 확고하기에 단순히 권위에 무조건 따라가는게 아니라 전문가가 맞는지 항상 확인하여 옳은 선택을 하고 있는지 반추한다.

일관성의 법칙

나는 하나의 가치관이 성립되면 이를 끝까지 믿고 나아가려는 성향이 있기 때문이다. 하나의 옳은 신념이 형성되면, 이를 긍정적으로 밀어붙이고 일을 해 나가는 데에 있어 유리하게 작용하도록 한다. 이는 과거와 일관된 행동으로 나타나기에 주변 사람들에게도 변치 않고 꾸준히 나아간다는 인식을 심어주어 신뢰를 획득하는 데에 유리하게 작용한다. 또한 이는 하나에 집중하는 모습이기에 나와 같은 길을 선택한 팀원들이 나를 믿고 따라오도록 설득하는 데에 드는 에너지가 줄어들어 이를 다른 생산적인 곳에 사용할 수 있다.

호감의 법칙

① 사소한 행동에도 칭찬하기를 즐겨한다. 그리고 상대방의 마음에 공감를 잘하는 편이다. 이를 통해 상대방이 나에 대한 호감을 쌓도록 할 수 있고 그 호감을 바탕으로 더 쉽게 상대방을 설득할 수 있을 것이다. 또한 자주 상대방에게 먼저 선의를 베풀거나 도움을 주려고 한다. 딱히 뭔가를 바라고 선의를 쉽게 베푸는 것은 아니지만 이로 인해 상대방이 나에 대한 빚진 감정이 생긴다면 상대방을 설득하는 데 있어 더 유리해질 것이다.

② 호감의 법칙과 관련하여 구성원들의 대화 참여 유도를 통해 친밀감을 형성하고 개인적 걱정에 대해 관심을 갖고 인간적인 측면을 바라보기에 타인의 호감을 잘 사는 편이다. 따라서 타인을 설득한다는 관점에서도 유리하게 작용한다.

사회적 증거의 법칙

① 나는 남들의 의견에 상관없이 나만의 가치관을 관철시키려고 노력한다. 이에 확신이 없을 때 다른 사람들의 행동을 보고 결정하는 사회적 증거의 법칙에서 강점을 발휘한다. 다른 사람들이 한다고 무작정 찾아보고 재보지도 않은 채로 타인의 선택에 휩쓸리기보다 내가 가진 생각과 정보, 주변 사람들에게 의견을 물어보아 나만의 행동을 하기에 강점을 나타낸다. 대세에 휩쓸리기보다 다른 사람과 의견이 일치하지 않으면 '내가 틀렸으니 튀지 않게 다른 사람 의견에 편승하자'가 아닌 내가 옳다고 생각하며 내가 틀렸을 가능성을 열어 놓고 경우의 수를 따지는 것이다.

② 어떤 일이 있으면 주로 먼저 행동으로 보여주는 성향이고 많은 사람의 참여를 유도하도록 한 경우가 종종 있고 비슷한 맥락에서 주변 사람들이 본인을 따라 하게끔 행동한 적이 많다. 이러한 면에서 사회적 증거의 법칙의 측면이 본인에게 강점으로 있다는 것을 알 수 있다.

관계형 리더의 단점

상호성의 법칙

① 선물이나 서비스를 받았다면 다시 돌려줘야 하는 의무감을 느끼는 것이다. 상호성은 상대방을 빚진 상태로 만들어서 대가를 요구하기 때문에 상대방에게 부탁을 쉽게 하지 못하는 나의 성격은 약점이 된다. 그리고 되로 주고 말로 받기 때문에 나는 도전 의식이 강하지 않아서 맞지 않는 것 같다.

② 나는 타인으로부터 호의를 받았을 때, 이에 호응하여 보답을 잘하지 못한다. 상대방에게 빚진다는 상황 자체를 싫어하며 원치 않은 호의에서 감정이 생겨나는 것이 아닌, 빚을 졌다는 찝찝함과 스트레스를 느낀다. 이에 상대방이 보여준 호의

에 대해 보답을 잘하지 못하여 상대의 마음을 다치게 하기도 하며, 상대방에게 무언가를 해주려고 고민만 하다가 "막상 이 선물을 안 좋아하면 어떻게 하지?", "자신이 해준 것에 비해 성의가 없다고 생각하면 어떻게 하지?"라는 생각을 하다가 보답을 하는 시간을 지연시키기도 한다.

일관성의 법칙

① 사람들은 과거에 했던 발언이나 행동과 일치된 모습을 보여주려는 속성이 있다는 것이다. 일관성은 기계화되어 한 번 선택하면 버리기 아깝고, 약속이 약속을 낳는 순환적 결과가 나타난다는 특징을 가진다. 나의 거절하기 어려운 성격은 어떠한 무리한 부탁도 일관되게 수용하려는 약점이 된다. 그리고 일관성의 법칙은 미끼를 이용해 자발적으로 참여하도록 유도하므로 빠른 눈치가 아니면 약점이 된다.

② 일관성의 법칙과 관련하여 매사에 주어진 다른 상황에 따라 유연하고 다르게 대처하고 행동하고 말하기 때문에 타인을 설득할 때 이런 부분에 있어서는 신뢰를 주지 못할 수 있다. 본인의 일관성 부족한 말과 행동이 타인에게 있어서 신뢰할 수 없는 사람이라는 이미지를 주기 쉽다.

호감의 법칙

① 나는 사람을 판단할 때 외견, 첫인상에 사로잡히지 않고 내면과 생각을 보고자 노력한다. 하지만 사람과 사람 사이에 상호작용을 하다 보면 선한 영향력을 가진 사람이 있기 마련이다. 조직 내에서 튄다고 해서 불이익을 주려고 하지는 않지만, 선한 사람이 있으면 호감을 가지게 되고 그 사람에게 최대한 긍정적으로 봐주는 경향이 있다. 혹여 잘못된 판단을 하더라도 호감이 있는 사람의 판단이라면 판단력이 흐려져 긍정적으로 판단해주기도 한다.

② 가까운 사람을 거절하기가 어렵다고 생각한다. 그리고 항상 다른 사람 말을 따라간다.

사회적 증거의 법칙

나는 주변 사람들의 의견이나 어떤 집단적인 큰 흐름을 거스르지 못하고 맹목적으로 따르곤 한다. 다른 사람들의 눈치나 감정, 나에 대한 평판 등에 너무 신경을 쓴 나머지 나의 생각, 감정과 다르더라도 거부하지 못하고 다수의 의견에 따르게 된다. 이렇게 되면 사회적 증거의 법칙에 따라 나는 쉽게 설득당하게 될 것이다.

설득에 대한 자기방어 전략

상호성의 법칙

① 상대가 먼저 무리하게 요구하기 전에 내가 먼저 요구하기, 상대방이 상호성의 법칙을 통해 내 의견과 다른 방향으로 설득하려 할 때를 알아차리고 객관적으로 생각해보기, 내가 상대방에게 더욱 베풀어 상대방을 빚진 상태로 만들기 등이다.

② 기브 앤 테이크(give & take) 방식을 적용해 대응하는 것이다. 또한 속담 '가는 말이 고와야 오는 말이 곱다'처럼, 도움만을 바라지 않고, 내가 먼저 도움을 줘야겠다는 생각을 하는 것이다.

③ 눈에는 눈, 이에는 이로 대응하기가 있다. 상대방이 나에게 호의를 베풀고 의도한 행동을 해주길 원할 때가 있다. 그때 나는 그 행동을 수행하는 대신, 또 다른 호의를 역으로 그 상대방에게 배풀어 주는 것이다. 그렇게 하면 상대방에게 은혜를 갚아 미안함 마음도 들지 않게 되는 동시에 상대방의 의도한 행동을 해야 한다는 의무감에서도 벗어날 수 있다.

④ 설득을 시도할 때는 주로 자기가 한 만큼 내게서 받기를 요구하는데 그럴 땐 어디까지가 상대방의 호의이고 어디서부터가 상술, 술책인지 구별하기 위해 부단히 노력한다. 한 번 그 경계를 찾으면 받을 만큼의 선에 대해서만 나도 호의를 베푼다.

⑤ 상호성의 법칙은 활성화가 되면 매우 강력하기 때문에 벗어나기가 쉽지 않다. 따라서 활성화가 되기 전에 방지하는 것이 중요하다. 이미 활성화가 된 상태라고 해도 상대의 교묘한 술책임을 빠르게 자각하고 다음 대응 방안을 마련하는 데 도

움이 될 것이다. 만일 상대의 행동이 호의가 아닌 술책임이 재정의가 된다면, 상대의 요구를 거절할 수 있게 된다. 상대의 호의에는 보답할 수 있어도, 계획적인 행동에는 보답이라는 것이 적용되지 않기 때문이다.

⑥ 다른 사람에게 받은 인간적 호의에 업무적 부담으로 보답하지 않고 인간적 보답을 하는 것이다. 구체적으로, 팀원이 인간적으로 친절한 모습을 보인다고 해서 상대방을 지나치게 배려해서 내가 과도한 업무를 부담하는 것을 피해야 한다. 그 대신 상대방의 친절에 대해 똑같이 친절하게 대응함으로써 보답해야 한다.

⑦ 호의와 술책을 구분해야 한다. 상대가 진심으로 나에게 호의를 베푸는 것인지, 아니면 나로부터 무언가를 얻기 위해서 술책을 부리는 것인지 파악해야 한다. 상대의 호의가 순수한 의도가 아니라면, 한 발짝 물러서 이를 의심해봐야 한다. 이를 위해서 상대가 나로부터 무엇인지를 곰곰이 생각해봐야 한다.

⑧ 상대방이 호의를 베푸는 것이 정말 마음에서 우러나서 바라는 것 없이 베푸는 것인지, 아니면 이러한 호의를 받아들였을 때 다른 요구를 할 가능성이 있는지를 판단하여 행동해야 한다.

⑨ 국가를 떠나서 사람이었으면 누구나 '정'을 갖고 있다고 생각한다. 그저 강한지, 약한지, 일상생활에 들어내는지만 다를 수 있다고 믿는다. 따라서 상호성의 법칙은 어떤 사람한테 쓰면 큰 효과 있고 어떤 사람에 쓰면 효과 아예 안 보일 수 있다. 그냥 주고 다시 뭔가 받고 싶은 마음을 없애는 것이다.

희귀성의 법칙

① 흥분하지 않기, 이익과 손해를 냉정하게 따지기, 금지하면 더 하고 싶은 심리를 경계하기, 상실의 두려움을 줄이기, 제한된 자유에 대한 심리적 저항을 의식하고 경계하기 등이 있다.

② 평소에 필요한 것과 불필요한 것을 정확하게 잘 정리를 해놔서 충동적으로 구매를 하지 않게 하도록 해야 한다. 그렇지 않으면 한정 판매에 속아 넘어간다거나 시간 제한 때문에 마음 급해 하는 일은 없을 것으로 생각한다.

③ 득실을 냉정히 따져보는 것이 있다. 위에서 언급한 희귀성의 법칙의 마케팅적 활용에 대응하기 위해서는 정말 내가 원하는 것이 무엇인지, 정말 나에게 효용을

주는 것은 무엇인지를 냉정하게 따져봐야 한다. 기간이 짧은 할인행사나 적게 남은 재고에 혹할 것이 아니라, 정말 내가 이성적으로 판단해 사려고 했던 것을, 분위기에 휩쓸리지 말고 사야 한다.

④ 상대방은 내게 자신이 희귀한 가치를 갖고 있다며 설득할 텐데 그럴 땐 상대방이 갖고 있는 것이 얼마 안 남은 가치라는 것에 신경을 쓰지 말고 흥분을 가라앉힌 후 내가 상대방의 의견을 따르는게 득이 많은지 실이 많은지 꼼꼼하게 따져봐서 판단을 해야 한다.

⑤ 맹목적으로 따라가지 않기 위해서는 원칙에 입각한 나의 주장이 미래에 끼칠 영향에 대해서 장기적으로 생각해보는 것이 방법이라고 생각한다.

⑥ 희귀성의 법칙에 반응하는 것은 감정적 반응으로, 희귀성의 영향력은 인지하고 있어도 이에 대응하는 것은 쉽지 않다. 따라서 흥분을 가라앉힌 뒤, 득실을 냉정하게 따져보는 것이 필요하다. 희귀한 대상을 본인이 갈망하는 이유가 희귀성을 소유하고자 하는 것인지 사용하고자 하는 것인지를 따져보아야 한다. 만일 소유하고자 하는 것이라면 희귀성의 목적에 잘 맞기 때문에 그것을 선택해도 되고, 만일 사용하고자 하는 것이면 더 면밀하게 사용의 목적을 따져봐야 할 것이다.

⑦ '얼마 없습니다', '이제 곧 끝납니다'와 같은 문구가 사람들의 심리를 자극하기 위한 문구임을 기억하여 흔들리지 않도록 노력해야 한다. 예를 들어, '곧 매진입니다'와 같은 문구가 붙은 상품이 정말로 아주 좋은 상품이라서 폭발적인 인기가 있다면 판매자는 그 기회를 최대한 이용하기 위해 곧 다시 판매를 재개할 것이라고 믿는 것이다. 이렇게 여유를 가지고 접근한다면 더 좋은 기회를 찾아낼 수도 있으며 혹시 기회를 놓치더라도 며칠 후면 잊어버릴 것이기 때문이다.

⑧ 흥분하지 말고, 득실을 냉정하게 따져봐야 한다. 희귀한 것은 누구나 가질 수 있는 것이 아니기에, 대부분의 사람들은 희귀하고 희소한 것을 선호한다. 그러나 상대가 제안하는 것이 희소성이 있다고 해서, 나에게 무조건 필요하거나 득이 되는 것은 아니다. 상대의 제안이 내게 필요하거나 득이 될 때 수락해야지, 무작정 희귀한 제안이라고 해서 상대의 제안하는 손을 덥석 잡으면 안 된다. 더구나 상대가 말하는 제안의 희귀성이 거짓될 가능성도 꼼꼼히 따져보고 합리적인 의사결정을 해야 한다.

⑨ 나는 어떤 옷을 살 때, 할인하는 일자가 얼마 남지 않았다고 하거나, 재고가 하나 밖에 남지 않았다는 말에 쉽게 현혹되는 편이다. 이렇듯 쉽게 흥분하면 지는 것이다. 누군가 나를 희귀성의 법칙에 의거하여 설득하려 할 경우, 흥분하지 않고 평온해지려고 노력한다면, 그 다음의 과정에 대한 생각을 할 수 있게 되고, 이는 달콤한 설득이나 위험에 빠지지 않게 하는 중요한 전략일 것이다.

⑩ '오늘만 할인' 등의 슬로건을 내세울 때 소비자들이 우루루 몰리는 상황 등을 생각해 볼 수 있다. 그러나 사실 그렇게 흥분해서 물건을 샀지만, 나중에 돌이켜 봤을 때 그다지 이득이 아니었다고 여겨지는 경우도 많다. 따라서 '흥분하지 말고', 순간적 판단에 휘말리기보다 나에게 진정 이득이 맞는지 그 '득실'을 냉정히 따져봐야 한다.

권위의 법칙

① 전문가가 맞는지 살펴보기, 전문성과 트릭을 구별하기 외에도 직함과 옷차림, 고급 자동차 등 외적인 요소에 속지 않기, 의사결정에 권력과 권위가 작용함을 의식하기, 다른 전문가의 말도 고려해보기 등이 있다.

② 전문가가 맞는지 살펴보기가 있다. 권위는 그 사람 자체의 능력에서 나오기도 하지만, 옷차림, 고급자동차 등 외형에서 나오는 경우가 더 흔할 것이다. 이때 외형에 속지 말고, 그 사람 자체를 보는 것이 중요하다. 겉을 보고 그 사람의 말을 믿을지 결정하는 것이 아니라, 외형에서 벗어나, 그 사람의 능력 등 그의 본질을 보고 그 사람 말을 따를 것인지 말 것인지 결정해야 한다.

③ 상대방이 이용하면 자신이 전문가이며 그 분야에 대해 매우 잘 아는 사람이라고 주장할 텐데 상대방이 정말 권위자인지, 전문가라면 그 출처가 분명한지 꼼꼼하게 따진다. 또한 전문적인 지식에 대해서는 인정하지만 트릭을 이용하여 자신의 이익을 챙기려 하는건 아닌지 꼼꼼히 챙겨본다.

④ 전문가의 말은 귀담아 듣되, 전문가인 척하는 권위자의 말은 되도록 거르는 것이다. 힘과 권력으로 상대를 이기려고 하는 사람의 주장은 멀리할 필요가 있다고 생각한다.

⑤ 권위의 상징은 위조하기 매우 쉬우며 결정에서 권위가 끼치는 영향이 매우 크다

는 것을 인지하는 것이다. 영향력이 큰 만큼 권위자의 말을 맹목적으로 믿지 말고, 따라야 할 때와 따르지 말아야 할 때를 잘 구분해야 한다. 따라서 권위자가 의견을 냈을 때, 전문성을 따져보고 신뢰할 만한 자격을 갖췄는지, 현 사안에 그러한 전문성이 연관이 있는지를 예민하게 판단해야 할 것이다.

⑥ 전문가의 의견에 대해서도 사실 여부나 출처를 확인하는 방법이 있다. 요즘은 어디서든 궁금한 점이 생기면 인터넷에 검색하는 간단한 방법을 통해 일명 '팩트체크'를 할 수 있다.

⑦ 상대가 정말 전문가가 맞는지, 그리고 상대의 전문성과 그 전문성있게 보이려는 트릭을 구별해야 한다. 상대의 직함, 옷차림 등에 현혹되어 상대를 전문가라고 쉽게 믿으면 안 된다. 전문가가 맞는지 정확히 판단해야 하며, 또 상대의 그의 전문성과 전문가처럼 보이는 트릭을 구별할 수 있어야 한다. 여기서 트릭이란 화법, 제스처 등 상대방으로 하여금 자신을 전문가처럼 보이게 하려는 술책을 의미한다. 아무리 화려한 말로 상대를 현혹시키려 하더라도, 그 주장의 근거를 명확히 생각해보고 상대가 나로 하여금 제안을 수락하도록 현혹시키는 것은 아닌지 의심해야 한다.

⑧ 전문적인 지식이 맞는지 의심하는 것이다. 사람들은 충분한 사전조사 없이 그럴싸 해보이는 전문가의 의견이나 지식에 쉽게 선동되는 경향이 있다. 이를 방지하기 위해서, 상대방이 주장하는 전문가의 의견이나 주장이 실제로 타당한지 스스로 검토하는 과정이 필요하다. 또한 겉모습에 현혹되면 안 될 것이다. 실제로 사람은 외향적인 것에 상당히 민감하다. 예를 들어, 비전문가가 정장이나 수트를 입고 나를 설득하는 경우와, 전문가가 허름한 옷을 입고 나를 설득할 때, 대부분의 사람들은 전자의 경우에 혹할 것이다. 따라서 겉모습에 현혹되지 않은 상태에서 철저한 사전 조사가 필요하다.

일관성의 법칙

① 본능적인 거부감에 따라 행동하기, 처음에 나의 의도를 되돌아보기 외에도 일관성의 법칙에 갇혀 원하지 않는 방향으로 설득되지 않으려 노력하기, 기계적인 일관성을 경계하기, 미끼를 파악해보기 등이 있다.

② 상대방이 꾸준히 같은 주장을 하면 본능적인 거부감이 드는데 그 느낌을 안 잃기 위해 노력하고 처음에 내 주장이 무엇이었는지 상대방과의 대화 도중에 자꾸 떠올리려 한다.

③ 내가 처음에 생각하고 의도했던 목표를 마음이 흔들릴 때에 다시 되짚어 보려고 노력을 할 필요가 있다.

④ 공부하기 싫어하는 학생들을 설득하는 데 좋은 방법이다. 예를 들어, 공부하기 싫어하는 학생에게 정해진 양의 문제를 정해진 시간 내에 틀리지 않고 푼다면 숙제를 1장 줄여준다는 제안을 한다. 숙제를 줄이고 싶은 학생은 그 제안을 승낙하고, 정해진 시간 내에 일정량의 문제를 풀어야 하므로 더 집중하게 된다. 대부분 학생이 숙제를 줄이는 데 실패하지만, 이미 자신이 내기를 승낙했기 때문에 주어진 목표를 달성하려 노력한다.

⑤ 일관성의 법칙은 대체로 유용하지만 어리석은 선택을 유도하는 순간 본능적으로 거부감이 느껴질 것이다. 즉, 본인의 처음 의도와는 달라서 어딘가 불편하고 하고 싶지 않으면서도 일관성을 유지한다는 생각으로 불편한 선택을 할 때의 본능적 감정을 잡아내어 그에 따라 행동을 해야 한다. 또한 처음에 자신이 의도했던 바를 되돌아보는 것이 중요하다. 이를 위해서 할 수 있는 행동은, 자신이 현재 알고 있는 사실을 또는 지금 제시받은 선택을 처음에도 알고 있었다면 어떠한 선택을 했을지 계속 생각해보는 것이다. 만일 상대가 교묘하게 미끼를 던져서 작은 선택지부터 유도를 했고, 어느 순간 그 미끼를 거뒀다면, 미끼가 없어진 상태에 대한 과거의 선택을 생각해보는 것이다. 이는 자신이 유지하고자 하는 일관성이 옳은 방향으로 가고 있는지를 판단할 수 있게 해줄 것이다.

⑥ 의사결정하기 전에 총량적 접근법에 따른 계산을 해보는 것이다. 예를 들어, 자동차를 구매할 때 딜러에게 자동차를 구매하기로 얘기한 후, 여러 가지 옵션으로 가격이 추가되면 매력적인 가격이 아닐 수 있다. 이럴 경우 처음의 구매 결정을 기본값으로 유지하지 않고, 총액과 자동차에서 얻는 편익을 비교해서 합리적인 구매인지 비교해야 한다. 즉, 조건이 변경되었을 때, 관성과 일관성에 의존해 의사결정하기보다는 최종적 결정을 위해선 처음부터 총액 접근적으로 비용과 편익을 고려한 결정을 내려야 한다.

⑦ 본능적인 거부감에 따라 행동하는 것이 도움이 될 수 있다. 상대가 자신의 제안을 수락하도록 유도하기 위해 과거의 나의 발언이나 행동을 이유로 수락하도록 부추길 수 있다. 그러나 그 제안에 본능적인 거부감이 든다면, 그 거부감을 숨기지 말고 드러내야 한다. 본능적 거부감을 외면하지 않고, 그 거부감이 왜 생긴 것인지를 스스로 생각해봐야 한다. 그렇다면 비록 상대가 나의 과거 행적을 근거로 들더라도 그 제안을 거부할 근거가 생긴다. 그리고 상대의 제안이 과거의 내 발언과 행동의 의도와 부합되는지 확인해야 한다. 그 행동 및 발언을 한 의도가 아닌 표면 자체만으로 수락을 요구하는 제안은 수락하면 안 된다.

⑧ 처음에 내가 의도했던 것이 무엇인지 기록을 잘해 두었다가 이것이 잘못된 방향으로 사용된다면 거부할 수 있는 판단력을 키워야 한다.

⑨ 만약 교육을 통한 일관성, 약속이나 규칙 등에 의한 일관성, 그리고 나의 과거와의 일관성을 통해 상대가 불합리한 처우를 강요한다면 이에 대해 대항해야 한다. 먼저, 상대의 요구가 강요라고 판단되는 순간 나의 일관성을 어떤 것을 위해서 지켜져야만 하는지 다시 한 번 생각해볼 필요가 있다. 그리고 대개 이러한 상대의 불합리한 설득은 본능적인 거부감이 따르기 마련이다. 이를 통해 재고의 기회를 가질 수 있다.

호감의 법칙

① 호감의 전략 역이용하기 외에도 신체적 매력에 끌리기보다는 전달 내용에 집중하기, 사소한 공통점에 호감을 가질 수 있음에 넘어가지 않기, 칭찬만 하는 사람의 의도 의심해보기, 연상작용 경계하기 등이 있다.

② 아무리 친한 친구라도 나에게 어떠한 이익이 생기고 불이익이 생기는지에 대해 생각해보는 것이다. 함부로 된다고 하면 오히려 나를 이용할 수도 있기 때문에 잘 생각해보고 결정을 하는 것이다.

③ 호감의 영향력을 역이용해 대응하기가 있다. 위에서 언급한 '친구의 부탁은 거절하기 힘든' 경우에 대응하기 위해서, 나도 그들에게 친구라는 점을 이용한다. 내가 친구로서 그들에게, 나도 그들을 좋아하지만 나에게 지금 필요한 것은 휴식이라는, 나의 마음을 잘 설명하고 친구로서 접근한다면, 그들도 나를 이해해 줄 것

이다.

④ 과도한 칭찬은 지양할 필요가 있다. 상대의 호감을 이끌어내기 위한 과한 칭찬은 오히려 독이 되기 때문이다.

⑤ 학원 아르바이트를 할 때, 먼저 학생들과 정서적 친밀감을 형성한다. 어려워하는 단원의 경우, 공감과 칭찬을 해주면서 학생을 격려하는 경우 순조롭게 공부를 할 수 있다는 것을 알 수 있었다. 또한 적절한 정서적 교류를 한 경우, 학생들은 선생님인 나에게 애착이 생기고 더 잘하는 모습을 보여주기 위한 동기부여가 잘되는 것을 확인할 수 있었다.

⑥ 호감은 자연적인 느낌으로 사전에 방어하는 방법은 거의 없다. 따라서 호감을 불러일으키는 요소가 관련이 없는 사안에 관한 결정에 영향을 끼칠 때마다 각각의 방어 전략을 세워야 한다. 이때는 호감이라는 원인보다는 결정이 불러일으킬 결과에 주목해서 판단을 하는 것이 중요하다.

⑦ 호감의 요인을 감소시키려고 노력하는 것이 아니라 호감의 요인이 우리에게 충분한 영향을 주도록 만들고, 그들의 영향력을 역이용하여 대응하는 전략이 있다. 상대방이 주는 호감의 요인을 정확히 파악하고 그들의 영향력을 그대로 받아들이며, 나도 그만큼의 호감을 표현하면 상대방과 좋은 관계형성에 도움이 되고 결과적으로 설득에도 좋은 영향을 미칠 수 있다.

사회적 증거의 법칙

① 조작된 사회적 증거에 반박하기, 과정상의 오류를 점검하기 외에도 다른 사람의 행동에 크게 영향받지 않고 본인의 주관을 지키기, 옳다고 생각하는 것을 밀고 나가기, 사회적 증거의 법칙을 파악하기 등이 있다.

② 한 번 더 생각해서 말과 행동을 조심하는 것으로 대응할 수 있다. 다수의 힘은 생각보다 강해서 언제 어디서 내가 이끌려가는 건지 잘 모를 때가 있다. 이럴 때 한 번만 더 생각해서 행동을 하면 더 좋은 결과를 가져올 수 있다.

③ 과정상의 오류를 점검하기가 있다. 사회적 증거의 법칙은 쉽게 말해 남들이 하니까 나도 해야 한다는 혹은 해야겠다는 마음이 들게 하는 전략이다. 이때 한 걸음 물러서서 객관적으로 상황을 관찰해야 한다. 남들이 그것을 왜 하는지, 그들의 영

향력에서 벗어난 나의 진정한 의도는 무엇이었는지 살펴볼 필요가 있다. 이렇게 상황을 한 걸음 떨어져서 이성적으로 관찰한다면 사회적 증거의 법칙에 대응할 수 있다.

④ 과정상의 오류와 군중심리에 휩쓸려 증거가 올바르지 못한지 판단을 잘못하는 경우가 많은데 증거에 대해 면밀히 검토한다.

⑤ 나는 사회적 증거의 법칙을 따라가는 전형적인 사람이다. 이에 대항하기 위해서는 다수의 의견이라도 오류가 있을 수 있음을 인정하고 무조건 맹신하지 않는 심리 전략이 필요하다.

⑥ 잘못된 정보를 기초로 사회적 증거의 법칙을 작동시키려 하는 순간을 예민하게 판단하는 것이다. 사회적 증거가 잘못되었다는 느낌을 따르기 위해서는 객관적인 사실을 가지고 사회적 증거를 때때로 확인해야 할 것이다. 또한 그러한 느낌이 들자마자 직접 잘못된 정보를 수정하는 용기가 필요하다.

⑦ 집단이 항상 옳은 것은 아니라는 점을 견지하여 집단의 의견에 동의할 수 없을 땐, 반대의 목소리를 내지는 않더라도 침묵을 지키는 것이다. 사회적 증거가 조작된 것으로 예상되지만 다른 사람들에게 반대되는 목소리를 낼 수 없다면 중립적인 입장을 지키는 것처럼 아무 의견을 내지 않음으로써 스스로를 어리석은 선택으로부터 방어할 수 있다.

⑧ 조작된 사회적 증거에 대해서 반격하며, 타인의 결정에서의 과정상의 오류를 점검해야 한다. 불확실한 상황 속에서는 모든 것이 혼란스럽다. 이러한 상황에서 타인의 행동은 선례가 되며, 사람은 이를 모방하려는 경향이 있다. 하지만 그 모방이 과연 옳은 것인지를 의심해보아야 한다. 그 사회적 증거가 조작이 의심되는 경우, 이를 묵인하고 용인하기보다는 적극적으로 표출하고, 그 사회적 증거를 거부해야 한다. 또한 사회적 증거의 과정상의 오류를 점검해보아야 한다. 누군가가 행했다고 해서 그것이 최선의 대안이라고 절대 확신할 수 없다. 그 과정상의 오류가 존재하는지를 철저히 따져보고, 그 오류가 있다면 이를 따르도록 하는 제안을 수락하지 말고 재고해야 한다.

⑨ 우리는 선택의 상황에서 다수의 의견에 동조되기 쉽다. 하지만 이러한 판단에는 오류가 있다. 먼저, 이러한 선택의 근거인 다수, 즉 사회적 현상에는 조작된 사회

적 증거가 포함되어 있을 수 있으며, 따라서 이를 항상 인지하고 사회 현상에 대한 과정상의 오류를 스스로 철저하게 검증해야 한다.

⑩ 주변 물살에 휩쓸리지 않는 것이다. 이를 위해서 우선 자기주도성을 길러야 할 것이다. 독립적이지 않고 자기주도성이 결여된 사람일수록 주변환경에 더욱 휩쓸리기 마련이다. 또한 자기주장에 대한 확신이 있어야 한다. 이를 위해 필요한 가장 기초적인 사항은 자기를 사랑하고 믿는 것이다. 본인을 믿지 않고 사랑하지 않는 사람은 항상 남에게 휘둘리며 본인만의 인생을 제대로 살 수 없다. 따라서 자기애를 가지고, 독립적인 성향을 키워 이러한 사회적 증거의 법칙에 대항해야 할 것이다.

⑪ 사회적 증거의 법칙은 현대 사회에서 SNS가 발달하면서 더욱 강해졌다. 이러한 상황을 방지하기 위해서는, 모든 상황에 대하여 감정적으로 판단하거나, 한 가지 소스에 관해서만 판단하지 않고, 여러 가지 소스의 소식을 분석해야 할 필요성이 있다. 그렇지 않을 경우, 오류가 오류를 지속적으로 낳는 상황이 발생할 수 있다.

⑫ 지위가 높으신 분들을 대할 때, 나의 윗사람에게 어느 정도로 예의를 차려야 하며, 어느 정도로 행동에 자유로울 수 있는지 굉장히 헷갈리고 염려될 때가 많다. 이럴 경우 주로 주변 학생들의 행동 양상을 보고 최대한 눈에 띄지 않도록 비슷하게 따라 하곤 한다. 그러나 문제는 모두가 이런 성향을 가지고 있는 경우도 많다는 것이다. 예를 들어, 분명 이의를 제기해야 하는 사안임에도 불구하고, 모두가 선뜻 잘못을 이야기하지 못해 그냥 순응하는 경우도 발생할 수 있다. 그럴 때 '반격을 가할 수 있는', 때로는 이단아가 되어 잘못된 행동에 정의를 외칠 수 있는 사람이 될 수 있어야 한다. 또한 공동의 일처리를 할 때 '과정상의 오류를 점검'해야 한다. 나는 학급 반장을 하면서 이러한 사례를 많이 봤는데, 분명 공개 회의를 거쳐 통과된 사안들도 나중에 학생들 개개인에게 따로 물어봤을 때 불만을 품고 있는 경우들이 있었던 것이다. 이처럼, 과정상의 오류가 있는지 신중히 파악하는 자기방어 전략이 필요하다.

3 개인 인지사고 특성을 고려한 협상 전략

성취형 리더의 강점과 약점, 협상 전략

성취형의 강점

① 분석적이고 현학적이며 논리적 의사소통을 바탕으로 목표를 명확히 설정할 수 있고, 빠른 판단력과 다른 사람들을 설득하는 능력으로 협상에 강점이 있음

② 원칙 중시, 논리적인 사고에 능함. 협상과정에서 본인의 의견을 논리적으로 피력할 수 있음

③ 이론과 사고를 선호하며 핵심정보와 아이디어를 쉽게 찾는 특성 덕에, 실물을 합리적이고 체계적으로 접근하는 능력이 있으며, 이를 통해 빠른 판단력과 다른 사람을 설득하는 능력이 있음

④ 명확한 상호 목표를 제시하고 논리적인 사고를 바탕으로 협상의 결과에 대한 통찰이 뛰어남

⑤ 논리적 의사소통 및 분석력이 높다는 점은 협상 대상에 대해 많은 정보를 알아내고 설득력을 높일 수 있다는 강점이 있음

⑥ 정보나 사건을 구조화하기를 선호하여 핵심정보와 아이디어를 쉽게 찾아냄. 또한 언어적 설명이 합리적이고 논리적임. 판단력과 전략 설계에 대한 통찰력이 뛰어나고 빠른 판단력과 다른 사람을 설득하는 능력이 있음

⑦ 목표지향적이고 진취적, 체계적이어서 과업 달성을 위해서 요구되는 행동, 태도와 관련해 협상하면 꾸준한 실천과 추진을 할 수 있음

⑧ 목표지향적이여서 생산성에 뛰어난 능력을 지니고 있음. 따라서 협상 속도가 원활하게 진행할 수 있음

⑨ 이성적 사고에 강한 특성을 가져 협상에 이성을 잃지 않을 수 있음

⑩ 이론적 사고를 선호하여 논리적이고 합리적인 의사결정에 능함. 따라서 감정에 쉽게 휘둘리지 않고 원칙을 바탕으로 자신에게 이익이 되는 선택지를 파악해낼 수 있음. 또한 자기주장이 강해 높은 자신감으로 발현되어 상대에게 위압감을 줄 수 있음

성취형의 약점

① 자기주장이 강해 타인과의 정서적 공감 능력이 약하여 갈등이 빈번하게 발생할 수 있음
② 타인과의 정서적 공감 능력이 약해서 상대의 감정표현 스타일을 파악하는 데 약점이 있어, 협상 시에 상대방에 의해 연구당하기 쉬움
③ 과도하게 원칙을 중요시하여 유연한 협상이 어려울 수 있음
④ 완벽한 계획에 의해 움직이기 때문에 융통성이 없음
⑤ 인정욕구가 강하여, 협상 시 상대의 말을 진지하게 듣지 않을 수 있음
⑥ 목표만 지향하여 과정보다는 결과만 중요시하는 강압적인 협상 분위기가 형성할 수 있음
⑦ 협상에서 자신이 원하는 것만 내세울 수 있음
⑧ 상징적인 문체를 선호하고 원칙주의자이기 때문에 감정적인 의사소통에 약할 수 있음. 즉, 상대방이 묘사를 지향하는 스타일이거나 행동을 지향하는 스타일이라면 협상이 원활하게 이루어지지 않을 수 있음

성취형의 협상 전략

① 자기주장이 강하기 때문에 다른 사람들의 의견을 물어 예스(yes)를 유도할 수 있어야 함
② 상대가 어떤 감정표현 스타일인지 파악하고 이를 바탕으로 논리적 의사소통을 할 필요가 있음
③ 다양한 근거를 제시하는 정보를 활용한 협상 기술이 필요함
④ 나의 목표를 명확히 정하고 상대가 원하는 바를 충분히 숙지하여 처음에 작은 양보를 제공하고 큰 양보를 취할 수 있는 전략임
⑤ 최대한 다양한 정보를 바탕으로 핵심정보를 파악하여 다양한 협상안을 생각함. 협상을 할 때 최대한 많은 상황에 대해 고려하여 변수를 없애고 본인이 주도권을 가진 상황으로 만들어 협상에 임함
⑥ 상대방이 확고한 자신의 주장을 갖고 있기 때문에 그것에 대한 공감이 우선적으

로 필요함. 그 후에는 상대방의 주장과 자신의 주장이 모두 윈윈(win-win)할 수 있다고 논리를 펼치며 논리에 대한 백업으로 객관적인 수치 등 정량적으로 접근할 때 상대방이 납득할 수 있는 전략임

⑦ 목표와 그를 향한 경로를 합리적으로 잘 설정하여 근거를 제시할 수 있는 전략임

⑧ 협상 시에 자기주장이 강한 성취형의 주장을 충분히 들어주고 침착하고 전문적인 태도로 협상에 임함. 또한 협상 분위기를 주도하기보다는 최대한 성취형을 존중함을 충분히 표현하는 협상 분위기를 조성함. 이때 사소한 건 양보하고 큰 부분에서 이득을 취하는 전략으로 진행함

⑨ 빠른 판단력과 다른 사람을 설득하는 능력이 뛰어남으로 협상에 유리할 것임. 언어적 설명이 합리적이고 논리적이여서 협상 중의 이 특징을 활용할 것임

⑩ 성취형은 목표를 명확히 하므로 결과 중요성이 높고, 합리적으로 설득하며 독려하므로 관계의 중요성 또한 높다고 볼 수 있음. 따라서 협동적 협상을 선택할 가능성이 높음

⑪ 구조화와 이론적 사고에 능하기 때문에 우선적으로 협상의 방향성과 구체적인 목표 설정을 할 필요가 있음. 마찬가지로 감정을 배제하고 자신의 이익에 대한 비용과 편익적인 분석을 통해 합리적인 대안을 도출해내야 함. 다만, 지나치게 딱딱한 협상에서 벗어나 유연한 태도를 지니는 것이 중요함. 자기주장이 강한 것은 좋지만, 상대방의 이익이나 협상 스타일에 대해 면밀히 분석하고 이를 이용할 줄 알아야 함. 예컨대, 상대방이 외향적이고 행동을 지향한다면 보다 활동적인 협상과 공감적인 의사소통이 필요할 것임

Tip 인지적 조망 접근

공감의 두 가지 측면이 비즈니스와 관련이 있다. 하나는 타인이 느끼는 것을 자신도 '느끼는' 것이고, 다른 하나는 타인이 느끼는 것을 '생각'해 보는 것이다. 후자를 '인지적 조망(cognitive perspective taking)'이라고 한다. 최근의 한 연구에서 정서적 공감은 거울신경계(하전두이랑)가 관여하고, 인지적 조망은 뇌의 계산기(vmPFC)가 관여한다고 한다(Shamay-Tsoory, Aharon-Peretz, & Perry, 2009). 그러므로 타인의 감정을 인지적으로 이해하고 싶다면 뇌의 계산기에 개입해야 한다.

이런 개입이 비즈니스환경에 왜 필요할까? 연구결과에 의하면 협상할 때 인지적 조망이

공감보다 이점이 많다는 연구가 있다. 협상테이블에서 인지적 조망을 사용한 결과, 저변에 숨어 있는 합의 가능성을 찾아내거나 이의를 제기하는 능력이 향상되었다고 한다. 실제로 맞교환하거나 개인적 이득을 취해야 할 때 공감은 방해가 된다고 한다. 이런 결과는 초기에 접점을 찾지 못하거나 하나를 주고 하나를 챙겨야 하는 협상에서 사실로 밝혀졌다(Galinsky et al., 2008).

관리형 리더의 강점과 약점, 협상 전략

관리형의 강점

① 의사소통을 하며 협상하는 과정에서 꼼꼼하고 이성적이기 때문에 타인에게 신뢰감을 줄 수 있다.

② 성실한 모습을 통해 상대방에게 책임감 있는 모습을 보여주기 때문에 협상에 있어서 신뢰감을 준다.

③ 성실 근면하고 데이터를 꼼꼼하게 처리하기 때문에, 협상 관련 정보들을 분석하여 얻은 정확한 데이터를 바탕으로 협상을 유리하게 이끌어나갈 수 있다. 즉, 상대에게 구체적인 통계 자료를 제시함으로써 설득력을 높일 수 있다.

④ 현실적인 감각을 기반으로 사고하기 때문에 협상에 있어서 어떤 것이 필요하고 불필요한지를 잘 활용할 수 있다.

⑤ 구체적인 지시, 방법을 잘 따르고 안정과 통제를 선호하므로 협상 상대자의 말을 경청하여 들을 수 있다.

⑥ 오감적 감각과 집중력이 좋아 일정하게 구조화된 분야에 실천력과 성과가 우수하다. 또한 규칙과 통제를 준수하여 순서가 확실히 있는 협상에 대해서 진행속도가 원활할 수 있다.

⑦ 협상 진행 시 사소한 부분까지 잘 검토할 수 있다.

⑧ 현실적 감각을 기반으로 오감을 이용한 사고에 능하다. 세부적인 정보를 기억하고 일정한 절차와 과정을 중시한다.

⑨ 이성적이고 논리적인 사고에 능하여 감정적인 의사결정을 피할 수 있다.

관리형의 약점

① 타인과의 정서적 공감대 형성이 약할 수 있다.
② 협상 상대방과 공감대 형성이 부족하여 상대방의 욕구 등을 파악하기 힘들어 협상과정에서 차질을 빚을 수 있다.
③ 관례와 원칙을 중시하는 성향으로 정해진 방향대로 수행하는 경향이 있어 융통성이 떨어질 수 있다.
④ 타인과의 정서적 공감대 형성에 어려움을 겪고, 절차와 원칙을 중시하기 때문에 자칫하면 협상 상대와 친밀도를 쌓는 데 어려움을 겪어 원활한 협상을 못할 수 있다.
⑤ 협상의 단계에서 상대방과의 합의에 이르기 어려울 수 있다.
⑥ 통제와 예측이 가능한 일을 선호하므로 예상 외의 상황에서 대처가 어려울 수 있다.
⑦ 자기주장은 약한 편이어서 협상 상대방은 이들의 의견을 잘 모를 수 있다.
⑧ 타인과의 정서적 공감과 유대관계 형성에 어려움을 겪을 수 있어 유대관계에 근거한 협상이 힘들 수 있다.
⑨ 상상력이 부족하고 변화를 싫어하여 혁신과 진보적인 변화에 논의하기 어려울 수 있다.
⑩ 언어적 교류에 약하여 감정 파악에 다소 약할 수도 있다. 정서적 공감대를 맺는 어려움이 있다.
⑪ 정서적 공감대 형성에 약점을 보이기 때문에 감정적인 접근은 어려울 수 있다.
⑫ 낮은 상상력과 창의력으로 인해 틀에 박힌 사고나 행동으로 유연성이 부족하다.

관리형의 협상 전략

① 사전에 상대방에 대한 정보를 파악하여 부족한 정서적 공감대를 강화함. 즉, 상대방의 기분, 욕구, 목표 등을 파악하여 협상에 활용함
② 협상이 일방적으로 이뤄지지 않도록 대답보다는 질문 위주로 진행해야 하며 상대의 협상점과 일치하는지 중간중간 확인해야 함. 본인의 협상점만 강요할 것이 아

니라 상대방을 고려하고 상대 또한 동의할 수 있는 타협점을 찾아 협상함

③ 데이터를 바탕으로 사고하기 때문에 협상 관련 구체적인 통계 자료와 분석 결과를 제시하고, 이를 바탕으로 자신의 의견을 합리적으로 설득시켜야 함

④ 정보를 활용한 협상기술 중에서 분석, 다양한 근거를 제시하는 논리적 협상함

⑤ 상대방과의 관심사를 공유하고 자연스럽게 친해지며 상대에 맞는 지적 수준을 파악하여 협상을 제시하고, 상황에 따라 논리적인 것뿐만 아니라 창의적 · 시각적 재미도 제공할 수 있어야 함

⑥ 협상을 여러 개의 단계로 구분하여 구조화하여 하나씩 꼼꼼히 처리하면서 상대방에게 신뢰감을 줌

⑦ 협상의 논리에 있어 상대방이 하나씩 비교해볼 수 있도록 자료들을 준비함

⑧ 관리형은 절차와 과정을 중요시하므로, 이에 따른 협상을 하려 노력하고, 일정한 틀을 만든 원칙을 세워 협상함

⑨ 급한 마음에 서두를 것 없이 꾸준하게 설득하고 인내심 있게 협상을 진행함

⑩ 세부적인 정보를 기억하고 공식적인 사실이나 데이터를 꼼꼼하고 섬세하고 정확하게 처리하는 강점을 이용하여 비교의 기준을 제시(예: 상대방이 객관적 자료를 보면 선택에 효과적)하는 협상 전략임

⑪ 자신의 강점인 이성적 · 합리적 사고를 통해 먼저 협상의 방향성을 구조화하고 자신에게 유리한 틀을 짤 필요가 있음. 이를 바탕으로 세심한 디테일까지 고려하며 자신의 이익을 극대화하고 상대방의 필요 또한 충족하는 카드를 꺼내야 함. 다만, 딱딱하고 틀에 박힌 협상만을 지향하기보다 상대방의 스타일에 따른 유연한 대처와 감정적인 기술들을 통하여 협상을 이끌어갈 필요가 있음

Tip 어려운 대화를 할 때 인지적 조망은 어떤 이점이 있을까?

다음의 표를 이용하여 자신을 점검하면, 타인의 뇌에 대한 통찰력을 높일 수 있다(Pillay, 2012).

뇌의 영역	자기코칭 체크리스트
갈등탐지	• 쌍방의 이득에 초점을 맞춘다. • 불협화음이 있을 수 있음을 인정한다. • 문제해결의 중요한 열쇠를 쥐고 있는 상대방에게 대화의 의지와 관심을 표현한다. • 모순된 생각을 하지 않는다. • 잠정적인 갈등과 갈등의 필요성을 언급한다.
계산	• 이득과 손실을 모두 고려한다. • 판단 기준(즉, 가치관)이 분명하다. • 단기적 비용과 장기적 이득의 관계를 이해한다. • 리스크(예: 시간 손실)를 줄이는 방안을 제시한다. 주장할 때 근거자료를 가능한 한 많이 제시한다.
단기기억	• 자료로 상대방의 단기기억에 과부하가 걸리지 않도록 한다. • 자료를 시각적으로 제시한다. 체계적 관점을 요약하여 제시하고 영향을 받은 시스템을 보여준다. • 새로운 사실을 잘 기억할 수 있도록 정서(예: 유머)를 이용한다. • 핵심적인 사실을 반복한다.
경보	• 미래의 목표를 보여준다. • 상대방이 직면할 장애물을 예상하고 해결책을 제안한다. • 문제에 대한 해결책이 아직 없음을 인정하면서 상대방에게 문제가 해결될 수 있다는 확신을 준다. • 생각할 시간을 주기 위해 상대방에게 정보를 미리 제공한다. • 문제에서 해결로 주의를 돌린다.
장기기억	• 과거에 사용했던 방법 중에서 효과적인 것을 알고 있다. • 과거에 사용했던 방법 중에서 쓸모없는 것을 알고 있다. • 미래의 목표를 보여주고 과거에 목표를 달성하지 못한 원인을 설명한다. • 혁신과 새로움을 강조한다. • 현재 목표를 달성하지 못한 이유를 설명하고 목표 달성에 필요한 것을 탐색한다.
보상	• 상대방에게 보상 제동에 대해 확실하게 설명한다. • 더 높은 목표를 달성하면 보상이 있음을 명시한다. • 장기적 이득의 차원에서 보상이 아닌 것을 구분한다. • 보상을 받은 경험이 있거나 보상 제도를 신뢰한다. • 금전적, 정서적, 사회적 보상과 같은 다양한 보상 제도가 있음을 명시한다.

행동	• 상대방의 행동을 관찰하고 중요한 것을 확인한다. • 상대방이 우리 쪽을 처음 본 소감을 들어본다. 다른 '행동'을 선례로 사용한다. • 상대방의 어떤 행동(예: 발걸음)이 어떻게 보이는지 말한다. • 행동센터로 정보를 '전송하는' 모든 센터를 점검한다.

자율형 리더의 강점과 약점, 협상 전략

자율형의 강점

① 직감이 뛰어난 편이며 표현력이 좋음

② 다양한 아이디어 생산이 우수하고, 원리나 개념화가 능함. 타인에게 동기부여를 잘함

③ 유추력과 창의력, 응용력이 좋음

④ 핵심을 잘 찾아 논리적이고, 분석적으로 자기주장을 할 수 있음

⑤ 발언자의 핵심, 태도, 방법, 개성을 잘 파악함

⑥ 표현적이고 타인에 대한 동기부여 능력이 우수함

⑦ 상대방의 협상 태도를 잘 파악함

⑧ 자유로운 분위기에서 상대를 편안하게 하여 좋은 협상 결과를 이끌어낼 수 있음

⑨ 상대방의 감정이나 태도 등을 잘 파악하고, 창의적인 아이디어가 많아 협상 전략에서 유리한 조건을 잘 찾을 수 있음

⑩ 의견 차이가 좁혀지지 않을 때 창의적인 문제해결방안을 제시할 수 있는 능력이 있음

⑪ 핵심이 명확하게 드러나 있는 경우에는 수월한 협상이 가능함

⑫ 핵심을 잘 찾아내며 상대의 대화 시 태도, 방법, 개성을 잘 파악함으로써 협상과정에서 상대에 따라 유연하게 대처할 수 있음

자율형의 약점

① 협상환경이 구조화되어 있을 경우 원활한 협상을 하는 것에 어려움을 겪을 수

있음

② 상대방으로부터 주의가 산만하다는 인상을 받을 수 있음

③ 협상에 대해 명확하고 세부적인 분석이 어려울 수 있음

④ 주의력이 낮고 산만한 특성이 있기 때문에 협상 도중에 자신의 목적과 목표를 확실히 상기시켜야 할 필요가 있음

⑤ 협상의 조건들이 복잡해지거나 세부적인 부분에 집중하는 경우에 주의가 산만해져 원활한 협상이 어려워질 가능성이 있음

⑥ 반복되는 협상에 동기를 잃기 쉽고, 주의력 감소와 산만할 수 있음

⑦ 협상을 하는 데 섬세하고 실무적인 능력이 다소 떨어질 수 있음

⑧ 세부적인 정보처리에 부족함이 있고 다소 주의가 산만하여 협상과정에서 다소 전문성이 부족해 보일 수 있음

⑨ 주의력이 약하며 세부적인 정보처리에 약할 수 있음

⑩ 섬세한 실무적 사무 능력이 떨어짐. 흥미가 없는 영역에 대해서는 일관성, 행동수행력이 약할 수 있음

⑪ 선호도가 분명하여 흥미가 없는 내용에 대해서 주의가 산만할 수 있고 섬세하고 세부적인 내용에 대해 취약점을 들어낼 수 있음

자율형의 협상 전략

① 상대방 의중 파악 시 유연하게 협상안을 수정·발전시킬 수 있게 대비함

② 협상 사이 쉬는 시간을 두고 협상내용을 신중하게 숙지 및 검토함

③ 논리적이기보다는 창의적이고 시각적인 재미를 부여한 묘사를 지향하는 스타일의 협상 전략을 활용함

④ 묘사를 통해 논리적이기보다 창의적이고 시각적인 재미를 통해 협상을 실시함

⑤ 자율형 협상가를 상대할 때에는 그들의 흥미를 끌 수 있는 주제를 선택함

⑥ 흥미가 없는 내용이더라도 상대방이 하는 말을 적어 내려가거나, 되묻는 등 상대방이 존중받는 느낌을 주게 하여 협상함

⑦ 묘사를 지향하는 상대와의 협상에 적합함. 창의적이고 시각적 재미를 끌 수 있는 자료와 방안을 준비함

⑧ 묘사를 지향하여, 창의적이고 재치있게 상대방의 동기를 유발시킴

⑨ 협상의 핵심을 간략하고 신속하게 설명하며, 창의적이면서도 합리적인 중재방안을 제시함

⑩ 신선한 방안과 새로운 도전을 하게끔 설득하여 협상함

Tip 협상이나 대화가 어려울 때 다음과 같이 접근하면 용이하다

- 대화 파트너(conversation partner: CP)의 갈등탐지기가 폭발하는 것을 예방하라.
- 우선순위를 공유하는 것부터 시작하라.
- CP의 편도체가 과활성화되어 CP의 뇌가 생존 모드로 이동하는 것을 예방하라. 즉, 새로운 업무를 설명한 다음에 대화의 걸림돌인 CP의 불안이 가라앉을 때까지 적극적으로 문제를 다른 각도에서 정의하고 협력하고 해결하며 평가하고(ACC에 개입하여) 초점을 조정하라.
- 새로운 방법 대 기존의 방법을 이득과 리스크로 설명함으로써 CP의 계산기를 도와주어라.
- 자료로 CP의 단기기억이 과부하에 걸리지 않도록 하라.
- CP의 오래된 장기기억을 존중하라.
- 보상이 있음을 강조하라. 원하는 변화를 벤치마킹하고 함께 계획을 세워라(Pillay, 2012).

관계형 리더의 강점과 약점, 협상 전략

관계형의 강점

① 사회성이 뛰어나고 관찰력이 좋아 협상 시 상대방의 스타일을 빠르게 파악하고 이에 맞는 대처를 유연하게 할 수 있음

② 유연하고 틀에 박히지 않은 사고를 통해 창의적이고 다양한 아이디어를 낼 수 있음

③ 외향적인 활동 스타일로 대인관계 기술을 통해 상대방의 관심사를 잘 파악하기 때문에 재미있고 유쾌한 의사소통에 능함

④ 유연한 자세를 통해 상대에게 선택권을 제공하여 협상이 원활하게 흘러갈 수 있음

⑤ 인간관계 기술이 좋아 상대방의 기분을 파악하며 원활한 협상환경을 만들고 합의

점에 이루기 쉬워질 수 있음

⑥ 협동을 중요시하여 의견차의 조율을 보다 평화적으로 해결할 수 있음

⑦ 협상 중 임기응변에 능함

⑧ 오감으로 들어오는 자극들을 전체적으로 통찰하는 능력이 뛰어나고, 뛰어난 의사소통 능력으로 좋은 협상 결과를 얻어낼 수 있음

⑨ 사회적 관계에서 유연성이 높고 친밀한 의사소통을 선호하기 때문에 직급이 높은 사람과의 협상에서도 위축되지 않고 좋은 분위기에서 협상할 수 있음

⑩ 현실에 바탕을 두고 있지만 실험적 사고를 하기 때문에 현실적이면서도 창의적인 대안이 나올 수 있음

⑪ 상대가 원하는 타협점을 잘 찾는 반면, 현실적인 방법으로 협상이 진행되는 것 또한 지향함

⑫ 상대의 필요조건에 대해 확실히 파악하고 상대가 동의할 수 있는 협상을 진행할 수 있음

⑬ 관찰력이 우수하고 타인을 잘 관찰하며 의사소통 능력이 뛰어나고, 타인에게 따뜻하고 관대함

관계형의 약점

① 감정에 휘둘려 합리적인 판단을 못할 수 있음

② 높은 사회성은 오히려 지나친 관대함으로 발현되어 자신의 이익보다는 상대방의 이익에 치우친 협상 결과물을 만들어낼 수 있음

③ 다소 감정기복이 심해 평정심을 유지하지 못하고 협상 도중 말다툼으로 이어질 수 있음

④ 시간관리가 잘되지 않고 미리 준비하지 않아 협상 시 정보가 부족할 수 있으며 협상과정에서 신뢰를 잃을 수도 있음

⑤ 협상을 미리 준비하지 않음. 시간관리가 잘되지 않음

⑥ 상대방을 미리 파악하고 협상을 준비하는 데 있어 부족함이 있음

⑦ 시간관리가 잘되지 않아 상대방에게 안 좋은 첫인상을 남겨 자신에 대한 신뢰도를 떨어뜨릴 수 있음

⑧ 결과보다는 과정을 중시하여 괄목할 만한 협상 결과를 이끌어내지 못할 수도 있음
⑨ 사실과 데이터에 대한 세부파악 능력이 약할 수 있음
⑩ 관심 없는 주제에는 주의력과 실행력이 약하기 때문에 관심 없는 협상에 대해서는 동기를 쉽게 잃을 수 있음
⑪ 협상을 하다 처음 협상 목표와 다르게 논점에서 벗어날 우려가 있음
⑫ 감정 기복이 심하여 협상과정에 있어서 문제가 일어날 수 있으며, 결과보다 과정을 중요시하기에 원하는 결과를 이끌어내는 데 힘들 수 있음
⑬ 협상단계에서 진행이 잘 안 될 시 때로는 상처를 받을 수 있음

관계형의 협상 전략

① 협상과정에서 공감적인 의사소통과 관찰력을 통하여 상대방과의 공통적인 관심사를 찾아낸다든지 하는 편안한 분위기를 조성할 필요가 있음
② 상대방이 화를 내는 등 감정적인 행동을 보일 때도 평정심을 유지해야 함
③ 협상과정에 충분히 시간을 투자함으로써 감정에 휘둘리지 않고 자신을 객관화하여 논리적으로 협상에 참여해야 함
④ 사전에 철저한 자료 조사를 해야 하며 시간관리가 잘되지 않기 때문에 이 점을 자각하고 시간을 계획적으로 활용해야 하며 의사소통 능력을 잘 활용하여 협상을 이끌어나가야 함
⑤ 상대의 감정을 빠르게 파악하고 그에 맞는 협상을 시도하거나 상대방의 관심사를 통해 친밀감을 유도함
⑥ 협상에 적절한 환경 조성과 동기부여함
⑦ 거칠고 공격적인 사람에게는 침착하게 흥분하지 않고 사소한 것을 양보하며 접근하는 협상 전략을 사용함
⑧ 공감 능력이 뛰어나므로 감성적으로 접근함
⑨ 상대방의 관심사를 파악하여 서로 친밀감을 쌓아 협상을 시작함
⑩ 협상 전후 상대방과 우호적인 관계를 형성하기 위한 전략을 함께 고려함
⑪ 상대방의 요구사항을 고려하는 만큼 본인의 필요조건 또한 주장해야 하며, 보다 계획적으로 우선순위를 정해 양보할 것과 반드시 얻어야 하는 것을 분리하여 협

상해야 함

⑫ 상대방의 기분과 스타일을 파악하는 데 강점이 있으므로, 상대방의 스타일을 먼저 파악한 후 그에 맞게 행동할지 정함

Tip 왜 다른 사람의 입장에서 생각해야 하는가?

관점 수용(perspective-taking)은 다른 사람에 대한 지적 또는 인지적 이해를 말한다. 협상테이블에서 상대방의 눈으로 바라보면 타협 가능성을 발견하고 협상을 자기 쪽으로 유리하게 이끌고 갈 수 있으나, 공감은 이점으로 작용한다는 증거가 거의 없고, 맞교환하거나 개인적 이득을 취득해야 할 때, 오히려 방해가 된다는 연구결과가 있다.

관점 수용은 성장과정에서 형성되며 실체가 모호한 정서적 공감보다 초점이 분명하고 즉각 습득할 수 있는 관점 수용은 그 자체만으로도 가치가 있으며, 뇌 안에 이를 담당하는 독립적인 시스템이 있다. 따라서 리더는 정서적 조율과 인지적 조율 사이에서 역동적으로 오갈 수 있어야 한다.

- 제3자 입장에서 예측하면 다양한 과점에서 바라본 정보를 통합할 수 있다.
- 제3자 관점에서 사용하면 상대방으로 하여금 숨겨진 의제를 내놓게 하여 좀 더 쉽게 합의에 도달할 수 있다.
- 어떤 상황에서도 다른 사람이 느끼는 그대로 느끼는 것보다 그 사람을 이해하는 것이 더 중요할 수 있다.
- 관점 수용은 정서적 조율이 조직에 혼란을 초래할 때 특히 유용하다.
- 냉정한 인지적 관점을 사용하면 조직의 질서를 회복할 수 있다.
- 리더는 뇌 과학을 토대로 그가 느끼고 있는 것을 느껴 보는 것과 그가 느끼는 것을 제3자 관점에서 이해하는 것이 다르다는 점을 기억해야 한다.
- 때로는 그가 느끼고 있는 것을 느끼기보다 생각해 봄으로써 그가 느끼는 것을 이해하는 쪽으로 뇌를 바꾸어 줄 필요가 있다(Pillay, 2012).

Chapter

09

자기브랜드 리더십을 통한 위기관리

1. 위기관리 개념
2. 개인 인지사고 특성을 통한 위기관리 전략

1 위기관리 개념

위기(危機)란 사전적 용어로 위험한 고비나 시기(네이버 국어사전, 2021)를 이야기하며, 어떤 일이 진행되는 과정에서 급작스럽게 상황이 악화되는 것을 말한다. 이러한 위기를 특징을 살펴보면, 위기는 나쁜 것만이 아니고, 성장의 기회가 되기도 한다. 즉, '위기 다음 찬스'라는 말이 있듯이 위기를 잘 극복하게 되면 더 성장하고, 좋은 기회가 찾아온다는 것이다. 그리고 위기는 작은 차이로 큰 위기가 올 수 있다. 정보화 시대에는 빛의 속도로 확산되기 때문에 어떠한 작은 위기가 찾아왔을 때 신속하게 차단하거나 예방하는 것이 중요하다.

위기관리란 위기 상황 시 대처할 수 있는 능력으로, 위기관리를 위해서는 리스크를 제거할 수 있어야 하며, 리스크 커뮤니케이션을 해야 한다. 이러한 위기관리에는 예방단계와 준비단계, 대응 및 반응단계, 회복단계 구분되어 있다. 첫 번째, 예방단계는 개인에게 발생 가능한 모든 위기 상황을 예측하여 분석을 실시하는 과정이다. 즉, 자신에게 일어날 수 있는 모든 위협요소를 평가하고 분류하여 억제하는 조치를 하는 것이다. 두 번째, 준비단계로 위기 상황은 예기치 않은 순간에 발생하는 특성이 있기 때문에 평소부터 위기 상황에 대비한 계획이 필요한 것이다. 세 번째, 대응단계는 발생한 위기를 어떻게 해결할 것인지에 대한 대책 수립과 대응을 하는 단계이다. 네 번째, 회복단계는 위기 상황으로 실추된 개인의 명성을 회복하고, 부정적으로 바뀐 이미지를 다시 긍정적인 이미지로 바꾸는 단계를 말한다.

리더십을 지위나 자질이 아니라 행동으로 다룬 하이페츠(Ronald A. Heifetz)는 불안정하고 예기치 못한 상황에 처한 조직에 관한 연구로 유명하다. 하이페츠는 '위기의 주기'는 안전지역과 위험지역, 학습지역이라는 세 지역을 넘나드는 것이라고 이야기했다.

그리고 조슬린 데이비스(Joslyn Davis)는 하이페츠의 이론에 기초해 위기지역이라는 좀 더 실용적인 구조를 만들었다. 이 구조의 두 축은 단결력과 민첩성을 중심으로 구분하였으며, 리더로서 위기 상황 동안, 그리고 이후에도 단결력과 민첩성을 높게 유지해야 한다고 했다. 위기지역에 대해 살펴보면, 첫 번째, 단결력은 높지만 민첩성이 낮으면 안주지역에 포함된다. 여기서는 다가오는 위기의 신호와 대처하기 위한 제안에 대해 "여기 있으면 우린 항상 ……", 같은 답이 돌아온다. 그리고 두 번째, 민첩성은 높지만 단결력이 낮으면 단절지역에 포함된다. 여기서는 저마다 자기 목숨을 보존하는 것이 가장 급한 것이다. 즉, 배가 가라 앉기 시작하면 모두가 구명정으로 달려가고 가장 빠른 사람만 승리하게 되는 것이다. 세 번째, 단결력과 민첩성이 다 낮으면 비난지역에 해당된다. 여기서는 주된 관심사가 "그들 탓이야"처럼 남의 탓을 하게 되는 지역이다. 네 번째, 학습지역은 민첩성과 단결력이 모두 높은 지역으로 여기에서는 세 가지 의문형 대명사가 존재하는 지역이다. 즉, 이 문제를 '우리가' 어떻게 해결하고 팀으로 전진할 수 있을까?, '내가' 이 문제를 일으키는 데 어떤 구실을 했으며, 어떻게 해야 같은 실수를 또다시 저지르지 않을까?, '그들이' 이 문제를 일으키는 데 어떤 구실을 했으며, 그들이 같은 실수를 피하고 다음 위기에 더 훌륭하게 대비하도록 내가 어떻게 지도해야 할까? 이다. 여기서 질문의 순서가 중요한데, 마지막 세 번째 질문('그들이')을 먼저하게 되면 첫 번째 질문(우리가)과 두 번째 질문(내가)의 답을 얻기가 어려울 것이다. 즉, 원래의 문제는 해결되지 않고, 그들이 이 문제에 어떤 구실을 했는지도 제대로 파악되지 않으며, 팀원들은 자신을 향한 비난을 피하고 변명하느라 바쁘게 된다는 것이다.

[그림 9.1] 위기지역

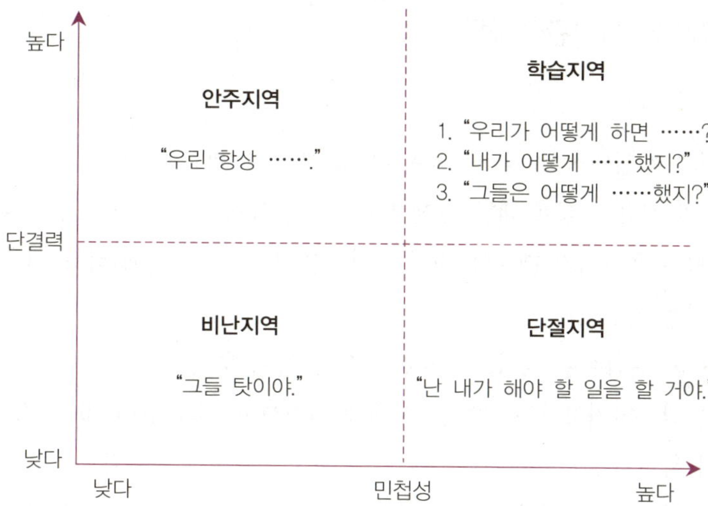

Tip 리더는 왜 낙관주의자가 되어야 하는가

낙관적인 뇌를 관찰한 연구에서 낙관주의에 의해 편도체와 ACC가 활성화되고 낙관주의는 ACC의 발화율과 상관이 있는 것으로 나타난다. 그러면 낙관주의와 비관주의 중 어느 것이 더 나을까? 이 연구는 다음과 같이 발표하였다. "위험을 과소평가하거나 계획이 부실할 수 있기 때문에 극단적인 낙관주의는 해로울 수 있다. 비관적인 관점은 심각한 우울증 증상과 상관이 있다. 그리고 약간의 낙관적인 착각은 미래의 목표를 향해 나아가도록 현재의 행동에 동기를 불어넣고 정신적, 신체적으로 건강하다."

따라서 약간 편파적으로 미래를 낙관하는 것이 중요하다. 이렇게 하면 뇌는 두려움보다는 미래의 목표에 초점을 맞출 준비를 하게 되기 때문이다.

- 긍정적으로 생각하고 긍정적으로 느끼는 뇌는 비즈니스 세계에서 뛰어난 통찰력과 좋은 생각을 만들 준비를 하게 된다.
- 긍정적인 뇌는 계획을 세우고 가능성을 타진하기 위해 불가능해 보이는 것을 좀 더 면밀하게 조사하게 된다.
- 긍정성은 더 빨리 더 효율적으로 문제를 해결하는 강력한 힘을 지닌 뇌의 상태이다. 그러므로 리더는 수시로 마음 챙김을 훈련할 필요가 있다(Pillay, 2012).

2 개인 인지사고 특성을 통한 위기관리 전략

성취형 리더의 위기관리 전략

위기관리 강점

① 독립심과 책임의식(위기가 발생했을 때 스스로 해결하려고 함)이 있음

② 판단력과 전략 설계에 대한 통찰력을 가지는 유형이며, 일에 대한 계획과 추진력을 가지는 유형이기 때문에 위기가 닥쳤을 때, 대책을 수립하고 대응을 하는 것에 강점을 가짐

③ 성취욕구, 위험감수 성향, 자율성, 자부심 등이 있음

④ 위험을 감수하기보다는 위험을 사전에 파악하고 최소화하려고 하려는 위험감수 성향의 측면임

⑤ 스스로 맡은 일에 대한 계획을 세우고, 이를 꾸준히 실천하려고 하기 때문에 자율성의 측면에서 일과 위험 요소를 잘 통제할 수 있음. 맡은 일을 잘 완수할 수

있으며, 위기가 발생해도 해결할 수 있다는 자부심이 높고, 맡은 일을 책임지고 완수하겠다는 책임감이 높음

⑥ 발생 가능한 모든 위기 상황을 분석하고 예측하고 이에 대한 해결책을 미리 짜놓는 것임

⑦ 위기가 발생했을 때, 철저하게 짜여진 매뉴얼대로 문제를 해결하고, 매뉴얼에 엇나갔을 때, 빠르게 해결 방법을 판단하고 이를 수행할 수 있음

⑧ 자기와 관련된 것에 대해 스스로 가치나 능력을 믿고 당당하게 여김. 자신의 역량과 성격적 특성에 대해 자신감이 있으며 당당하고, 어떤 위기가 닥치더라도 자신의 능력을 신뢰하기 때문에 이를 잘 헤쳐 나갈 것이라는 자신감이 있음

⑨ 회복단계에서 피드백을 명확하게 하는 편이고, 반복된 실패 때문에 딱히 상처받지 않고 다음 계획을 세우는 편임

위기관리 약점

① 계획된 것에 대한 안정성을 중시해서 위험감수 성향과 모호성 및 불확실성에 대한 인내가 다소 부족함

② 명예심을 중시하는 유형적 특성 때문에 이미지가 실추되었다는 것에 큰 절망감을 느낌. 인정욕구가 강하다는 특성으로 인해 이미지가 훼손되었을 때 큰 스트레스를 받는 편임. 따라서 회복단계에서 가장 큰 부담을 느껴 약점이 됨

③ 모호성 및 불확실한 상황을 적극적으로 마주하기보다는 그 불확실성을 최대한 제거하려고 하며, 이것이 불가능한 경우 이를 회피하려고 함

④ 혼자 일하는 것을 선호하며, 타인에게 도움을 받기보다는 스스로 문제를 해결하려고 노력하는 편임. 때로는 위기를 관리하는 데에는 혼자 힘으로는 역부족일 수도 있음. 이러한 상황에서 타인과 적극적으로 의사소통해서 위기를 해결하지 못할 수도 있음

⑤ 분석적이고 논리적이지만, 이러한 측면에만 치중하고 그 해결책은 새로운 해결방안을 떠올리지 못할 수도 있음

⑥ 위기관리 대응 시 강한 주장을 하는 성격 탓에 독단적으로 행동할 수 있음

⑦ 위험을 감수하고 실행해야 하는 일들을 선호하지 않고 내가 세워 놓은 계획들과

완전히 다른 일이 벌어졌을 때 유연하게 대처하는 것이 어려움

예방단계의 위기관리 전략

① 위기관리 능력을 향상시키기 위해서는 다양한 관점에서 위기 상황을 예측하고 이를 객관적으로 분석하는 방법이 필요함. 상황을 객관적으로 정의하기 위해서는 철저한 자료조사와 타인의 의견도 반영할 필요가 있음

② 일을 추진하는 데 있어 하나씩 꼼꼼히 따지는 성격을 길러야 함

③ 예방단계에서 위기관리 능력을 향상시키기 위해서는 더욱더 전략설계 능력을 향상시켜 더 나은 위기 상황 대처 시나리오를 작성할 수 있어야 함. 뿐만 아니라 혼자 일하는 방식에서 벗어나 다른 사람과 일함으로써 다른 사람의 의견을 듣는 것도 해결책의 폭을 넓히는 데 도움이 될 수 있음

④ 위기 상황이 닥쳤을 때 감정에 휘둘려서 방황하기보다는 현재의 상황을 수긍하도록 미리 시뮬레이션해보는 것임

⑤ 타인과 협력하여 다양한 가능성에 대해 미리 연구하고 대비함으로써 위기관리 능력을 향상시킬 수 있도록 해야 함. 특히, 여러 사람들과 협력하는 것이 본래 지닌 능력을 보다 발전시킬 수 있는 중요한 점임

⑥ 예방단계에서는 날카로운 관찰력과 논리적 분석력이 그 무엇보다 중요함. 사전에 발생 가능한 위험요소를 관찰력을 통해 확인하고, 그 위험의 정도가 얼마나 클 것인지, 이를 방지하기 위해선 어떤 방안들이 필요한지 사전에 분석할 수 있어야 함. 그러기 위해서 관찰력과 분석력을 길러야 함

준비단계의 위기관리 전략

① 준비단계에서 위기관리 능력을 향상시키기 위해서는 항상 플랜 B(plan B)를 준비하고 위기에 닥쳤을 때 대비할 수 있는 역량을 갖추어야 함

② 계획을 꼼꼼하게 세우며 'A플랜이 실패했을 때에는 B플랜으로' 전환할 수 있는 유연성을 향상시킴

③ 준비단계에서 위기관리 능력을 향상시키기 위해서는 리더십을 더욱 함양하는 것이 도움이 될 수 있음. 문제가 발생하지 않을 때 준비태세는 느슨해질 수 있음.

준비태세가 느슨해지면 진짜 위기가 왔을 때 제대로 대응할 수 없을 수도 있음. 이때 리더십을 활용해 팀에 긴장을 불어넣어 주어야 함

④ 위기관리 능력은 과거의 경험을 상기하여 위기를 해결할 방안과 계획을 준비할 필요가 있음

⑤ 준비단계는 위기 상황에 대비한 계획을 하는 것으로 대처 강도를 정해야 함. 따라서 여러 예시를 참고하며 조직에 맞는 방안을 파악하는 것이 중요함

⑥ 조직에 맞을 방안을 모두 생각하는 한편, 대처방안별 발생할 수 있는 부차적 상황들까지 모두 고려할 필요가 있음

⑦ 혼자만으로는 다양한 대응책을 마련하는 데 한계가 있음. 따라서 다양한 경험, 다양한 배경을 지닌 사람들과 함께 대응책을 마련할 필요가 있음

⑧ 예방단계에서 수립한 위기 상황 분석 및 예측을 이용하여 위기 상황을 실제로 준비해야 함. 이 과정에서 적극적인 실행력이 요구됨. 아무리 예방단계에서 적절한 분석 및 계획을 수립했다고 하더라도 준비단계에서 이를 실천하지 않는다면 그 계획은 조직의 위기관리에 도움을 주지 못함. 따라서 리더는 위기관리 능력을 기르기 위해 모든 방법을 동원하여 위기를 준비하는 자세를 가져야 함

⑨ 예방단계에서 예측했던 다양한 위기 상황들에 각각 어떻게 대비를 할 것인지 구체적인 계획을 세워야 함. 단순히 위기 상황을 모면하려는 계획뿐만 아니라 해당 위기 상황이 어쩔 수 없이 발생하게 되는 상황이라면 최선의 해결방안이 무엇일지 함께 고민해보는 노력이 필요함

⑩ 내가 유연성이 부족한 이유는 스스로 정해 놓은 규칙을 따르려 하기 때문임. 따라서 규칙의 기준을 좀 느슨하게 잡는 것이 좋을 수 있음

대응 및 반응단계의 위기관리 전략

① 위기관리 대응 시 구성원들의 다양한 의견과 해결방안을 열린 자세로 경청해야 함. 즉, 다른 사람의 의견을 수용하는 태도를 강화할 필요가 있음

② 위기관리 능력을 향상을 위해 독선적인 행동보다 조직구성원과 함께 해결할 필요가 있음. 또한 전문가나 주변인으로부터 조언을 구해 해결방안을 모색해야 함

③ 위기 상황 시 조직에 위기 사실을 알리고 이전 단계에서 준비했던 위기 대처 주

요 시나리오의 실행 가능성을 판단한 뒤 빠르게 대응하며 구성원들끼리 소통하는 것이 필요함

④ 상황이 발생했을 때, 위기 상황에 대한 매뉴얼 활용이 가능한지 고려하고, 어렵다면 빠르게 정보를 얻고 구성원들과의 소통을 통해 최선의 방안을 빠르게 마련해야 함

⑤ 위기관리 대응 및 반응에 추진력을 잃지 말아야 함

⑥ 대응단계에서는 조직 내부의 사람들끼리 단결할 필요가 있음. 리더로서 단결력을 제고할 수 있는 다양한 방법들을 실천해야 함

⑦ 대응 및 반응단계에서는 이미 발생한 위험을 실시간으로 대처하는 단계이기 때문에 리더는 적절한 원칙과 유연성, 그리고 예방단계와 마찬가지로 적극적 실행력을 발휘할 필요가 있음. 즉, 상황에서 원칙을 지키되, 필요한 상황에서는 적절한 유연성 및 융통성을 발휘하고, 수립한 대처방안을 적극적으로 실행하려는 능력을 향상시킬 필요가 있음

⑧ 발생한 위기를 어떻게 해결할 것인지를 예측된 각각의 위기 상황에 대한 시나리오를 써보며 좀 더 구체적으로 대책을 수립할 수 있어야 함. 전략은 한 가지 전략뿐만이 아니라 다양한 상황을 고려한 전략을 수립할 필요가 있음

회복단계의 위기관리 전략

① 회복단계에서는 자부심을 키워야 함. 이미 발생한 위기에 대해 개인의 명성을 회복하고 부정적 이미지를 다시 긍정적 이미지로 바꾸는 단계에서, 리더가 가지고 있는 자부심과 자존감을 적극 활용해야 함

② 자신을 믿고 좌절하지 말고 더 적극적으로 원래의 상태로 돌아가도록 노력해야 함. 즉, 낙천성을 길러 기존의 명성 회복과 긍정적 이미지의 회복을 위해 노력해야 함

③ 개인의 명예 및 목표만을 생각하지 않고 팀원들 및 팀의 가치에 대해서도 생각하며 어떤 가치를 먼저 회복해야 할지 고민해야 함

④ 팀 차원의 대응전략 및 역할 분담을 고려할 필요가 있음

Tip 자신감에 문제가 생겼을 때, 뇌 기반 접근 방법

- 알 수 없는 무의식을 감내하는 방법을 배운다. 가면증후군[1]이 있는 사람에게 성공은 의식적 과정과 무의식적 과정에 의해 이루어진다고 설명해야 한다. 실제로 사람들은 성공을 의식적으로 완전히 통제할 수 있다고 생각하는 경향이 있다. 그렇지만 결과는 만드는 것은 주로 무의식적인 힘이다. 성공을 뒤돌아보며 분석하는 것은 한계가 있다. 따라서 무의식적인 뇌를 이해하고 수용하는 것이 중요하다.
- 배경 정서를 확인한다. 뇌의 다양한 시스템이 정서에 관여하기 때문에 동시에 여러 감정이 공존할 수 있다. 우리가 확인할 수 있는 감정은 하나만이 아니다. 흔히 정서는 '혼합'되어 있고 혼합된 정서가 비즈니스에 영향을 줄 수 있다. 가면증후군이 있는 사람을 돕기 위해 혼합된 정서를 확인하고 정서의 우선순위를 정해야 한다.
- 별 볼 일 없는 사람이라는 불안감을 줄인다. 가면증후군이 있는 사람은 새로운 위치에 오른 것을 자연스럽게 받아들이지 못한다. 그 이유는 새로운 자리가 아는 지식이 아닌 새로운 것을 배워야 하는 자리이거나 그 자리에 필요한 기술을 갖추고 있지만, 추가로 새로운 사실을 익혀야 하기 때문이기도 하며, 새로운 자리는 그를 성공으로 이끈 탁월한 능력을 필요로 하지만 무의식적 능력도 필요로 하기 때문이기도 함을 설명해야 한다. 즉, "나는 새로운 자리에 필요한 지식을 갖고 있지 않다"라는 말을 "나는 내가 갖고 있을 것으로 예상되는 지식 때문에 이 자리에 고용된 것이 아니라, 과거에 나를 성공으로 이끌었던 무의식적 기술 때문에 고용된 것이다"라는 말로 바꿔 주어야 한다(Pillay, 2012).

관리형 리더의 위기관리 전략

위기관리 강점

① 위기 상황이 닥쳤을 때 스스로에게 주어진 업무를 잘 수행함. 즉, 자신의 임무나 의무에 대해 최선을 다하고, 결과에 겸허히 수용하는 자세가 강함

② 계획적이며 행동에 따른 결과를 예측하는 데 능해 일어날 수 있는 모든 위협요소를 평가하고 분류하여 억제하는 조치를 취할 수 있음

③ 불확실성과 모호함을 제거하기 위해 완벽한 계획을 수립하고자 노력함

1) 가면증후군은 성공한 리더 혹은 근로자가 현재 위치에 도달하기까지 모든 사실을 낱낱이 설명할 수 없기 때문에 자신의 성공이 거짓말 같다고 느끼는 것이다. 가면증후군은 새로 리더 반열에 오른 사람이 자신의 자질을 의심할 때 나타난다.

위기관리 약점

① 자신이 예측하지 못한 위기 상황에서 대처하는 유연성은 떨어짐. 즉, 변화를 싫어하고 계획대로만 움직이는 성향으로 인하여 유연하게 위기 상황을 모면하는 것에 있어서 약점이 있음

② 위기 상황으로 실추된 자신의 이미지를 바꾸는 것에 상당한 시간이 필요함. 평소 타인이 자신에 대한 부정적인 평가를 쉽게 받아들이지 못하기 때문임

③ 위기대응할 때 권한 부여를 하지 않음. 즉, 사사건건 다 알고 싶어하기 때문임

④ 혁신성의 부족임. 즉, 과거부터 이어져온 관습, 풍습, 방식, 조직 등을 그대로 이용하면서 일을 해결하려는 경향이 강하며, 새로운 방식들을 어떻게 이용하고 구상해야 하는지에 대한 고민을 잘하지 않음

⑤ 예기치 않은 순간에 대처해야 하는 데 있어 변화를 회피함

⑥ 행동 변화 의지가 약하고 심리적 유연성이 낮아서 회복의 시간이 오래 걸릴 수 있음

예방단계의 위기관리 전략

① 예방단계에서는 위기가 닥쳐오기 전 모든 위기 상황을 예측하여 외부에서 들어오는 사실적이고 직접적인 요인들을 분석적으로 더 파악하고 유연성을 유지할 필요가 있음

② 분석을 통해 위기를 억제하기 위해 민감하게 주위를 관찰할 필요가 있음

③ 발생 가능한 모든 위기 상황을 예측하는 것이 중요하므로, 평소에 주위 친구들이나 지인들에게 발생하는 위기 상황들을 면밀히 관찰함. 위기 상황을 예측할 때, 데이터의 양을 많이 수집하고, 과거에 겪었던 일들을 토대로 앞으로의 위기 상황을 예측할 필요가 있음

④ 지금까지 발생한 모든 위기 상황에만 대비할 것이 아니라, 새로이 발생할 수 있는 문제들을 예측하고 이에 어떻게 대응할 수 있을지 고민해야 함. 그러기 위해서는 고도의 창의성과 다른 사람들과 충분한 논의가 필요함

⑤ 신중함을 바탕으로 위협요소에 대한 정확한 평가와 분석하는 능력을 향상함

준비단계의 위기관리 전략

① 준비단계에서는 추상적 인지기능을 이용해 눈에 보이지 않는 원리나 개념적 정보들을 개념별로 나누어 추론하고 단계를 성립하여 다가올 위기를 준비할 필요가 있음

② 위기 상황에 대비한 계획을 수립하는 것이 중요하므로 자신이 계획한 내용에 대해 디테일한 부분까지 계획해야 함

③ 예상하지 못한 순간에 발생할 새로운 위기 상황들을 예측하고 대비하며, 기존에 사용해 왔던 계획이나 매뉴얼에 전적으로 의존하지 않고 새로운 방식들을 구상할 필요성이 있음

④ 변화에 좀 더 개방적인 태도가 필요하며 예기치 않은 상황에도 유연하게 행동할 수 있는 대처 능력 향상 필요함

대응 및 반응단계의 위기관리 전략

① 위기예방과 준비단계에서 했던 자료들을 취합하고 세분화하여 분석하고 위기에 맞게 대응할 필요가 있음

② 언제나 위기 상황에 대응할 수 있도록 사물의 전체상을 파악할 필요가 있음

③ 유연성을 기를 필요가 있음. 자신이 예측하지 못한 상황들이 발생하였을 때 쉽게 당황하여 아무런 대처를 하지 못하는 경우가 있음. 따라서 평소에 사소한 위기 상황이 발생하였을 때 조금 더 침착해지는 연습을 할 필요가 있음

④ 다양한 현상적 자극에 대한 섬세함을 기르고, 대처 능력을 기를 필요가 있음

회복단계의 위기관리 전략

① 외부에서 들어오는 피드백을 긍정적으로 받아들이고, 조금 더 유연하고 분석적인 사고를 이용하여 위기를 극복하는 것이 필요함

② 신속히 예전의 모습을 회복하기 위해서는 긍정마인드를 가질 필요가 있음

③ 실추된 이미지를 바꾸기 위하여 계획을 철저히 수립하며 이 단계에서 지난 위기 상황에 문제점은 무엇이고, 어떤 것이 잘못되었는지 면밀히 분석함. 그리고 계획

을 수립하여 이를 이행하는 것에 자신감을 갖고 추진함

④ 새로운 방식으로 문제를 해결하여 위기 상황을 해결할 수 있는 창의적인 리더라는 이미지를 형성할 필요가 있음

⑤ 행동 변화의 의지를 키울 필요가 있음

Tip 모호성을 관리하기 위한 접근

대대적인 변화를 몰고 오는 리더는 대체로 정서지능이 높다. 자신과 타인의 정서에 능통한 리더는 회사를 개혁하는 유리한 위치에 설수 있다(Corona, 2010). 정서를 이해하고 조절하는 것은 효과적인 경영의 핵심이다(Muller & Turner, 2010). 또한 '소프트한 측면을 단련하는 것'이 효과적인 경영의 핵심이다. 그러나 훈련만으로 정서지능을 계발하기에는 역부족이다(Clarke, 2010). 정서적인 유능감은 비즈니스 수행력을 증진하며, 특히 스트레스를 받을 때나 상호작용을 할 때 도움이 된다(Cherniss, 2010). 높은 정서지능은 정서 노동자의 직무수행력을 높여 주지만, 정서와 무관한 노동자의 직무수행력에는 부정적인 영향을 준다(Joseph & Newman, 2010).

- 편도체의 활성화를 줄여라. 변화는 불확실하고 불확실한 비즈니스 세계에서 미로처럼 얽혀 있다. 그러므로 불확실성을 확률로 전환하여 편도체 발화를 억제해야 한다. 편도체를 진정시키기 위해 낙관주의를 도입할 필요가 있다. 자료를 토대로 모든 경우의 수에 대해 리스크를 평가하거나 평가할 수 없는 상황을 명확하게 규정해 놓아야 한다.
- 계산기(vmPFC)에 리스크와 보상에 관한 정보를 투입하라. 사람들은 불안한 상황에서 이득보다 리스크를 더 많이 생각하기 때문에 불확실한 전략의 이득과 리스크를 조목조목 열거하는 것은 썩 좋은 방법이 아니다. 현 상황과 관계없는 다른 사람에게 당신이 세운 전략의 득과 실을 평가해 보라고 하고, 이를 당신의 평가와 비교해보는 것이 좋은 방법이다. 당신의 계산기에 이득과 리스크에 관한 정보를 더 많이 투입할수록 단기기억은 당신의 미숙한 행동을 잘 억제할 것이다.
- 뇌의 내비게이션과 플래너를 활요하라. 후방 두정엽(PPC)은 감각센터와 운동센터를 통합하며, 심상을 가지고 작업하는 두정엽의 일부이다. 따라서 후방 두정엽을 자극하는 방법으로 첫째, 떠오르기 쉬운 구체적 심상을 만들기 위해 추상적인 단어를 피하고 모호함을 줄여라. 즉, 모호함을 줄이기 위해 추상적인 단어보다 그래프, 영상, 삽화를 사용할 필요가 있다. 둘째, 일정표를 사용하는 것으로 일정표는 후방 두정엽을 가동하는 데 매우 중요하다.

자율형 리더의 위기관리 전략

위기관리 강점

① 성취욕구, 자율성, 자부심, 통제소재, 책임의식 측면에서 강점을 지님
② 직감이 뛰어나서 위기를 빠르게 캐치하는 능력이 뛰어남. 즉, 리더로서 위기에 대해 팀원들의 니즈를 캐치하는 능력이 뛰어남
③ 리스크 커뮤니케이션에서 팀원들의 의견을 존중함
④ 변화에 유연하게 대처하고 필요할 시에 변화를 수용하려는 능력이 강함
⑤ 모호하고 불확실한 상황을 피하지 않고 받아들여 해결 방법을 찾으려고 노력함
⑥ 유연성이 매우 높고, 순간 대응력도 높음. 그렇기에 만약 위기가 닥쳐오더라도 순간순간 나에게 도움이 될 수 있는 판단을 빠르게 해나가며 리스크를 줄이고 해결책을 모색할 수 있음
⑦ 모호하고 불확실한 새로운 상황에서도, 유연함을 바탕으로 창의적인 아이디어를 만들 수 있음

위기관리 약점

① 위기의 분석 능력이 떨어지며, 위기관리의 마무리가 잘 안 됨
② 꼼꼼하지 못함. 어떤 위기가 발생하기 전에 발생 가능한 위기에 대해 생각해보거나 예방하려는 자세를 취하는 경향이 약함
③ 준비단계에서 취약성을 보일 수 있음. 세부적인 사항을 기억하기보다는 전체적인 윤곽을 직관적으로 파악하려는 성향이 크기 때문에 위기 상황을 예상하더라도 정작 준비 상황에서는 놓치는 부분이 생길 것으로 예상됨
④ 업무의 효율성과 결과 등을 철저히 예측해 그 위험도를 미리 파악하려고 노력하지는 않음
⑤ 흥미가 떨어질 때는 꾸준히 일을 수행하려는 인내심을 갖지 못할 수도 있기에 책임의식을 기를 필요가 있음

예방단계의 위기관리 전략

① 위기를 캐치만 할 것이 아니라, 분석 능력이 뛰어난 팀원과 함께 위기를 미리 분석하여 위기가 시작되기 전에 억제함
② 낙천적인 생각을 잠시 버려두고 발생할 수 있는 위기들을 생각해보는 것임. 즉, 낙천적인 성격에서 잠시나마 경각심을 가지고 자신에게 발생할 수 있는 위기들을 생각해보는 것임
③ 과거에 위기 상황과 발생 가능한 위기 상황들을 종이에 써보는 것임. 즉, 생각만 하지 않고 글로 써 본다면 보다 꼼꼼하게 해결할 수 있을 것이고, 과거의 사례를 다시 생각해 봄으로써 앞으로 발생할 위기를 대략 예측할 수도 있을 것임
④ 꼼꼼히 계획을 세우되, 계획에 집착하여 시간을 너무 지체하지 않도록 함
⑤ 다양한 위기 상황에 대한 시뮬레이션을 진행함
⑥ 위험 예측 차트를 만듦. 예를 들어, 일어날 가능성이 있는 일을 모두 생각해내고, 수학적 모델 등 합리적인 방법으로 발생 가능성과 위험의 크기를 측정한 차트를 만들어 보는 것임
⑦ 위험을 예방하기 위해서는 우선 그 위험이 내부적인 요인에 의한 것인지 아니면 외부적인 요인에서 초래될 수 있는 것인지 알아야 할 필요가 있겠으며, 이를 위해서는 조직과 조직을 둘러싸고 있는 정치적, 사회적, 경제적, 문화적 또는 대외적 상황들에 대해 철저하고 정확하고 예측할 필요가 있음
⑧ 자신이 처한 상황과 같은 전례가 있는지를 조사해보고, 철저한 예측과 분석을 토대로 자신의 과감한 도전을 뒷받침할 수 있는 탄탄한 예방책을 만들어 놓아야 함
⑨ 분석적 사고가 뛰어난 사람에게 도움을 요청함. 상황을 설명하고, 자신이 생각하지 못한 부분에서 어떤 위기가 발생할지에 대해 조언을 구함

준비단계의 위기관리 전략

① 본격적인 위기가 시작되기 전에 팀원들과 리스크 커뮤니케이션을 통해 어떤 것이 위기의 본질인지 파악하고 위기의 피해를 최소화함
② 위기 리스트를 만드는 것임. 즉, 발생 가능한 위기와 해결 방법들을 기록해 둠

③ 업무의 부분이 아닌 전체를 보며 위험요소를 파악함
④ 다양한 가능성들에 대한 대비책들을 실제로 준비함
⑤ 위기 상황에 대비하기 위한 여러 선제대응책들을 마련해 하급자 등에게 역할을 배분하는 방법을 사용할 수 있음
⑥ 준비단계에서의 약점을 보완하기 위해서는 자신과 다른 성향을 가진 조금 더 섬세하고 자세히 상황을 파악할 수 있는 구성원 간의 원활한 관계를 유지하여 활발한 의사소통을 진행할 필요가 있음
⑦ 안일한 자세가 준비단계로까지 이어진다면, 이후에 닥쳐올 위기 상황에 자칫하면 매몰되어 버릴 수 있음. 따라서 예방단계와 마찬가지로 전문가의 조언을 통한 철저한 계획과 준비가 필요하다고 생각함
⑧ 평소에 조직의 운영방식과 구성원들에 대해 세심히 관찰하고 약간의 문제에도 민감하게 반응하는 예민함을 키워야 함

대응 및 반응단계의 위기관리 전략

① 정확한 커뮤니케이션을 통해 섬세한 팀원과의 협업으로 반응함. 이때 결정을 내릴 수 있는 결단력을 강화함
② 만약에 위기 리스트에 없는 위기 상황이 발생하면 당황하지 말고, 한 번 더 생각하여 꼼꼼하고 정확하게 일을 처리해야 함
③ 위기가 닥쳤을 때 빠르게 대응책을 찾으며 이때 평정심을 가지고 침착함을 잃지 않도록 노력함
④ 위기가 발생했을 때, 당황하지 않고 기존에 준비해 놓은 대비책을 참고해 실제 해결 가능한 대응을 실행함
⑤ 발생한 위기에 대한 정확한 데이터에 천착(깊이 살펴 연구함)하는 태도를 가져야 함

회복단계의 위기관리 전략

① 리스크 커뮤니케이션에서 팀원들의 의견을 존중해야 함
② 위기에서 책임을 지고 위기 상황에 대하여 객관적으로 논의하고 책임을 질 수 있는 연습을 해야 함. 즉, 팀원에게 책임을 돌리지 않아야 함

③ 자신의 강점인 낙천적인 성격과 높은 자존감을 키울 필요가 있음

④ 위기를 극복할 때까지 쉽게 포기하지 말며 끝까지 노력함

⑤ 위기가 끝난 이후, 그 원인을 구성원들과 솔직하게 공유하고 극복과정에 대한 평가를 진행함. 이러한 평가 과정에서, 위기 그 자체가 아닌 위기대처 능력에 집중하도록 유도함

⑥ 다른 강점을 부각하려는 노력이 유효할 것임. 끼를 발산하는 것을 좋아하고 독창성이 있으므로, 반대로 다른 강점들을 부각해 위기를 회복하는 방법을 사용해 볼 수 있음

⑦ 리더의 인격이 지배적인 역할을 한다고 생각함. 구성원들에게 전달하는 메시지 내용이 정확하고 분명해야 함. 메시지에 포함되어야 하는 내용으로는 전체 상황 설명, 위기를 겪게 된 원인 규명, 위기를 어떻게 대처하였는지, 조직의 피해에 대한 진심 어린 사과, 마지막으로 구성원들의 동기를 다시 부여하는 조직의 비전을 제시함

⑧ 마지막까지 방심하지 않고 문제를 완전히 해결한 뒤, 유의미한 성과를 도출하고자 노력해야 함

⑨ 개인과 조직이 맞았던 위기 상황을 통해서 무엇을 배웠는지, 어떻게 했는지를 조명하며 내부의 결속력을 강화할 수 있도록 노력해야 함

Tip 신뢰를 관리하기 위한 접근

신뢰 위반은 근로자의 열정을 갉아먹는 두려움과 불안의 씨앗이 되므로 신뢰는 비즈니스에서 중요한 변수이다. 또한 신뢰 브랜드 이미지와 소비자의 만족도에 영향을 주기 때문에 중요하고, 소비자는 만족한 브랜드에 계속 애착을 보이게 되고(Walsh & Mitechell, 2010), 신뢰는 투자의 기본이기도 하다(Cha & Kim, 2010).

- 갈등탐지(ACC) 개입 방법이다. 신뢰가 깨졌을 때 편도체 발화가 증가하고 그 충격을 뇌 안의 곳곳에 전달하느라 뇌는 업무수행과 생산성에 사용해야 할 자원을 소모하게 된다. 그러므로 신뢰에 대한 투자는 매우 중요하다. 신뢰가 깨지면 리더가 회사를 떠나는 직원을 붙잡는 데 한계가 있다. 이렇게 되면 회사는 계속 신입사원을 채용하기 위해 비용을 낭비해야 한다. 그러므로 회사에 대한 불신은 재정적 손실로 이어질 수 있다. 보상센터의 기능이 약해지면 직무 동기도 떨어진다. 회사의 리더는 직원의 동기유발을 위한 다양한 방법을 강구해야 한다. 그리고 신뢰 위반은 회사에 잔물결 효과를 일으키

는 원인이다. 이렇게 되면 불신은 기하급수적으로 확산되어 회사의 통합을 위협하게 된다. 이런 경우에 리더는 거울신경 개입이 필요하다.

- 편도체에 개입하는 방법이다. 신뢰 회복에 가장 효과적인 방법은 편도체를 진정시키는 것이다. 즉, 주의를 한데 모아 더 높은 목표에 집중하고 관점을 바꾸는 것(잘못을 인정하고 잘못된 것을 바로잡는 데 초점을 맞춤)이다.
- 계산기(vmPFC)에 대한 개입이다. 계산기(vmPFC)는 사회적 양심과 죄책감을 만들어내는 영역이다. 중요한 계산기가 의사결정 과정에 참여하지 않으면 신뢰를 위반하고 (Krajbich et al., 2009), 타인을 배려하지 않으며, 결정에 오류가 발생할 것이다. 이런 일을 예방하기 위해 리더는 신뢰와 득실 평가에 초점을 맞춰야 한다. 리더는 조직구성원들이 불만을 털어놓을 수 있는 안전한 장소를 마련하고 여기에 접수된 불만을 적극적으로 해결한다면, 문제보다 해결에 초점을 맞춤으로써 실질적으로 조직의 생산성이 향상될 것이다. 또한 득과 실을 분명하게 평가해야 계산기(vmPFC)가 활성화될 수 있다.

관계형 리더의 위기관리 전략

위기관리 강점

① 위기 상황 속에서 자율성, 자부심, 혁신성, 유연성 등이 있음

② 위험감수 성향이 낮고 안정적인 것을 추구하므로 실제 위기 상황을 겪게 될 가능성이 낮음

③ 내 운명은 내 행동에 의해 결정된다는 신념을 가지고 있으므로 위기가 발생했을 때 당황하지 않고 그것을 해결하기 위해 노력할 수 있음

④ 모호하고 불확실한 영역이더라도 관심이 생기는 영역이라면 위험을 감수하고 뛰어들어 성취해내려는 경향이 강함. 비록 익숙하고 잘 아는 영역이 아닌 새로운 영역이라도 피하지 않고 적극적으로 받아들임

⑤ 자신이 선택한 영역이라면 통제가 불가능해 보이더라도 스스로의 결정을 통해 통제하여 사건을 긍정적인 방향으로 이끌어가 결국에는 이익을 내는 방향으로 전환할 수 있음

⑥ 새로운 도전을 추구하고 원칙과 규정에 묶여 있지 않음을 선호하는 특성상 어떠한 상황이 처해도 당황하지 않고 위기에 대해 열린 마음으로 받아들일 수 있음

위기관리 약점

① 위험감수 성향, 모호성 및 불확실성에 대한 인내, 독립심, 책임의식 등이 약함
② 독립심이 좀 약한 편이라 주위에 도와줄 사람이 없다면 나 혼자 문제를 해결하는 데 어려움을 겪을 수 있고 혁신성이 부족해서 문제가 발생한 상황을 완전히 뒤바꾸지 못한 채 근본적인 해결까지는 못할 수도 있음
③ 새로운 영역에 대한 준비, 공부 부족으로 인해 항상 불확실성에 마주할 수 있음. 불확실성은 항상 위기로 이어질 가능성이 매우 농후하며, 수습하는 과정에서 생각지도 못했던 자원을 낭비할 수 있음
④ 용감하지 못하고 결단력 있게 결단을 내리지 못하기 때문에 대응단계에서 내가 할 수 있는 것이 부족하거나 시기적절하게 하지 못할 수 있음
⑤ 끈기가 비교적 부족함

예방단계의 위기관리 전략

① 효과적인 위기관리를 위해 모든 위협요소를 평가하고 분류하여 억제하는 조치를 해야 함
② 아주 철저하게 모든 가능성에 대해 분석하고 그에 대한 대비책까지 준비해 놓아야 함. 귀찮다고 대충 넘어가지 않고 책임감을 갖고 철저하게 예방해야 함
③ 아무리 작은 가능성이라도 열어 두어 고려하고, 이어서 한 발 더 나아가 더 복잡한 위기 상황에 대해 해결책을 마련해 둔다면 위협요소를 예방할 수 있음
④ 항상 편안한 처지에 있을 때도 위험할 때의 일을 미리 생각하고 경계하고 주변을 세심하게 관찰하며 예측 능력을 향상시킴
⑤ 모든 위협요소를 평가하고 분류하는 과정이 필수적이기에 낙천적인 시각을 내려놓고 최악의 상황을 가정하고 문제를 바라보는 관점이 필요함
⑥ 위험요소 분류 과정에서 인내심을 가지고 면밀히 상황을 분석하도록 함

준비단계의 위기관리 전략

① 위기 상황의 예기치 않은 순간에 발생하는 특성을 대비하는 계획이 필요함

② 위기가 발생했을 때 당황하지 않도록 아주 세세한 것까지 전부 계획을 해두어야 함
③ 더 많은 개수를 여분으로 챙겨 둘 필요가 있음
④ 평소에 위기 상황과 관련된 각종 사례나 영화 등을 시청하여 극복하는 실력을 키움
⑤ 위기가 닥쳤을 때 위험을 감수하고 냉정하게 해법을 고민할 수 있도록 노력해야 함
⑥ 책임의식을 갖고 위기 상황에 즉각적으로 대비할 수 있는 계획의 경우의 수를 충분하게 확보함

대응 및 반응단계의 위기관리 전략

① 발생한 위기를 어떻게 해결할 것인지에 대한 대책수립과 대응을 결정해야 함
② 절대 당황하지 말고 준비한 매뉴얼대로 행동하면서, 위기를 분석하고 대책을 수립해야 함. 그 과정에서 여러 사람의 조언을 들을 수 있도록 함
③ 가장 신속하게 대책을 마련하는 방안으로 같은 상황을 겪은 선임자 또는 경험자에게 대책에 대해 조언을 구함
④ 자신감을 높임. 어떤 고난이 있어도 다 지나갈 거야 할 믿음을 가지면서, 조직구성원에게 전하려고 노력해야 함
⑤ 즉흥적으로 해결하려고 하지 말고 구성원들과의 충분한 토의와 합의를 거쳐 심사숙고 후 적절한 대책에 대해 구상한 뒤 실행에 옮김

회복단계의 위기관리 전략

① 나의 잘못이 있다면 인정하고 그것을 고쳐나가겠다고 다짐함. 지난날의 실수를 본보기 삼아 자신감을 갖고 더 나은 미래를 준비해야 함
② 회복단계에서는 위기 상황에 대해 책임을 지고 재발 방지를 위해 힘써야 함. 위기가 발생할 경우 처음은 실수라고 생각할 수 있지만 같은 실수가 반복되면 이는 명백한 잘못이기 때문임
③ 재발 방지를 위한 대책을 마련하고 이로 인해 피해를 입은 부분에 대해서는 보상을 하며 위기 상황에 대해 책임을 져야 함
④ 자신이 겪었던 위기 상황에 대해 마인드맵을 그려 나가듯이 미리 예방책, 대처방법을 마련하여 같은 위기가 반복하여 일어나지 않도록 노력해야 함

⑤ 이전의 위기처리를 통해 경험을 공부함. 그리고 이전의 이미지를 복원하는 동시에 새로운 좋은 이미지도 수립해야 함

⑥ 누구나 위기 상황을 겪고 실패할 수 있다는 생각으로 다시 회복할 수 있다는 믿음을 갖고 실패한 상황에 대해 감정적인 태도를 버리고 이성적으로 상황을 바라보고 회생을 위해 노력함

Tip 부정적 사고가 뇌에 미치는 영향

많은 실험에서 고통에 초점을 맞추면 그렇지 않을 때보다 주관적 고통이 증가한다는 연구 결과가 있다. 한 연구는 다음과 같은 두 가지 조건에서 피험자에게 동일한 고통을 주고 비교하는 실험을 하였다. 첫 번째 조건에서 피험자에게 주어진 과제는 고통의 정도(고통을 주목하면서)를 평가하는 것이고, 두 번째 조건에서는 다른 것으로 주의를 돌리기 위해 산수문제를 풀게 하였다.

두 가지 조건 중 고통에 집중하지 않은 조건에서 고통 척도가 더 낮고 ACC(전대상이랑, 갈등탐지)는 더 많이 발화하였다.

이 결과는 고통스러울 때, 리더가 다른 것으로 주의를 돌리면 주관적 고통을 줄일 수 있음을 의미한다. 이런 식으로 고통을 줄이면 생각하는 뇌와 결정하는 뇌는 고통에서 풀려나 비즈니스와 관련된 중요한 결정에 더 많은 자원을 사용할 수 있다. 그러므로 부정적인 측면보다 중립적이거나 긍정적인 측면에 초점을 맞출 필요가 있다(Pillay, 2012).

Chapter

10

자기브랜드 리더십과 감성리더십

1. 감성리더십 개념
2. 리더와 조직구성원을 고려한 강점 활용하기
3. 리더와 조직구성원을 고려한 감성리더십

1 감성리더십 개념

마틴 셀리그먼(Matin E. P. Seligman)과 크리스토퍼 피터슨(Christopher Peterson)이 이끄는 밸류스 인 액션 인스티튜트(Values in Action Institute: VIA Institute)의 연구자들은 인성 강점들을 정의하고 개념화하는 긍정 심리학 분야의 틀을 개발하는 프로젝트에 관여하고 있었다. 이 분류체계는 약점과 문제점 대신 사람들의 좋은 점에 초점을 맞추었다. 분류체계를 개발하기 위해, 그들은 유교, 불교, 힌두교, 유대-그리스도교, 고대 그리스, 이슬람의 철학적, 영적 문헌들을 검토하여 덕목에 관해 여러 문화에 걸쳐 일관되게 등장하는 공통점이 있는지를 조사했다(Peterson & Park, 2009; Peterson & Seligman, 2004). 이 연구를 통해, 그들은 다음 [표 10.1]과 같이 용기, 정의, 인간애, 절제, 초월, 그리고 지혜라는 여섯 가지 일반적인 핵심 덕목을 확인했다.

[표 10.1] VIA 인성 강점 분류

분 류	성격 강점
지혜 및 지식 관련 강점	창의성, 호기심, 개방성, 향학열, 통찰력
용기 관련 강점	진실함(진정성), 용감성, 인내, 열정
인간애 관련 강점	친절, 사랑, 사회지능
정의 관련 강점	공정성, 리더십, 팀워크(시민정신)
절제 관련 강점	용서, 겸손, 신중, 자율
초월 관련 강점	심미안, 감사, 희망(낙관), 유머, 종교성(영성)

출처: Adapted from A Primer in Positive Psychology, by Christopher Peterson, 2006, pp. 142-146.

첫째, 지혜 및 지식 관련 강점은 지식을 습득하고 활용하는 것과 관련된 인지적 성취와 지혜로운 판단을 돕는 것이다. 이에 대한 포함내용을 살펴보면 ① 창의성: 새롭고 참신하며 생산적인 방식으로 생각하고 만들어내는 독창적인 능력, ② 호기심: 다양한 현상에 대해 흥미를 느끼고 매혹되어 좀 더 자세하게 탐색하고 추구하는 개방적인 태도, ③ 개방성: 어떤 주제나 현상을 다양한 측면에서 냉철하게 생각하고 객관적으로 검토하는 능력, ④ 학구열: 새로운 지식이나 기술을 배우고 숙달하려는 강렬한 동기와 학구적 태도, ⑤ 지혜: 어떤 문제 상황을 전체적인 관점에서 파악하고 최선의 해결책을 찾아내어 다른 사람에게 현명한 조언을 제공하는 능력 등이 포함된다.

둘째, 용기 관련 강점은 고난과 역경에 직면하더라도 자신의 목표와 가치를 추구하는 강렬한 의지와 관련된 성격적 특성으로서 과제 완수와 목표 성취에 기여하는 것이다. 이에 대한 포함요소로 ① 용감성: 위험, 도전, 난곤에 위축되지 않고 자신의 신념에 따라 용기 있게 행동하는 능력, ② 진실성: 자신을 거짓 없이 드러내고 솔직하게 행동하며 자신의 감정과 행동에 책임을 지는 태도, ③ 끈기: 근면하게 노력하여 시작한 일을 완성하며, 난관에 봉착하더라도 계획된 행동을 인내심 있게 지속하는 능력, ④ 활력: 어떤 일이든 활기차고 열정적으로 추진하는 의욕적인 적극적 태도 등이 포함된다.

셋째, 인간애 관련 강점은 다른 사람을 보살피고 친밀해지는 것과 관련된 강점으로 따뜻한 대인관계를 형성하고 심화하는 데 기여한다. 이에 대한 포함요소로 ① 사랑: 다른 사람과의 친밀한 관계를 소중하게 여기고 실천하며, 깊이 있는 애정을 주고받는 능력, ② 친절성: 다른 사람에게 도움을 베풀고, 친절한 행동을 하려는 선한 동기와 실천 능력, ③ 사회지능: 다른 사람의 동기와 감정을 예민하게 잘 포착하여 적절하게 행동하며, 다양한 대인관계 상황에 효과적으로 대응하는 사회적 능력 등이 포함된다.

넷째, 정의 관련 강점은 효과적인 집단적 활동에 기여하는 사회적 강점으로서 개인과 집단 간의 건강한 상호작용을 돕는다. 이에 대한 포함요소는 ① 공정성: 편향된 개인적 감정의 개입 없이 모든 사람을 동등하게 대하며, 공평한 기회를 부여하는 태도, ② 리더십: 집단활동을 조직하고, 효과적으로 지휘하며, 관리하는 능력, ③ 시민의식: 사회나 조직 속에서 자신에게 주어진 임무와 역할을 인식하고 책임감 있게 행동하는 능력과 자세 등이다.

다섯째, 절제 관련 강점은 지나침으로부터 우리를 보호하는 중용적 강점으로서 절제를 통해 극단에 빠지지 않도록 돕는 것이다. 이에 대한 포함요소는 ① 용서: 잘못을 행한 사람을 용서하고 다시 기회를 주며, 앙심을 품지 않는 너그럽고 관대한 태도, ② 겸손: 자신이 이룬 성취에 대해서 불필요하게 과장된 허세를 부리지 않고, 다른 사람의 주목을 구하지 않는 겸허한 태도, ③ 신중성: 조심스럽게 행동함으로써 불필요한 위험이나 후회할 일을 초래하지 않는 능력, ④ 자기 조절: 다양한 충동, 욕구, 감정, 행동을 적절하게 통제하는 능력 등이다.

여섯째, 초월 관련 강점은 인생과 세상을 대하는 초월적인 태도와 관련된 것으로서 우리의 삶을 긍정적이고 낙관적으로 바라보게 함으로써 삶에 대한 의미와 희망을 갖도록 돕는 것이다. 이에 대한 포함요소는 ① 감사: 자신의 삶에 대해서 긍정적인 면을 잘 알아차리고 감사함과 축복감을 느끼고 표현하는 능력과 태도, ② 낙관성: 미래를 긍정적으로 바라보고, 희망 속에서 최선을 예상하며, 그것을 성취하기 위해 노력하는 태도, ③ 유머감각: 인생의 역설적인 측면을 예리하게 포착하여 유쾌한 즐거움으로 전환시키는 능력으로서 웃고 장난치는 것을 좋아하며 타인에게 웃음을 선사하는 태도, ④ 심미안: 세상의 다양한 영역으로부터 아름다움과 탁월함을 섬세하게 인식하고 체감하는 능력, ⑤ 종교성(영성): 인생의 궁극적인 의미와 목적을 추구하며, 일관된 종교적 신념을 가지고 살아가는 태도 등이다.

Tip 심상 대 관찰

심상(즉, 정신적 상을 만드는 것)의 개념은 겉보기와는 달리 복잡하게 되어있다. 예를 들어, 한 방을 가득 메운 사람들에게 100m 달리기를 상상해 보라고 하고, 떠오른 이미지를 물어보면 대답은 각양각색인 것과 같다. 심상은 사람마다 다르다. 연구결과에 의하면 걱정이 많을 때 섬엽과 ACC(갈등탐지기)가 약하게 발화된다고 한다(Schienle et al., 2009). 그렇다면 걱정은 심상 형성을 방해하며 스트레스는 행동으로 가는 길목을 차단하는 것이다. 그러므로 조직구성원이 결과를 걱정하고 있을 때 이들에게 바라는 것을 상상해 보라고 하면 최적의 수준보다 낮게 상상하게 된다. 따라서 섬엽과 ACC를 강하게 자극하는 것이 중요하다. 후방섬엽과 ACC를 자극하고 싶다면, 바라는 행동을 상상해 보는 것이 매우 중요하다. 심상을 떠올릴 때는 불가능한 자세보다는 가능한 자세를 상상할 때 두정엽과 섬엽이 더 많이 활성화된다고 한다. 즉, 심상이 실제 행동을 촉진할 수 있으려면 심상은 실제로 일어날 수 있는 것을 담아야 한다(Lorey et al., 2009).

심상은 행동의 전조로 작용할 수 있다. 걱정이 많으면 행동에 필요한 뇌가 억제된다는 것을 기억해야 한다. 목표를 벤치마킹하라고 격려할 때 1인칭이든 3인칭이든 좋아하는 시점에서 목표에 도달하는 모습을 상상해 보라고 하는 것이 중요하다. 심상이 통합되지 않았다면 필요한 행동을 촉진할 수 있을 정도로 선명한 심상이 떠오를 때까지 심상을 연습해야 한다. 자신이 바라는 것을 상상하면, 행동센터가 활성화된다. 또한 자신이 목표를 달성하는 모습을 3인칭 시점에서 상상하면 좀 더 실제처럼 느낄 수 있다. 실체처럼 느끼는 것이 중요하다. 추가로 1인칭 시점에서 상상을 해보면, 자신은 안 보이고 자신 앞에 있는 것을 느낄 수 있을 것이다.

❷ 리더와 조직구성원을 고려한 강점 활용하기

밸류스 인 액션 인스티튜트(Values in Action Institute: VIA Institute)의 인성 강점을 중심으로 리더 유형별 수준을 파악하였다.

첫째, 지혜 및 지식 관련 강점을 살펴보면, 성취형 리더의 경우 통찰력이 강하지만, 창의성이 낮은 것으로 나타났고, 관리형 리더는 열린 마음이 높고, 창의성과 통찰력이 낮은 것으로 나타났다. 그리고 자율형 리더의 경우 창의성이 높고, 향학열이 낮으며, 관계형 리더의 경우 호기심과 열린 마음이 높고, 향학열과 통찰력이 낮은 것으로 나타났다. 이와 같은 연구결과를 볼 때, 통찰력에는 추상적 사고가 영향을 미치고, 향학열에는 순차적 사고와 변칙적 사고가 영향을 미치는 것으로 나타났다.

따라서 리더의 지혜 및 지식 관련 강점과 약점을 고려하여 조직구성원을 리드할 수

[그림 10.1] 리더 유형별 지혜 및 지식 관련 강점 수준

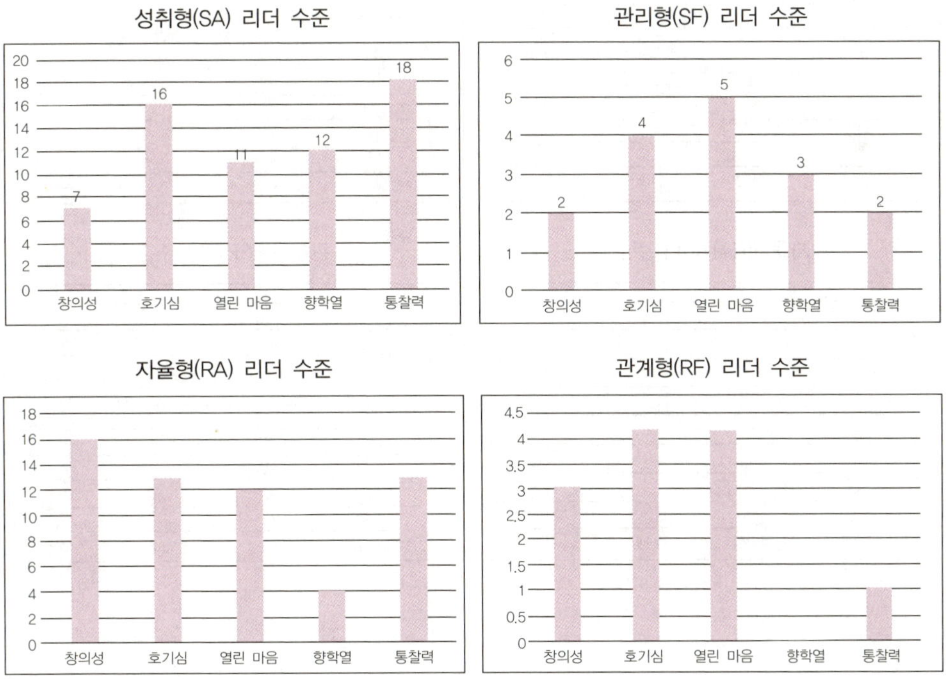

있도록 강점은 계속적으로 강화시키고, 약점은 보완시킬 필요가 있다.

둘째, 용기 관련 강점을 살펴보면, 성취형 리더의 경우 열정이 강하지만 용감성이 낮은 것으로 나타났고, 관리형 리더는 진실함이 강하지만, 열정이 낮은 것으로 나타났다. 그리고 자율형 리더의 경우 열정이 높지만, 인내가 낮고, 관계형 리더의 경우 진실함이 높지만, 열정과 인내가 낮은 것으로 나타났다. 이와 같은 연구결과를 볼 때, 열정에 미치는 영향은 추상적 사고가 많은 영향을 미치고, 인내에 영향을 미치는 요인은 변칙적 사고가 많은 영향을 미치는 것으로 나타났다.

따라서 리더의 용기 관련 강점과 약점을 고려하여 조직구성원을 리드할 수 있도록 강점은 계속적으로 강화시키고, 약점은 보완시킬 필요가 있다.

[그림 10.2] 리더 유형별 용기 관련 강점 수준

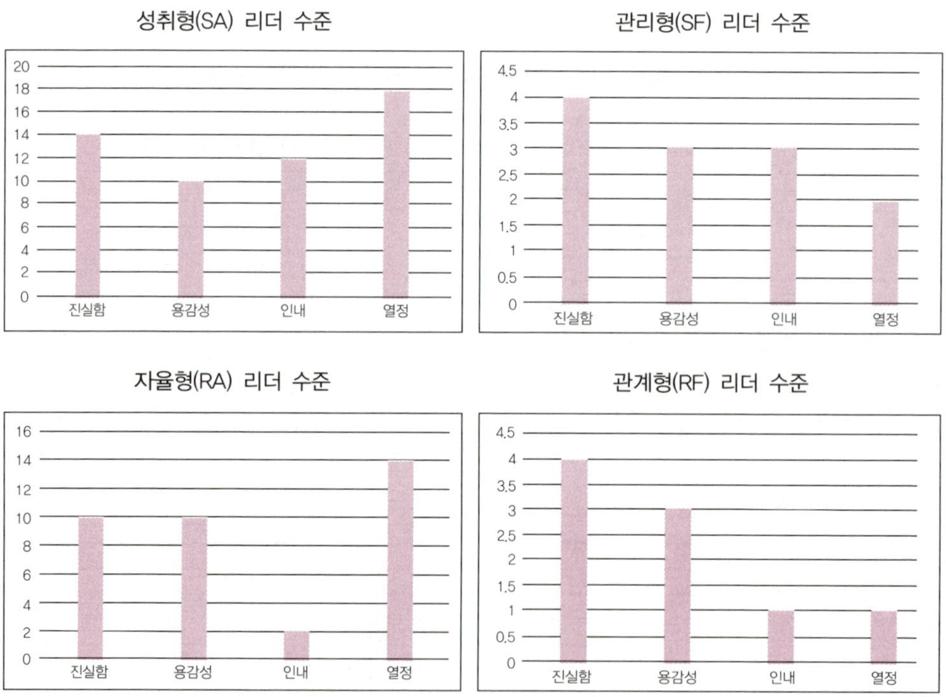

셋째, 인간애 관련 강점을 살펴보면, 성취형 리더의 경우 친절과 사회지능은 높고, 사랑은 낮은 것으로 나타났으며, 관리형 리더는 친절과 사랑은 비슷하지만, 사회지능이 낮은 것으로 나타났다. 그리고 자율형 리더는 사회지능은 높지만, 사랑이 낮고, 관계형 리더는 친절과 사랑, 사회지능이 비슷한 수준으로 높게 나타났다.

따라서 리더의 인간애 관련 강점과 약점을 고려하여 조직구성원을 리드할 수 있도록 강점은 계속적으로 강화시키고, 약점은 보완시킬 필요가 있다. 특히, 관리형 리더의 경우 규정과 규칙, 제도의 틀에서 생활하는 것을 선호하기 때문에 사람과의 공감대가 많이 낮기 때문에 공감 능력을 향상시킬 필요가 있다.

[그림 10.3] 리더 유형별 인간애 관련 강점 수준

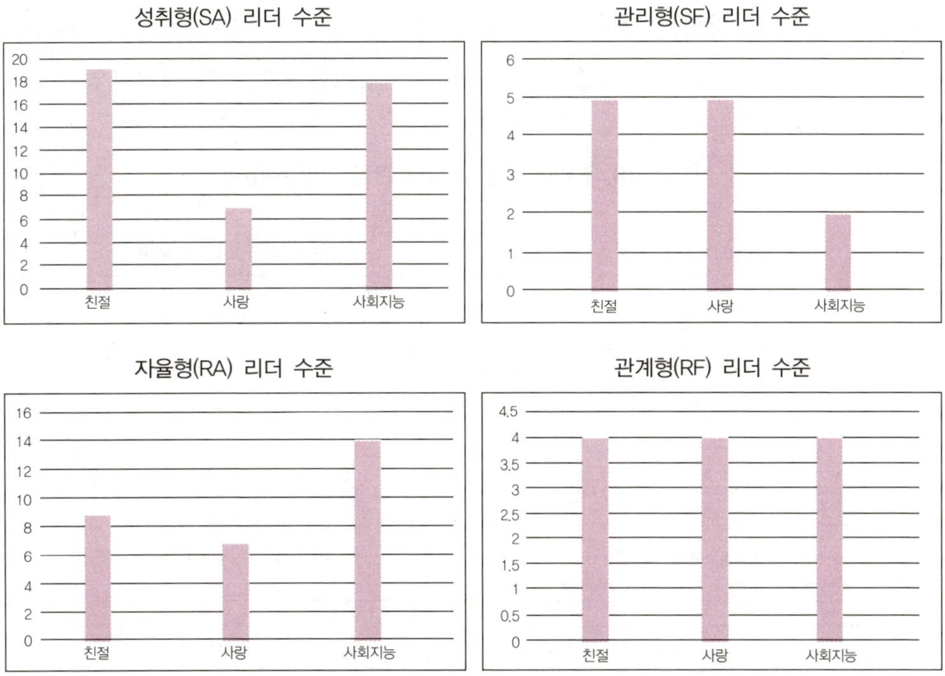

Tip 사회적 지능이 리더에게 필요한 이유(Pillay, 2012)

- 근로자에게 긍정적인 감정을 길러 주어 이직을 막을 수 있다.
- 근로자에게 긍정적인 감정을 길러 주어 생산성을 높일 수 있다.
- 근로자에게 긍정적인 감정을 길러 주어 협력을 증진할 수 있다.
- 근로자의 불안을 줄이고 신뢰감을 높일 수 있다.
- 리더의 역할을 근로자와 공유함으로써 리더의 영향력과 역할에 대한 근로자의 지지를 이끌어낼 수 있다.
- 경제적 결정에 중요한 영향을 주는 공정성을 길러 줄 수 있다.
- 생산성을 떨어뜨리는 두려움을 줄이고 희망과 낙관주의를 증진할 수 있다.
- 책임을 공유함으로써 직원의 사기를 북돋우고 생산성을 증진할 수 있다.
- 혼자 일하는 방식을 버리고 연대을 통한 창의성을 장려할 수 있다.

넷째, 정의 관련 강점을 살펴보면, 성취형 리더의 경우 리더십이 높지만, 팀워크가 낮고, 관리형 리더의 경우 공정성과 팀워크는 유사하지만 리더십이 상대적으로 낮다.

[그림 10.4] 리더 유형별 정의 관련 강점 수준

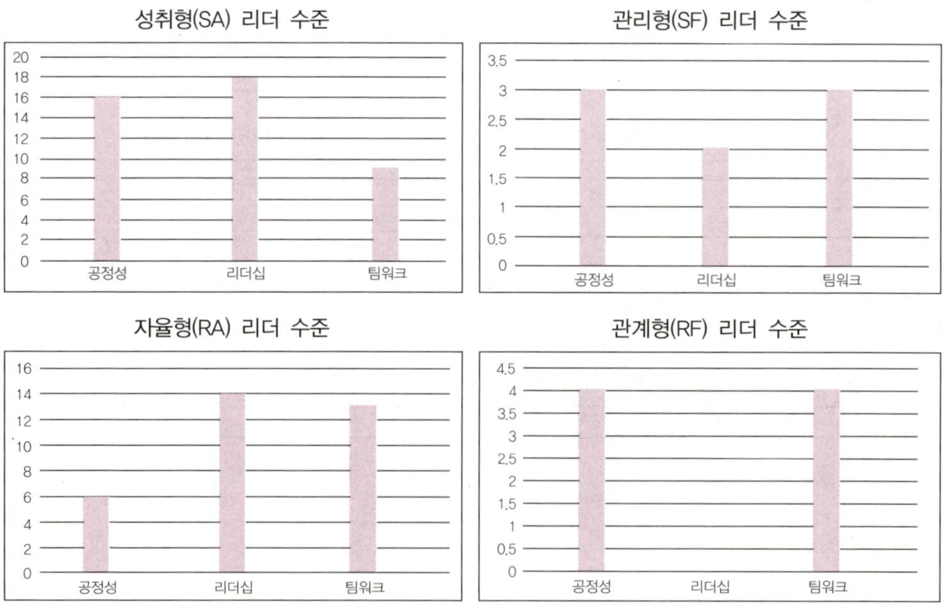

그리고 자율형 리더는 리더십이 높지만, 공정성이 낮으며, 관계형 리더의 경우 공정성과 팀워크 수준이 유사하지만 리더십이 낮은 것으로 나타났다. 이러한 결과를 볼 때, 리더십에 많은 영향을 미치는 것은 추상적 사고임을 알 수 있다.

따라서 리더의 정의 관련 강점과 약점을 고려하여 조직구성원을 리드할 수 있도록 강점은 계속적으로 강화시키고, 약점은 보완시킬 필요가 있다. 특히, 관계형 리더의 경우 인간적인 관계도 중요하지만 조직의 리더로서 조직생산성 향상을 위한 리더십을 강화할 필요가 있다.

다섯째, 절제 관련 강점을 살펴보면, 성취형 리더의 경우 신중성은 높지만, 용서의 수준은 낮고, 관리형 리더는 겸손과 자율은 유사하지만 용서가 낮은 것으로 나타났다. 그리고 자율형 리더는 자율성은 높지만 용서와 신중성이 낮고, 관계형 리더의 경우 용서는 높지만 신중성이 낮은 것으로 나타났다. 이와 같은 결과를 볼 때, 신중성에 미치는 변인은 순차적 사고가 많은 영향을 미치는 것을 알 수 있으며, 자율형 리더의 경우 자율성을 제외한 모든 분야에서 낮은 것을 알 수 있고, 관계형 리더의 경우 신중성이

[그림 10.5] 리더 유형별 절제 관련 강점 수준

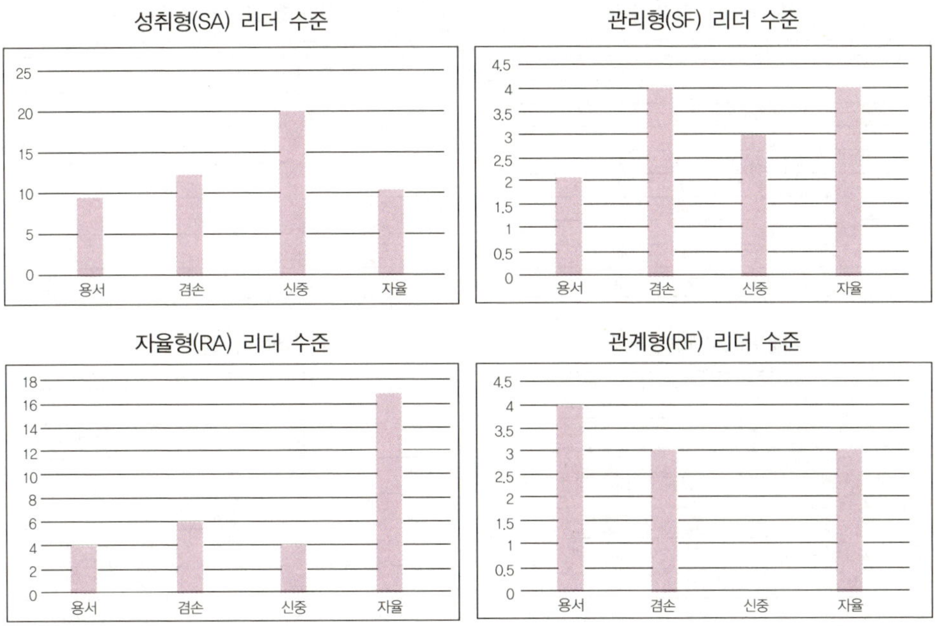

매우 낮은 것을 알 수 있다.

따라서 리더의 절제 관련 강점과 약점을 고려하여 조직구성원을 리드할 수 있도록 강점은 계속적으로 강화시키고, 약점은 보완시킬 필요가 있다. 특히, 자율형 리더와 관계형 리더의 경우 임무를 수행하는 데 있어 신중성을 키울 필요가 있다.

여섯째, 초월 관련 강점을 살펴보면, 성취형 리더의 경우 희망의 수준은 높지만 종교성(영성)이 낮고, 관리형 리더의 경우 감사의 수준은 높지만 종교성(영성)이 낮은 것을 알 수 있다. 그리고 자율형 리더의 경우 유머 수준은 높지만, 종교성(영성)은 낮고, 관계형 리더의 경우 감사의 수준은 높지만 종교성(영성)은 낮은 것으로 나타났다. 이와 같은 결과를 볼 때, 희망에 미치는 변인은 추상적 사고가 많은 영향을 미치고, 유머에 미치는 영향은 변칙적 사고임을 알 수 있다.

따라서 리더의 절제 관련 강점과 약점을 고려하여 조직구성원을 리드할 수 있도록 강점은 계속적으로 강화시키고, 약점은 보완시킬 필요가 있다. 특히, 오늘날과 같은 제4차 산업혁명 시대를 맞이하여 종교성(영성)이 대부분 낮게 나타났음을 알 수 있다.

[그림 10.6] 리더 유형별 초월 관련 강점 수준

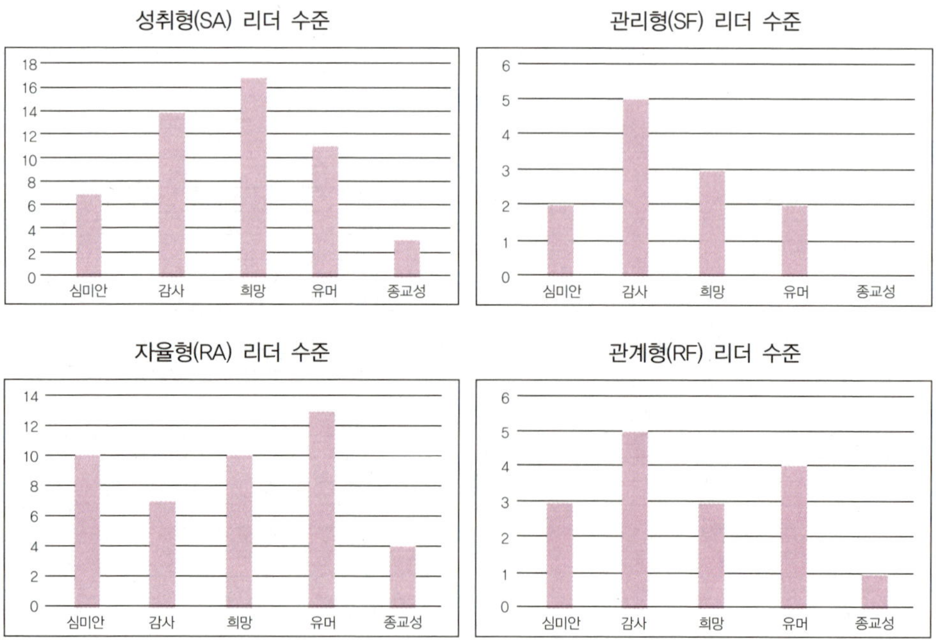

3 리더와 조직구성원을 고려한 감성리더십

골먼(Daniel Goleman), 보야트지스(Richard Boyatzis)와 맥키(Annie McKee) 등이 저술한 『감성의 리더십(*Primal Leadership*)』에서 감성리더십의 요소로 자기 인식 능력과 자기 관리 능력, 사회적 인식 능력, 관계관리 능력으로 구분하였다(박보식, 2017).

첫째, 자기 인식 능력은 자신의 감정, 능력, 한계, 가치, 목적에 대해 깊이 이해하는 것이다. 이에 포함요소로 ① 감성적 자기 인식 능력: 자신의 감성을 읽고 그것의 영향력을 깨닫는 것, 결정을 내리는 데 본능적인 감각을 이용하는 것, ② 정확한 자기 평가: 자신의 평가를 통해 자신의 장점과 한계는 아는 능력, ③ 자신감: 자신의 가치와 능력에 대해 긍정적으로 생각하는 능력이다.

둘째, 자기 관리 능력은 자신의 감정을 헤아릴 줄 알고 자신이 무엇을 하고자 하는지 분명히 아는 것이다. 이에 대해 포함요소는 ① 자제력: 충동을 통제하고, 침착하고 냉철함을 잃지 않는 능력, ② 투명성: 자신의 감정, 믿음, 행동에 대해 진솔하게 개방하고 솔직하게 보여주는 능력, ③ 적응력: 상황의 변화에 유연하고 기민하게 적응하고 대처하는 능력, ④ 성취력: 높은 목표를 설정하고 그 목표를 달성하기 위해 노력하는 능력, ⑤ 낙천성: 모든 사물을 긍정적으로 보는 것 등이다.

셋째, 사회적 인식 능력은 공감 능력으로 타인의 감정을 잘 파악하는 것이다. 이에 포함요소는 ① 감정이입 능력: 다른 사람의 느낌, 욕구, 관심을 알아채는 능력, ② 조직적 인식 능력: 정치적으로 기민하며, 중요한 사회적 네트워크를 간파하고, 핵심적 권력관계를 인식하는 능력, ③ 서비스 능력: 구성원과 고객의 욕구를 알아차리고 부응하는 능력 등이다.

넷째, 관계관리 능력은 다른 사람의 감정을 효율적으로 잘 다루는 능력이다. 이에 대해 포함요소로 ① 감화력: 확고한 전망으로 구성원을 이끌고 공감을 유도해 일을 흥미있게 만드는 능력, ② 영향력: 사람을 끄는 설득력과 매력을 지닌 능력, ③ 타인의 능력개발: 타인의 목적과 욕구, 강점과 약점을 이해하고, 시의적절하고 건설적인 조언과 개발을 지원하는 능력, ④ 변화촉진: 변화의 필요성을 절감하고 현상에 도전하며, 새로운 질서를 주창하면서도 반대에 직면하더라도 강하게 변화를 옹호하는 능력, ⑤ 갈등관리:

상이한 관점을 이해, 공동의 이상을 향해 에너지를 발휘하도록 유도하는 능력, ⑥ 팀워크 및 협력: 동료애 분위기 창출, 구성원의 집단적 노력에 능동적이고 열정적으로 헌신하도록 유도하며 긴밀한 관계를 맺도록 만드는 능력 등이다.

성취형 리더에 대한 감성리더십 전략

성취형 리더에 대한 감성리더십 수준 [그림 10.7]을 진단해 보았을 때, 정확한 자기평가와 성취력, 갈등관리 분야에서는 강점을 가지고 있으며, 자제력과 감화력, 변화촉진 분야는 평균 이하의 수준으로 나타났다. 따라서 강점 요인을 제외하고 약점 부분에 대한 감성리더십 전략에 대해 알아보았다.

[그림 10.7] 성취형 리더의 감성리더십 수준

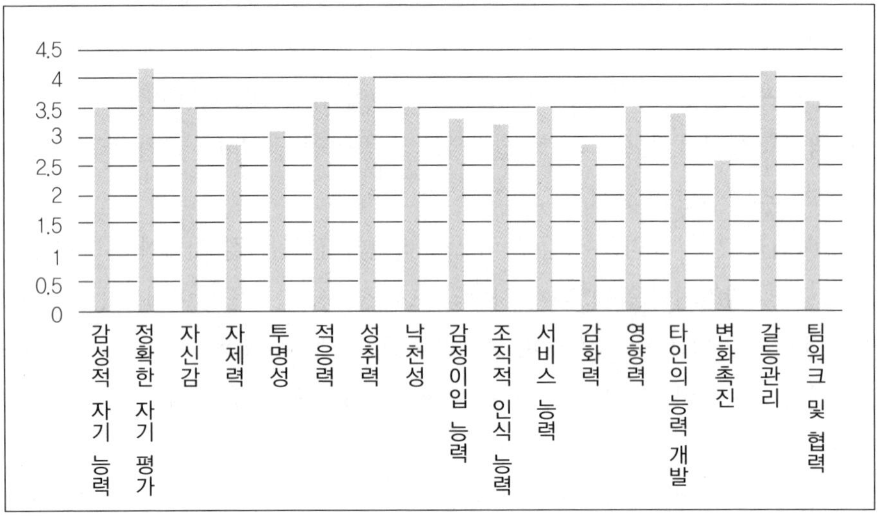

첫째, 자제력 부분에 대한 특성과 사례 중심의 감성리더십 향상 전략이다. ① 성격이 조금 충동적이고 난관에 부딪혔을 때 침착하지 못하는 측면이 있다. 반대로 좋은 일이 생기면 과하게 들떠서 침착함을 잃는다. 이 부분을 어떻게 개선할 수 있을지 장시간 고민했는데, 친구 중에 불교의 교리를 따르는 친구 한 명이 추천해준 방법이 있다. 바로 불교에서 중요시하는 '체념'과 '욕심 버리기'라는 자세이다. 이런 자세를 갖추면 어떤 일이 생겨도 '흘러갈 대로 흘러갈지어다'라는 일념 하에 침착함을 잃지 않을 것이다. 과업을 수행하다가 일이 뜻대로 풀리지 않더라도 말이다. 또한 마음을 침착하게 하면 자연히 갑작스레 드는 충동을 통제하는 능력도 함양할 수 있을 것이라 생각한다. ② 원하는 목표를 위해 자제를 할 필요가 있다. 그때그때의 욕구에 충실하기보다는 더 멀리 보고 집중해야 할 것에 몰입한다면 자제력을 강화할 수 있을 것이다. ③ 여러 특성의 정의를 보고 자제력은 낙천성, 자신감과 정확한 자기 평가와 연관되어 있다고 생각이 든다. 사람 자체가 낙천성이고 자신감이 항상 있기에 무슨 일이 있어도 해보려는 스타일이다. 물론 내가 할 수 있는지 나의 능력을 정확하게 판단 후 내리는 결정이다. 그러나 나의 능력 한계를 알고서도 조금만 더 열심히 하면 되지라는 자신감이 나와서 도전을 하게 된다. 실패도 있고 성공도 있지만, 실패는 금방 잊어버리고 경험으로 성공 사례들만 남아 있다. 그래서 나의 한계를 넘어선 업무가 있다 해도 "저번에는 성공했잖아"라는 생각이 있기 때문에 이성적으로 판단하지 못하고 도전을 하게 된다. 이 약점을 개선하려면 일단 냉정하게 업무의 과정과 개인의 능력을 고려하고 진행할 것인지를 판단하고 하게 된다면 끝까지 책임지고 하는 것이다. 또한 업무를 진행하면서 냉철하고 이성적으로 생각해야 하는 것이 기본이다. 감정적으로 판단하지 않고 과연 이렇게 행동한 후에 어떤 일이 벌어질지 고민해보고 하는 것이 좋을 것 같다. ④ 개인주의적 성향 때문인지 팀에서 맡은 업무보다 개인적인 업무 혹은 개인적인 사정을 중요하게 생각하다. 하지만 이는 스스로에게도 자신감을 낮추는 것으로서 결과적으로는 개인적으로도 팀으로도 좋지 않은 결과를 초래한다. 당장 팀 업무를 하는 것이 힘들지라도 이는 팀뿐만 아니라 자신을 위해서라는 인식을 항상 갖고 업무에 임한다면 더 굳건한 자제력을 가질 수 있다고 생각한다. ⑤ 어떠한 일을 결정함에 있어서 침착한 편이고 냉철함을 잃지 않는 편이다. 그렇기 때문에 감정적으로 중요한 일을 결정하는 경우는 거의 없다. 하지만 순간의 충동을 이기지 못하고 일을 미루거나 돌발 행동을 하는 경우들이 있다. 이를 막기 위해 플래너를 활용하고 있다.

둘째, 감화력에 대한 특성과 사례 중심의 감성리더십 향상 전략이다. ① 조직의 비전과 목표를 주는 것은 굉장히 중요하고 잘한다고 생각한다. 다만, 일의 흥미를 둘 수 있도록 하는 스킬은 아직 부족하다. 공동의 목표뿐만 아니라 개인의 성취에도 초점을 맞춰서 개인들이 어떤 성장을 이룰 수 있는지 동기부여할 필요가 있다. ② 구성원들에게 확고한 전망을 보여주기는 하지만 이를 이용하여 일을 흥미롭게 하는 일은 잘하지 못한다. 이를 극복하기 위해 주기적인 팀 회식자리를 만든다. 자신이 일을 흥미롭게 만들지 못하더라도 전체적인 팀 분위기가 좋으면 팀에 흥미가 생길 것이라고 생각하기 때문이다. ③ 리더라면 팀원들이 일에 흥미를 느끼고 꾸준히 할 수 있게 하는 능력이 필요하다. 일에 대한 명확한 목표 설정, 피드백을 확실하게 주며 팀원들이 일에 재미를 붙일 수 있도록 도와주어야 한다고 생각한다. ④ 타인의 감정을 유발해내는 것은 일시적으로만 효과적인 경우가 많아서, 허무함을 느끼는 경우가 있다. 타인의 감정을 움직이는 것에는 한계가 있음을 인정하고, 최선은 다하되 그로 인한 기대는 너무 크게 갖지 않는 것도 중요하다.

셋째, 변화촉진에 대한 특성과 사례 중심의 감성리더십 향상 전략이다. ① 변화의 필요성을 절감하고 새로운 질서를 주창하는 능력은 스스로 '상'이라고 생각한다. 그러나 반대에 직면했을 때 강하게 내 주장을 옹호하는 능력이 떨어진다. 자기주장을 못하는 타입까지는 아니지만, 워낙 관계에 신경쓰고 갈등을 싫어하다 보니 누군가가 내 의견에 강력하게 반박했을 때 그에 대해 반론할 수 없을 정도로 무기력해진다. 이를 극복하기 위해 두 가지 개선방안이 있다. 하나는 과업을 수행할 때 지나치게 관계에 대해 신경쓰지 않는 것이다. 갈등이 생기더라도 건강한 갈등이라고 생각하고 이를 회피하지 않는 것이다. 다른 하나는 내 주장을 끝까지 옹호할 수 있을 만큼 탄탄한 근거를 마련하는 것이다. 새로운 질서를 주창하더라도 탄탄한 근거가 뒷받침해주지 않으면 내 주장을 옹호하기 쉽지 않을 것이다. 건강한 갈등은 각자의 주장과 근거가 명확해야 가능하다. ② 타인의 태도를 바꾸는 것은 중요하고도 어려운 일이다. 변화의 필요성을 혼자 느끼는 것은 아무 소용이 없다. 이를 구성원들과 공유하고 공감시키는 능력이 매우 중요하다. 그리고 보수적이고 비관적인 태도를 취하는 구성원들로 하여금 그들을 동기부여시키고 그들의 욕구와 걱정하는 부분에 대한 대안을 준비하는 것이 중요하다. 그들을 설득하지 않고 변화를 강요하는 것은 조직을 안 좋은 방향으로 이끌 수 있기 때문이다. ③ 변화의 필요성이나 새로운 질서를 싫어하지는 않지만 자발적으로 변화를 주도하지는 않는다. 반대에 직면하더라도 변화를 옹호하는 능력은 부족하다. 이를 보완하기 위해 내가 변화를 거부하고 있는 것은 아닌지 항상 꼼꼼히 검토할 필요가 있다. ④ 현재 가지고 있는 틀을 이끄는 것도 중요하지만 계속해서 도전하고 변화해가며 한 단계 성장하는 모습 역시 중요하다. 작은 것부터 변화를 고민해보고 새로운 질서를 이끄는 모습이 필요할 것 같다. ⑤ '온고지신(溫故知新)'의 자세가 필요하다. 변화만을 추구하는 것은 조직에 분열을 초래하게 될 수도 있다. 변화를 추구하되, 장점은 살리고 부족한 부분은 새로운 방식으로 보완해가는 게 중요하다. 즉, 안정적인 것에만 안주하지 말고 안목을 넓히며 앞으로 나아가려는 노력이 필요하다.

관리형 리더에 대한 감성리더십 전략

관리형 리더에 대한 감성리더십 수준 [그림 10.8]을 진단해 보았을 때, 정확한 자기 평가와 적응력, 성취력 분야에서는 강점을 가지고 있으며, 자신감, 투명성, 낙천성, 영향력, 변화촉진, 갈등관리 분야는 평균 이하의 수준으로 나타났다. 따라서 약점 부분에 대한 감성리더십 특성과 사례 중심의 감성리더십 전략은 다음과 같다.

[그림 10.8] 관리형 리더의 감성리더십 수준

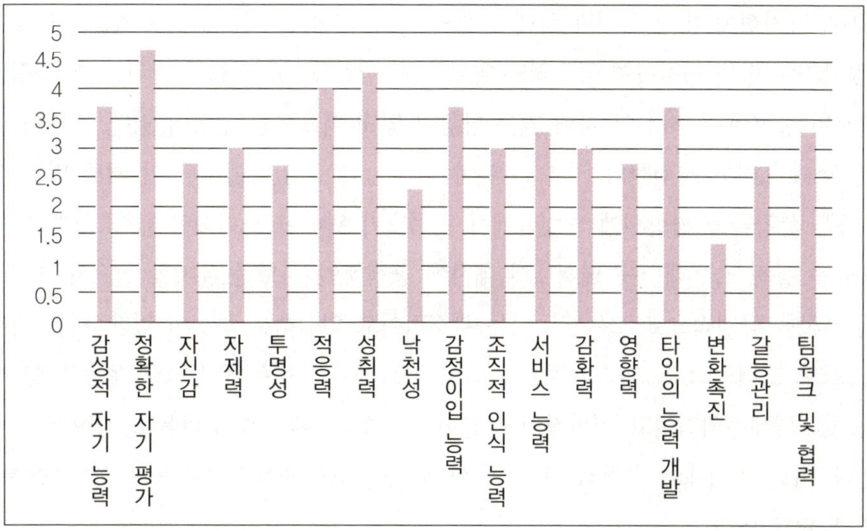

첫째, 자신감에 대한 특성과 사례 중심의 감성리더십 전략으로 ① 자기 자신과 다른

사람들을 비교하지 않고 스스로의 페이스를 유지하는 법을 더 알아가는 것이 중요하다. ② 스스로를 과대평가하는 경우가 가끔 있는데 겸손한 마음을 가질 필요가 있다. ③ 자신의 가치와 능력에 대해 긍정적으로 생각하는 능력, 나는 자존감이 낮은 편이고 무언가를 시도하려고 할 때 계속해서 의심하고 부정적으로 생각하는 경향이 강하여 시작도 하기 전에 포기하는 경우가 많다. 이러한 약점을 보완하기 위해 스스로를 믿으려는 노력이 필요하며 자기 계발 또한 요구된다.

둘째, 투명성에 대한 특성과 사례 중심 감성리더십 향상방안으로 ① 스스로 당당해지면 다른 구성원들에게 진솔하고 솔직하게 말할 수 있다고 생각함으로 스스로에 대한 신뢰를 키우는 것이 중요하다. ② 가장 큰 약점 중 하나가 투명성이다. 기분이나 감정 상태를 속으로 참는 경우가 많은데, 앞으로는 다른 사람에게 자신의 감정에 대해서 솔직하게 보여줄 필요가 있다. 어떤 상황에서 생기는 감정 상태나 기분들을 바로바로 표현할 것이며, 가끔은 의존적으로 자신의 감정을 타인에게 맡기도록 할 것이며, 활발한 의사소통을 함으로써 자신을 치유하도록 노력할 것이다. ③ 나는 사람들에게 나의 감정, 믿음, 행동에 대해 잘 얘기하지 않는다. 솔직하게 보여주고 얘기하는 것의 중요성을 파악하고 실천하여 강화시킬 필요가 있다.

셋째, 낙천성에 대한 특성과 사례 중심의 감성리더십 전략으로, ① 복잡하게 생각하지 않고 단편적을 생각하여 긍정적인 영향을 더 받는다. ② 사물을 바라볼 때 긍정적인 생각보다는, 기존에 자신이 처해 있는 상황이 먼저 떠오르는 경향이 있다. 따라서 매사에 항상 웃으려고 노력한다. 웃으면 복이 온다는 말도 있듯이 자신이 처해 있는 어려운, 바쁜 상황들을 평상시에 머릿속에서 떨쳐내기 위하여 노력해야 한다. 또한 다양한 활동들을 통해 스트레스를 떨쳐내서 매사에 긍정적인 태도를 유지할 필요가 있다. ③ 모든 사물을 긍정적으로 보는 것, 나는 부정적이고 의심하는 특성이 있다. 이를 위해서는 스스로 그런 생각을 환기하려는 노력이 필요하며 가벼운 명상이나 운동을 할 수도 있다. ④ 염세주의적이고 비판적인 부분이 존재하기 때문에 상황을 긍정적으로 보지 않는다. 따라서 미래에 긍정적으로 작용할 부분을 고려하여 낙천적으로 사고하도록 노력할 필요가 있다.

넷째, 영향력에 대한 특성과 사례 중심의 감성리더십 전략으로, ① 다른 사람들을 설득하기 위해서 조금 더 타당한 이유와 근거를 제시하여 설득하는 것이 필요하다. ② 다른 사람을 설득하기도 하지만 쉽게 외부의 말에 휘둘리는 약점이 있다. 이를 보완하기 위해서 뚜렷한 자기주관을 가지고 일에 임해야 하고, 뚜렷한 주관을 가져야 다른 사람을 끄는 설득력도 향상될 것이다. ③ 자신 스스로가 자신을 먼저 설득해야 타인을 설득할 수 있다. 즉, 자신의 가치를 높이기 위해 노력할 필요가 있다. ④ 편한 사람과는 설득력이 있지만 처음 보는 사람에게 영향력을 끌어내는 능력이 부족하다. 이를 위해 낯을 가리는 자신의 특성을 고치고 머릿속 말을 입으로도 말할 수 있는 능력을 길러야 할 것 같다. ⑤ 공감 능력 등을 통해 타인에게 매력적인 존재로 여겨질 때가 많지만, 어떠한 주장을 하는 데 있어서, 논리적 전달력과 함께 확고한 메시지 전달이 부족하다. 이를 해결하기 위해서는 감화력에서 언급한 것과 같이, 논리적 전달력을 기르는 것뿐만 아니라, 본인의 태도에 있어서 확신을 가지고 설득할 수 있어야 한다.

다섯째, 변화촉진에 대한 특성과 사례 중심의 감성리더십 향상 전략으로, ① 변화에 민감하게 반응하는 만큼 조금 더 다양한 경험을 함으로써 변화에 대한 두려움을 극복한다. ② 안정된 체계와 규칙을 선호하며 변화를 두려워한다. 이를 보완하기 위해서는 실패를 겪고 극복하는 과정이 있어야 된다고 생각한다. ③ 현재 상황에 만족하고 변화할 필요를 느끼지 못하는 경우가 많아서 변화가 필요한 상황임에도 불구하고 그것을 인지하지 못하고 변화를 주장하지 못한다. 따라서 주변 상황에 더 깊은 관심을 가지고 나의 주장을 더욱 강하게 표현하고 필요한 변화를 옹호하는 능력을 키울 필요가 있다. ④ 변화를 싫어하고 안정을 추구하는 성격을 가지고 있다. 이러한 점은 개혁에 방해될 수 있으므로 개방적이며 다양한 의견을 수용할 수 있는 태도를 가져야 할 것 같다. ⑤ 매너리즘에 빠지지 않도록 노력한다. 현재 조직에 필요한 것이 안정인지, 새로운 변화인지 파악한다. ⑥ 변화촉진과 갈등관리는 일을 처리하는 유연성에서 나온다고 생각한다. 다른 팀원들을 신뢰하려는 노력이 필요하다. 타인의 의견이 나의 의견과 다르더라도, 나와 다른 관점을 충분히 이해하고 좋은 부분을 받아들이는 자세가 필요한데, 이 능력을 향상시키려면 역시 타인과 대화하는 시간을 자주 가져야 할 것이다. 또한 단순히 대화를 한다고 해서 자신의 의견만 개진하는 것이 아니라, 최대한 경청하려는 자세가 필요하다. 다른 사람들의 의견을 충분히 듣고 수용하다 보면 자연스럽게 신뢰도 쌓일 것이고, 자신과 다른 팀원들에 대한 큰 신뢰를 바탕으로 기존과는 다른 새로운 상황에 도전하고 변화를 더 강하게 촉진할 수 있으리라 생각한다.

여섯째, 갈등관리에 대한 특성과 사례 중심의 감성리더십 향상 전략으로, ① 갈등에 포함되어 있는 것을 싫어하므로 갈등이 일어나지 않도록 상호 간의 의견을 잘 들어주고 중립성을 유지한다. ② 지금까지 다른 사람과 큰 마찰이나 갈등을 겪은 적이 없다. 그만큼 갈등관리를 잘한다고 할 수 있으나 나와는 다른 의견을 들었을 때 큰 거부감이 든다. 따라서 사람들의 생각은 제각기 다르다는 것을 인정하고 이를 넓은 그릇으로 수용하도록 노력할 필요가 있다. ③ 상이한 관점을 이해하지만, 공동의 이상과 목표를 달성하기 위한 방법을 찾는 것이 어렵다. 따라서 중재와 타협하는 방법을 배우고 연습하여 모두에게 최선인 방향으로 가는 능력을 키울 필요가 있다. ④ 상이한 관점을 조정하는 능력이 부족하다. 이를 위해 자신의 의견만이 맞다는 태도는 지양하고 상대방의 관점도 긍정적인 태도로 받아들이는 능력이 필요하다. ⑤ 갈등 상황에서 감정적인 태도를 최대한 배제하고, 생산적인 대화를 하도록 노력해야 하며, 잘못을 지적받았을 때는 인정하는 자세도 필요하다.

자율형 리더에 대한 감성리더십 전략

자율형 리더에 대한 감성리더십 수준 [그림 10.9]를 진단해 보았을 때, 감성적 자기 능력, 정확한 자기 평가, 자신감, 적응력, 감정이입 능력, 서비스 능력, 영향력, 변화촉진 분야에서는 강점을 가지고 있으며, 자제력 분야만 평균 이하의 수준으로 나타났다. 따라서 약점 부분에 대한 감성리더십 특성과 사례 중심의 감성리더십 전략은 다음과 같다.

자제력에 대한 특성과 사례 중심의 감성리더십 향상 전략으로, ① 충동을 통제하지 못하는 성질을 다스려야 한다. 스스로 자제에 대한 보상과 처벌을 사용하여 자제력에 고민없이 도전하는 성질로 훈련을 통해 변환할 수 있다. 이러한 발상의 전환에 따라 나쁜 충동은 다스리고, 좋은 충동은 변화에 호기롭게 도전하는 리더의 성질로 바꿔 증진시키는 것이 필요하다. ② 나는 충동을 거의 통제하지 못한다. 그리고 화가 쌓이다가 선을 넘어버리면 평정을 잃어버린다. 따라서 어떤 충동을 느끼면 그것과 전혀 다른 생각을 해서 충동을 억제하려고 한다. ③ 감정을 드러내는 것을 최대한 자제한다. 감정적인 행동은 절대 효과적인 해결방안이 될 수 없음을 상기하며 이성적으로 판단한다. ④

[그림 10.9] 자율형 리더의 감성리더십 수준

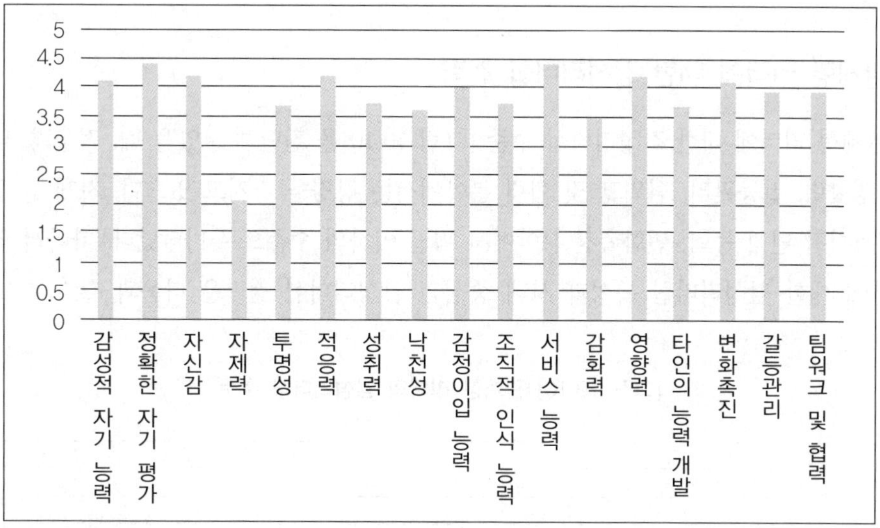

어떤 말이나 행동을 할 때 충분히 고민한 후 실행하고, 상황을 볼 때 여러 요소를 함께 보며 총체적으로 판단하려 노력한다. ⑤ 충동감을 느꼈을 때 그것을 물리칠 수 있는 방법(예: 잠시 기분전환을 하거나 심호흡을 해 침착을 되찾기 등)을 만들어야 한다. ⑥ 어떤 상황에 처해도 침착함을 유지하려 노력하되, 혼자서 감당하기 힘든 일에 부딪혔을 때는 다른 사람들에게 자신의 심정을 솔직하게 털어놓고, 대화와 위로를 통해 불안한 마음을 다시금 회복하는 기회를 가질 필요가 있다. 즉, 낯설고 새로운 환경에 처하더라도 지나치게 불안해하기보다 상황을 긍정적으로 받아들이려 노력하는 자세가 필요하다. ⑦ 먼저, 자제력 측면에서는 충동적인 행동을 조절해 삶에 변화를 가져올 수 있다는 사실을 생각하여 충동적으로 드는 생각을 정리하는 것이 큰 도움이 될 것이다. 순간적인 상황에서 유혹을 견디는 전략을 세우는 것은 자제심을 키우는 데 도움이 된다. 또한 충동적인 생각에 시간 제한을 두어 현실적인 관점에서 자신의 행동을 재평가하는 시간을 갖는 것은 마음대로 행동하는 대신 먼저 생각하는 습관을 기르는 데 도움이 된다. ⑧ 가지고 있는 목표를 명확하게 정의하고 스스로 인지하여 그것을 방해할 만한 충동을 통제할 수 있는 능력을 키워야 한다. ⑨ 하루에도 몇 번씩 스스로에게 약속하거나 목표한 일들을 다른 사소한 일들에 의해 방해받을 때가 많다. 이를 극복하기 위해서, 어떠한 행동을 수행할 수 있는 환경을 만들 수 있어야 한다.

관계형 리더에 대한 감성리더십 전략

관계형 리더에 대한 감성리더십 수준 [그림 10.10]을 진단해 보았을 때, 적응력, 낙천성, 영향력, 갈등관리, 팀워크 및 협력 분야에서는 강점을 가지고 있으며, 자제력, 성취력, 조직적 인식 능력, 변화촉진 분야에서 평균 이하의 수준으로 나타났다. 따라서 약점 부분에 대한 감성리더십 특성과 사례 중심의 감성리더십 전략은 다음과 같다.

[그림 10.10] 관계형 리더의 감성리더십 수준

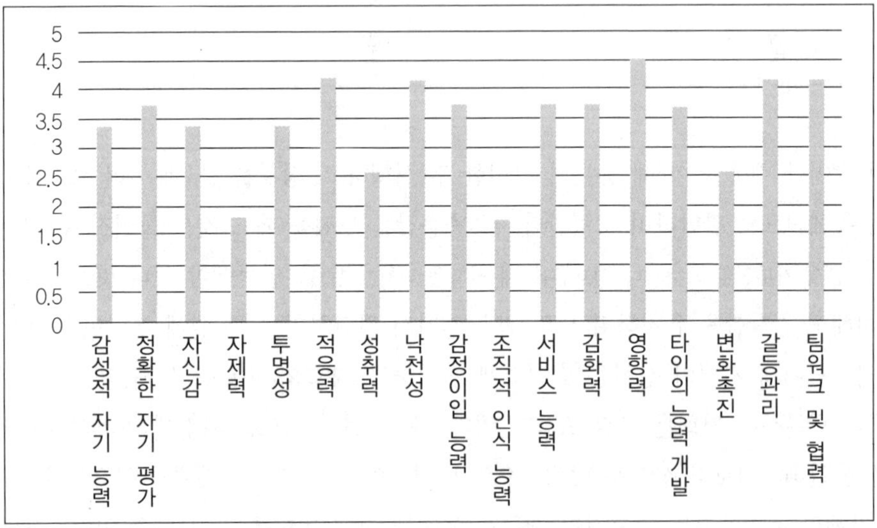

첫째, 자제력에 대한 특성과 사례 중심 감성리더십 전략으로 ① 충동적인 감정을 억제할 필요가 있고, 이성적인 판단이 요구되는 결정 사항에서 침착함과 냉철함을 유지해야 한다. 그리고 감정적인 판단이 요구되는 사항에서 가끔 충동이 필요하다고 생각되므로 이 경우에는 충동을 완전히 억제하지 않아야 한다. ② 스스로를 제어하기 힘들 때 책을 읽거나, 잠을 자거나 하는 등의 다시 바로잡을 수 있는 방법을 마련해둔다. ③ 나는 성급하게 결정을 내리는 등, 충동을 통제하지 못하고, 침착하고 냉철함을 잃는 경향이 있다. 이는 업무수행 시 나와 함께 일하는 동료들과 상급자의 조언을 받은 후 이를 바탕으로 계획을 수립하여 이대로 수행해 나간다면 강화할 수 있다고 생각한다. ④ 충동적, 혹은 도전적인 결정을 내릴 때 일을 즉각적으로 진행하지 않고 생각하는 시간을 충분히 갖는다.

둘째, 성취력에 대한 특성과 사례 중심 감성리더십 향상 전략으로 ① 자신이 아예 성취하는 것이 불가능할 정도로 높은 수준의 목표를 설정할 수도 있다. 그래서 자신의 성취 능력 수준에 적정한 높은 목표를 설정하고 이를 이룰 수 있게 노력해야 한다. ② 목표를 종이에 써서 가지고 다니면서 계속해서 보며 스스로 각인시킨다. ③ 자신이 높은 목표를 설정하고 그 목표를 달성하기 위해 노력하기보다는 구성원 간의 배려, 관심을 가진다. 구성원에 대한 관심을 오히려 이용하여 그들에게 좋은 환경 제공, 공정한 임금구조를 유지하도록 한다면 업무 관련하여 높은 성취를 달성할 수 있다고 생각한다. ④ 팀의 화합, 개개인의 배려에 지나치게 무게를 두지 않고 이에 치중하여 성취를 완벽하게 하지 못했던 지난 과거들에 대해 상기하며 업무 성취도 매우 중요함을 인식한다.

셋째, 조직적 인식 능력에 대한 특성과 사례 중심 감성리더십 향상 전략으로 ① 일을 수행함에 있어서 사회적 네트워크 형성도 중요하기 때문에 누가 핵심적인 권력을 지녔는지 잘 파악하고, 좋은 관계를 형성할 수 있도록 노력해야 한다. ② 여러 조직문화를 직접 경험해보고 그에 대한 경험치를 쌓아나간다. ③ 과업을 수행하는 과정에서 어떤 점을 누구에게 관철시켜야 하는지 잘 모르는 경우가 있다. 정치적으로 기민하며, 중요한 사회적 네트워크를 간파하기보다는 자신의 팀만 생각하다 보니 생긴 문제점이라 생각한다. 이에 효과적인 성과 달성을 위해서라도 다른 팀과 교류를 하며 협업하는 과정을 이용하면, 핵심적 권력관계가 어떻게 구성되었는지 인식하는 능력을 기를 수 있다고 생각한다. ④ 상황에 따라 구성원들 간에 상이한 관계가 형성될 수 있음을 받아들이고 어떠한 역할 분담이 해당 상황에서 최적인지 파악한다.

넷째, 변화촉진에 대한 특성과 사례 중심의 감성리더십 향상 전략으로 ① 너무 변화에만 집중하면 기존 방식의 장점마저 무시될 수 있다. 그러므로 기존 방식의 장점을 그대로 가져가며 새로운 변화를 수용하여 서로 적절히 어울릴 수 있도록 해야 한다. ② 어떤 정보에 대해 그냥 받아들이지 않고 비판적으로 생각해본다. 확신이 선다면 흔들리지 않고 밀어붙일 수 있도록 마음을 강하게 먹는다. ③ 변화하는 것을 싫어한다. 하지만 팀워크를 할 때 구조, 내부 문제가 생기면 변화가 필요할 것이다. 이때 자신의 편안함을 넘어 용감하게 자신의 조언을 말하면서 가장 가까운 사람부터 변화를 설득해볼 필요가 있다. ④ 완전히 새로운 환경과 상황에 대해서 약간의 두려움이 있는데, 이를 극복했을 때 얻을 수 있는 결과물의 기대 가치를 바라보고 실패에 대해 두려워하지 않는 태도를 유지한다.

Chapter

11

리더십 개발하기

1. 리더십 스킬
2. 리더의 유형과 리더십 스킬
3. 조직에 대한 장애 극복하기

1 리더십 스킬

리더십을 개발하는 데 있어 스킬은 핵심적인 역할을 하지만, 연구자들의 관심을 별로 받지 못했다(Lord & Hall, 2005; Mumford, Campion, & Morgeson, 2007). 리더십 스킬이란 타인에 대한 영향을 부여하는 것이며, 성공적인 리더십에서 결정적인 요소이다. 이러한 리더십 스킬을 관리 스킬, 대인관계 스킬, 개념화 스킬로 분류하였다(Northouse, 2016).

[그림 11.1] 리더십 스킬

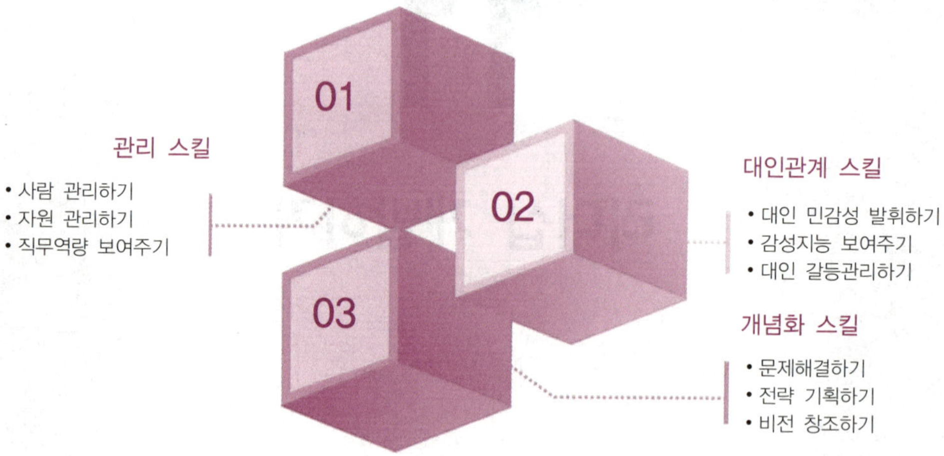

첫째, 관리 스킬(administrative skill)이란 리더가 조직의 목적을 수행하기 위해서 조직을 운영하는 데 필요로 하는 역량에 관한 것이다. 여기에는 계획하고, 업무를 편성하고, 적절한 인재에게 적정한 직무를 할당하고, 업무활동을 조정하는 것이 포함된다(Mann, 1965). 이러한 관리 스킬에는 사람 관리하기, 자원 관리하기, 직무역량 보여주기로 구분된다. ① 사람 관리하기란 조직구성원에 대해 효과적으로 관리하는 것이다. 즉, 리더가 사람들을 효과적으로 다루기 위해서는 직원들이 하나의 팀으로서 일하도록 도와주고, 최선을 다하여 일하도록 동기부여해주며, 직원들 사이에 만족스러운 관계를 도모하고, 그들의 요구에 대응하는 능력과 같은 많은 능력 등을 말한다. ② 자원 관리하기란 조직의 생명선이며, 사람, 돈, 물자, 장비, 공간 또는 그 외에 조직을 운영하는 데 필요한 모든 것을 포함한다. 자원 관리를 위해서는 리더는 자원을 확보하고 할당하는 데 능숙해야 한다. 자원 확보는 장비 주문, 작업공간 확보, 또는 특별 프로젝트를 위한 자금 확보하기 등 넓은 범위의 활동이 포함된다. ③ 직무역량 보여주기란 리더로서 조직이 수행하는 일, 또는 다른 사람에게 맡기는 일에 대하여 전문지식을 갖추는 것을 의미한다. 직무역량을 가진 리더는 조직에 대한 노하우를 가지고 있다. 즉, 조직이 어떻게 작동하는지에 대한 복잡한 측면들을 이해할 수 있다.

둘째, 대인관계 스킬(interpersonal skill)은 사람을 다루는 스킬이다. 이와 같은 대인관계 스킬은 리더로 하여금 조직의 목적을 이루기 위하여 부하, 동료, 그리고 상사들과 함께 효과적으로 일을 하도록 돕는다. 그리고 리더십 연구에서 효과적인 리더십을 위해서 대인관계 스킬의 중요성이 꾸준히 지적되어(Bass, 1990; Blske & McCanse, 1991; Katz, 1955) 왔으며, 대인관계 스킬에는 대인 민감성 발휘하기와 감성지능 보여주기, 대인 갈등관리하기로 구분된다. ① 대인 민감성(social perceptiveness)은 다른 사람들에게 무엇이 중요하고, 그들이 어떻게 동기부여되고, 어떤 문제에 직면해 있으면, 변화에 어떻게 반응하는지에 대한 통찰과 인식을 포함한다. 아울러 서로 다른 조직의 구성원들이 독특하게 필요로 하고, 목표로 삼거나, 요구하는 것들을 이해하는 것을 포함한다(Zaccaro, Gilbert, Thor, & Mumford, 1991). ② 감성지능(emotional intelligence)은 자신과 다른 사람의 감정을 이해하고, 이를 삶의 과제들에 적용하는 능력에 관련된 것이다. 구체적으로 감성지능은 감정을 인식하여 표현하며, 사고를 촉진하기 위해서 감정을 이용하고, 감정을 이해하고 감정을 가지고 판단하며, 자기 내부에 있는 감정과 타인과의 관계에서 발생하는 감정을 효과적으로 관리하는 능력으로 정의한다(Mayer, Salovey, & Caruso, 2000). ③ 대인 갈등관리하기란 갈등을 관리하는 기술로, 갈등은 두 명 이상의 사람들 사이에 현실적인 문제 또는 관계적인 문제에 관한 인식의 차이를 두고 벌어지는 싸움이다. 갈등을 효과적이고 생산적인 방식으로 관리한다면, 결과적으로 스트레스가 감소하고, 창의적인 문제해결이 늘어나며, 리더와 구성원, 팀 구성원들 사이의 관계가 더 단단해지게 된다.

셋째, 개념화 스킬(conceptual skill)은 개념과 아이디어를 가지고 일하는 것에 대한 것으로, 개념화 스킬은 리더십의 사고 혹은 인지적 측면을 포함하며, 조직을 위한 비전이나 전략 기획을 창조하는 것 등에 있어서 매우 중요하다. 이러한 개념화 스킬은 문제해결하기와 전략 기획하기, 비전 창조하기로 구분되다. ① 문제해결(Problem solving)하기란 원하는 목표를 달성하기 위해 문제의 상황에서 문제를 바로잡는 행동을 취하는 리더의 인지 능력을 말한다. 여기에는 문제를 파악하고, 이를 해결할 대안을 고안하고, 대안들 중 최선의 해결책을 선택하고, 선택한 해결책을 실행하는 스킬이 포함된다. ② 전략 기획(strategic planning)하기는 문제해결과 만찬가지로 리더의 인지적 활동에 해당한다. 즉, 리더는 집단이나 조직을 위한 효과적인 전략 개발을 위해서 아이디어를 고안하고 고려할 수 있어야 한다. 전략적이 된다는 것은 목적을 달성하기 위해서 가용한 자원과 인원에 기반해서 면밀한 행동 계획을 개발하는 것을 요구한다. ③ 비전 창조(creating vision)하기는 특별한 종류의 인지적이고 개념적인 능력을 필요로 한다. 비전의 창조는 강력한 미래의 비전을 가지고 사람들로 하여금 도전하도록 하는 능력을 요구한다. 비전을 창조하기 위해서 리더는 현재보다 더 나은 미래의 그림을 제시할 수 있어야 하며, 그러한 미래로 끌어줄 새로운 이상과 가치를 향하여 사람들을 개입시킬 수 있어야 한다.

Tip 직관을 어떻게 리더십에 활용할 수 있을까?

많은 리더는 직관적으로 행동한다. 이때 리더는 자신의 직관을 어느 정도 믿어야 할지 고심한다. 직관은 발생 사건에 대한 '선험적(preemptive)' 감각으로 행동의 목적을 알기도 전에 뇌가 행동을 결정하는 것이다. 즉, 뇌가 과거 경험이라는 충분한 재료를 갖고 있기 때문에 처음부터 계획을 가지고 출발한다. 뇌는 일찍부터 발달한 두정엽의 '의미(significance)'의 지도에서 정보를 꺼내어 계획을 세운다. 어떤 의미에서 직관은 정확한 예측이고, 과학적 관점에서 직관은 전체 그림을 이해하기 전에 패턴을 인식하는 것이다.

사람들이 정보를 인식하기 전부터 뇌가 정보를 접수한다는 연구결과가 있다. 따라서 뇌의 무의식적 과정에 주의를 기울여 직관을 놓치면 안 된다. 직관은 대체로 섬엽, 안와전두엽(인지적 유연성을 담당하는 영역), ACC(주의센터)에서 나온다. 따라서 우리가 알기 전에 뇌가 먼저 안다는 것을 이해할 필요가 있다. 그리고 뇌는 정보를 어디에 쓸 것인지 혹은 최종 목적이 무엇인지, 최종 정보가 무엇인지를 알기 전부터 정보처리를 시작하고, 나중에 정확성을 보완하게 된다. 그러므로 리더는 직관을 포착하기 위해 직관을 가지고 직관의 지도를 만들어 활용해야 할 필요가 있다. 거울신경은 다른 사람의 직관과 감정을 읽기 위해 자동으로 활성화된다. 따라서 리더는 거울신경이 알아차린 것을 놓치지 않고 활용할 수 있도록 해야 한다. 우리가 어떤 직감이 들었는데 이를 무시한다면, 조직에 직관을 탐색할 기회를 놓칠 것이다(Pillay, 2012).

2 리더의 유형과 리더십 스킬

사람들은 어떠한 특성을 가지고 있느냐에 리더십 스킬에 차이가 있다. 즉, 리더의 유형에 따라 리더십 스킬에 대한 장점과 단점을 가지게 된다. 따라서 리더 유형별 리더십을 개발하기 위해서는 정확한 리더십 스킬을 진단하여 장점과 단점을 확인하여 부족한 부분에 대해 향상시킬 필요가 있다. 그리고 리더십 개발을 위해 리더 유형(성취형, 관리형, 자율형, 관계형)별 리더십 스킬에 대한 설문조사를 실시하여 리더십 스킬 수준을 진단하고, 리더십 스킬 발전 방향을 제시하였다.

성취형 리더에 대한 리더십 스킬

성취형 리더에 대한 리더십 스킬 수준 진단 [그림 11.2]를 보면, 성취형 리더의 경우 개념화 스킬 중 문제해결하기 스킬이 상대적으로 높지만, 관리 스킬 중 사람 관리하기와 대인관계 스킬의 세 가지 스킬, 개념화 스킬 중 비전 창조하기 스킬이 낮은 것을 알 수 있다.

첫째, 관리 스킬 중 사람 관리하기에 대한 단점과 발전방향을 살펴보면 다음과 같다.

[그림 11.2] 성취형 리더에 대한 리더십 스킬 수준

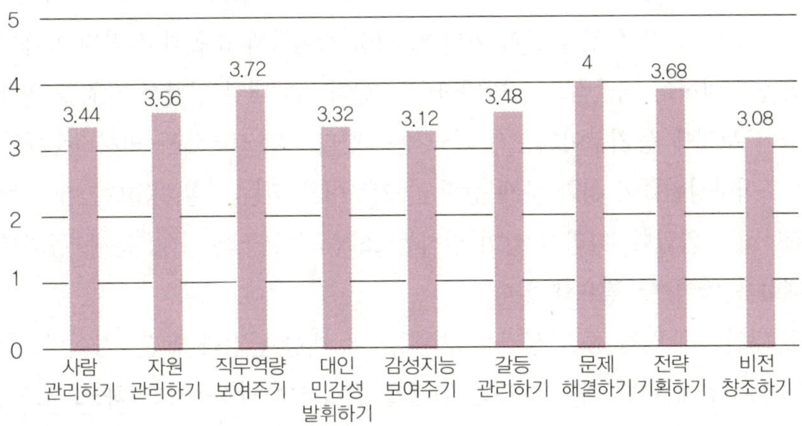

① 팀원들과 과제를 수행할 때, 동기부여 능력이 부족하다는 것을 느꼈고, 이러한 단점을 보완하기 위해 자신이 원하는 것과 팔로워가 원하는 것을 커뮤니케이션을 통해 적절하게 조화시킬 필요가 있다. ② 나는 공적인 관계가 형성되면 사적인 만남이나 대화에서까지 공적인 것을 다룬다. 공적인 상황과 사적인 상황을 확실히 분리하여 인간관계를 할 필요가 있다. ③ 평상시부터 조직구성원과 원만한 관계를 형성할 필요가 있다. 즉, 업무 외에도 사적인 자리에서 소소한 배려를 통해 팀원들을 동기부여시킬 필요가 있다. ④ 하급자나 동료가 나와 다른 의견을 보내 이해관계가 생기더라도 불쾌하지 않도록 공감 능력을 향상시킬 필요가 있다. 즉, 자신의 입장이 아닌 상대방의 입장에서 문제를 바라볼 필요가 있다. ⑤ 팀원들과 업무를 수행하면서 팀원들에게 필요한 스킬이 무엇인지 포착하는 것이 부족하다. 따라서 팀원들과 친밀한 의사소통을 통해 조직구성원에게 필요한 스킬을 파악하여 지원해줄 필요가 있다. ⑥ 사람을 관리한다는 것은 주관적인 요소이기 때문에, 리더가 아무리 잘해준다고 해도 상대방은 그걸 원치 않을 수도 있다. 따라서 조직구성원의 성향과 성격을 고려하고, 리더의 만족이 아니라 조직구성원의 만족에 초점을 맞추어 관리할 필요가 있다.

둘째, 대인관계 스킬 중 대인 민감성 발휘하기이다. ① 대인 민감성을 높이기 위해서는 항상 역지사지의 자세를 견지하는 것이 필요하다. 역지사지의 마음가짐을 통해 그들이 어떤 문제에 직면해 있고 어떤 것을 필요로 하는지를 파악할 필요가 있다. 조직구성원의 필요를 잘 파악한다면 동기부여도 적절하게 이루어질 수 있을 것이다. ② 업무를 추진하는 데 있어 관망자가 아니라 참여자가 되어야 한다. 즉, 리더로서, 이선에 물러서 팀의 큰 그림만 그리고 있을 것이 아니라, 직접 팀원들과 소통하고 팀원 개개인의 필요와 결핍을 파악하여 적극적으로 반영하여야 한다. ③ 대인 민감성 발휘를 위해서는 다른 이들이 무엇에 동기부여되는지 파악해야 한다. ④ 리더로서 의사소통에만 초점을 맞추고 조직구성원들이 처한 문제 상황, 동기부여가 되는 상황, 중요한 가치 등에 대해서는 집중하지 않았다. 따라서 같이 일하는 조직구성원들의 가치, 문제, 동기부여 등에 대해 대화를 많이 할 필요가 있다.

셋째, 대인관계 스킬 중 감성지능 보여주기에 대한 단점과 발전방향이다. ① 감성지능을 향상을 위해 리더 자신에 대한 감정을 인식하여 감정을 조절하고, 조직구성원의 감정을 인식하여 지지해주는 훈련이 필요하다. ② 감성지능을 개발하기 위해서는 자신의 감정을 먼저 잘 이해하고 솔직하게 표현하는 연습을 해야 한다. 어떤 부분이 구체적으로 싫은지를 파악해서 이를 해결하려고 노력해야 한다. 즉, 상대방의 감정도 고려해 같은 상황에서 상대방과 자신의 감정을 비교하여 그에 맞는 적절한 행동을 해야 한다. ③ 감성지능 보여주기 스킬을 강화하기 위해서는 상대방을 알아가는 과정에서 그치는 것이 아니라, 보다 깊이 있게 구성원들의 현재 감정을 이해하고 이를 함께 해결해 줄 수 있는 방안을 생각해야 한다. 이에 앞서 리더 스스로의 감정을 조절하는 법부터 연습하기 위해 분노나 당황 등 커다란 감정의 동요를 느꼈을 때 바로 반응하지 않고 내가 왜 이런 감정을 느끼는지 이유를 차분히 생각해보며, 이를 현명한 방법으로 해소하는 연습을 해야 한다. ④ 타인의 감정뿐 아니라 자신의 감정을 알아챌 필요가 있다. 리더의 자리에서 이런, 저런 일들로 바쁘다 보면 오히려 자신에게 소홀해지고 자신의 감정에 소홀해졌기 때문에 타인의 감정에도 온전히 공감할 수 없다. 따라서 타인의 감정을 이해하기 위해서 먼저 자신의 감정을 알아차리고 조절하는 방법을 훈련해야 한다. ⑤ 감성지능을 보여주는 것과 더불어 감정을 드러내는 기술을 습득할 필요가 있으므로, 조직구성원에게 고민을 이야기하고 직무 관련 외의 관계에서부터 감정을 드러내는 연습을 강화할 필요가 있다.

넷째, 대인관계 스킬 중 갈등관리하기에 대한 단점과 발전방향이다. ① 나는 어떠한 일에 있어 자신이 맞다고 생각하면 그 생각을 버릴 수 없기 때문에, 자신의 입장에서만 강하게 주장하는 경우가 있다. 따라서 조직구성원의 이야기를 최대한 경청하여 합리적인 판단을 할 필요가 있다. ② 조직구성원이 생각하고 추진하는 것이 '사적인 것인지, 공적인 것인지'를 정확히 판단 후 조직구성원에게 중요한 것, 중요한 가치 등이 무엇인지 판단할 수 있도록 동기부여시킬 필요가 있다. ③ 자신의 감정이 발생한 정확한 원인을 파악하고 그 감정을 그대로 표출했을 때 발생할 안 좋은 상황에 대해 상상해 보기, 그리고 그 상황을 방지하기 위해서 감정을 조절하는 것이다. ④ 갈등을 두려워하는 약점을 강화하기 위해서 두려움을 극복할 필요가 있다. 갈등 상황이 불편하긴 하지만, 해롭거나 나쁜 것은 아니라는 것을 계속 상기시켜야 한다. 갈등을 통해 얻을 수 있는 장점들을 생각하면서 인식을 변화시켜야 할 것이다. 또한 일상생활에서부터 사람들과의 갈등을 마주하는 연습을 하며 각 상황에서 어떻게 잘 풀어낼 수 있는지에 대해 묘사해 보는 것이다. ⑤ 자신의 감정을 인식하고 다스릴 줄 알아야 타인의 감정과 환경을 이해할 수 있다. 보통 감정을 좋다, 화난다 두 가지로 인식하는데, 그런 감정이 생길 때에 더욱 집중해 감정을 살펴서 구체적인 감정으로 표현하는 연습을 해야 한다. 갈등이 부정적인 것만은 아니고, 불가피하게 일어나는 일이므로 갈등 자체를 회피하기보다는 어떻게 갈등 상황을 해결할 수 있는가에 대한 고민이 필요하다. ⑥ 조직구성원과 함께 일을 추진하다 보면 서로 생각의 차이가 발생할 수 있다. 이러한 상황에서 사건의 전체적 흐름을 파악하고 그 중 사실들만 제시하고 조직구성원과 이성적인 대화를 할 수 있게 냉철한 태도를 가지도록 노력해야 한다. ⑦ 자신의 감정에 대해서 더 고민하며 스스로 감정을 잘 조절해야 할 필요가 있다. 이를 위해 갈등 상황이 발생하면 회피하기보다 해결하려고 노력하며 그 갈등이 더 좋은 방향으로 나아갈 수 있도록 만드는 전략을 학습할 필요가 있다. ⑧ 갈등을 관리한다는 것은 매우 높은 수준의 스킬을 필요로 한다. 각자 다른 이해관계를 가진 상황에서 그것을 조율하고, 부정적인 감정을 긍정적인 감정으로 이끌 수 있으려면 구성원 개개인의 상황과 처지, 목표와 성향을 잘 알아야 하고, 그것을 다른 구성원의 것들과 융화되도록 독려하는 것이 중요하다. 이를 위해서는 구성원들과 꾸준히 소통하고, 상대에 대한 관심과 배려로 마음을 가져야 할 것이다.

다섯째, 개념화 스킬 중 비전 창조하기 기술을 습득하는 것이다. ① 비전 창조하기 능력을 강화하기 위해서는 바람직한 비전을 우선 잘 세우는 것이 첫 번째라고 할 수 있다. 그 다음 이 비전을 구성원들과도 공유하고 그들이 비전을 향해 움직일 수 있도록 자신이 먼저 실천하는 것이다. 또한 비전을 실현하기 위한 방안을 구성원들에게 가시적으로 보여주는 것이다. ② 새로운 미래를 만들어내는 비전 창조 역량을 강화하기 위해서는 틀에 박히지 않은 창의력이 필요하다. 또한 환경의 변화에 대한 두려움을 극복해야 한다. 즉, 안정적인 것도 좋지만 변화를 만들기 위해 노력하고, 회피하지 않고 도전하는 자세가 필요하며, 두려움을 극복한 뒤에는 자신의 아이디어를 자신 있게 추진할 필요가 있다. ③ 우선 조직의 미래의 청사진을 그려볼 필요가 있다. 미래에 어떤 가치를 중시하고, 리더로서 이끌어 갈 조직의 미래 모습을 그려보고 비전에 도달할 수 있도록 구성원들을 동기부여해야 한다. ④ 비전의 창조는 강력한 미래의 비전을 가지고 사람들로 하여금 도전하도록 하는 능력을 요구한다. 따라서 현재 능력을 개발하고 미래에 대한 비전을 계획해야 할 필요가 있다. ⑤ 비전을 창조하기 위해서는 도전을 두려워하지 말고, 실패를 두려워하지 말아야 한다. 항상 안전한 길로만 가기보다는 가끔은 실수나 실패를 하며 그것을 딛고 다시 일어서는 능력 또한 키울 필요가 있다.

관리형 리더에 대한 리더십 스킬

관리형 리더에 대한 리더십 스킬 수준 진단 [그림 11.3]을 보면, 관리형 리더의 경우 대인관계 스킬 중 감성지능 보여주기, 갈등관리하기와 개념화 스킬 중 비전 창조하기 스킬이 낮은 것을 알 수 있다.

[그림 11.3] 관리형 리더에 대한 리더십 스킬 수준

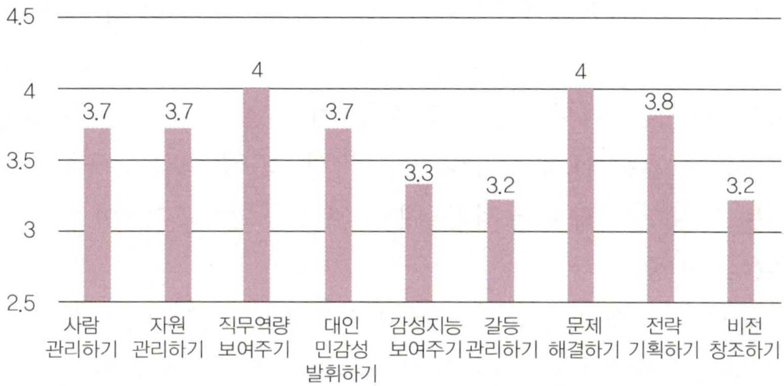

첫째, 대인관계 스킬 중 감성지능 보여주기에 대한 분석과 발전방향을 제시하면 다음과 같다. ① 조직구성원에게 무엇이 중요한지 등을 사실대로 이야기해야 하지만, 그렇게 생각하는 능력이 부족하다. 따라서 조직구성원의 입장에서 생각하고, 자신의 생각뿐 아니라 제3자의 시선으로 객관성 있게 사물을 바라보는 기술을 습득할 필요가 있다. ② 상대방한테 힌트를 준다. 상대방한테 자신이 감정이입을 했고, 상대방을 이해하고 있으면서 무엇을 필요로 할 때 항상 근처에 있다는 것을 알려줄 필요가 있다. 즉, 자신이 귀기울이고 있으니 언제든 고민이 있으면 찾아올 수 있도록 환경을 만드는 것이다. ③ 감정표현에 있어 극과 극의 상황을 보이는 경우가 많다. 즉, 이성적일 때는 100% 냉정한 사람이 되고, 감성적일 때는 100% 감성에 의해 휘둘린다. 따라서 감정을 조절하여 유용하게 사용할 수 있는 기술을 습득해야 한다. 이를 위해 자신의 감정을 알아내는 노력과 다른 감정의 인식 훈련이 필요하다. 또한 자신의 감정을 무조건 배제하기보다 이 감정을 어떻게 유용하게 사용하여 좋은 결과를 얻어낼지 고찰할 필요가 있다.

둘째, 대인관계 스킬 중 갈등관리하기에 대한 분석과 발전방향이다. ① 갈등을 관리함에 있어서 첫 번째로 가져야 할 마음가짐은 모든 사람은 제각기 다른 생각을 갖고 있다는 것이다. 관리형 리더는 자신과 다른 인식을 가진 사람을 자신의 입장에서 이해시키려고 하는 경향이 있다. 따라서 타인의 생각이 자신의 생각과 다르다고 무조건적으로 배척하는 마음가짐을 버리고, 그 사람의 성격적인 측면이나 가치관을 바탕으로 어떠한 경위로 나와는 다른 생각을 가지고 있는지 이해할 필요가 있다. 또한 자신의 생각이 항상 옳다는 생각을 하였는데, 이를 절대적으로 지양할 필요가 있다. ② 갈등관리하기 강화방안은 문제를 정시하고 명백하게 얘기하거나 토론을 하는 것이다. 그리고 초기 팀 구성원들이 같이 만들었던 비전을 다시 꺼내 강조하고 명확하게 보여준다. ③ 갈등을 관리할 때엔 당사자들끼리만 해결하라고 방치하지 않고, 리더로서 당사자들을 중재하고 서로의 입장을 이해하며 해결방안을 찾을 수 있도록 적극적으로 나서야 한다. 그러기 위해서는 자신뿐 아니라 다른 팀원들에게도 관심을 가지고 자신이 나설 수 있도록 용기를 갖는 것이 중요하다.

셋째, 개념화 스킬 중 비전 창조하기에 대한 분석과 발전방향이다. ① 미래를 보며 비전을 설정하는 것과 도전하는 능력이 요구되는데 이를 강화하기 위해서는 도전적인 경험을 더 하면서 도전에 대한 두려움을 깨야 한다. ② 자신과 조직구성원에 대해 동기부여하는 것이다. 동기를 정할 때는 서로에게 의미있는 것을 설정해야 한다. 목표를 달

Tip 불안을 통제하면서 모험하는 능력을 계발하기 위한 질문

- 이 상황에서 당신에게 가장 위협적인 것은 무엇인가?
- 당신이 그것을 하고 있는 모습을 상상할 수 있는가?
- 당신이 이 일을 중단한다면 무엇 때문일까?
- 당신이 이 길을 한참 전에 출발했다면 지금은 어느 수준에 도달했을지 자문해 보라.
- 당신 생각에 당신은 어떻게 되었을까?
- 당신은 뇌를 훈련하면 주의센터가 뭔가에 몰입해 있다가 현실로 복귀할 수 있다는 사실을 알고 있는가?(Pillay, 2012).

성하기 위한 과정이 힘들어도 그 동기를 생각하면서 많은 벽을 쉽게 극복할 수 있도록 동기를 설정해야 한다.

자율형 리더에 대한 리더십 스킬

자율형 리더에 대한 리더십 스킬 수준 진단 [그림 11.4]를 보면, 전반적으로 평균 이상의 수준을 보이며 관리 스킬 중 자원 관리하기 스킬이 상대적으로 낮은 것을 알 수 있다.

[그림 11.4] 자율형 리더에 대한 리더십 스킬 수준

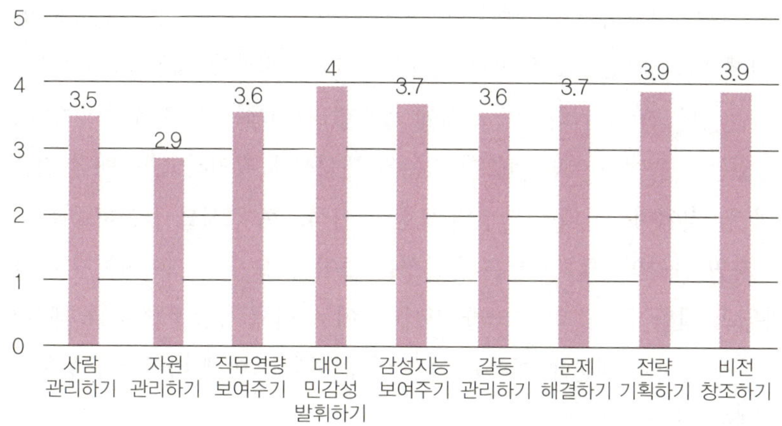

자원 관리하기에 대한 분석과 발전방향을 제시하면 다음과 같다. ① 자원 관리에 있어서 업무나 프로젝트의 진행에 필요한 요소들의 전체 그림을 파악하는 것에서는 어려움이 없으나, 그 요소들의 원활한 작동과 진행을 위해 각각을 세심하게 살피는 일에는 능숙하지 않다. 특히, 돈과 물자, 외부 장비 등 업무진행 과정 및 시기별로 꼼꼼하고 체계적인 관리가 필요한 경우 어려움이 많다. 이런 경우에는 이 요소들이 모여 형성하고 있는 큰 그림에 대한 이해가 낮은 경우가 많았다. 사업의 전반적인 방향성과 비전을 확실하게 이해하고, 업무운영의 타임라인 등의 주요 일정을 파악하고 나면 위와 같은 꼼꼼한 관리가 필요한 자원들도 더 체계적으로 관리할 수 있다. 또한 모든 것을 혼자서

완벽하게 해낼 필요는 없으므로, 더 세심하고 확실한 관리가 필요한 부분들은 이에 능통한 사람들을 적시적기에 배치하여 상호 보완을 통해 약점을 강화할 수도 있다. ② 자원은 목적을 달성하기 위해 꼭 필요한 존재이다. 자원이 부족하면 목적 달성에 문제가 생기기 마련이다. 이러한 자원을 효율적으로 관리하기 위해서는 구체적인 분배 계획을 수립하는 것이 필요하다. 자원 관리에 대한 최종적인 책임은 리더에게 있기 때문에 자원 사용에 대한 내역을 작성하고 기록을 점검하며 자원이 효율적으로 사용되고 있는지를 평가해야 한다. 또한 미리 세워둔 계획대로 자원을 사용했는지, 과도하게 많이 이용하지는 않았는지를 자주 확인해야 한다. 이와 같은 약점을 강화하기 위해 구체적인 자원 분배 계획을 수립해야 하며, 자원 사용 내역을 기록하고 그 기록을 점검 및 평가하는 과정이 필요하다. ③ 효율적인 자원 관리를 위해 시간표를 촘촘하게 짜고, 해당 시간마다 해야 할 일을 명확히 하여, 해야 할 일을 완벽히 수행할 수 있도록 유도한다. ④ 자원 관리하기에 대한 약점을 보완하기 위해서는 자원 관리에 대한 최종적인 책임이 리더에게 있다는 것을 항상 기억하며 조직에 필요한 자원에는 어떤 것들이 있고, 우리가 사용할 수 있는 자원에는 어떤 것들이 있는지 세심하게 확인하고 또 빠진 것은 없는지도 파악해야 할 것이며, 그 자원의 상태 또한 주기적으로 검사를 꼼꼼히 하는 태도가 필요하다. ⑤ 자원 관리의 약한 부분은 충동성을 줄이는 것이다. 계획적이지 못한 성향으로 인해 자원의 계획적인 소비가 약한 편이다. 이로 인해 충동적 소비나 계획적이지 않은 자원 낭비가 심하기 때문에 계획을 여유 있게 세우고 이에 따라 충동성을 줄이는 자원 관리를 해야 한다.

관계형 리더에 대한 리더십 스킬

관계형 리더에 대한 리더십 스킬 수준 진단 [그림 11.5]를 보면, 관계형 리더의 경우 관리 스킬 중 직무역량 보여주기와 대인관계 스킬 중 감성지능 보여주기가 낮고, 개념화 스킬 중 문제해결하기와 비전 창조하기가 낮게 나타났다.

첫째, 관리 스킬 중 직무역량 보여주기에 대한 분석과 발전방안으로 자신이 하는 일에 대한 전문지식을 갖추는 것이다. 이를 위해 자신이 구체적으로 어떤 일을 하는지에 대해 파악하고 그에 관한 지식을 서적이나 인터넷 검색을 통해 알아본다. 그리고 주변

[그림 11.5] 관계형 리더에 대한 리더십 스킬 수준

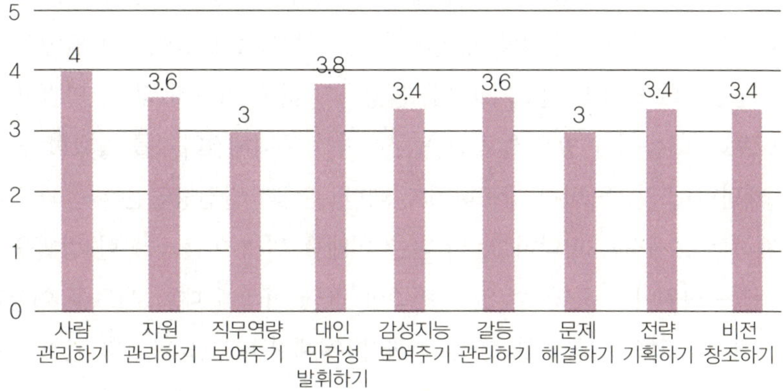

사람들이나 관련 일을 하고 있는 경험자들을 통해서도 조언을 구하여 풍부한 지식을 터득함으로써 직무역량을 갖춘다.

둘째, 대인관계 중 감성지능 보여주기에 대한 분석과 발전방안이다. ① 자신의 감정부터 정확하게 파악해야 한다. 그런 후 자신의 감정을 조절할 줄 알아야 하고, 다른 사람의 감정도 정확히 인식해야 한다. 그리고 감정이 사고 촉진에도 도움이 되기 때문에 유용하게 이를 사용하는 방법을 터득해야 한다. ② 남을 너무 의식하지 않고 자신의 감정, 생각에 솔직해져야 한다. 그리고 자신의 감정을 사소한 것이라도 그냥 흘려보내지 않고 때론 과감하고 자신감 있게 주저하지 말고 자신의 감정을 표현하고 행동하는 것이다. ③ 사람들은 각자 자신이 처한 활동에 대하여 우선순위가 있고, 활동의 중요성에 따라 할애하는 시간이 다른데, 이를 잘 파악하지 못한다. 따라서 조직구성원은 어떤 활동에 대해 동기부여가 되고, 관심사를 파악하여 관련된 직무를 배분해주거나 해당 직무에 대해 어떻게 느끼는지, 감정에 대해 깊은 대화를 나눠 배분할 필요가 있다. 이에 팀원 개개인과 업무 외적으로 만나 사적인 대화를 하거나 설문 등을 통해 감성지능 보여주기를 강화할 필요가 있다.

셋째, 개념화 스킬 중 문제해결하기에 대한 분석과 발전방안이다. ① 문제에 대한 해결방안을 고안하는 것에 그치지 않고 그것을 과감하게 실행하는 실천력이 필요하다. 즉, 문제해결에 대한 생각에만 그치지 않고 의식적으로 바로 행동으로 실천하는 습관을

기를 필요가 있다. ② 문제해결하기가 약한 것은 자신감 부족 때문이라 생각한다. 즉, "자신의 능력이 뛰어나지 않은데 어떻게 다른 사람을 이끌 수 있나"라는 생각을 많이 하게 된다. 따라서 업무를 수행할 때 열정을 담아 팀활동에 참여하여 팀에서 자신의 역할을 할 수 있도록 노력할 필요가 있다. 불평하지 않고 기죽지 않고, 의견이 있으면 용감하게 발표하고, 문제가 있으면 공감을 구하면서 문제해결하기를 강화할 필요가 있다.

넷째, 개념화 스킬 중 비전 창조하기에 대한 분석과 발전방안은 다음과 같다. ① 현재에 존재하는 문제점을 파악하고, 더 나은 미래를 위해 이를 극복할 방법을 고안한다. 그리고 조직구성원이 수용할 수 있고 만족할 만한 미래에 대한 새로운 이상과 가치를 세워 그들이 자발적으로 참여할 수 있게 한다. 정해진 비전을 나부터 먼저 실천하여 솔선수범한 자세를 보여 조직구성원들이 함께 실천하도록 만든다. ② 사람을 관리하기 위해서는 각자 어떠한 역량이 있는지 파악하고, 업무수행을 위한 특정 스킬을 가지고 있는 사람이 없다면 외부에서 적극적으로 영입하여 데려와 업무를 수행해나가야 한다. 또한 자원 부족과 같은 것은 다른 영역에서 보완할 수 있지만, 그게 아니라면 외부에 도움을 요청하여 부족한 부분을 채워야 한다. 이와 같은 모든 행동은 리더의 비전 아래 행해지기에, 리더는 시장을 읽고 무엇을 제공할 수 있는지 등을 파악하고, 청사진을 그려서 구성원들이 실천할 수 있도록 해야 한다.

3 조직에 대한 장애 극복하기

장애란 구성원의 앞에 끼어드는 방해물, 문제, 또는 장애물이며 구성원의 목표 달성을 어렵게 만드는 것이다(Northouse, 2017). 이러한 장애는 조직구성원이 하려는 일에 방해가 되며, 장애는 여러 가지 형식으로 찾아온다. 따라서 리더는 조직구성원에 대한 장애를 극복할 수 있도록 도와야 한다.

하우스(House, 1971)가 수행한 경로-목표 리더십 [그림 11.6]에 관한 연구는 사람들이 생산성을 저해하는 장애물을 극복하도록 리더가 도울 방법을 다루고 있다. 리더는 구성원이 자신의 목표와 그 목표를 이루기 위해 취하고 싶은 방법을 설정하도록 도움을 주어야 한다. 장애가 발생하면 리더는 개인들이 이에 맞설 수 있도록 도와야 할 필요가

[그림 11.6] 목표 달성을 방해하는 리더십(Northouse, 2017)

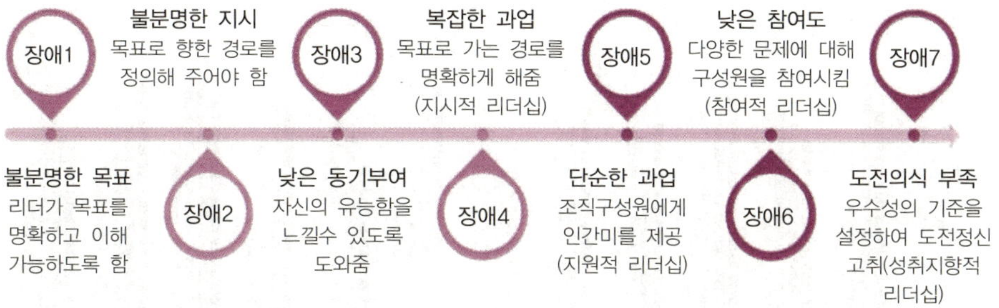

있다.

그러나 장애를 도와주는 데 있어, 리더의 특성에 따라 경로-목표 리더십 스타일에 차이가 발생한다. 즉, 리더 유형별 경로-목표 리더십에 장점과 단점이 [그림 11.6]에 있기 때문에 단점을 보완할 수 있도록 해야 한다. 따라서 리더 유형별 다음 [표 11.1] 스타일 진단 문항을 이용하여 진단한 결과 [그림 11.7]과 같이 나타났다.

첫째, 리더로서 '구성원에 대한 명확한 설명 제공 여부'에 대한 진단결과를 보면, 관리형 리더(SF)가 제일 높고, 다음은 관계형(RF)-성취형(SA)-자율형(RA) 리더 순으로 나타났다. 즉, 명확한 설명 제공에 영향을 미치는 요인은 구체적 사고가 높은 리더가 명확한 지시를 하는 것으로 나타났다. 따라서 성취형 리더와 자율형 리더는 조직구성원의

[표 11.1] 경로-목표 스타일 진단지(Northouse, 2017)

1. 나는 다른 사람들에게 기대하는 바에 대한 명확한 설명을 제공한다.
2. 나는 구성원들의 개인적 걱정에 관심을 보인다.
3. 나는 구성원들이 의사결정에 참여하도록 초대한다.
4. 나는 구성원들이 업무 성과를 계속해서 향상시키도록 도전한다.
5. 나는 구성원들에게 그들의 일을 하는 방법에 대한 명쾌한 지시를 준다.
6. 나는 구성원들의 개인적 행복에 대한 관심을 보여준다.
7. 나는 의사결정을 하기 전에 구성원들의 제안을 요청한다.
8. 나는 구성원들이 지속적으로 자신들의 성과 기준을 높일 것을 장려한다.
9. 나는 어떤 프로젝트를 진행하는 방법에 대해 명확한 지시를 한다.
10. 나는 다른 사람들을 경청하고 그들에게 격려를 한다.
11. 나는 다른 사람들의 아이디어와 조언을 잘 수용할 수 있다.
12. 나는 구성원들이 자기 일의 모든 면에서 뛰어남을 발휘하길 기대한다.

[그림 11.7] 경로-목표 스타일 진단결과

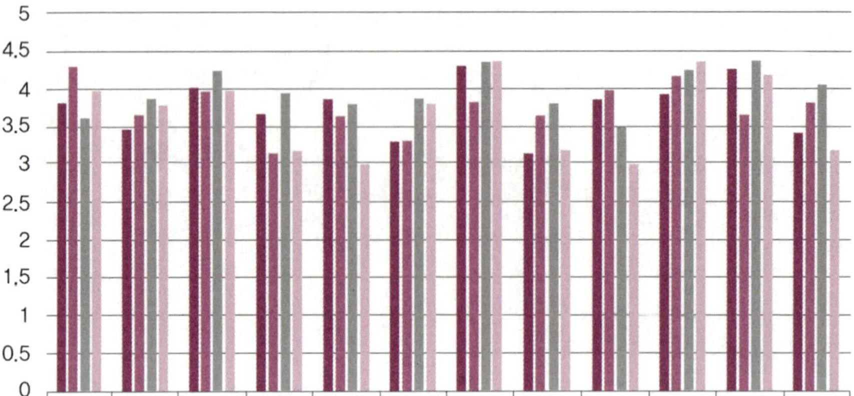

	1	2	3	4	5	6	7	8	9	10	11	12
SA	3.84	3.48	4.04	3.68	3.88	3.32	4.32	3.16	3.88	3.96	4.28	3.44
SF	4.33	3.67	4	3.17	3.67	3.33	3.83	3.67	4	4.17	3.67	3.83
RA	3.62	3.87	4.25	3.94	3.81	3.87	4.37	3.81	3.5	4.25	4.37	4.06
RF	4	3.8	4	3.2	3	3.8	4.4	3.2	3	4.4	4.2	3.2

구체적인 목표를 확인하고 그것이 다른 목표들과 어떻게 맞아 떨어지는지 등에 대한 명확한 목표를 지시할 수 있는 기술을 습득할 필요가 있다.

둘째, '구성원의 개인적 걱정에 관심 여부'에 대한 진단결과에서는 자율형(RA)과 관계형(RF) 리더가 높고, 관리형(SF)-성취형(SA) 리더 순으로 나타났다. 즉, 구성원에 대한 개인적 걱정은 구성원의 감성과 공감에 영향을 주는 변칙적 사고가 영향을 미치는 것을 알 수 있다. 따라서 성취형 리더와 관리형 리더는 조직구성원에 대해 친절하게 대하거나, 상대방의 개인적인 일에 대해 이야기하기, 칭찬하기 등 지원적 리더십을 향상시킬 필요가 있다.

셋째, '조직의 의사결정에 참여시키는 정도'에 대해 진단한 결과, 자율형(RA)과 성취형(SA) 리더가 높게 나타나고, 다음은 관리형(SF)과 관계형(RF) 리더가 동일하게 나타났다. 즉, 조직의 목표를 결정하는 의사결정에 참여시키는 것에 영향을 미치는 요인은 추상적 사고가 영향을 미치는 것으로 나타났다. 따라서 관리형 리더와 관계형 리더는 추상적 사고를 향상시킬 수 있는 참여적 리더십을 발휘할 필요가 있다.

넷째, '구성원들이 업무 성과를 향상시키도록 도전하는 것'에 대한 진단에서는 자율형(RA)과 성취형(SA) 리더가 높고, 다음은 관계형(RF)-관리형(SF) 리더 순으로 나타났다. 즉, 조직구성원의 성취지향에 영향을 미치는 변인은 추상적 사고임을 알 수 있다. 따라서 관계형 리더와 관리형 리더는 조직구성원에게 많은 것을 기대한다는 점과 함께, 목표를 달성할 수 있다는 성취지향적 리더십을 발휘할 필요가 있다.

다섯째, '일하는 방법에 대한 명확한 지시 여부'에 대해 진단결과, 성취형(SA) 리더와 자율형(RA) 리더가 높고, 다음은 관리형(SF)-관계형(RF) 리더 순으로 나타났다. 특히, 관계형 리더의 경우 성취형과 자율형 리더에 비해 다소 큰 차이가 발생하는 것으로 나타났다. 따라서 관리형 리더는 조직구성원에 대해 '주도권을 잡고' 목표로 가는 경로를 명확히 할 수 있는 지시적 리더십을 강화할 필요가 있다.

여섯째, '구성원들의 개인적 행복에 관심 여부'를 진단한 결과, 자율형(RA)과 관계형(RF) 리더가 높게 나타나고, 다음은 관리형(SF)-성취형(SA) 리더 순으로 나타났다. 즉, 구성원의 개인적 행복에 관심 여부, 또한 구성원에 대한 개인적 걱정과 마찬가지로 공감과 감성에 영향을 주는 변칙적 사고가 영향을 미치는 것을 알 수 있다. 따라서 성취형 리더와 관리형 리더는 조직구성원에 대해 친절하게 대하거나, 상대방의 개인적인 일에 대해 이야기하기, 칭찬하기 등 지원적 리더십을 향상시킬 필요가 있다.

일곱째, '의사결정에 구성원의 제안 요청 여부'에 대한 진단결과, 관계형(RF) 리더와 자율형(RA) 리더, 성취형(SA) 리더가 높게 나타나고, 관리형(SF) 리더가 큰 차이로 낮은 수준을 보였다. 즉, 관리형 리더의 경우 규정과 방침, 제도 등과 같은 일정한 틀에 의해 행동하는 것을 선호하는 특성 때문에 다른 사람의 의견을 수렴하지 않는 것이다. 따라서 관리형 리더는 조직구성원이 조직 내에서 정체성을 가질 수 있도록 다양한 문제에 대해 의견수렴을 활성화할 필요가 있다.

여덟째, '조직구성원 스스로가 성과 기준을 높이는 것에 대한 장려 여부'의 설문결과, 자율형(RA) 리더와 관리형(SF) 리더가 높고, 성취형(SA)과 관계형(RF) 리더가 큰 차이로 낮은 수준을 보였다. 즉, 성취형 리더의 경우 지시적 리더십에 익숙하고, 관계형 리더의 경우 너무 조직구성원에 대해 관계성을 너무 의식하기 때문이다. 따라서 성취형과 관계형 리더는 조직구성원이 도전의식을 가질 수 있도록 성취지향적 리더십을 발휘할 필요가 있다.

아홉째, '프로젝트 진행 방법에 대한 명확한 지시 여부'에 대해 진단결과, 관리형(SF)

과 성취형(SA) 리더가 높고, 다음은 자율형(RA)-관계형(RF) 리더 순으로 나타났다. 즉, 어떠한 과정에 대해 영향을 미치는 변인은 순차적 사고임을 알 수 있다. 따라서 자율형과 관계형 리더는 조직구성원에 대해 명확한 지시와 방향성을 제공할 필요가 있다.

열 번째, '조직구성원에 대한 경청과 격려 여부'에 대한 진단결과, 관계형(RF) 리더와 자율형(RA) 리더, 관리형(SF) 리더가 높게 나타나고, 성취형(SA) 리더가 낮게 나타났다. 성취형 리더의 경우 자신의 의견을 중요하게 생각하고, 조직의 생산성 향상을 중심으로 움직이기 때문에 조직구성원에 대한 관심이 부족하다. 따라서 성취형 리더는 조직구성원이 조직의 발전에 적극적으로 참여할 수 있도록 참여적·지원적 리더십을 강화할 필요가 있다.

열한 번째, '조직구성원의 아이디어와 조언 수용 여부'에 대한 진단결과, 자율형(RA)과 성취형(SA), 관계형(RF) 리더가 높고, 관리형(SF) 리더가 낮은 것으로 나타났다. 이는 '의사결정에 구성원의 제안 요청 여부' 진단결과와 유사하게 나타났다. 즉, 관리형 리더의 경우 규정과 방침, 제도 등과 같은 일정한 틀에 의해 행동하는 것을 선호하는 특성 때문에 다른 사람의 의견을 수렴하지 않는 것이다. 따라서 관리형 리더는 조직구성원이 조직 내에서 정체성을 가질 수 있도록 다양한 문제에 대해 의견수렴을 활성화할 필요가 있다.

열두 번째, '조직구성원이 모든 면에서 뛰어남을 발휘하길 바라는 기대'에 대한 진단결과, 자율형(RA)과 관리형(SF) 리더가 높고, 성취형(SA) 리더와 관계형(RF) 리더가 낮은 것으로 나타났다. 이는 성취형 리더는 평상시 자신을 우월하게 생각하고, 조직구성원은 능력보다는 지시에 잘 따르도록 강조하기 때문이고, 관계형 리더는 생산성보다는 관계성을 많이 강조하기 때문이다. 따라서 성취형 리더는 조직구성원에 대해 지원적 리더십을 발휘할 필요가 있고, 관계형 리더는 성취형 리더십을 강화할 필요가 있다.

Tip 리더가 혁신적인 리더가 되도록 어떻게 도울 수 있을까?

첫째, 꿈꾸는 능력을 계발하기 위한 질문을 지속적으로 연습하는 것이다. 즉, 현실에 장애물이 없다면 당신은 이것을 어떻게 바꾸고 싶은가?, 현실에 장애물이 없다면 당신은 어떤 단계를 거칠 것인가?, 라이트 형제가 비행기를 발명한 방식으로 이 문제를 푼다면 당신은 무엇을 발명하고 싶은가?

둘째, 불안을 통제하면서 모험하는 능력을 계발해야 한다. 이를 향상시키기 위한 질문으로, ① 당신에게 가장 위협적인 것은 무엇인가? ② 당신이 그것을 하고 있는 모습을 상상할 수 있는가? ③ 당신이 이 일을 중단한다면 무엇 때문일까? ④ 당신이 이 길을 한참 전에 출발했다면 지금은 어느 수준에 도달했을지 자문해 보라. 당신 생각에 당신은 어떻게 되었을까? ⑤ 당신은 뇌를 훈련하면 주의센터가 뭔가에 '몰입'해 있다가 현실로 복귀할 수 있다는 사실을 알고 있는가?

셋째, 시·공간 제약을 벗어나 생각하는 능력을 계발해야 한다. 이를 위한 질문으로 ① 시간의 제약이 없다면 당신은 무엇을 어떻게 하고 싶은가? ② 당신이 어디에 있든 상관이 없다면 당신은 무엇을 하고 싶은가? ③ 당신이 원하는 것을 할 수 있는 무한대의 공간이 있다면 당신은 무엇을 하겠는가?(Pillay, 2012).

참고문헌 REFERENCE

단행본

김문겸(2018). 『권한위임 리더십』. 시그마프레스.
김문겸 · 장정기 · 이정화 · 문준식 · 조태명(2016). 『해병대 리더십 개념 및 리더상 연구보고서』.
김혜숙(2010). 『가족치료 이론과 기법』. 학지사.
박보식(2017). 『리더십 이론과 실제』. 대영문화사.
박원우(2000). 『임파워먼트 실천 매뉴얼』. 시그마인사이트컴.
송운석(2012). 『신뢰중심의 조직관리』. 탑북스.
신유근 · 이춘우(2014). 『조직행위론』. 한경사.
육군본부(2009). 『야전교범 지-0 육군리더십(초안)』. 육군본부, 대전, 대한민국.
______(2011). 『임무형지휘』.
Gary Yukl(2014). 『현대조직의 리더십 이론』. 시그마프레스.
Peter G. Northous(2015). 『리더십 입문』. 시그마프레스.
Srinivasan S. Pillay, 이민희 옮김(2012). 『과학적인 리더십: 뇌 기반 CEO 코칭』. 시그마프레스.

학위논문

오창환(2007). 리더십 유형이 조직몰입 및 직무만족에 미치는 영향에 관한 연구. 호서대학교 박사학위논문.
이대붕(2011). 리더십 유형이 조직성과에 미치는 영향에 관한 연구. 원광대학교 경영대학원 박사학위논문.
이동수(2015). 신입사원 조직사회화 과정의 부적응과 정서적 이탈: A사례를 중심으로. 중앙대학교 석사학위논문.
정순례(2014). 기독교 중년부부의 의사소통유형이 부부갈등에 미치는 영향: 자아탄력성과 성적친밀감의 매개효과를 중심으로. 한국성서대학교 박사학위논문.

학술논문

김성국(2011). 독일 군 리더십의 요체 '임무형 지휘'의 특성과 기업경영에 주는 시사점. 한독경상학회. 『경상논총』, 29(3): 79-100.

김영애(2004). 인간관계 및 부부 관계 개선을 위한 사티어 의사소통 훈련프로그램. 서울: 김영애가족치료연구소.

김찬선(2014). 시큐리티조직의 조직문화와 임파워먼트 및 조직애착도의 관계. 『융합보안논문지』, 14(1): 33-41.

도윤경(2002). 비서직 종사자의 분배공정성 지각과 임금만족과의 관계: 상사에 대한 신뢰의 매개역할. 『한국전문대학교육연구학회 논문집』, 3(4): 709-719.

Abel, S., et al.(2009). "The separation of processiong stades in a lexical interference fMRI-paradigm." *Neuroimage*, 44(3): 1113-1124.

Adsit, D. J., London, M., Crom, S., & Jones, D.(1997). Cross-cultural differences in upward ratings in a multi-cultural company. *International Journal of Human Resource Management*, 8: 385-401.

Alvarez, R. P., et al.(2008). "Contextual fear conditioning in humans: cortical-hippocampal and amygdala contributions." *J Neurosci*, 28(24): 6211-6219.

Aslanyan, E. V., & V. N. Kiroy(2009). "Electroencephalographic evidence on the strategies of adaptation to the factors of monotony." *Span J Psychol*, 12(1): 32-45.

Astle, D. E., G. M. Jackson, & R. Swainson(2006). "Dissociating neural indices of dynamin cognitive control in advance task-set Preparation: an ERP study of task switching." *Brain Res*, 1125(1): 94-103.

Bass, B. M.(1960). *Leadership, psychology, and organizational behavior*. New York: Harper.

______(1990). *Bass Stogdill's handbook of leadership: Theory, research, and managerial applications*(3rd ed.). New York: Free Press.

Benkhoff, B.(1996). "Catching up on competitors: how organizations can motivate employees to work harder." *International Journal of Human Resource Management*, 7(3): 736-752.

Blake, R. R., & McCanse, A. A.(1991). *Leadership dilemmas: Grid solutions*. Jouston, TX: gulf.

Blake, R. R., & Mouton, J. S.(1964). *The managerial grid*. Jouston, TX: Gulf Publishing.

Bogen, J. E.(1969). *The other side of the brain*: parts Ⅰ, Ⅱ, Ⅲ, Bulletin of the Los Angeles Neurological Society.

Bowers, D. G., & Seashore, S. E.(1966). Predicting organizational effectiveness with a fourfactor theory of leadership. *Administrative Science Quarterly*, 11: 238–263.

Brown, C. T., & Keller, P. W.(1979). *Monologue to dialogue: An exploration of interpersonal communication*. Englewood Cliffs, NJ: Prentice-Hall.

Bühlmann, C. und Braun P.(2010). *Auftragstaktik in Vergangenheit, Gegenwart und Zukunft*. Military Power Revue der Schweizer Armee. 50–63.

Campbell, A., J. Whitehead, & S. Finkelstein(2009). "Why good leaders make bad decisions." *Harv Bus Rev*, 87(2): 60–66, 109.

Cha, J.-J. & J. Kim(2010). "Stock returns and investment trust flows in the Japanese financial market: A system approach." *Journal of Asian Econmics*, 21(4): 327–332.

Cherniss, C.(2010). "Emotional Intelligence: Toward Clarification of a Concept." *Industrial Organizational Psychology*, 3(2): 110–126.

Ciulla, J. B.(2003). *The ethics of leadership*. Belmont, CA: Wadsworth/Thomson Learning.

Claarke, N.(2010). "The impact of a traning Programme designed to target the emotional intelligence abilities of Project managers." *International Journal of Project Management*. 28(5): 461–468.

Corona, M. A.(2010). "The Relationship Between Emotional Intelligence and Transformational Leadership: A Hispanic American Examination." *Business Journal of Hispanic Research*, 4(1): 22–34.

Den Hartog, D. N., House, R. J., Hanges, P. J., Ruiz-Quinganilla, S. A., Dorfman, P. W., & Associates(1999). Culture specific and cross-culturally generalizable implicit leadership theories: Are the attributes of charismatic transformational leadership universally endorsed? *Leadership Quarterly*, 10: 210–256.

Dickson, M. W., Den Hartog, D. N., & Michelson, J. K.(2003). Research on leadership in a crosscultural context: Making progress and raising new questions. *Leadership Quarterly*, 14: 729–768.

Fisher, R.(1971). Fractionating conflict. In C. G. smith(ed.). *Conflict resolution: Contributions of the behabioral sciences*, 157–159. South Bend, IN: University of Notre Dame Press.

Fisher, R., & Ury, W.(1981). *Getting to yes: Negotiating agrement without giving in*. New York: Penguin Books.

Folger, J. P., Poole, M. S., & Stutman, R. K.(1993). *Working through conflict: Strategies for relationshipe, groups, and organizations*(2nd ed.). Glenview, IL: Scott, Foresman.

Galinsky, A. D., et al.(2008). "Why it pays to get inside the head of your opponent: the differential effects of perspective taking and empathy in negotiations." *Psycholsci*, 19(4):

378–384.

Galperin, P. Ya(1959). *The development of research into the formation of intellectua actions.* in Psychological Science in the USSR. Izd. Akad. Pedagog. nauk RSFSR. Moscow(Russian).

Gallese, V.(2009). "Motor abstraction: a neuroscientific account of how action goals and intentions are mapped and understood." *Psychol Res*, 73(4): 486–498.

Gazzanign, M. S.(1975). *Recent research on hemispheric lateralization of the human brain:* Review of the split–brain. UCLA educator.

Gelfand, M. J., Bhawuk, D. P. S., Nishi, L. H., & Bechtold, D. J.(2004). In R. J. Jouse, P. J. Hanges, M. Javidan, P. W. 액르무, & V. Gupta(eds.). *Leadership culture, and organizations: The GLOBE study of 62 societies*, vol. 1. Thousand Oaks, CA: Sage. 437–512.

Handy, C.(1978). *Gods of Management.* London: Souvenir Press. 25–41.

Harrison, R.(1978). Understanding Your Organization's Character. *Harvard Business Review.* 25–43.

Herry, C., et al.(2008). "Switching on and off fear by distinct neuronal ciruits." *Nature*, 454(7204): 600–606.

Hocker, J. L., & Wilmot, W. W.(1995). *Interpersonal conflict*(4th ed.). Dubuque, IA: W. C. Brown.

Hofstede, G.(1980). *Culture's consequences: International differences in work–related values.* London: Sage.

Iverson, R. D., & P. Roy(1994). "A Causal Model of Behavioral Commitment: Evidence From a Study of Australian Blue–collar Employees." *Journal of Management*, 20(1): 15.

Jackson, C. L., Colquitt, J. A., Wesson, M. J., & Zapata–Phelan, C. P.(2006). Psychological collectivism: A measurement validation and linkage to group member performance. *Journal of Applied Psychology*, 91(4): 884–899.

Jiang, Y., et al.(2009). "Brain responses to repeated visual experience among low and high sensation seekers: role of boredom susceptibility." *Psychol*, 12(1): 32–45.

Joseph, D. L., & D. A Newman(2010). "Emotional Intelligence: An Integrative Meta–Analysis and Cascading Model." *Journal of Applied Psychology*, 95(1): 54–78.

Kabasakal, H., & Bodur, M.(2004). In R. House, V. Gupta, P. J. Hanges, M. Javidan, & P. W. Dorfman(eds.). *Culture, leadership, and organization: The Globe Study of 62 Societies*, 564–601. Thousand Oaks, CA: Sage.

Katz, R. L.(1955). Skills of an effective administrator. *Harvard Business Review*, 33(1): 33–42.

Kilmann, R. H., & Thomas, K. W.(1975). Interpersonal conflict–handling behavior as re–

flections of Jungian personality dimensions. *Psychological Reports*, 37: 971-980.

______(1977). Developing a forced-choice measure of conflict handling behavior: The "mode" instrument. *Educational and Psychology Measurement*, 37: 309-324.

Knutson, T., Lashbrook, V., & Heemer, A.(1976). *The dimensions of small group conflict: A factor analytic study.* Paper presented to the annual meeting of the International Communication Association, Portland, OR.

Kolb, B., & I. Q. Whishaw(1998). "Brain Plasticity and behavior." *Annu Rev Psychol*, 49: 43-64.

Koontz, C. O'Donnel & H. Weihrich(1980). *Management*(7th ed.). 688.

Krajbich, I., et al.(2009). "Economic games quantify diminished sense of guilt in patients with damage to the prefrontal cortex." *J Neurosci*, 29(7): 2188-2192.

Leistenchneider, S.(2002). *Auftragstaktik im preupisch-deutschen heer 1871-1914.* Hamburg: Verlag E. S. Mittler and Sohn.

Lewicki, R. J., & Bunker, B. B.(1996). Developing and maintaining trust in work relationships, In R. M. Kramer & T. R. Tyler(eds.). *Trust in organization: Frontiers of theory and research.* 114-139. Sage Publications.

Lord, R. G., & Hall, R. J.(2005). Identity, deep structure and the development of leadership skill. *Leadership Quarterly*, 16: 591-615.

Lorey, B., et al.(2009). "The embodied nature of motor imagery: the influence of posture and perspective." *Exp Brain Res*, 194(2): 233-243.

Lulofs, R. S.(1994). *Comflict: From theory to action.* Scottsdale, AZ: Gorsuch Scarisbrick.

Luria, A. R., & Homskaya, E. K(1966). *The Frontal Lobes and Regulation of Psychological Processes*, Moscow University press, Moscow(Russian).

Mann, F. C.(1965). Toward an understanding of the leadership role in formal organization. In R. Dubin, G. C. Miller(eds.). *Leadership and Productivity.* 68-103. San Francisco: Chandler.

Massow, A.(1970). *Motivation and Personality*(2nd ed.). New York: Harper & Row.

Mayer, J. D., Salovey, P., & Caruso, D. R.(2000). Models of emotional intelligence. In R. J. Sternberg(ed.). *Handbook of in telligence.* 396-420. Cambridge, MA: Cambridge University Press.

Mayer, R. C., Davis, J. H. & Schoorman, F. D.(1995). An integrative model of organizational trust. *Academy of Management Review*, 20: 709-743.

Miller, D., & Toulouse, J.(1986). Chief executive personality and corporate strategy and structure in small firma. *management Science*, 32: 1389-1409.

Mitchell, D. J., & R. Cusack(2007). "Flexible, Capacity-Limited Activity of Posterior Parietal Cortex in Perceptual as well as Visual Short-Term Memory Tasks." *Cereb Cortex.*

Mumford, M. D., Zaccaro, S. J., Connelly, M. S., & Marks, M. A.(2000). Leadership skills: Conclusions and future directions. *Leadership Quarterly*, 11(1): 155-170.

Mumford, T. V., Campion, M. A., & Morgeson, F. P.(2007). The leadership skills strataplex: Leadership skill requirements across organizational levels. *Leadership Quarterly*, 18: 154-166.

Muller, R., & R. Turner(2010). "Leadership competency profiles of successful project managers." *International Journal of Project Management*, 28(5): 437-448.

Neves, R. D.(1974). Hemispheric specialization in commissurotomized man, Psychological Bulletin.

Oetting, D. W.(1993). *Auftragstaktik: Geschichte und Gegenwart einer Führungkonzeption.* Frankfurt am Main: Report Verlag.

Ozbay, F., et al.(2008). "Social support and resilience to stress across the life span: a neurobiologic framework." *Curr psychiatry Rep*, 10(4): 304-310.

Parker, R. & Bradley, L.(2000). Organizational Culture in the Public Sector: Evidence from Six Organizations. *International Journal of Public Sector Management*, 13(2): 125-141.

Parsons, G. D., & R. T. Pascale(2007). "Crisis at the summit." *Harv Bus Rev*, 85(3): 80-89, 142.

Parsons, T.(1977). *Social System and the Evalution of Action Theory.* New York: Free Press.

Peterson, C.(2006). *A Primer in Positive Psychology.* New York: Oxford University Press.

Peterson, C., & Park, N.(2009). Classifying and measuring strengths of character. In S. J. Lopez & C. R. Snyder(eds.). *Oxford Handbook of Positive Psychology.* 25-34. New York: Oxfod University Press.

Peterson, C., & Seligman, M. E. P.(2004). *Charanter strengths and virtues: A handbook and classification.*

Pettigrew, A. M.(1979). On Studying Organizational Cultures. *Administrative Science Quarterly*, 24: 570-581.

Pfeffer, J., & J. Lawler(1980). "Effects of Job Alternatives, Extrinsic Rewards, and Behavioral Commitment on Attitude toward the Organization: AField Test of the Insuffictent Justification Paradigm." *Administrative Science Quarterly*, 25(1): 38-56.

Putnam, L. L.(2010). Communtcation as changing the negotiation game. *Journal of Applied Communication Research*, 38(4): 325-335.

Rogers, R. D., & S. Monsell(2000). "The costs of a predictable switch between simple cognitive tasks." *J. Exp. Psychol. Gen*, 124(2): 207-231.

Rohrlich, J. B.(1980). *Work and love: The crucial balance*. New York: Summit Book.

Satir. V.(2000). *Satir Model Family Therapy and Beyond*. 한국버지니아사티어 연구회 역. 서울: 김영애 가족치료 연구소.

Saunder, M. N.(1996). "The physiology of boredom, depression and senile dementia." *Med Hypotheses*, 46(5): 463-466.

Schein, E. H.(1992). *Organizational culture and leadership*(2nd ed.). San Francisco: Jossey-Bass.

Schienle, A., et al.(2009). "Worry tendencies predict brain activation during aversive imagery." *Neurosci Lett*, 461(3): 289-292.

Schutz, W. C.(1966). *The interpersonal underworld*. Palo Alto, CA: Science and Behavior Books.

Schwier, C.(1999). Gemeinsame historische Wurzeln von Auftragstaktik und Innere Führung, Beitrage zu Lehre und Forschung, Führungsakademie der Bundeswehr, 1.

Sharot, T., B. De Martino, & R. J. Dolan(2009). "How choice reveals and shapes expected hedonic outcome." *J Neurosci, and J Neurosci*, 29(12): 3760-3765.

Shamay-Tsoory, S. G., J. Aharon-Peretz, & D. Perry(2009). "Twon systems for empathy: a double dissociation between emotional and cognitive empathy in inferior frontal gyrus versus ventromedial prefrontal lesions." *Brain*, 132(Pt 3): 617-627.

Smith, P. B., Peterson, M. F., Schwartz, S. H., Ahmad, A. H., & Associates(2002). Cultural values, sources of guidance, and their relevance to managerial behavior: A 47-nation study. *Journal of Cross-Cultural Psychology*, 33(2): 188-208.

Southwick, S. M., M. Vythilingam, & D. S. Charney(2005). "The Psychobiology of depression and resilience to stress: inplications for prevention and treatment." *Annu Rev Clin Psychol*, 1: 255-291.

Spreitzer, G. M.(1995). Psychological Empowerment in the workplace, Dimensions, Measurement and Validation. *Academy of Management Journal*, 38(5): 1442-1465.

Stogdill, R. M.(1974). *Handbook of leadership: A survey of theory and reseach*. New York: Free Press.

Tabibnia, G., & M. D. Lieverman(2007). "Fairness and cooperation are rewarding: evidence from social cognitive neuroscience." *Ann N Y Acad Sci*, 1118: 90-101.

Terry, R. W.(1993). *Authentic leadership: Courage in action*. San Francisco: Jossey-Bass.

Trice, J. N., & Beyer, J. M.(1993). *The cultures of work organizations.* Englewood Cliffs, NJ: Prentice Hall.

Quinn, R. E., & McGrath, M. R.(1985). *The Transformation of Organizational Cultures*: A Competing Values Perspective. In Frost, Peter et al.(eds.). Organizational Culture Beverly Hills. Calif: Sage. 315-334.

Vivona, J. M.(2009). "Leaping from brain to mind: a critique of mirror neuron explanations of countertransference." *J Am Rsychoanal Assoc*, 57(3): 525-550.

Vygotsky, L. S.(1956). *Selected Psychological Investigations*, Izd. Akad. Pedagog. Nauk RSFSR. Moscou(Russian).

Westen, D., et al.(2006). "Neural bases of motivated reasoning: an FMRI study of emotional constraints on partisan political judgmint in the 2004 U.S. Presidential election." *Jcogn Neurosci*, 18(11): 1947-1958.

Watzlawick, P., Veavin, J., & Jackson, D. D.(1967). *Pragmatics of human communication.* New York: Norton.

Waugh, C. E., et al.(2008). "The neural correlates of trait resilience when anticipating and recovering from threat." *Soc Cogn Affect Neurosci*, 3(4): 322-332.

Wilmot, W. W., & Hocker, J.(2011). *Interpersonal conflict*(8th ed.). New York: McGraw-Hill.

Yukl, G., & Falbe, C. M.(1991). The impottance of different power sources in downward and lateral relations. *Journal of Applied Psychology*, 76: 416-423.

Zaccaro, S. J., Gilbert, J., Thor, K. K., & Mumford, M. D.(1991). Leadership and social intelligence: Linking social perceptiveness and behavioral flexibility to leader effect- iveness. *Leadership Quarterly*, 2: 317-331.

찾아보기 INDEX

ㄱ

갈등 152
갈등관리하기 299
갈등협상 접근법 171
감성지능 299
개념화 스킬 299
개발문화 101
개인주의 104
경계단계 193
경쟁(competition) 178
계산기반 신뢰 76
과업 중심 리더십 136
과업지향적 134
과업형 26
관계관리 능력 285
관계기반 신뢰 77
관계 중심 리더십 137
관계지향적 135
관계형(RF) 리더 69
관리 스킬 298
관리형(SF) 리더 63
구조화 24
구체적 사고 51
권위의 법칙 212
권한위임 74
권한위임 리더십 86

ㄴ

'나' 메시지 133
내용 및 관계 갈등 153
내통제자 200
뇌과학과 리더십 31

ㄷ

단절지역 257
대응단계 256
대인관계 스킬 299
대인 민감성 299
동기화 추론 111
두정엽 35

ㄹ

리더십 14
리더십 상황이론 26
리더십 스킬 298
리더십 특성이론 21
리더십 행동이론 23

ㅁ

맥락의 함정 120
메시지 126
명료화 82

문제해결 299
문화 100

ㅂ

배려 24
변칙적 사고 46
보스십 18
부호화 127
불모형 26
불확실성 회피 104
비난지역 257
비난형 148
B유형 행동 199
비전 창조 300

ㅅ

사람 관리하기 298
사회적 인식 능력 285
사회적 증거의 법칙 212
산만형 146
상호성의 법칙 212
선택값 115
설득 212
성격모형과 리더십 22
성별 평등주의 104
성취형(SA) 리더 60
세력거리 104
세분화 전략 175
수신자 126
수용(accommodation) 179
수행지향성 105
순차처리사고 41
스트레스 192
스트레스 원(stressor) 192
실질적 갈등 154
C유형 행동 199

ㅇ

안주지역 256
애착과 리더십 176
A유형 행동 199
APL(Aptitude-Personality-Learning) 진단도구 31
역량 82
역할 갈등 196
역할 모호성 196
영향력 83
예방단계 256
외통제자 200
용기 277
위계문화 102
위기(危機) 256
위기관리 256
위기의 주기 256
유능성 83
윤리적 리더십 79
의미성 83
인간애 277
인기형 26
인도적 지향성 105
인성 강점 276
인정 83
인지사고 유형 40
일관성의 법칙 212
일치형 147
임무형지휘 75
임파워먼트 74

ㅈ

자기 결정력 83
자기 관리 능력 285
자기 인식 능력 285
자원 관리 298
자율형(RA) 리더 66
장애 310
저항단계 193
전달자 126
전두엽 33
전략 기획 300
절제 277
절차적 갈등 154
절충(compromise) 179
정상증후군 194
정의 277
제도기반 신뢰 77
제재기반 신뢰 76
조건화 111
조직문화 100
조하리의 창 82
준비단계 256
중용형 26
지혜 및 지식 276
직무역량 보여주기 299

ㅊ

차별화 전략 174
체면 세우기 전략 176
초월 278
초이성형 148
추상적 사고 56
측두엽 34

ㅋ

커뮤니케이션 126

ㅌ

탈진단계 194
통제 소재 200
팀형 26

ㅍ

피드백 128
피들러(F. E. Fiedler)의 상황이론 26

ㅎ

하우스(R. J. House)의 경로-목표이론 27
학습지역 257
합리문화 101
합의문화 102
허시(P. Hersey)와 블랜차드(K. Blanchard)의 상황이론 29
협력(collaboration) 179
협상 213
호감의 법칙 212
회복단계 256
회유형 146
회피(avoidance) 178
후두엽 33
희귀성의 법칙 212

저자 소개

김 문 겸

[주요 경력]
현) 연세대학교 연구교수
현) 서강대학교, 단국대학교 외래교수
전) 한밭대학교, 영남이공대학교, 한국호텔관광전문학교 외래교수
전) 단국대학교 연구원
전) 서울사이버대학교 강사 및 연구원
전) 육군 소령

[주요 저서 및 논문]
- 군 조직문화 특성이 직무만족에 미치는 영향: 권한위임의 매개효과와 개인 인지사고특성의 조절효과를 중심으로(논문, 2020)
- 국가위기개념의 변화에 따른 비상대비 개념의 재정립과 관련 법령 및 조직의 개선에 관한 연구(논문, 2019)
- 시뮬레이션 기반 비상대비 정부연습체계 개발 연구(논문, 2019)
- 『권한위임 리더십』(저서, 2018)
- 호텔종사자의 윤리적 리더십과 조직몰입 및 개인 인지사고특성과의 상관성 연구(논문, 2018)
- 『뇌신경심리를 알면 PAIR 리더십이 보인다』(저서, 2017)
- 사회적 지지가 요양보호사의 삶에 미치는 영향(논문, 2017)
- 인지처리특성이 유사한 성향의 반편성이 고등학생들의 또래관계 적응, 학교생활만족도, 학업성적에 미치는 영향(논문, 2017)
- 지휘가 조직몰입에 미치는 영향에 관한 연구(논문, 2015)
- 직무자율성이 군 조직효과성에 미치는 영향(논문, 2015)
- 육군 임무형지휘 정착 및 활성화 방안(연구보고서, 2017)
- 육균 리더십 요인이 조직효과성에 미치는 영향(연구보고서, 2016)
- 해병대 리더십 개념 및 리더상 정립(연구보고서, 2016) 등

'뇌과학 기반 개인 성격특성을 고려한 맞춤식 리더십'

자기브랜드 리더십

펴낸날 제1판 제1쇄 2021년 6월 25일
지은이 김문겸
펴낸이 임춘환
펴낸곳 도서출판 **대영문화사**
주소 (본사) 사무실: 경기도 고양시 일산서구 주화로 70
우신프라자 307호 (우 10387)
(본사) 물류센터: 경기도 고양시 일산서구 덕산로
107번길 68-50 (우 10205)
등록 1975년 12월 26일 제3-16호
전화 (031) 913-3062, (031) 914-3884~5
팩스 (031) 913-3839
홈페이지 http://www.dymbook.co.kr

ISBN 978-89-7644-782-1
값 23,000원